DAS GROSSE BUCH VOM

ANGELN

FÜR ANFÄNGER UND PROFIS

Parragon

Bath • New York • Singapore • Hong Kong • Cologne • Delhi
Melbourne • Amsterdam • Johannesburg • Shenzhen

Entwurf und Realisation: Terry Jeavons & Co

Redaktion: Peter Gathercole

Parragon Books Ltd
Chartist House
15-17 Trim Street
Bath BA1 1HA, UK

Übersetzung aus dem Englischen: Dr. Daniel S. Levy, Hanau

Fachlektorat: Harro Hieronimus, Solingen

Projektmanagement: Nazire Ergün, Köln

Koordination: transtexas publishing, Köln

ISBN 978-1-4723-1435-2

Printed in China

ABBILDUNGSNACHWEIS

SÜSSWASSERFISCHEN

ALLE BILDER MIT FREUNDLICHER GENEHMIGUNG VON EMAP (*IMPROVE YOUR COARSE FISHING*)

MIT AUSNAHME FOLGENDER BILDER:

PETER GATHERCOLE: SEITE 18, 33, 38, 80, 81.

MICK ROUSE: SEITE 2, 7, 8, 48, 52, 62, 66, 70, 72, 78.

ROBIN GRIGGS: ZEICHNUNGEN AUF SEITE 21, 47, 51, 57.

FISCHEN IM MEER

ALLE BILDER MIT FREUNDLICHER GENEHMIGUNG VON ALAN YATES/EMAP (*SEA ANGLER*)

MIT AUSNAHME FOLGENDER BILDER:

JOHN DARLING: SEITE 162.

MIKE DOBSON: SEITE 112, 115, 116, 118, 134, 164, 167.

PETER GATHERCOLE: SEITE 96, 116, 120, 138, 140, 142, 146, 158, 163, 169.

MIKE MILLMAN PHOTO SERVICES: SEITE 109, 128, 151, 156, 161.

RICHARD SHEARD: SEITE 144.

RUSSELL SYMONS: SEITE 148, 161.

ROBIN GRIGGS: ZEICHNUNGEN AUF SEITE 101, 124.

FLIEGENFISCHEN

ALLE BILDER MIT FREUNDLICHER GENEHMIGUNG VON (*TROUT FISHERMAN*)/PETER GATHERCOLE

MIT AUSNAHME FOLGENDER BILDER:

R. CALBRADE: SEITE 246, 247.

RUSSELL SYMONS: SEITE 191.

MICHAEL D. WATTS: SEITE 239.

ROBIN GRIGGS: ZEICHNUNGEN AUF SEITE 172, 177, 180, 181.

INHALT

Süsswasserfischen

Izaak Walton (1593–1683), der Vater des Süßwasserfischens, hat das Angeln mit der Poesie verglichen. Vielleicht bezog er sich damit auf die Entspannung und Anregung, die das Angeln bietet, oder auf die Passion und Leidenschaft, die Angeln verursachen kann. In seinem grundlegenden Buch *The Compleat Angler* stellte Walton zugleich fest, dass man das Angeln wie die Mathematik niemals vollkommen beherrschen könne. Beide Aussagen haben bis heute ihre Gültigkeit bewahrt.

Trotz der großen Fortschritte auf dem Gebiet der Angelgerätetechnologie besteht das Angeln immer noch aus diesem aufreizenden Gemisch aus Poesie und Mathematik. An einem Tag die reine Freude, am nächsten nichts als Frustration! Man träumt von den Tagen, an denen die Rutenspitze sich pausenlos biegt, die Pose untertaucht und ein Fisch nach dem anderen am Haken anbeißt. Aber um solche Tage wirklich schätzen zu können, muss man auch jene erlebt haben, an denen es im kilometerweiten Umkreis des Köders nicht einen einzigen Fisch zu geben scheint. Tage, an denen der Kescher trocken bleibt, das Wasser in der Beringung der Rute gefriert und der Frost das Einzige ist, was beißt.

Ob es die guten Zeiten wert sind, die schlechten zu ertragen, das weiß man frühestens nach den ersten Sitzungen. Angeln hat man meiner Meinung nach entweder im Blut oder nicht. Wenn Sie die Begabung zum Angeln haben, dann gehören Sie zu jenen, die sich an dem schönsten Sport der Welt erfreuen.

Dieses Kapitel bietet Ihnen die wichtigsten Informationen über die Ausrüstung, die Sie benötigen, über Köder und Techniken, die Sie einsetzen sollten, und über die Fischarten, die Sie wahrscheinlich fangen werden.

Tatsächlich vermehren sich die Kenntnisse über das Angeln stetig, und auch der einzelne Angler hört nie auf zu lernen. Neue Angelgeräte, revolutionäre Ruten und geheimnisvolle Aromastoffe werden in den unzähligen Anglermagazinen präsentiert, die die Zeitungsstände überfluten.

Sie allein haben die Wahl, ob Sie nur um des Vergnügens Willen angeln und sich an Ruhe und Frieden in der Landschaft erfreuen wollen, ob Sie als Sportfischer Ihr Bestes geben wollen, um mehr als Ihr Nachbar an Land zu ziehen, oder ob Sie als Spezialist, mit einer bestimmten Fischart im Visier, nur diesen einen Fisch fangen.

LINKS FREUEN SIE SICH AUF JENE TRAUMTAGE, AN DENEN ALLES ZU GELINGEN SCHEINT.

RECHTS ERWARTUNGSVOLL MACHEN SICH ZWEI ANGLER IN DER MORGENDÄMMERUNG AUF DEN WEG.

Gewässer

Flüsse

Drei Geheimnisse garantieren immer einen guten Fang. Sie lauten Standort, Standort und Standort. Entscheidend ist daher, die Stellen zu identifizieren, an denen die Fische sich wahrscheinlich einfinden werden. Denn in einem fischleeren Gewässer kann auch der beste Angler der Welt keinen Fisch fangen. Aber auch ein Anfänger wird im Laufe der Zeit lernen, die besten Standorte zu finden.

Dennoch ist es nicht einfach, den richtigen Platz ausfindig zu machen: Wichtig ist, sich hierfür einige Kenntnisse in der so genannten Wasserkunde anzueignen. Allein mit der Wasserkunde könnte man schon ganze Bücher füllen. Dabei geht es nicht nur darum, vielversprechend aussehende Angelplätze entlang des Flusses auszumachen, auch wenn dies natürlich der erste Schritt ist. Von Bedeutung ist ebenso, wo man den Köder platziert und zu welcher Zeit man fischen (oder nicht fischen) sollte, um so die Erfolgschancen zu maximieren.

Einen guten Platz suchen

Was macht einen guten Angelplatz aus? Das hängt zunächst von der Fischart ab, die man fangen möchte, dann von der Jahreszeit und auch vom Ort selbst. Große Fische kämpfen nicht gerne über einen längeren Zeitraum gegen starke Strömung an, sondern ziehen Gewässer mit niedrigeren Strömungsgeschwindigkeiten vor.

Große Fische halten sich nahe am Flussbett auf, wo das von ihnen bevorzugte langsame Wasser mit dem schnelleren Wasser, das Futterbrocken mit sich führt, zusammentrifft. Aus dieser Position

UNTEN FISCHEN SIE BEI HEISSEM WETTER AN EINEM GUT MIT SAUERSTOFF ANGEREICHERTEN FLUSSABSCHNITT, WIE Z. B. HIER AN EINEM WEHR.

LINKS ROTAUGEN BILDEN AN WIRBELN, WO LANGSAM FLIESSENDES WASSER AUF SCHNELLER FLIESSENDES TRIFFT, OFT SCHWÄRME.

OBEN DER ENGLISCHE SPITZENFLUSSANGLER DAVE HARRELL MIT WUNDERBAREN DÖBELN.

OBEN BARBEN FRESSEN VIEL WÄHREND DES WINTERLICHEN HOCHWASSERS. BENUTZEN SIE GERUCHSINTENSIVE KÖDER, UM SIE IN TRÜBEM WASSER ANZULOCKEN.

Erfolgsgeheimnisse

Es gibt drei Geheimnisse, die immer einen guten Fang garantieren: Standort, Standort und Standort.

Tipp

Flussstellen, die flussabwärts flacher werden, sind oft gute Standorte, da sich durch die verlangsamte Strömung verstärkt Futter ansammelt, das Fische anlockt.

heraus können sie sich das Futter aus dem vorbeifließenden schnelleren Strom schnappen. Das sind die Strecken, durch die der Angler seinen Köder ziehen sollte. Im Idealfall verraten Wirbel an der Oberfläche das Aufeinandertreffen von schnellen und langsamen Strömen. Ein guter Ort Wirbel auszuspähen, sind die Innenkurven von Flussbiegungen.

Im Winter, wenn es kalt wird, neigen die Fische dazu, sich in Vertiefungen und Kolken im Flussbett aufzuhalten, wo sie vor plötzlichen Temperaturschwankungen im Wasser geschützt sind. Im Sommer verteilen sie sich dagegen über den gesamten Fluss, denn dann steht im ganzen Gewässer wieder mehr natürliches Futter zur Verfügung. Während der Sommermonate ziehen Fische mit Sauerstoff angereichertes Wasser vor. Wenn Ihr Lieblingsfluss also ein Wehr hat, dann ist das bei heißem Wetter ein besonders guter Angelplatz.

Die Klarheit des Wassers ist von Bedeutung. In kristallklarem Wasser können die Fische Sie genauso gut sehen wie Sie die Fische. An solchen Flüssen ist eine vorsichtige, ruhige, pirschende Vorgehensweise angebracht, und man sollte als Angelplatz ein gut bewachsenes Ufer suchen, mit Büschen und Bäumen, deren Zweige bis zum Wasser reichen. Als Alternative kann man auch nach Ästen und Wurzeln Ausschau halten, die sich an einem Hindernis im Wasser angestaut haben, oder nach Anzeichen von Vertiefungen im Flussbett. Fischen Sie so dicht wie möglich an diesen Stellen, nach Möglichkeit sogar unter den Hindernissen. Sie können sicher sein, dass Fische wie der Döbel dort den Tag verbringen und gelegentlich hervorschießen, um sich eine Mahlzeit zu ergattern.

Ebenso wichtig ist der Zustand des Gewässers. Wenn Regen fällt, spült das Regenwasser Trübstoffe in den Fluss und gibt damit den Fischen die Deckung, die sie im klaren Wasser nicht haben. Sie bewegen sich nun vertrauensvoller ins Tageslicht. Zudem verbrauchen sie mehr Energie, um gegen die zusätzliche Strömung anzuschwimmen, und begeben sich bald vermehrt auf Futtersuche.

Der erfahrene Angler wartet nun darauf, dass das Hochwasser zurückgeht und die Trübung zu verblassen beginnt, sodass er gerade ein kurzes Stück unter die Oberfläche sehen kann. Er wird einen großen, aromatischen, leicht sichtbaren Köder verwenden, wie zum Beispiel gewürzte Paste, Brot oder Würmer, und damit Fische fangen, von denen andere Angler nur träumen. Da die Fische im trüben Wasser nicht so weit sehen können, müssen sie sich mehr auf ihren Geruchssinn verlassen, um Futter zu finden. Weniger erfahrene Angler meinen dann, er habe Glück gehabt. Aber das Gegenteil ist der Fall. Der erfahrene Angler greift auf die langjährige Erfahrung zurück und vergewissert sich, dass er am richtigen Platz zur richtigen Zeit fischt. Das ist Wasserkunde.

KANÄLE

Kanäle sind hervorragende Plätze für Anfänger. Sie sind an den Ufern gewöhnlich seicht, und es tummeln sich dort jede Menge beißfreudige Fische.

Einsteiger in den Angelsport können mit einem Kübel Maden und einer kurzen Rute zum nächstgelegenen Kanal gehen und reichlich Gründlinge, Rotaugen und Flussbarsche fangen. Heute finden sich in den Kanälen aber auch genug große Fische, wie Karpfen, Brassen und Döbel. Ein besseres Verständnis des Fischverhaltens erhöht die Chancen, diese Qualitätsfische anzulocken.

Gerade für Anfänger ist von besonderem Vorteil, dass sich Kanäle in der Konstruktion sehr ähneln. Die Mehrzahl der Kanäle hat ein tieferes Fahrwasser in der Mitte mit einem seichteren Uferbereich an den Seiten und einem Leinpfad an einem Ufer.

Die meisten Fische mit Ausnahme des Aals ziehen das seichte Wasser vor, um die Turbulenzen zu vermeiden, die durch Boote in tieferem Gewässer verursacht werden. Viele der kleinen Fische neigen dazu, sich auf den seichten Seiten zu tummeln. Ältere, größere und erfahrene Fische hingegen vermeiden den Leinpfad und suchen ruhigeres Wasser sowie Deckung, um sich von Menschen, Räubern und der Ebbe-Flut-Bewegung, die durch das Öffnen und Schließen der Schleusen verursacht wird, fernzuhalten.

Plätze, die gegenüber von Ufern mit Schilfen, Büschen oder überhängenden Zweigen liegen, sind daher die besten Standorte. Da die Fische sich bevorzugt hier aufhalten, sollte man sich an solchen Stellen positionieren. Dabei muss man aber oft in einem nur wenige Zentimeter großen Radius um die Hindernisse herum fischen. Auf Dauer ist es kaum möglich, hier mit wiederholter Genauigkeit Wagglerposen und Ähnliches auszuwerfen. Deshalb verwenden viele Angler an Kanälen lange Ruten.

Mit einer langen Rute kann der Angler Pose und Köder bis zum gegenüberliegenden Ufer schieben, ohne auswerfen zu müssen, wenn er die Schnur zwischen der Spitze der Rute und der Pose kurz hält. Da die meisten Angler keine 14 m lange Rute besitzen, die für diese Methode erforderlich ist, müssen auch andere Fangmethoden in Betracht gezogen werden.

Fischen in der Nähe von Brücken

Plätze auf beiden Seiten von Kanalbrücken sind hervorragende Standorte, besonders jene, die sich in der Nähe viel befahrener Straßen befinden. Dies gilt auch für Entwässerungskanäle von Mooren. Fische finden hier vermutlich Schutz vor dem Kormoran, einem ausgezeichneten Tauchvogel, der immer wieder Fischgebiete verwüstet und in einigen Gewässern den Bestand an kleinen Fischen praktisch ausgerottet hat.

GANZ LINKS SUCHEN SIE NACH EINER WENDEBUCHT, DORT KÖNNEN SIE BRASSEN UND GÜSTER FANGEN.

LINKS BEI KLEINEREN SCHWARMFISCHEN KOMMEN MANCHMAL GRÖSSERE FANGMENGEN ZUSTANDE.

OBEN FISCHEN SIE IN DER NÄHE VON BRÜCKEN, UND SIE WERDEN JEDE MENGE FANGEN.

Nicht vergessen

Kormorane meiden Brücken und verkehrsreiche Straßen, also ziehen kleine Fische in deren Nähe, um dort Schutz vor den Kormoranen zu suchen.

Kormorane mögen jedoch Brücken nicht, vor allem meiden sie verkehrsreiche Straßen, sodass sich kleine Fische hier in Sicherheit wägen. Brücken sind aber auch hervorragend geeignet, um Hechte aufzuspüren, die kleinen Fischen folgen.

Weitere sehr gute Standorte in Kanälen sind Wendebuchten, in denen das Wasser sich zu einem kleinen See verbreitert. Diese Bereiche sind vor dem Sog der Schleusen geschützt. Daher finden sich dort häufig große Schwärme schwimmfauler Fische, wie Brassen und Schleien.

Obgleich es in vielen Kanälen heute Karpfen mit über 10 kg Gewicht gibt, sind diese Gewässer im Allgemeinen nicht geeignet, um sich auf eine Fischart zu konzentrieren. Lediglich Aale bilden eine Ausnahme. In jeder Saison werden mit kleinen Ködern Exemplare mit über 3 kg Gewicht gefangen. Das Interesse an diesen Fischen ist unter Anglern aber nicht sehr groß, da besondere Erfahrung im Nachtfischen erforderlich ist.

Wenn Sie nach einem Bereich des Sports suchen, in dem Sie sich einen Namen machen können, dann könnte es dieser sein!

STEHENDE GEWÄSSER

OBEN KARPFEN FINDET MAN OFT IN DER NÄHE VON SCHILF.

OBEN RECHTS SIE HOLEN SICH AUCH FUTTER VON DER OBERFLÄCHE.

LINKS MIT MARKIERPOSE UND BLEI KÖNNEN SIE IN KIESGRUBEN DEN GRUND AUSLOTEN.

An ruhigeren Gewässern ist es wichtiger als an Flüssen, einen guten Standort zu wählen, da es hier keine Strömung gibt, die den Köder zu den Fischen trägt und sie anlockt. Stattdessen muss der Angler die Fische lokalisieren.

Die Gegend sollte daher nach der Ankunft genauer begutachtet werden, bevor ein geeigneter Platz gewählt wird. Entscheidend ist die Windrichtung. Ein starker Wind bläst Nahrung auf die Wasseroberfläche und treibt sie in eine Ecke. Die Fische werden davon angezogen. In den Wind fischen mag unbequem sein, ist aber häufig sehr produktiv.

Natürliche Eigenschaften

Ein Schilf- oder Seerosenbereich, der eine natürliche Insel bildet, kann ein wichtiger Faktor sein. Da viele kommerzielle Fischteiche unter Wasser eintönig sind, ohne Baumstümpfe oder steile Abfälle, suchen Fische bevorzugt solche natürliche Inseln auf, die ihnen Deckung und Sicherheit bieten. Hier kann der Angler alle Fische des Gewässers finden. Man sollte so nah wie möglich an diesen Deckungen fischen. Ein Platz, von dem aus man in die Nähe einer derartigen Deckung auswerfen kann, ist ideal. Der Köder sollte nicht mehr als 1 m von den Schilf- oder Seerosenbeständen ausgelegt werden.

Viele Angler begehen an diesen kommerziellen Fischteichen den Fehler, direkt ins offene Wasser auszuwerfen. Häufig ist der beste Platz zum Fischen ungefähr 60 cm vom Ufer entfernt, direkt am Schilf, praktisch unter den Füßen des Anglers. Ist das Wässer trüb, wie es an diesen Stellen oft der Fall ist, finden sich hier auch Fische, wenn das Wasser nur 60 cm tief ist.

Kiesgruben

Kiesgruben stellen eine ganz andere Herausforderung dar. Sie sehen unter Wasser wie die Mondoberfläche aus, mit riesigen Kratern, wo der Kies gefördert wurde, großen Vorsprüngen, wo die Bagger fuhren, und flachen Untiefen, wo der Ausschuss abgeladen wurde.

Jede Grube ist anders, keine gleicht in ihrem Aufbau einer anderen. Sie können auf kurzer Distanz stark abfallen, aber in der Mitte vielleicht nur 1,5 m tief sein. Die individuellen Gegebenheiten einer Grube müssen eingehend studiert werden, um herauszufinden, welche Merkmale die Fische anziehen. Der Zeitaufwand lohnt sich jedoch, da man in Kiesgruben sehr große Exemplare findet. Viele Anglerrekorde werden in solchen Gewässern erzielt.

Der erste Schritt zur Erkundung einer Kiesgrube ist das Ausloten, das heißt das Ermitteln der Tiefen. Dazu bindet man ein 30–60 g schweres Blei an das Ende der Schnur mit einer Markierpose darüber (siehe Abbildung oben). Beim Auswerfen der Angel sinkt das Blei bis auf den Grund der Grube, dann wird die Schnur eingeholt, bis Leine, Pose und Blei unter Wasser eine Linie bilden. Anschließend gibt man

OBEN AN KOMMERZIELLEN FISCHTEICHEN SOLLTEN SIE IN DER NÄHE VON NATÜRLICHEN INSELN ODER HINDERNISSEN FISCHEN.

Meter für Meter Schnur aus, bis die Pose wieder an der Oberfläche erscheint. Die ausgebrachten Meter entsprechen der Tiefe des Wasser. Auf dieselbe Art wird die Angel an unterschiedlichen Stellen ausgeworfen und wieder eingeholt: So kann man eventuelle Veränderungen in der Tiefe messen.

Viele Angler zeichnen sich, während sie bei den Messungen von Platz zu Platz gehen, ein Bild vom Unterwasserprofil der Kiesgrube. Mit einer solchen Zeichnung können Sie Ihren Angriff besser planen.

Nicht vergessen

Die wichtigste Regel lautet: So nahe wie möglich an den natürlichen Deckungen des Gewässers fischen.

In den wärmeren Monaten oder während warmer Wintertage sollte man entlang der seichten Stellen fischen, da diese natürliche Speisekammern und folglich ausgezeichnete Fischbereiche darstellen. Während kalter Tage fischt man am besten in den tieferen Bereichen der Grube, in denen die Wassertemperaturen am höchsten sind.

Wichtig ist auch die Tageszeit. An klaren Stellen – die meisten Kiesgruben sind klar – ist die Nacht die beste Zeit zum Fischen, das gilt vor allem für stark befischte Plätze. Möchten Sie jedoch nachts nicht fischen, können Sie auch auf bewölkte, windige Tage warten, wenn die Lichtintensität unter Wasser niedrig ist.

Bei einem guten Fang sollte die Fangzeit notiert werden. Die großen Fische in den Kiesgruben haben gewöhnlich feste Futterzeiten, die oft nicht mehr als eine Stunde am Tag betragen.

Kiesgruben sind im Vergleich zu den künstlich bevölkerten Fischteichen zweifellos harte Arbeit, aber die Ergebnisse werden Sie dafür entschädigen.

LINKS EIN GROSSARTIGER FANG AUS EINER KIESGRUBE, DER WIEDER INS WASSER ZURÜCKGESETZT WIRD.

AUSRÜSTUNG

RUTEN

Die Mehrzahl der guten Angelruten zum Stippfischen sind heute aus Kohlefaser, da dieses Material in Bezug auf Stärke, Widerstandsfähigkeit und Leichtigkeit konkurrenzlos ist. Doch darüber hinaus weisen die Ruten eine Reihe von unterschiedlichen Besonderheiten auf. Die Anzahl der verschiedenen Ruten von 1,8–6 m Länge ist so zahlreich wie die der Fischarten. Der beste Rat für einen Anfänger ist, zu Beginn eine möglichst einfache Rute zu erwerben.

Posenruten

Posenruten bestehen gewöhnlich aus drei Abschnitten von gleicher Länge. Sie sind 3,7–4,6 m lang und werden mit Schnüren von 0,9–1,8 kg Tragkraft verwendet.

Ruten zum Wagglerfischen (siehe Seite 22 und 48) haben üblicherweise eine Hohlspitze und sind sehr elastisch, wodurch weit ausholende Auswürfe möglich werden, ohne dass eine dünne Schnur zu zerreißen droht.

Wenn Sie sehr viel mit Posen angeln (siehe Seite 22 und 47), müssen Sie anders vorgehen. Bei dieser Technik haben Sie es mit blitzschnellen Bissen von vorsichtigen Fischen, wie der Plötze, zu tun. Daher sind Posenruten bis auf den oberen Teil von 60 cm ziemlich steif. Die Schnur kann sehr schnell eingeholt werden, und nur der biegsame Teil arbeitet bei der Bewegung des gehakten Fisches, während der steife Teil Widerstand bietet.

Sind Sie nicht auf eine bestimmte Fischart festgelegt, ist eine Posenrute die beste Wahl. Eine 4 m lange Rute mit Hohlspitze und biegsamem oberem Drittel für schwungvolle Aktionen ist beim Freizeitangeln ideal.

Steckruten

Steckruten sind zweiteilige Ruten, 2,7–3,7 m lang und für den Gebrauch mit Schnur von 1,4–2,7 kg Tragkraft gedacht. Die meisten haben entweder ein Schraubgewinde oder sind am Ende hohl, um Schwing- oder Zitterspitzen mit Schraub- oder Steckverbindungen für die Bissanzeige anzubringen. Sie haben eine biegsame obere Hälfte und einen widerstandsfähigen mittleren bis unteren Teil. Damit kann man weit auswerfen und die Haken in jeder Distanz platzieren.

RECHTS ANGELFACHGESCHÄFTE SIND EINE GUTE ANLAUFSTELLE, UM DIE ERSTEN INFORMATIONEN ÜBER RUTEN ZU SAMMELN.

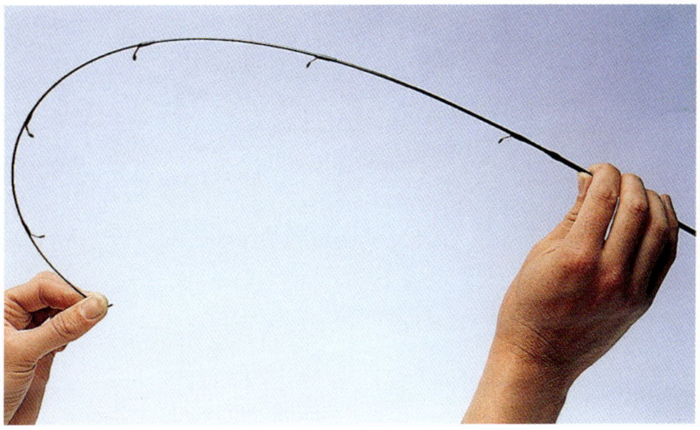

OBEN POSENRUTEN HABEN EINE STEIFE RUTE MIT BIEGSAMER SPITZE.

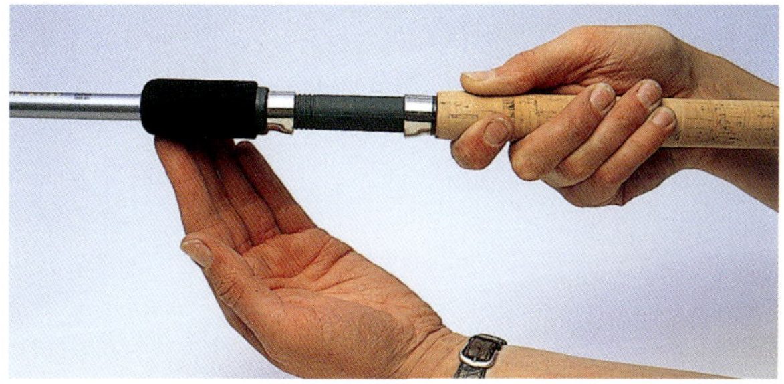

OBEN GUTE RUTEN HABEN KORKGRIFFE, MEHRERE RINGE UND SIND AN DER SCHNITTSTELLE VON GRIFF UND KOHLEFASER DÜNN.

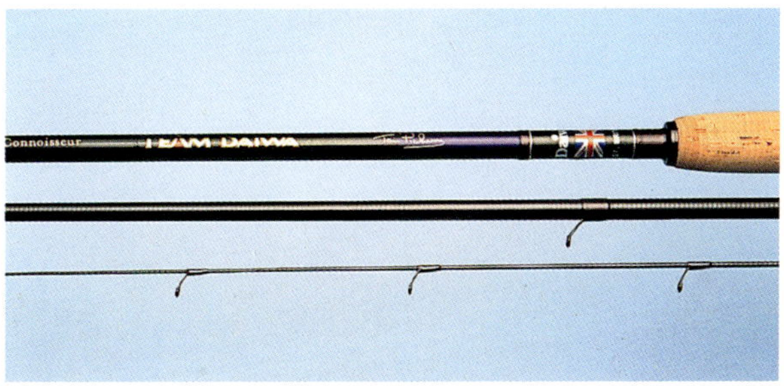

OBEN VIELE ANGELRUTEN ZUM SÜSSWASSERFISCHEN WERDEN MIT BESCHLÄGEN ZUR ANBRINGUNG DER ROLLEN HERGESTELLT.

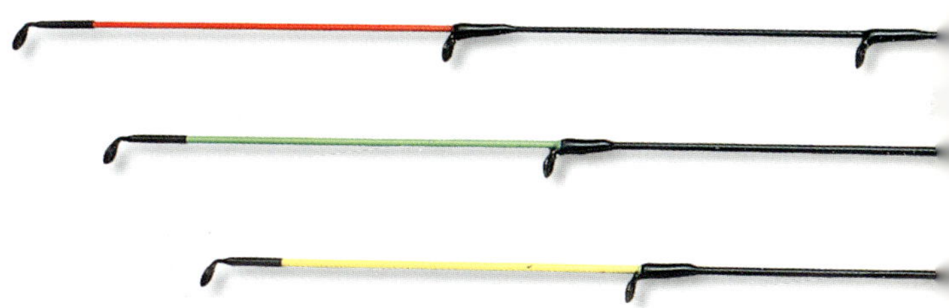

OBEN GUTE STECKRUTEN WERDEN HÄUFIG MIT EINER AUSWAHL VON UNTERSCHIEDLICH STARKEN ZITTERSPITZEN GELIEFERT.

Tipp

Hochwertige Ruten haben viele Ringe und sind an der Schnittstelle von Korkgriff und Kohlefaser sehr dünn.

Hochwertige Steckruten werden mit einer Auswahl an Zitterspitzen angeboten. Sie sind ideal für Anfänger. Die Spitzen haben verschiedene Stärken, die mit der Testkurve gemessen werden. Hierbei wird das Gewicht ermittelt, das notwendig ist, um die Spitze der Rute in einem Winkel von 90° zum Griff zu biegen. Eine Spitze mit einer Testkurve von 60–90 g ist steif und für schnell fließende Flüsse geeignet, während in ruhigen Gewässern eher Spitzen mit einer Testkurve von 15–30 g verwendet werden.

Spinnruten

Mit Spinnruten werden Kunstköder wie Wobbler, Blinker und Gummiwürmer ausgeworfen und eingeholt. Die meisten haben einen kräftigen unteren Teil zum Drillen großer Fische wie Hecht, Barsch oder Zander und eine elastische Spitze, um relativ leichte Köder auswerfen zu können. Die Länge variiert von kurzen, einhändigen Versionen um 1,8–2,5 m für den präzisen Auswurf bis zu leistungsstärkeren 3–3,4 m langen Modellen, mit denen große Wobbler und Blinker über weite Entfernungen geworfen werden können.

Spezialruten

Diese zweiteiligen Ruten von 3,4–4 m Länge werden anhand ihrer Testkurve bewertet. Sie sind für große Köder und zum Fang großer Fische bestimmt und haben gewöhnlich viel größere Ringe als Steck- und Posenruten. Eine ideale Wahl für das Angeln im Nah- bis Mittelbereich ist eine 3,7 m lange Rute mit einer Testkurve von ca. 1 kg, das heißt einer Mittel- bis Spitzenaktion. Die obere Hälfte der Rute ist biegsam genug, um den Kampf mit einem großen Fisch zu bestehen, und in der unteren Hälfte bietet die Rute genug Widerstand, um große Köder auszuwerfen.

Rollen

Rollen zum Stippfischen werden in vier Hauptkategorien unterteilt. Anfänger sollten mit der Stationärrolle beginnen.

LINKS UND **OBEN** STATIONÄRROLLEN SIND EINFACH ZU BEDIENEN UND DAHER FÜR ANFÄNGER DIE BESTE WAHL.

Stationärrollen

Stationärrollen sind die meistgekauften Rollen. Die Schnur liegt auf einer offenen Trommel und wird mit einem Spularm auf die Trommel gewunden. Ein einfacher Mechanismus an der Trommel sorgt dafür, dass die Schnur gleichmäßig aufgewickelt wird. Beim Auswerfen hält der Angler die Schnur mit seinem Zeigefinger fest, öffnet den Schnurfangbügel, wirft aus und lässt im richtigen Moment los.

Gute Stationärrollen haben ein exakt justierbares Bremssystem, das einem Fisch am Haken Widerstand leistet, erlauben aber, dass Schnur eingeholt wird, wenn der Fisch plötzlich einen Ausfall macht. Diese Bremseinrichtung wird häufiger an der Rückseite als an der Frontseite der Rolle angebracht.

Die Bremse sollte so justiert werden, dass die Rolle nachgibt, auch wenn der Spularm geschlossen ist, um zu vermeiden, dass der Fisch die Schnur sprengt und Ihnen der Fang des Lebens durch die Lappen geht.

Einige Stationärrollen haben einen Schnurhalter (siehe Seite 43), der einen Auswurf mit großer Genauigkeit erlaubt. Die Schnur wird zur gewählten Markierung ausgeworfen und um den Schnurhalter gewickelt. Der nächste Wurf erfolgt kraftvoller, wobei er vom Schnurhalter gestoppt wird: So hat man dieselbe Distanz vom Ufer wie zuvor.

Gehäuserollen

Bei Gehäuserollen ist die Rolle vollkommen von einem Gehäuse mit nur einer kleinen zentralen Öffnung umgeben, durch die die Schnur läuft, was besonders bei starkem Wind von Vorteil ist. Anstelle eines

OBEN GEHÄUSEROLLEN SIND IDEAL ZUM ANGELN BEI STARKEM WIND.

OBEN MULTIROLLEN WERDEN VON VIELEN GROSSFISCHANGLERN EINGESETZT.

OBEN CENTREPIN-ROLLEN SIND GROSSARTIG, ABER SCHWER ZU BEDIENEN.

Tipp

Wenn Sie eine Stationärrolle oder eine Gehäuserolle laden, sollten Sie sichergehen, dass die Schnur bis zum Rand der Rolle läuft. Das verringert beim Auswerfen die Reibung am Rand der Rolle.

Tipp

Multirollen haben das einfachste und beste Bremssystem aller Rollenarten. Das macht sie besonders bei Anglern von Großfischen beliebt.

Spularms haben Gehäuserollen einen kleinen Stift, um den die Schnur innerhalb des Gehäuses läuft. Ein leichter Druck auf die Frontseite der Rolle gibt diesen federgelagerten Stift frei. Die Schnur wird auf die gleiche Weise wie bei einer Stationärrolle ausgeworfen.

Eine einzige Drehung des Handgriffs aktiviert den Stift erneut, und die Schnur lässt sich wieder einholen. Die Rolle ist verhältnismäßig flach und schmal, daher sind besonders dünne Schnüre mit einer Zugbelastung von maximal 1 kg für diese Rollen geeignet. Sie sind ideal zum Posenfischen bei windigem Wetter, allerdings nicht geeignet zum Fang großer Fische.

Centrepin-Rollen

Einige Angler schwören auf Centrepin-Rollen. Zweifellos verlässt die Schnur die Rolle mit vergleichsweise großer Freiheit, und der Umgang mit dieser Rolle kann große Freude bereiten, er erfordert jedoch auch sehr viel Erfahrung. Daher ist diese Rolle für Anfänger keine gute Wahl.

Die besten Centrepin-Rollen zum Süßwasserfischen haben einen Durchmesser von etwa 11 cm und sind aus Aluminium gefertigt. Die Trommel rotiert mühelos um eine zentrale Achse. Bei einer guten Rolle reicht ein leichtes Antippen der Trommel, und sie dreht sich über eine Minute lang. Einige haben solide Trommeln, andere sind an der Frontscheibe durchbrochen gearbeitet, um das Gewicht der Rolle zu verringern. Centrepin-Rollen sind schwer zu bedienen, da sie keine Übersetzung haben, aber wer die Technik beherrscht, kann sie für langes Wanderangeln mit großen zweiseitigen Posen (siehe Seite 23) einsetzen.

Multirollen

Für einige Angler sind Multirollen unentbehrlich zum Fischen von großen Hechten, meist werden sie beim Meeresangeln eingesetzt.

Multirollen basieren auf einem rotierenden Trommelprinzip, die Schnur läuft beim Drehen der Trommel von der Frontseite ab.

Man kann viel Freude mit ihnen haben, aber in den Händen unerfahrener Angler können sie leicht zu Schnurverwicklungen führen und sollten daher den Experten überlassen werden. Viele von ihnen haben heute Bremssysteme, die die Wurfstärke und Verwicklungen vermindern, aber auch die Auswurflänge.

Schnüre

Angelschnur ist Angelschnur, richtig? Falsch. Es gibt Hauptschnüre, Vorfächer, Treibschnüre, sinkende, geflochtene und vorgedehnte Schnüre ... Jede hat eine besondere Funktion, und man sollte sie alle kennen, denn die Wahl der falschen Schnur kann verhängnisvoll sein.

Monofile Schnüre

Viele Süßwasserfischer bevorzugen monofile Schnüre, das heißt Schnüre aus einer Faser. Es gibt viele Arten von unterschiedlicher Qualität. Die meisten monofilen Schnüre werden in Deutschland und Japan hergestellt. Das Bayer Perlon ist besonders beliebt zum Posenangeln, während Maxima beim Grundangeln bevorzugt wird.

Gewöhnliche monofile Schnüre sind dehnbar, ziemlich robust und ideal für die Hauptschnur auf der Rolle. Und sie werden in unterschiedlichen Farben hergestellt: von farblos über Grün bis Gelb ist alles erhältlich.

Knotiges Problem

Sobald ein Knoten in der Schnur ist, sei es für einen Haken oder ein Vorfach, wird die Belastungsgrenze der Schnur drastisch verringert. Einige Hersteller geben jetzt diese „Knotenstärken" auf der Spule an.

Beim Posenfischen reicht in der Regel eine Tragkraft von 0,9–1,4 kg aus, während für das Grundangeln eine Tragkraft von 1,4–1,8 kg notwendig ist. Angler von großen Karpfen und Hechten sollten Hauptschnüre mit mindestens 4,5 kg Tragkraft benutzen.

Vorfächer, die Verbindungsschnüre zwischen Hauptschnur und Haken, haben eine geringere Stärke als Hauptschnüre. Verfängt sich der Haken, verliert man nur das Vorfach. Die Tragkraft des Vorfachs sollte 10–20 Prozent unter jener der Hauptschnur liegen.

Vorgedehnte Schnüre

Einige Schnüre werden vorgedehnt, um ihren Durchmesser zu verringern und sie so für Fische unauffälliger zu machen. Trotz ihres geringen Durchmessers haben sie eine hohe Tragkraft verglichen mit monofilen Hauptschnüren. Sie sind jedoch ziemlich spröde, da sie

UNTEN EIN WAHRER DSCHUNGEL FÜR NEULINGE. ES GIBT EINE VERWIRRENDE VIELFALT AN ANGELSCHNÜREN, ABER MAN MUSS DIE SPEZIFISCHEN QUALITÄTEN JEDER SCHNURART KENNEN, BEVOR MAN EINE WAHL TRIFFT.

OBEN MAXIMA IST EINE POPULÄRE MARKE FÜR HAUPTSCHNÜRE, BESONDERS FÜR DAS GRUNDANGELN.

während ihrer Herstellung der Dehnfähigkeit beraubt werden, und damit für den Gebrauch als Hauptschnüre nicht mehr besonders gut geeignet sind.

Sie sollten nur für das Vorfach oder als Hauptschnur bei Stippruten benutzt werden, wo ein Gummizug in der Rute als Dämpfer dient. Pro-Mikron-Schnüre sind besonders beliebt, aber wegen der aufwändigen Herstellung auch doppelt so teuer wie gewöhnliche monofile Schnüre.

Häufig wird für die Reißfestigkeit einer Schnur nicht die Tragkraft, sondern der Durchmesser einer Schnur angegeben. Dabei handelt es sich immer um vorgedehnte Schnüre. Die nebenstehende Tabelle bietet für verschiedene Marken grob die Möglichkeit, anhand des Durchmesser die Belastungsgrenzen zu ermitteln.

Durchmesser	Tragkraft
0,07 mm	0,5 kg
0,08 mm	0,7 kg
0,09 mm	0,9 kg
0,10 mm	1,1 kg
0,12 mm	1,4 kg
0,14 mm	1,8 kg
0,16 mm	2,3 kg

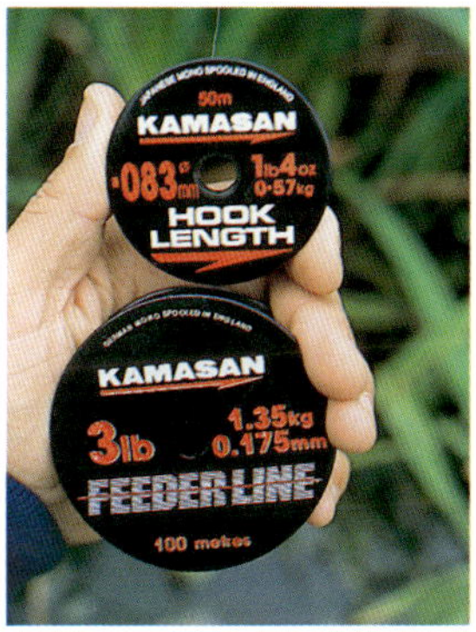

OBEN EINIGE HERSTELLER VERWEISEN AUF DIE IDEALEN ANWENDUNGSBEREICHE DER SCHNUR.

Geflochtene Hauptschnur

Geflochtene Schnüre werden aus unterschiedlichen Materialien durch Verweben von einzelnen Fasern hergestellt. Sie können entweder als Hauptschnur oder als Vorfach benutzt werden. Geflochtene Hauptschnüre werden im Allgemeinen in Spulen von mindestens 100 m geliefert, während geflochtene Vorfächer auf 10–20-m-Spulen erhältlich sind.

Geflochtene Schnüre als Hauptschnur werden zunehmend beliebter. Sie sind nicht dehnbar, was für den Köderfischer von Nutzen ist, denn diese Schnüre geben beim Angeln von Hechten, Zander und Barschen jede Bewegung des Fisches an den Angler weiter, anders als die dehnbaren monofilen Schnüre.

Köderfischer benötigen eine sinkende geflochtene Schnur, wie Berkley Fireline oder Gorilla Braid. Schwimmende Sorten werden dagegen von Hechtanglern benutzt, die gerne Treibköder verwenden.

Einige Karpfen- und Schleienfachleute benutzen nicht dehnbare Schnüre, um den Angelplatz auszuloten. Sie werfen ein Blei aus und ziehen es den Grund entlang, um nach vielversprechenden Kiesbänken zu suchen, denn mit einer geflochtenen Schnur kann man jeden Stein spüren, über den das Blei gezogen wird, sogar über 100 m Distanz.

Die meisten Ruten sind für den Gebrauch mit monofilen Schnüren bestimmt, es ist also wichtig, für die letzten 7,5 m eine monofile Führungsschnur von etwa 3,5 kg Tragkraft zu verwenden.

OBEN KRYSTON STELLT GUTE VORFÄCHER HER, DIE WEICHHEIT UND FEINHEIT KOMBINIEREN.

Geflochtene Vorfächer

Geflochtene Vorfächer sind weicher und geschmeidiger als geflochtene Hauptschnüre. Im Vergleich zu monofilen Schnüren haben sie bei gleicher Reißfestigkeit einen wesentlich kleineren Durchmesser. Sie sind daher bei Anglern, die auf vorsichtige Fischarten in bewachsenen Gründen aus sind, beliebt. Allerdings sind sie viel kostspieliger als ihre monofilen Gegenstücke.

Angler von Großfischen verwenden gerne geflochtene Vorfächer von 15–40 cm Länge. Die wichtigsten Marken sind hierbei Kryston und Drennan.

Haken und Knoten

Es gibt Hunderte von Hakensorten auf dem Markt, und es ist daher nicht verwunderlich, dass Anfänger häufig die falsche Wahl treffen. Glücklicherweise machen heute einige Hersteller Angaben zur richtigen Verwendung auf der Verpackung.

OBEN ES GIBT EINE ERSCHRECKENDE VIELFALT VON HAKEN AUF DEM MARKT, ABER DER NEULING SOLLTE SEINE WAHL AUF DAS WESENTLICHE BESCHRÄNKEN.

Für kleine Fische (z. B. Rotauge, Weißfisch und Brassen) sollte man kleine, feine Haken (z. B. Größe 18–22) mit kleinen Ködern (z. B. Würmer oder Maden) verwenden.

Je größer der Fisch, den man angeln möchte, desto größer und stärker muss der Haken sein, da feine Drahthaken von großen, hart kämpfenden Fischen leicht gerade gebogen oder abgebrochen werden. Sie können beispielsweise Größe 10–12 mit einem Brotklumpen zum Angeln von Döbeln benutzen und Größe 4–8 mit einem Boilie als Köder für große Karpfen.

Stärke gegen Sichtbarkeit

Die Stärke des Hakens ist sehr wichtig, da große Fische oft von Baumstümpfen und Ähnlichen weggezogen werden müssen, um sie zu landen. Die Stärke bestimmt sich hauptsächlich durch die Dicke des verwendeten Drahts. Je dicker er ist, umso stärker ist der Haken. Die als geschmiedet gekennzeichneten sind besonders stabil und kaum zu verbiegen, es sei denn, Sie wollen Nessie an den Haken bekommen.

Also warum überhaupt feine Drahthaken verwenden? Warum nicht immer einen starken Haken benutzen und so jeden Fisch sicher an Land ziehen? Abgesehen davon, dass eine einzelne Made auf einem Haken der Größe 8 recht seltsam aussieht, sollte man Fische nicht für dumm halten.

Ein großes, starkes Stück Draht, das aus einer geschmackvoll aussehenden Mahlzeit herausragt, kann sogar junge Fische sehr misstrauisch machen, insbesondere, wenn sie bereits mehrfach gefangen wurden. Je kleiner und feiner der Haken, umso geringer ist die Wahrscheinlichkeit, dass sie ihn sehen oder fühlen. Das kann in einem kommerziellen Fischteich mit großen Fischen, wie Karpfen, die einen feinen Drahthaken augenblicklich gerade biegen können, zum Problem werden. An diesen Angelplätzen kann ein Haken der Größe 20 notwendig sein, wenn man Erfolg haben will: Sehr wirkungsvoll ist hier ein kleiner Haken aus starkem Draht.

Haken sind entweder mit einer Öse versehen, und die Schnur wird mittels eines Knotens an der Öse befestigt, oder sie haben ein Plättchen, das am Schenkel des Hakens mit einem doppelten Wickelknoten umwickelt ist, um es mit der Schnur zu verbinden.

Der Standardknoten für die Befestigung eines Ösenhakens ist ein halber Blutknoten, der nicht schwer zu erlernen ist. Plättchenhaken zu befestigen ist schwieriger, in jedem Angelfachgeschäft sind aber auch bereits vorverknotete Plättchenhaken erhältlich. Diese sollten an die Hauptschnur entweder Schlaufe an Schlaufe oder mit einem Knoten gebunden werden.

Vom Autor empfohlene Haken

Stippfischen: Kamasan B511.

Wagglerfischen: Tubertini Series 2.

Feederangeln: Mustad 90340.

Spezialangeln: Target High Carbon, Drennan Specimen, Drennan Superspecialist.

OBEN FÜR DEN NEULING EMPFIEHLT SICH EIN FERTIG GEBUNDENER HAKEN ZUM FREIZEITANGELN.

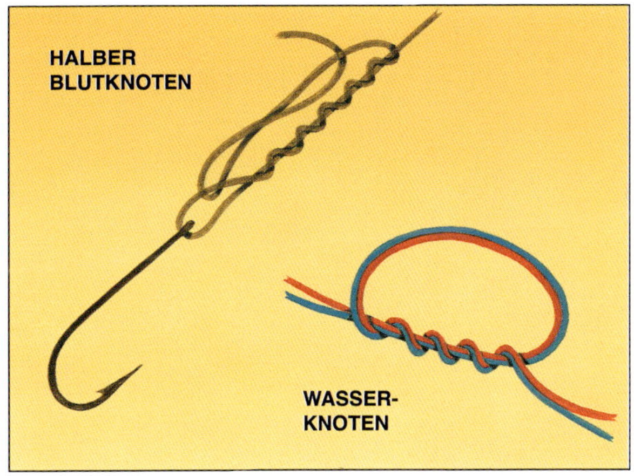

OBEN DER HALBE BLUTKNOTEN EIGNET SICH GUT ZUR BEFESTIGUNG VON HAKEN, DREHTEILEN ODER BLEIEN. HAKEN- UND HAUPTSCHNUR WERDEN AM BESTEN MIT DEM WASSERKNOTEN VERBUNDEN.

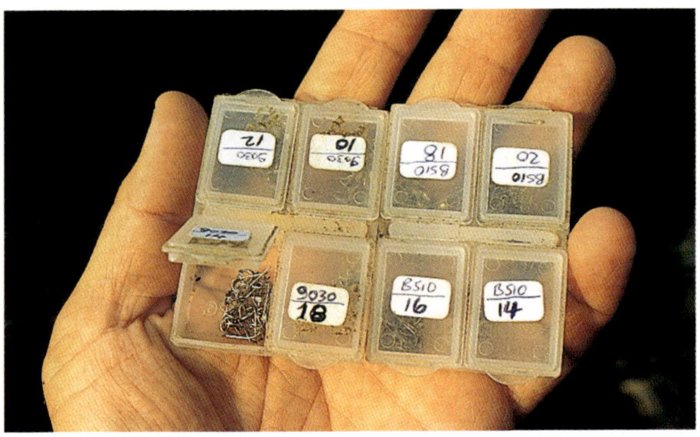

OBEN VIELE ANGLER BEWAHREN IHRE HAKEN IN GUT BESCHRIFTETEN SCHACHTELSYSTEMEN AUF.

Hakengrößen

Hakengrößen werden mit Nummern ausgewiesen. Die kleinsten Haken für das Süßwasserangeln beginnen mit 30. Die Größen können jedoch von Hersteller zu Hersteller etwas variieren. Viele Hersteller machen darüber hinaus aber auch Angaben zur genauen Verwendung auf der Packung.

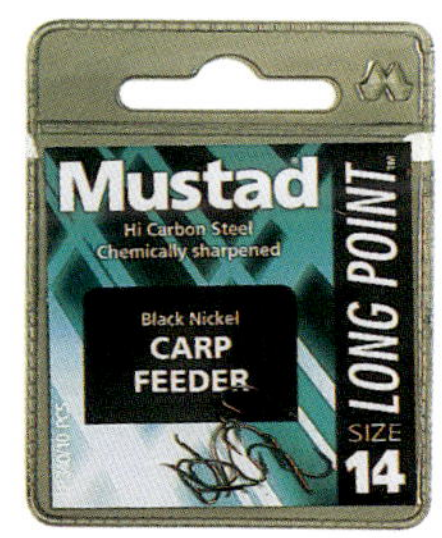

OBEN VIELE HERSTELLER GEBEN DIE ANWENDUNGSBEREICHE DES HAKENS AUF DER VERPACKUNG AN. DAS IST BESONDERS FÜR DEN ANFÄNGER HILFREICH, DENN ES KANN SCHWIERIG SEIN, FÜR JEDEN ANGELPLATZ DEN GEEIGNETEN HAKEN ZU WÄHLEN.

Widerhaken und Farben

Es gibt Haken mit und ohne Widerhaken oder mit Mikrowiderhaken. Die Widerhaken halten einen Lebendköder am Haken fest, aber auch den Fisch. Solange Sie allerdings die Schnur zwischen der Rute und dem Fisch beim Einholen straff halten, genügen auch glatte Haken. Viele kommerzielle Fischteiche bestehen auf glatte Sorten, um Verletzungen bei den Fischen zu vermeiden. Exemplare mit Mikrowiderhaken haben einen winzigen Widerhaken direkt unterhalb der Spitze und sind ideal zum Stippfischen.

Haken sind in vielen Farben erhältlich. Wichtiger jedoch sind Größe und Beschaffenheit des Hakens.

Auch bei den Hakenformen mit ihren unterschiedlichen Schenkellängen und Kurven herrscht eine unglaubliche Vielfalt. Erfahrung ist hierbei der beste Führer.

Empfehlenswert für Anfänger sind beim Freizeitangeln die vorverknoteten Plättchenhaken, wie z. B. die Drennan Team England Super Carbon Maggot oder die Drennan Carbon Feeder. Für spezialisiertes Fischen, wie beispielsweise auf Barbe oder Döbel, braucht man stärkere Sorten, etwa Drennan Specimen, Carbon Specimen oder Drennan Superspecialist.

Posen

Jeder Angelneuling wird wahrscheinlich von der Auswahl an Posen, die in Angelfachgeschäften erhältlich sind, vollkommen verwirrt sein. Waggler, Stachelschweinposen, Laufposen, Stabposen, Spirolinos, Holzposen, Knicklichtposen, Matchposen, Gleiter und vieles mehr wird angeboten. Posen mit verschiedenen Antennen und Drähten gehören ebenso zum Standardrepertoire wie solche, die zwei oder drei kleine Schrotkörner tragen, und jene, die 10 g oder mehr Gewicht zur richtigen Einstellung benötigen.

Selbst wenn Sie in Ihrem lokalen Angelfachgeschäft nach einem Waggler fragen, ist das kein einfaches Unterfangen. Man wird Sie vielleicht fragen, ob Sie einen geraden oder einen Einsetzwaggler möchten, einen großen oder beschwerten Waggler, einen Kristall oder einen Pfau!

Jeder dieser Posen ist für unterschiedliche Einsatzbereiche und verschiedene Arten des Angelns bestimmt. Doch wie finden Sie Ihren Weg durch das Posenlabyrinth? Leider ist die Aussicht, sich schnell einen Überblick über alle Verwendungen zu verschaffen, sehr gering.

OBEN WAGGLER WERDEN NUR AM UNTEREN ENDE AN DER SCHNUR BEFESTIGT. SIE KÖNNEN IN FLÜSSEN UND RUHIGEN GEWÄSSERN VERWENDET WERDEN.

LINKS STACHELSCHWEINPOSEN SIND FÜR DEN GEBRAUCH IN FLIESSENDEM WASSER BESTIMMT.

Tipp

Anfänger sollten von den Posen mit Drahtborsten Abstand nehmen, denn das Ausbalancieren ist ein Albtraum. Posen mit Nylon- oder Rohrborsten sind für sie geeigneter.

Es ist daher ratsamer, die wichtigsten Posenarten und die ihnen zugrunde liegenden Theorien zu verstehen.

Waggler

Waggler sind Posen, die mit einem Ring am unteren Ende der Schnur befestigt werden. Die Pose wird mit Klemmschrot zu beiden Seiten im Gleichgewicht gehalten. Durch Hinzufügen von Schrot wird die Pose so beschwert, dass nur noch etwa 1 cm der hellen Spitze aus dem Wasser ragt. Sie wird sowohl in ruhigen als auch fließenden Gewässern verwendet und ist für unterschiedliche Tiefen in verschiedenen Ausführungen erhältlich. Als Grundregel gilt: Je weiter man werfen muss und je tiefer das Wasser, desto schwerer sollte der Waggler sein.

Es gibt aber auch bereits beschwerte Waggler mit Ballast in der Basis, sodass weniger Schrot benötigt wird, um sie im Wasser aufrecht zu halten.

Stachelschweinposen

Stachelschweinposen werden in fließenden Gewässern verwendet. Sie werden mit weichen Gummiringen an der Schnur befestigt. Im Gegensatz zum Waggler wird dabei die von der Rute kommende Schnur an der Oberseite der Pose befestigt. Diese Anordnung ermöglicht eine bessere Kontrolle der Pose in ihrem Lauf stromabwärts. Der Angler kann so die Pose verlangsamen, gegen den Strom halten und sogar die Bewegung des Köders verändern, um so scheue oder vorsichtige Fische zum Biss zu verleiten.

Stachelschweinposen werden aus Rohr (für die Arbeit auf kurzer Distanz), aus Lignumholz (für weitere Würfe) oder aus Draht (für turbulentes Wasser) hergestellt.

Stabposen

Das Angebot an Stabposen ist sehr umfangreich. Die Mehrzahl wird durch zwei kleine Gummibänder und eine Öse an der Schnur befes-

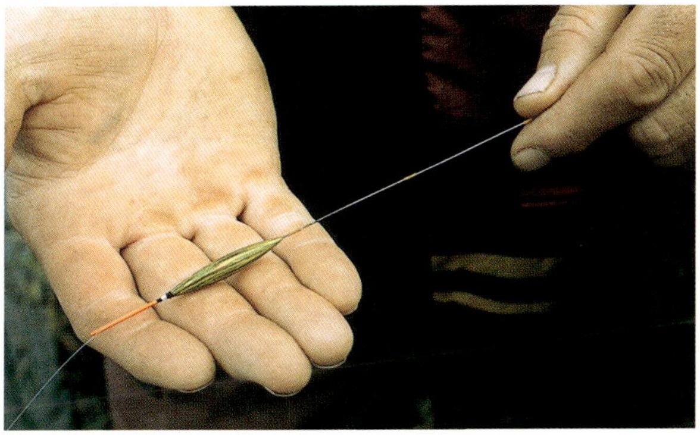

OBEN STABPOSEN WERDEN DURCH ZWEI GUMMIBÄNDER UND EINE KLEINE ÖSE AN DER SCHNUR BEFESTIGT.

OBEN HECHTPOSEN MÜSSEN GROSS GENUG SEIN, UM KÖDER ZU TRAGEN, OHNE ZU SINKEN.

tigt. Die Pose mit dem verdickten Teil im oberen Bereich ist für den Gebrauch in fließenden Gewässern bestimmt, damit sie im Strom zurückgehalten werden kann. Ist der dickere Teil unten, handelt es sich um eine Pose für ruhige Gewässer.

Im Allgemeinen verwendet man Draht- und Carbonstiele für das Fischen auf dem Grund. Sie verfügen über gute Stabilität bei unruhigem Wasser, während Rohrposen für das Angeln im Mittelwasser oder in den oberen Schichten des Wassers verwendet werden.

Hechtposen

Hechtposen sind viel größer als Waggler, Stachelschwein- oder Stabposen, da sie ausreichendes Tragvermögen für einen Köder haben müssen, ohne zu sinken.

Viele Hechtposen haben eine hohle Mitte, durch die die Schnur geführt wird. Sie können so an der Schnur entlanggleiten, bis sie auf einen Knoten treffen. Auf diese Weise kann auch eine bestimmte Wassertiefe im Voraus eingestellt werden.

LINKS ES GIBT EINE ERSTAUNLICHE ANZAHL VON POSEN. DIE MEISTEN ANGLER LEGEN SICH EINE SAMMLUNG VERSCHIEDENER POSENARTEN FÜR DEN EINSATZ AN UNTERSCHIEDLICHEN ANGELPLÄTZEN UND ZUM FANGEN BESTIMMTER FISCHARTEN ZU.

BISSANZEIGEN

Nehmen wir an, Sie sind mit dem notwendigen Angelgerät ausgerüstet. Der nächste Schritt wäre die Wahl einer Bissanzeige. Beim Posenfischen ist das einfach. Sie balancieren die Pose mit Schrot aus, bis nur noch 1 cm aus dem Wasser ragt. Geht die Pose unter, hat ein Fisch angebissen. Das funktioniert sogar nachts dank der Knicklichtposen, die in der Dunkelheit leuchten.

Beim Grundangeln verhält es sich anders, aber auch hier stehen verschiedene Bissanzeigen zur Verfügung, abhängig von der Fischart, die Sie angeln möchten.

Zitterspitzen

Eine steife, aber frei bewegliche Spitze wird an die Rutenspitze angebracht. Man wirft die Angel aus, legt die Rute in den Rutenhalter und zieht die Schnur fest, bis sich die Zitterspitze etwas neigt. Ein Biss führt dazu, dass die Zitterspitze sich dreht oder zurückfällt.

Entsprechend ihrer Anbringung an der Rutenspitze unterscheidet man drei Zitterspitzen: die Einsetzspitze, die in eine Hülse an der Rutenspitze gesteckt wird, die Schraubspitze, die mittels eines Gewindes an der Rute befestigt wird, und die Kappenspitze, die über die Rutenspitze gestülpt wird. Ich selbst bevorzuge Einsetzspitzen. Passend zu diesen Zitterspitzenvarianten sind auf dem Markt Ruten mit drei unterschiedlichen Spitzenstärken erhältlich.

Die relative Stärke von Zitterspitzen wird mit Testkurven gemessen: Eine 15-g-Spitze ist ideal für ruhige Gewässer an windstillen Tagen, eine 30-g-Spitze für ruhige Gewässer an windigen Tagen und für Flüsse mit geringer Strömung, eine 60-g-Spitze ist für Flüsse mit mittelstarker Strömung geeignet und so weiter.

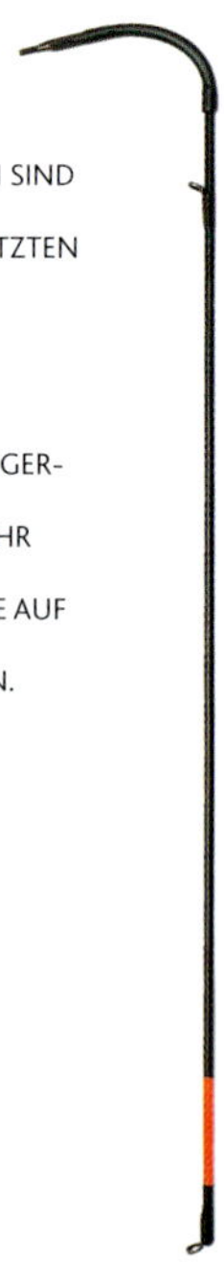

LINKS ZITTERSPITZEN SIND EINE DER MEISTGENUTZTEN BISSANZEIGEN.

RECHTS DIE SCHWINGERSPITZE BIETET EINE SEHR SENSIBLE BISSANZEIGE AUF RUHIGEN GEWÄSSERN.

Schwingspitzen

Schwingspitzen werden ähnlich wie Zitterspitzen befestigt, aber anstatt der Angelschnur zu folgen, hängen sie in einem 90°-Winkel an der Rutenspitze befestigt nach unten. Der Angler wirft aus und legt die Rute in den Rutenhalter. Ein Biss bewirkt, dass die Spitze sich in Richtung Rute bewegt oder zurückfällt.

Schwingspitzen sind sehr sensibel und liefern überragend gute Anzeigen in stillen Gewässern, da Fische so gut wie keine Spannung spüren. Sie werden häufig von Anglern verwendet, die sich auf Brassen und Rotaugen konzentrieren. In fließendem Wasser sind sie jedoch nicht einsetzbar, da die Strömung die Spitze gerade richtet und somit die Bisserkennung unmöglich macht.

Bissalarm

Bissalarme lassen bei einem Biss ein akustisches Signal ertönen und ermöglichen dem Angler so, seinen Blick von der Anzeige abzuwenden. Da sie auch über ein Leuchtsignal verfügen, werden sie besonders für das Nachtangeln eingesetzt. Der Bissalarm wird an der Rutenhalterung befestigt. Die Hauptschnur wird in eine Nut des Alarmgeräts in Position gebracht. Wenn ein Fisch den Köder aufnimmt und an der Schnur zieht, löst er ein akustisches Signal aus, zugleich leuchtet ein Licht auf.

Bissalarme werden auch als Sichtanzeige in Verbindung mit einer der unten beschriebenen Anzeigen verwendet.

Bobbins und Kletteraffen

Dies sind alle möglichen Formen von Bissanzeigen, die an die Schnur zwischen der Spule und dem ersten Ring der Rute gehängt werden und sich bei einem Biss nach oben oder unten bewegen. Der Angler

OBEN BISSALARME WERDEN ALS VORDERE RUTENABLAGE EINGESETZT UND GEBEN EIN AKUSTISCHES UND EIN OPTISCHES SIGNAL. HIER WERDEN SIE IN VERBINDUNG MIT BOBBINS VERWENDET, DIE AN DER SCHNUR BEFESTIGT SIND.

wirft aus und legt die Rute in den Halter. Er spannt dann die lockere Schnur, bringt den Bobbin an und spult Schnur von der Spule, bis der Bobbin mehrere Zentimeter herunterhängt. Beißt ein Fisch an, bewegt der Bobbin sich nach oben oder unten, je nachdem, in welche Richtung der Fisch schwimmt.

Der Kletteraffe ist ein Bobbin mit Stahlstab, der in den Boden gesteckt und so gegen Windeinflüsse geschützt wird. Beißt ein Fisch an, gleitet der Bobbin an dem Stab auf und ab. Gute Bobbins haben eine Befestigung, an der man Knicklichter für das Nachtfischen anbringen kann. Sie funktionieren mit laufenden Angeln besser als mit Bolt Rigs (siehe Seite 57).

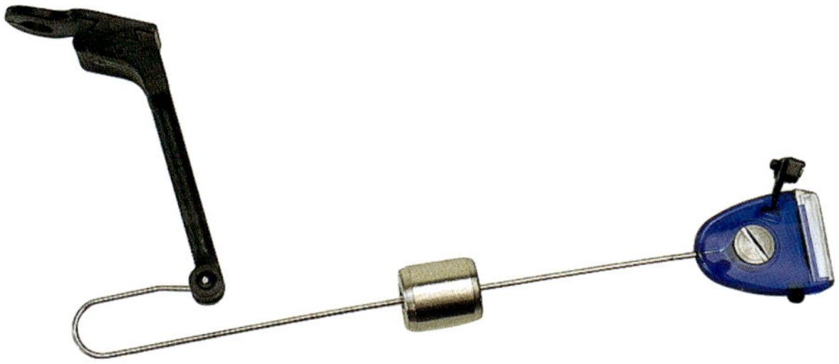

OBEN SCHWINGER KÖNNEN DURCH DIE POSITIONIERUNG EINES GEWICHTS AM ARM DEN BEDINGUNGEN VOR ORT ANGEPASST WERDEN.

Schwinger

Schwinger sind Bissanzeigen, die speziell für das Karpfenfischen bestimmt sind. Sie werden am vorderen Bankstab unter dem Bissalarm befestigt. Ein Arm mit einer Clipbefestigung, an dem die Hauptschnur und eventuell ein Knicklicht angebracht sind, hängt nach unten.

Ein Gewicht auf dem Schwingarm kann den Windverhältnissen angepasst werden. Der Clip gibt die Schnur frei, wenn ein Fisch anbeißt.

Schwinger werden gewöhnlich in Verbindung mit einem Bolt Rig verwendet.

Springer

Springer sind eine weitere anspruchsvolle Bissanzeige für Karpfenfische. Der Springer hält die Schnur unter Spannung. Sobald ein Fisch anbeißt, springt er von der Schnur und trägt damit dazu bei, den Haken einzusetzen. Er wird ähnlich wie der Schwinger in Position gebracht und gewöhnlich mit einem Bolt Rig verwendet.

LINKS EIN KLETTERAFFE FUNKTIONIERT WIE EIN BOBBIN, GLEITET ABER AUF EINEM VERTIKALEN STAB AUF UND AB, WENN DIE SCHNUR VON EINEM FISCH BEWEGT WIRD.

UNTEN EIN SPRINGER IST EINE ANSPRUCHSVOLLE KARPFENBISSANZEIGE, DIE DAZU BEITRÄGT, DEN HAKEN EINZUSETZEN, WENN EIN FISCH ANBEISST.

Zubehör

Es gibt unendlich viele Dinge, die den Angelausflug bequemer und erfolgreicher machen. In diesem Abschnitt möchte ich mich jedoch auf das wesentliche Zubehör konzentrieren. Um sich darüber hinaus zu informieren, welches Anglerzubehör angeboten wird, brauchen Sie sich nur in einem Angelfachgeschäft umzusehen. Doch denken Sie nicht, dass Sie zu Beginn schon all diese Dinge benötigen. Im Laufe der Zeit werden Sie Ihre Ausrüstung Ihren persönlichen Anforderungen entsprechend vervollständigen.

Hakenlöser

Hakenlöser sind ein wesentlicher Bestandteil der Ausrüstung, um die Haken schnell und sicher aus einem Fisch zu entfernen. Sie benötigen einen Mikrohakenlöser für Hakengröße 22 und kleiner, und einen Hakenlöser normaler Größe für Hakengrößen 14–20. Für größere Haken sollten Sie lieber eine Hakenschere oder -zange benutzen, vor allem, wenn der Haken fest im Fisch hängt. Die besten Hakenlöser sind aus Plastik. Wenn sie ins Wasser fallen, schwimmen sie. Einige Hersteller bieten solche Hakenlöser mit einem Mikrolöser an einem Ende und einem normalen Löser am anderen an.

Fangkescher

Kescher sind in unterschiedlichen Arten erhältlich. Zum Flussfischen benötigen Sie einen weitmaschigen Kescher, durch den das Wasser leicht abfließt, sodass Ihnen das Netz nicht aus der Hand gerissen wird, wenn Sie gerade dabei sind, einen Fisch zu landen. Feinmaschige Kescher sind für ruhige Gewässer bestimmt. Sie sollten die Kescher passend zu der Fischart wählen, die Sie fangen wollen. Sehr flache Pfannennetze sind für das Kanalfischen geeignet. Wenn Sie auf größere Fische aus sind, wie Karpfen und Schleien, sollten Sie tiefere Netze kaufen, die in unterschiedlichen Formen erhältlich sind. Artennetze sind für große Karpfen, Hechte oder Welse geeignet.

Befestigungsstangen

Jeder Angler benötigt eine Auswahl von Befestigungsstangen, an die er Rutenhalter, Köderbehälter und dergleichen schrauben kann. Die besten Befestigungsstangen haben einen Teleskopstiel und eine starke, solide Spitze, die sich leicht in den Boden drücken lässt. Lassen Sie sich nicht dazu verleiten, eine Befestigungsstange als Handgriff für Ihren Fangkescher zu benutzen; kaufen Sie stattdessen einen für diesen Zweck bestimmten Handgriff für Kescher.

LINKS MIT EINER FUTTERSCHLEUDER LASSEN SICH GRUNDKÖDER UND LOSES FUTTER PRÄZISE PLATZIEREN.

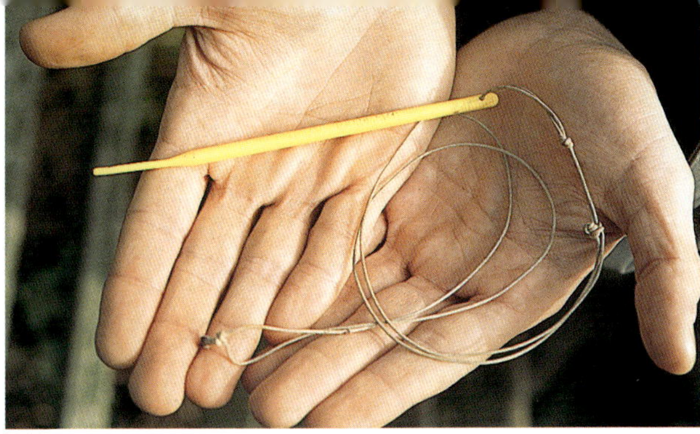

OBEN PLASTIKHAKENLÖSER SIND SEHR PRAKTISCH: SIE GEHEN NICHT UNTER.

OBEN KLEMMSCHROTE.

Futterschleudern

Wenn Sie weiter als 5 m vom Ufer entfernt fischen, benötigen Sie eine Schleuder, um die Stelle zu befüttern. Rutenschleudern sind bis zu ungefähr 16 m sehr genau, Matchschleudern eignen sich bis zu 25 m zum Wagglerfischen und Grundköderschleudern zum Abschießen von Futterbällchen bis zu 30 m.

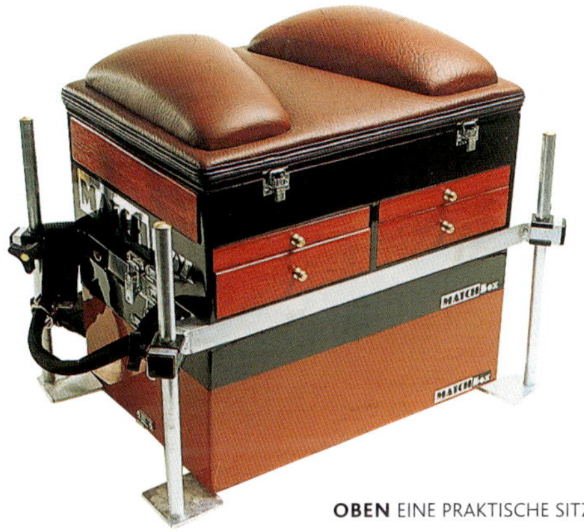

OBEN EINE PRAKTISCHE SITZVORRICHTUNG.

Sitze

Sie werden etwas zum Sitzen brauchen, während Sie auf einen Biss warten. Für Anfänger gibt es einige Plastiksitzkästen, die unschlagbar sind. Sie haben bequeme Trageriemen und jede Menge Platz für Ihre Ausrüstung. Zudem können an den Seiten Behälter angebracht werden, die all Ihre Kleinteile aufnehmen. Sie können in Ihrem Angelfachgeschäft auch nach Nivellierstützen fragen, die an abschüssigen Ufern eine große Hilfe sein können. Wenn Ihr Angeln Fortschritte macht, können Sie sich einen der teureren Kästen zulegen. Diese haben eingebaute Nivellierungen, integrierte Seiten- und Frontbehälter für Ihre Kleinteile sowie gepolsterte Sitze. An vielen der Kästen können Räder angebracht werden, um den langen Weg das Ufer entlang einfacher zurückzulegen.

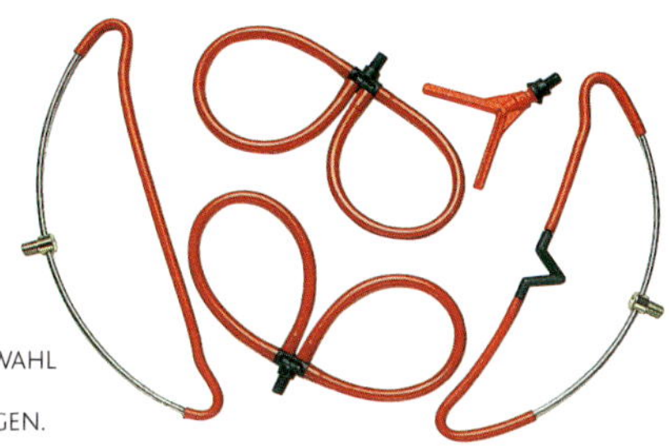

RECHTS EINE AUSWAHL VON RUTENAUFLAGEN.

Klemmschrote und Olivenbleie

Klemmschrot wird dazu benutzt, Ihre Posen unten zu belasten, sodass nur ein kleines Stück der Spitze über dem Wasser herausragt. Die Größenbezeichnungen sind absteigend: SSG, SG, AAA, AA, BB, 1, 4, 6, 8, 9, 10, 11, 12, 13, 14. Die größeren Schrote werden zusammen mit kleineren Schroten, z. B. Größe 8, an der Unterseite der Pose angebracht, wo sie ungefähr vier Fünftel des erforderlichen Gesamtgewichts bilden. Beim Fischen mit Stabposen ist der größte Teil des Gewichts im zweiten Drittel der Schnur unterhalb der Pose befestigt, mit kleineren Schrotkörnern darunter. Anstatt für den Hauptteil des Gewichts Schrot zu benutzen, können Sie Olivenbleie kaufen, die in Gramm gemessen werden. Größerer Klemmschrot wird beim Paternosterangeln benutzt (siehe Seite 55).

Rutenauflagen

Ein weiterer wichtiger Bestandteil der Ausrüstung für alle Arten von Angeln sind die Rutenauflagen. Für das Grundangeln eignen sich am Besten jene mit mehreren Nuten, da sie eine sorgfältige Einstellung der Zitterspitze zulassen. Zum Posenfischen sind die Auflagen mit einem weichen Band, auf dem die Rute abgelegt wird, die bessere Wahl, da diese die Rute schonen.

KÖDER

NATURKÖDER

OBEN MADEN, PINKIES, LARVEN UND PUPPEN. SIE GEHÖREN ZU DEN BELIEBTESTEN NATÜRLICHEN KÖDERN.

Sie können das beste Zubehör, die fantastischste Ausrüstung und den sichersten Fischlockstoff besitzen, aber wenn der Fisch, hinter dem Sie her sind, Ihren Köder nicht mag, dann fangen Sie ihn auch nicht.

Daher bietet Ihnen der folgende Abschnitt eine kurze Übersicht über die Hauptköder und ihre Einsatzbereiche sowie einige Tipps zur Beködерung der Haken. Aber auch hier ist die Erfahrung entscheidend. Experimentieren Sie mit verschiedenen Ködern und Anbringungsmethoden, bis Sie die richtige Kombination für jeden Tag gefunden haben.

Fische haben von Tag zu Tag unterschiedliche Futtergewohnheiten, und obgleich ein großer Klumpen Paste den Döbel am Samstag anbeißen lässt, muss es am Sonntag vielleicht eine Made sein, damit Sie erfolgreich sind.

Fliegenmaden

Fliegenmaden sind die Larven der Schmeißfliege. Sie sind der Standardköder für Freizeitangler. Die meisten Angelfachgeschäfte verkaufen Maden. Sie sind in vielen Farben, von Weiß über Rot bis zu Bronze erhältlich, wobei Bronze gerne für Flussfischen verwendet wird. Maden werden gewöhnlich literweise verkauft.

Tipp

Fügen Sie den Puppen am Anfang einer Angelsitzung Wasser zu, um zu verhindern, dass sie „schwimmende" Puppen werden. Oder halten Sie sie in dem luftdicht versiegelten Beutel, wie Sie sie im Angelfachgeschäft gekauft haben.

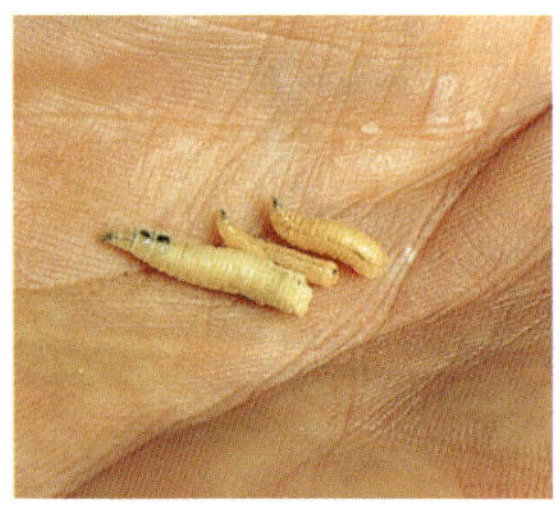

LINKS UNTEN EINE FLIEGENMADE, IN DER MITTE EINE PUPPE UND OBEN EIN PINKIE.

Frische Maden haben einen großen schwarzen Punkt an ihrem spitzen Ende. Sie sollten am stumpfen Kopfende auf den Haken (Größe 16–20) gesteckt werden.

Pinkies

Pinkies sind die Larven der Goldfliege und etwa halb so groß wie die Fliegenmade. Sie sind eine gute Alternative zu Maden, wenn Sie auf kleine oder besonders scheue Fische aus sind, wie sie während der Wintermonate vorkommen. Gewöhnlich sind sie rosafarben, können aber auch weiß, rot, bronze und rosa sein.

Pinkies sinken im Wasser langsamer als Fliegenmaden, sind also nicht so sehr als loses Futter im tiefen Wasser geeignet. Sie sollten auf die gleiche Weise wie Maden am Haken (Größe 18–22) befestigt werden.

Fliegenlarven

Die Larven der Hausfliege sind viel kleiner als Pinkies. Sie werden gewöhnlich in feuchtem, rotem Sand verkauft, sind entweder weiß

OBEN REGENWÜRMER SIND EIN AUSGEZEICHNETER NATÜRLICHER KÖDER FÜR VIELE FISCHARTEN, EINSCHLIESSLICH BARSCH, KARPFEN UND DÖBEL.

oder rot gefärbt und in den meisten Angelfachgeschäften erhältlich. Als Hakenköder sind sie nur in bestimmten Fällen geeignet, z. B. für besonders kleine Fische, wie sie in Kanälen vorkommen.

Fliegenlarven bewegen sich nicht sehr stark, weshalb sie besonders gut für Köderkugeln geeignet sind oder zum Fischen mit offenem Grundköder. Sie sind auch beliebt als Köder für Brachsen. Verwenden Sie für diesen Köder die Hakengröße 20–26.

Puppen

Puppen sind das letzte Stadium der Maden, bevor sie als Fliegen schlüpfen. Wenn Maden sich verpuppen, sind ihre Hüllen blass, und sie sinken leicht im Wasser. Im Freien werden sie dunkelbraun und dann zu „Schwimmern". Genau das sollte jedoch vermieden werden, die Puppen müssen sinken. Daher sollte man sie in Wasser getaucht halten oder luftdicht in einem Beutel versiegeln, so wie sie in Angelfachgeschäften verkauft werden.

Puppen sind ein sehr guter Köder, um Qualitätsfische anzulocken, wie beispielsweise Rotaugen. Die Puppe wird so auf den Haken (Größe 16–18) gesteckt, dass der Haken vollständig in der Hülle verschwindet.

Regenwürmer

Regenwürmer sind ein ausgezeichneter Köder für große Fische in Flüssen bei Hochwasser oder für große Barsche. Am besten werden sie entweder in der Erde aufbewahrt, aus der sie ausgegraben wurden, oder in Gras. Im Gras härtet sich die Haut der Würmer ab, was für den Köder vorteilhaft ist.

Regenwürmer findet man nachts auf Wiesen, nachdem es geregnet hat. Sie werden am Kopf auf dem Haken (Größe 8–12) angesteckt.

Die große Flucht

Maden und Pinkies sind schnell verschwunden. Wenn es zu regnen beginnt oder nass ist, müssen Sie sie in einem fest verschlossenen Behälter aufbewahren.

LINKS EINE PUPPE AUF DEM HAKEN. DER HAKEN IST INNERHALB DER SCHALE VERBORGEN.

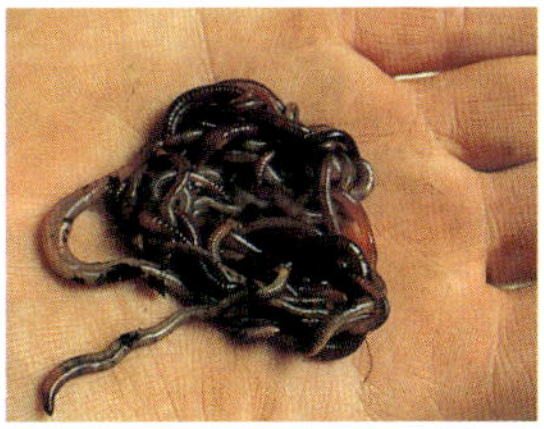

LINKS ROTWÜRMER SCHEINEN EIN UNWIDERSTEHLICHER KÖDER FÜR BRACHSEN ZU SEIN UND KÖNNEN LEICHT AUF KOMPOSTHAUFEN GESAMMELT WERDEN.

Riesenrotwurm

Die mittelgroßen Würmer sind ein ausgezeichneter Futterköder, wenn sie zerkleinert aus einem Futterkorb ins Wasser fallen gelassen oder dem Grundköder beim Brachsenfischen beigefügt werden. Als Hakenköder ist ein Stück Riesenrotwurm ideal, am besten wird er am Schnittende aufgespießt. Der Wurm ist in den meisten Angelfachgeschäften und sogar im Versandhandel erhältlich. Verwenden Sie Hakengröße 10–16.

Rotwurm (Mistwurm)

Der Rotwurm ist ein erstklassiger Brachsenköder, vor allem, wenn er mit einer Made oder einer Puppe garniert wird. Er findet sich auf jedem Komposthaufen.

Der dreifache Weltmeister Bob Nudd schneidet den Rotwurm in zwei Hälften und zieht beide Stücke an den Schnittenden auf den Haken (Größe 14–18), da er davon ausgeht, dass die Fische von den Körpersäften aus den Schnittenden angezogen werden.

Brot und Teilchenköder

Brotstücke

Brot ist ein vielseitiger Köder, der Fische aller Arten und Größen anzieht. Man kann Brot als Köder in vielen verschiedenen Formen verwenden. Die flaumig weiße Brotflocke von ungeschnittenem Brot ist besonders bei den Karpfen beliebt. Für den Angler hat die Brotflocke den Vorteil, dass die schwimmt, in hohem Grade sichtbar, weich und einfach zu würzen ist. Man legt sie um den Schenkel des Hakens (Größe 10–14), sodass die Hakenspitze noch herausragt, und drückt sie zusammen.

Beim Fischen über Seegras oder an der Oberfläche ist ein Stück Brot mit Rinde ideal.

Brotstanzen

Ausgestanzte Brotkrumen gemischt mit verflüssigtem Brotfutter sind ein sehr guter Köder für Rotaugen in klarem Wasser. Sie können sie entweder selbst machen oder als Fertigteig in Angelfachgeschäften kaufen.

Brotstanzen sind gewöhnlich mit Formen unterschiedlicher Größe erhältlich, die zum Ausstanzen der Brotkügelchen dienen. Je nach Fischart, die man angeln möchte, verwendet man verschiedene Formen. Die besten Resultate erzielt man mit frischem, geschnittenem Weißbrot.

Nehmen Sie einen Haken der Größe 14–22, drücken Sie die Spitze durch den Schlitz an der Seite des ausgestanzten Brots und drehen Sie den Haken, um ihn im Brotkügelchen zu befestigen.

OBEN BROTFLOCKEN SIND EIN IDEALER KÖDER FÜR VIELE FISCHARTEN.

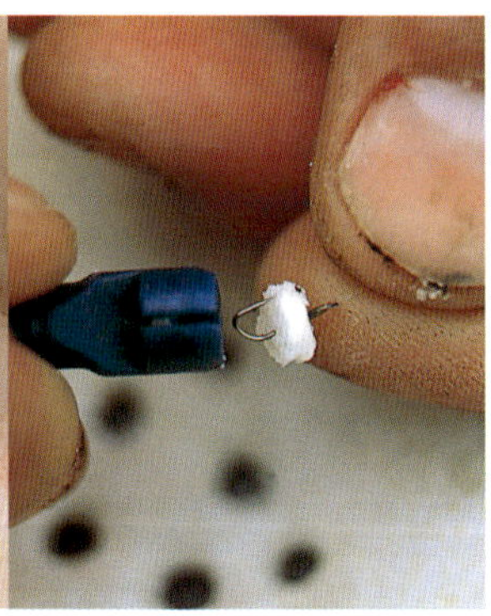

OBEN BROTSTANZEN SIND EFFEKTIV FÜR DEN FANG VON ROTAUGEN.

Tipp

Wenn Sie mit Brotpaste oder Flocken fischen, dann lassen Sie die Hakenspitze immer frei und unbedeckt vom Köder.

Hanf

Hanfsamen sehen zwar nicht sehr eindrucksvoll aus, sind aber vermutlich der beste Halteköder für Fische in stillen wie auch fließenden Gewässern. Ein Köder aus Made und Hanf ist für viele Wettkampf- und Freizeitangler Standard.

Sie können fertig gekochten Hanf in Angelfachgeschäften kaufen oder einfach selbst zubereiten. Lassen Sie den Hanfsamen leicht kochen, bis die Schalen anfangen aufzubrechen und der weiße Kern herauskommt, den die Fische lieben. Hanf lässt sich gut einfrieren, sodass Sie Köder für mehrere Sitzungen zubereiten können.

Mit Hanf kann am Haken gefischt werden, auch wenn es ziemlich schwierig ist, den Samen am Haken anzubringen. Hanf ist besonders bei Rotaugen sehr wirkungsvoll. Tatsächlich rühren Rotaugen an einigen schwer befischten Plätzen fast nie eine Made an, können aber mit dem „magischen Samen", wie Angler den Hanf nennen, ziemlich leicht gefangen werden. Verwenden Sie Samen, die gerade aufgesprungen sind, und benutzen Sie die Schale dazu, den Köder am Haken (Größe 16–20) festzuklemmen.

Wicken

Wicken sind ausgezeichnete Sommerköder an Plätzen mit vielen Rotaugen von 100 g oder mehr. Sie werden oft in Verbindung mit losem Hanf verwendet, aber wegen ihrer Größe eignen sie sich eher, um größere Fische anzulocken.

Wickensamen sehen wie schwarze Erbsen aus. Sie müssen 40 Minuten in Wasser gekocht werden, bis sie weich sind. Dann fügt man einen Teelöffel Soda hinzu, und sie erhalten eine attraktive schwarzviolette Farbe. Die Samen werden an der Haut auf den Hacken (Größe 16–18) gesteckt, sodass vom Haken viel frei bleibt. Wie beim Hanf kann ein paar Stunden Vorfüttern nötig sein, bis der Köder genommen wird, aber wenn die Rotaugen anbeißen, kann dies der Fang Ihres Lebens sein.

OBEN MAIS IST EIN BILLIGER UND BELIEBTER KÖDER FÜR GROSSE FISCHE.

Tipp

Bewahren Sie das Kochwasser des Hanfs auf und vermischen Sie es mit Ihrem Grundköder.

Klebrige Finger

Spülen Sie den Mais aus der Dose unter fließendem Wasser ab, so werden Ihre Finger nicht klebrig. Fangen Sie die Flüssigkeit aus der Dose auf und verwenden Sie sie für Ihren Grundköder.

Zuckermais

Mais ist ein idealer Köder, weil er preiswert ist und direkt aus der Dose an den Haken gesteckt werden kann. Er ist ein ausgezeichneter Sommerköder für große Fische, insbesondere Karpfen, Barben und Schleien. Auch fertig gewürzter, gefärbter Angelmais ist erhältlich. Mais ist wegen seiner gelben Farbe in klarem Wasser gut sichtbar. Er kann auf verschiedene Arten angeködert werden, doch sollte der Hakenschenkel so weit wie möglich bedeckt und die Spitze frei sein. Bei Hakengröße 16 stecken Sie ein Maiskorn auf, bei Größe 12 zwei Körner und so weiter.

RECHTS HANFSAMEN SIND EIN IDEALER HALTEKÖDER FÜR VIELE FISCHARTEN.

Selbst zubereitete Köder

Eine reizvolle Herausforderung ist das Angeln mit selbst zubereiteten Ködern, wobei Ihrer Fantasie für die Zutaten und Aromen keine Grenzen gesetzt sind.

Hersteller von Ködern vertreiben eine breite Palette an Farben, Zusätzen und Aromen, die Sie Ihren Pasten, Boilies und Grundködern beifügen können. Und auch Ihr lokaler Supermarkt ist voll von potenziellen Ködern, die Sie direkt aus der Dose oder der Packung auf den Haken stecken können.

Die in diesem Abschnitt vorgestellten künstlichen Köder waren in vergangenen Saisons für die meisten der großen Fänge verantwortlich.

Teig- und Pastenköder

Pasten sind ein ausgezeichneter Köder für Döbel, Karpfen, Barben und Schleien. Grundlage für den Pastenköder ist mindestens 4–5 Tage altes Weißbrot ohne Rinde. Das Brot einige Zeit in Wasser einweichen, herausnehmen und ausdrücken. Das ausgedrückte Brot in ein Geschirrtuch oder ein Baumwolltuch wickeln. Nochmals fest ausdrücken, bis eine teigige Masse entsteht. Nun kann die Masse mit unterschiedlichen Aromastoffen, Farben, Käse und vielem mehr verknetet werden. Mein Motto lautet „je geruchsintensiver, desto besser". Ich nehme besonders gerne Stilton-Käse zum Döbelfischen im Winter, aber auch anderer Blauschimmelkäse ist geeignet.

OBEN SIE KÖNNEN IHRE PASTE SELBST MACHEN ODER GEBRAUCHSFERTIG GEWÜRZT KAUFEN. ANGELGESCHÄFTE HALTEN EIN BREITES ANGEBOT BEREIT.

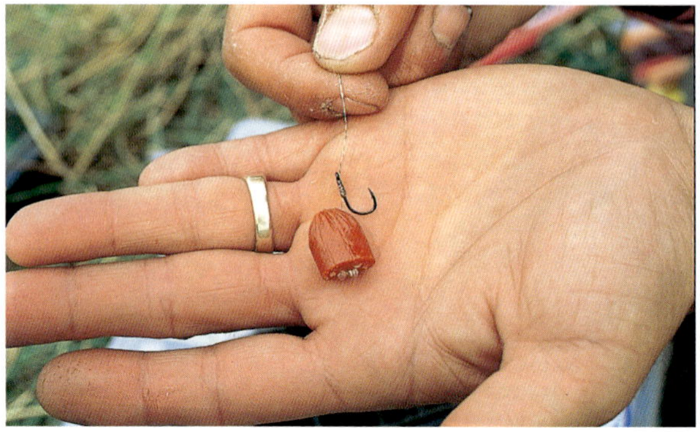

OBEN BOILIES UND FLEISCHKÖDER SOLLTEN AN EINER HAARMONTAGE ANGEBRACHT WERDEN.

> **Würzige Wurst**
>
> Wurstkonserve wird durch Anbraten in Öl aromatisiert, das zuvor mit Gewürzen vermischt wurde. Würzige Aromen sind im Winter und süße im Sommer am besten.

Die Paste sollte fest genug sein, um sich beim Auswerfen nicht vom Haken zu lösen, aber weich genug, damit ein Fisch anbeißen kann. Wenn Ihre Paste zu weich ist, können Sie der Mischung etwas Mehl zufügen.

Es gibt aber auch fertige Mischungen zu kaufen, denen nur noch Wasser zugefügt werden muss. Forellen-Pellet-Paste ist beim Karpfenfang besonders wirkungsvoll. Alle Pastenköder sollten so auf dem Haken (Größe 6–14) angebracht werden, dass sie den ganzen Schenkel und Bogen bedecken, aber die Spitze herausragt.

Boilies

Boilies sind kleine Kugeln aus einem Teig mit Ei, die gekocht werden und dabei eine harte Schale bilden, sodass kleine Fische sie nicht anknabbern können.

In Angelfachgeschäften kann man Grundmischungen kaufen, die alle möglichen schmackhaften Proteine, Fette und Vitamine enthalten. Zur Herstellung der Boilies die Grundmischung mit Ei, Aromastoffen und Farben vermischen und zu einem Teig verarbeiten. Daraus kleine Kugeln formen. Die Kugeln ungefähr 90 Sekunden in

OBEN SALAMI UND FLEISCHKONSERVEN SIND EIN AUSGEZEICHNETER KÖDER.

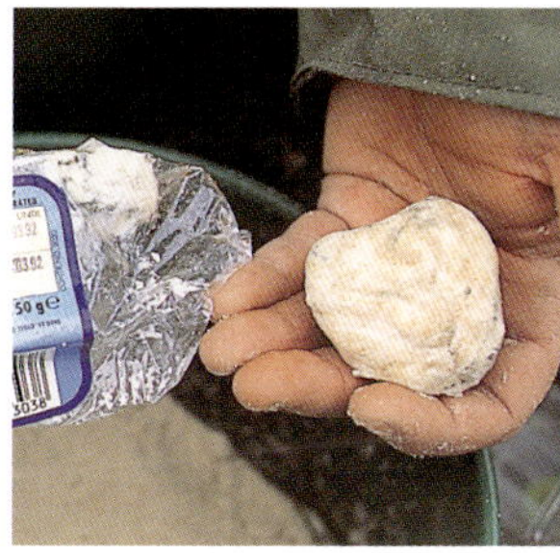

OBEN GERUCHSINTENSIVER KÄSE, WIE DÄNISCHER BLAUSCHIMMELKÄSE, ZIEHT FISCHE BEI HOCHWASSER AN.

OBEN WURSTKONSERVE IST EIN KLASSISCHER KÖDER FÜR KARPFEN, BARBEN UND DÖBEL. ER WIRD IN WÜRFEL GESCHNITTEN.

Wasser kochen. Einige Stunden trocknen lassen, bis sich außen eine harte Schale bildet. Boilies, die nicht sofort verwendet werden, im Gefrierfach aufbewahren.

Ist Ihnen die Herstellung zu aufwendig, können Sie Boilies auch gebrauchsfertig kaufen. Sie werden in unterschiedlicher Größe – in Millimetern gemessen – angeboten. Man sollte sie an einer Haarmontage anbringen, Hakengröße 4–10 sind dafür geeignet. Boilies sind vorzügliche Köder für Karpfen, Schleien, Döbel und Barben.

Käse

Käse kann mit Pasten vermischt verwendet, aber auch direkt von der Packung an den Haken gesteckt werden. Gummiartige Käse, wie Edamer und Gouda, sind am besten geeignet, sie sitzen fest am Haken und widerstehen dem permanenten Knabbern kleiner Fische. Aromatischer Käse, wie dänischer Blauschimmelkäse, ist sehr gut in Flüssen und in fließendem Wasser einsetzbar. Käse ist ein ausgezeichneter Döbelköder und sollte in Würfeln mit herausragendem Hakenpunkt angebracht werden. Benutzen Sie Hakengröße 6–12.

Fleischkonserven

Konservenfleisch ist besonders verlockend für Döbel, Barben und Karpfen. Wurstkonserve ist ein sehr beliebter Fleischköder und wird normalerweise in Würfeln auf einer Haarmontage oder direkt auf dem Haken angebracht. Andere gängige Fleischköder sind Salami, Katzenfutter und Würstchen. Benutzen Sie Hakengrößen 6–14.

Hundekuchen

Schwimmende Hundekuchen sind ein hervorragender Sommerköder für Karpfen. Sie ziehen auch andere Fischarten, einschließlich Döbel, an. Da sie sehr hart sind, kann ihre Anbringung am Hacken schwierig sein. Schneiden Sie hierzu auf einer Seite des Kuchens eine Kerbe, und befestigen Sie die Rückseite des Hakenschenkels mit Kleber in der Kerbe des Kuchens.

Hundekuchen sind einfach zu würzen und zu färben. Sie sollten in Verbindung mit einer Steuerpose verwendet werden. Benutzen Sie Hakengröße 10–12.

OBEN HUNDEKUCHEN EIGNEN SICH GUT ALS SCHWIMMKÖDER FÜR KARPFEN.

Grundköder

Grundköder dienen dazu, die Fische an den Angelplatz zu locken und in einem kleinen Bereich auf dem Grund oder in der Nähe des Grundes zu halten. Sie werden oft als Kugeln von Hand oder mit einem speziellen Grundköder-Katapult ins Wasser eingebracht. Als Alternative dient der offene Feeder, der an der Schnur befestigt wird und den Grundköder so weit trägt, wie Sie ihn auswerfen können.

OBEN ANGELFACHGESCHÄFTE BIETEN EINE GROSSE AUSWAHL AN GRUNDKÖDER-MISCHUNGEN AN. VIELE HERSTELLER INFORMIEREN AUF DER VERPACKUNG DARÜBER, FÜR WELCHE FISCHARTEN UND BEDINGUNGEN DIE MISCHUNGEN GEEIGNET SIND.

Der einfachste Grundköder besteht aus getrocknetem, geriebenem Brot, und wenn er mit Maden vermengt wird, ist das die beste Mischung zum Brachsenfischen.

In den letzten Jahren sind in Angelfachgeschäften zunehmend Grundköder zu finden, die außer Brot alle möglichen Zusätze enthalten. Manche sind zum Anlocken ganz bestimmter Fischarten vorgesehen, die stets auf der Verpackung angegeben sind. Zuweilen sind die Grundköder auch gleich nach den Fischen benannt, für die sie bestimmt sind, beispielsweise Rotauge, Schleie, Brachse und Karpfen.

Den tatsächlichen Inhalt ihrer Mischungen halten die meisten Hersteller jedoch geheim. Man kann es ihnen nicht verübeln, denn es gibt nicht sehr viele andere Produkte, für die Kunden viel Geld bezahlen, um sie gleich wieder wegzuwerfen!

UNTEN FÜR DEN GRUNDKÖDER DIE TROCKENEN ZUTATEN GUT VERMENGEN. WASSER ZUGEBEN UND GRÜNDLICH VERRÜHREN, BIS DIE MISCHUNG EINEN FEUCHTEN TEIG BILDET. ER MUSS ZUSAMMENHALTEN, WENN MAN IHN PRESST, ABER LEICHT AUSEINANDERBRÖCKELN, WENN MAN IHN VERREIBT. JETZT DAS LOSE FUTTER ZUFÜGEN UND AUS DEM TEIG KUGELN FORMEN.

Die Mischung macht's

Bei der Auswahl der richtigen Mischung müssen Sie einerseits die Fischart, die Sie angeln wollen, berücksichtigen, andererseits aber auch den Angelplatz, an dem Sie fischen werden. Für einen tiefen, schnell fließenden Fluss benötigen Sie einen Grundköder, der fest genug ist, um auf den Grund zu sinken, ohne sich vorher aufzulösen. Der Strom wird dann die Kugeln zerkleinern. An einem stillen Gewässer jedoch wäre eine feste Mischung unbrauchbar, da die Kugel auf dem Grund liegen würde, ohne zu zerfallen. Hier ist eine leich-

Generelle Empfehlungen

Generelle Empfehlungen zu geben ist schwer, da die Zusammensetzung des Grundköders von den jeweiligen Verhältnissen am gewählten Angelplatz abhängig ist.

Großen Erfolg hatte ich mit verschiedenen Mischungen von Sensas Lake, Match Blend und Canal Extra. Diese dunklen, feinen Mischungen sind sehr gut geeignet für stark befischte Plätze, besonders im Winter. Manchmal verdunkle ich eine Mischung mit Farbpulver oder Erde.

In manchen Gewässern sind Grundköder nicht sehr hilfreich, stattdessen sollte man loses Vorfutter verwenden. Doch wichtig ist es zu experimentieren, und zweifellos werden auch Sie bald Ihre eigene Lieblingsmischung entdecken.

tere Mischung erforderlich, die sich bereits während des Absinkens zum Grund auflöst.

Auf vielen Verpackungen von Grundködern finden sich Hinweise darauf, für welche Angelplätze und -methoden die Mischungen geeignet sind, einschließlich der idealen Wassertiefe.

Ideale Konsistenz der Kugeln

Die Menge des zugefügten Wassers entscheidet darüber, wie sich Ihre Mischung verhält. Je trockener die Mischung, desto schneller löst sie sich beim Kontakt mit dem Wasser auf. Die Mischung darf beim Absinken zum Grund nicht auseinanderbrechen, sie soll sich erst auf dem Grund auflösen. Wenn Sie einen guten Grundköder herstellen, dann bildet er in seiner unmittelbaren Nähe eine verlockende Duftspur, die besonders in klaren, stark befischten Gewässern die Fische anzieht.

Sie können die Eigenschaften des Grundköders auch ändern, indem Sie ein leistungsfähiges und wirkungsvolles organisches Bindemittel beifügen. Das Bindemittel sollte dem trockenen Grundköder zugefügt werden, bevor man ihn mit Wasser vermischt. Je mehr Sie verwenden, umso härter werden die Kugeln.

Tipp

Verwenden Sie keine lebenden Maden im Grundköder, wenn Sie diesen mit Schleudern auswerfen. Maden bewegen sich zu stark und brechen die Kugeln im Flug auf.

Aromen und Zusätze

Neben fertigen Grundködermischungen sind auch eine Fülle von Aromen und Zusätze für diese erhältlich, flüssig oder als Pulver. Bei den meisten steht auf der Verpackung, für welche Fischarten sie bestimmt sind. Flüssige Zusätze werden mit dem Wasser vermengt, Pulver dagegen mit dem trockenen Grundköder. Im Allgemeinen wird angenommen, dass im Sommer süße und im Winter würzige Aromen von den Fischen bevorzugt werden.

Köderfische

Köderfische sind tote Fische, die Raubfischen, wie Hecht, Zander, Barsch, Aal und Wels, angeboten werden. Je größer und älter diese Räuber sind, desto schwimmfauler sind sie. Zudem sind sie nicht mehr sehr jagdfreudig. Stattdessen suchen sie nach toten Fischen auf dem Grund. Daher sind Köderfische das ideale Lockmittel für diese Raubfische.

In diesem Abschnitt stelle ich Ihnen die meistgenutzten Köderfische vor und gebe einige Tipps für ihren Einsatz.

Forellen

Kleine Forellen sind ein sehr geschätzter Hechtköder, vor allem in Forellenreservoirs. Sie sind ziemlich preiswert und tiefgefroren in Angelgeschäften erhältlich. Die beste Größe ist 20–25 cm Länge.

Heringe

Von allen Seefischen sehen Heringe am ehesten wie Rotaugen, den natürlichsten aller Köderfische, aus. Heringe scheiden einen sehr öligen, starken Geruch aus und ziehen Fische auch aus großer Distanz an. Sie sind ein sehr wirkungsvoller Hechtköder. Man findet sie in vielen Supermärkten sowie Fischgeschäften. Sie werden häufig auch rot, orangefarben oder gelb gefärbt und sind in diesen Farben in guten Angelfachgeschäften erhältlich.

> **Tipp**
>
> Ausgelöste Krabben und Garnelen sind ausgezeichnete Köder für Karpfen, Welse, Barben und Döbel.

Makrelen

Makrelen gehören zu den beliebtesten Hechtködern und sind ideal, um einen neuen Angelplatz zu testen. Sie sind in den meisten guten Angelgeschäften, bei Fischhändlern und in Supermärkten erhältlich und bilden einen sehr öligen Köder, der ein starkes Aroma abgibt.

Dank ihrer festen Haut bleiben sie beim Auswerfen auf dem Haken. Makrelen sind ein besonders guter Köder in klaren Gewässern wie Kiesgruben.

Neunaugen

Neunaugen sind viel genutzte Köder. Sie können in Stücken oder ganz verwendet werden und locken vor allem Raubfische, einschließlich Döbel, an. Neunaugen können sich mit ihren starken Saugern rund um das Maul an ihrer Beute festklammern und fressen diese, indem sie ihre Haut wegraspeln und ihr Blut aufnehmen. Sie sind daher reich an Hämoglobin, das einen sehr anziehenden Geruch abgibt, wenn Neunaugen als Köderfisch benutzt werden. Man kann sie in Angelfachgeschäften finden.

Rotaugen

Rotaugen sind der natürlichste Fischköder. Sie sind ideal für alle Raubfische. Kleine Rotaugen von bis zu 10 cm Länge sind der beste Köder für Zander und Barsch. Halbierte Rotaugen, entweder Kopf- oder Endstück, sind besonders geeignet für Aale. Sie riechen das Blut des Köders aus großer Distanz. Beim Hechtfischen sind Rotaugen als ganzer Fischköder in Größen bis zu 500 g erfolgreich oder in klarem Wasser, wo mit der Sinken-Ziehen-Methode geangelt wird. Der obere Drilling wird durch den Kopf gesteckt, der untere durch die Flanke.

Sardinen

Nicht die in Dosen (diese können Sie nicht anködern, da sie zu weich sind), sondern ganze Sardinen vom Fischhändler. Sie hinterlassen eine sehr ölige Spur, die in vielen guten Hechtgewässern Wunder bewirkt. Sie haben eine sehr weiche Haut, die guten Hakendurchsatz ermöglicht und klare, saubere Fänge erlaubt, aber an Plätzen, an denen man weit auswerfen muss, sind sie unbrauchbar.

Sprotten

Von allen gefrorenen Fischködern sind sie die kleinsten und preiswertesten. Hechte lieben sie, aber sie haben auch schon Barsche, Döbel, Barben und sogar Karpfen getäuscht. Sprotten sind tiefgefroren im Angelfachgeschäft erhältlich, auch gefärbt in Rot, Orange und Gelb.

Stinte

Stinte gehören zu den besten und vielseitigsten Meeresfischködern. Die kleinen Fische haben einen sehr ausgeprägten Gurkengeruch. Mit diesem Köder könnten Sie auch in stark befischten Gewässern Erfolg haben, in denen alle anderen Köder fehlschlagen.

Tintenfische

Tintenfische sind bei Raubfischanglern sehr beliebt, besonders bei Welsfischern. Sie haben eine sehr zähe Haut, die für einen starken Halt am Haken sorgt. Daher sind sie ideal für weite Würfe.

MAKRELE

ROTAUGE

STINT

NEUNAUGE

SARDINE

FORELLE

OBEN EINE VIELZAHL VON SÜSSWASSER- UND MEERESFISCHEN GIBT AUSGEZEICHNETE KÖDER FÜR RAUBFISCHE AB.

Kunstköder

Kunstköder imitieren die Fische, die von Raubfischen gejagt werden. Da Fische wie Hecht, Barsch, Döbel und Zander manchmal nahezu alles annehmen, sind die Kunstköder in einer verwirrenden Vielfalt von Farben, Formen und Größen auf dem Markt vertreten. Auch beim Erwerb dieser Köder sollte man die Bedingungen am Angelplatz berücksichtigen.

Für das Süßwasserangeln steht eine große Auswahl an Ködern zur Verfügung. Wobbler taumeln mit aufrechter Bewegung durchs Wasser, während Spinner ein Blatt haben, das um eine Mittelachse rotiert und die kreisende Bewegung des Köders verursacht.

Wobbler werden in drei Kategorien unterteilt – Schwimmköder (Popper), treibende Wobbler und Tiefläufer – und sind aus Holz, Plastik oder Metall. Die Exemplare bis zu 8 cm Länge sind ideal für Barsch und Döbel, zum Hechtfischen benötigen Sie Wobbler bis 30 cm Länge.

Blinker (Löffel)

Die einfachste Version besteht nur aus einem geformten Metall mit einem Haken an einem Ende und einem Drehteil am anderen, aber sie sind sehr effektiv. Beim Einholen taumeln sie wie ein verwundeter Fisch und reflektieren dabei das Sonnenlicht. Daher sind sie besonders gut in klaren Gewässern an sonnigen Tagen einsetzbar. Zu den Blinkern der Spitzenklasse gehört der Kuusamo Professor.

Jerkbaits

Jerkbaits sind lange, ein- oder mehrgliedrige Köder. Sie werden zum Fang von großen Raubfischen eingesetzt. Ihre Wirkung hängt in erster Linie vom Können des Anglers ab. Man benötigt eine harte Rute, um diese schweren Köder gut zu führen. Jerkbaits sind in verschiedenen Ausführungen erhältlich, zum Aufschwimmen, Schweben oder Absinken. Für Anfänger sind sie allerdings nicht geeignet.

Schwimmköder

Reizvoll beim Schwimmköder ist, seine Bewegungen beobachten zu können: Er taucht unter und wieder auf, kreiselt, rattert und gurgelt. Beeindruckend sind auch Angriffe von Hechten: Der Raubfisch schießt

SCHWIMMKÖDER

TIEFLÄUFER

SPINNER

TREIBENDER WOBBLER

JERKBAIT

Tipp

Benutzen Sie beim Köderfischen immer ein Drahtvorfach. Manche Raubfische können mit ihren Zähnen die monofile Schnur durchbeißen.

aus tieferem Wasser an die Oberfläche, um den Köder mit einem spektakulären Sprung zu schnappen. Viele Wobbler sehen nicht im Geringsten wie die natürliche Nahrung der Raubfische aus, aber die Bewegungen, die durch das Einholen des Wobblers verursacht werden, scheinen den natürlichen Jagdinstinkt bei den Fischen auszulösen.

Schwimmköder sind am erfolgreichsten in der Nähe von Schilf sowie Seegras und in nicht mehr als 3 m tiefem, klarem Wasser. Zu den bekanntesten gehören Heddon Crazy Crawler, Jitter Bug und Heddon Zara Mouse.

Spinner

Spinner ziehen die Fische durch ihr Aussehen und Vibrieren an. Die Vibration wird durch ein Metallblatt, das um eine Achse rotiert, erzeugt. Die bekanntesten Spinner werden von Mepps hergestellt. Hervorragende Köder für Barsche und Döbel sind die kleineren Größen (00–1). Ähnliche werden auch von Rublex, Landa und Abu produziert.

Spinnerköder

Diese seltsam anmutenden Köder dienen zum Fang von amerikanischen Seebarschen, wurden aber auch erfolgreich zum Anlocken von Hechten eingesetzt. Aufgrund ihrer Größe und Farbe sind sie sehr gut sichtbar und somit die erste Wahl in trüben Gewässern. Sie werden gewöhnlich mit einem Einzelhaken ausgestattet und lassen sich mit einem Seegrasschutz versehen, wodurch sie gut in bewachsenen Umgebungen eingesetzt werden können.

Treibende Wobbler

Sie sind die vielseitigsten künstlichen Ködern: Man kann mit ihnen sehr langsam und flach fischen, wenn sie schweben oder aufschwimmen, aber sie können auch tief und schnell eingesetzt werden. Am vorderen Ende haben sie eine Tauchschaufel, mit der sie ihr Bewegungsmuster entwickeln. Ein Wobbler mit einer langen, stumpfwinkeligen Schaufel taucht beim Einholen tief, während ein Wobbler mit kürzerer, spitzwinkeliger Schaufel eine geringere Tiefe hält. Eine gute Sammlung von Wobblern sollte Shakespeare Big S, Rapala Shad Rap, Abu Hi-lo, Booker Tail Crankbait und Rapala Fat Rap Deep Runner enthalten.

Tiefläufer

Diese Modelle sinken, wenn sie ausgeworfen werden, und erlauben dem Angler, mit demselben Köder verschiedene Tiefen auszuloten. Ein Klassiker ist der Creek Chub Pike (siehe Abbildung oben). Die Exemplare sind als ein- und mehrgliedrige Modelle erhältlich und erlauben eine abwechslungsreiche Köderführung. Kurze Rucke lassen sie unter der Oberfläche hin- und hertaumeln, oder man lässt sie tiefer sinken und zieht sie langsam den Grund entlang.

TECHNIK

ANGELPLATZ

Jeder hat seine eigene Vorgehensweise bei der Aufstellung der Angelausrüstung vor Ort. Wenn Sie beabsichtigen, sich für einen Tag an einem Angelplatz zum Posenfischen unter Verwendung von Grundköder einzurichten, dann finden Sie hier einige Tipps, wie Sie Ihre Angelausrüstung vor Ort sinnvoll anordnen können. Nicht alle Ratschläge entsprechen vielleicht Ihren Vorstellungen und Bedürfnissen, aber der eine oder andere Hinweis kann eventuell dazu beitragen, Ihren Angeltag zu verschönern.

Ausloten

Der erste Schritt an einem neuen Angelplatz ist das Ausloten der Wassertiefe mit einer Stange oder einer Rute (siehe Seite 49).

Das kann zehn Minuten dauern, aber danach hat man nicht nur eine gute Vorstellung von der Tiefe des Gewässers und von etwaigen Felsvorsprüngen unter Wasser, sondern auch von der Windrichtung und -stärke sowie möglichen Strömungen. Wichtig ist, die Tiefe nicht nur unmittelbar vor dem Angelplatz zu ermitteln, sondern auch im näheren Umkreis.

Dabei kann man oftmals starke Gefälle entdecken, ein fischreiches Schilfbett oder einen Abhang. Für Grundköder muss man einen ebenen Bereich auf dem Grund finden, auf dem der Köder sich ausbreiten kann, ohne wegzurollen.

Ist das Wasser ausgelotet, kann man sich den besten Angelplatz aussuchen, entscheiden, wie weit der Köder ausgeworfen wird und welche Posenart sowie -größe geeignet sind.

Dann kennzeichnet man die Wassertiefe am Angelplatz mit Tipp-Ex auf der Rute, und zwar gemessen von der Spitze zum Griff. Anschließend kann man mit der Einrichtung des Angelplatzes beginnen.

Angelplatz

Zunächst sollte der Kescher ins Wasser gebracht werden, auch wenn möglicherweise der erste Fisch noch lange auf sich warten lässt.

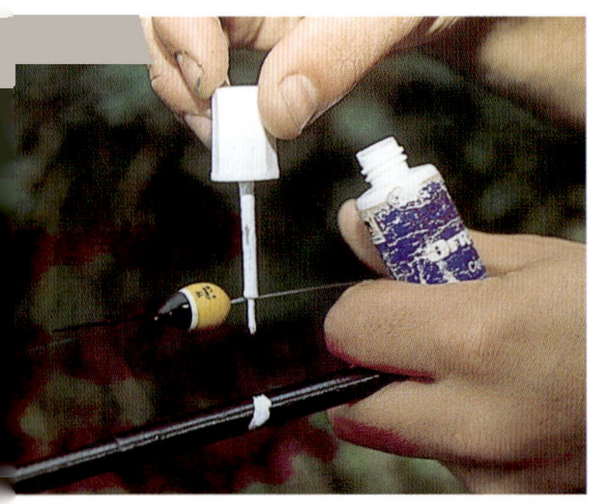

OBEN LOTEN SIE DAS WASSER AUS, UND MARKIEREN SIE DIE TIEFE MIT TIPP-EX AN IHRER RUTE.

RECHTS STELLEN SIE IHRE ANGELAUSRÜSTUNG SO AUF, DASS ALLES SOFORT GRIFFBEREIT IST.

LINKS EIN SENKLOT IST EIN KLEINES GEWICHT, DAS MAN AM HAKEN ANBRINGT, UM DIE WASSERTIEFE AUSZULOTEN.

Aber beschwert man den Kescher mit Blei und taucht ihn ein, kommt Bewegung ins Wasser und damit auch unter die Fische.

Schritt zwei ist, die Sitzkiepe in eine bequeme Position zu bringen. Empfehlenswert ist eine Sitzkiepe mit Nivellierbeinen, da nur wenige Plätze einen ebenen Grund haben und ein schiefer Sitz auf Dauer nicht bequem ist.

Dann wird das Zubehör am Platz aufgestellt. Sie sollten Ihren Fangkescher ebenso wie Köder, Katapult, Bleie, Haken, Hakenlöser und anderes Zubehör in Reichweite aufstellen.

Anschließend wird der Grundköder mit Wasser angerührt, da er mindestens 30 Minuten im Wasser quellen muss. Decken Sie ihn mit einem Tuch ab, oder legen Sie ihn in eine Kühltasche, um ihn vor der Sonne zu schützen.

Erst danach werden alle anderen Ruten aufgestellt, die verwendet werden sollen. Es ist nicht nötig, jede neu auszuloten, Sie können sich einfach nach der Tipp-Ex-Markierung auf der ersten Rute richten.

Aufstellung der Ruten

Überzeugen Sie sich, bevor Sie Ihre Ruten aufstellen, dass alle Ringe in dieselbe Richtung weisen, da sonst Ihre Wurfleistung stark beeinträchtigt werden kann.

Bei einer Wagglerrute sollte die Rutenhalterung so eingestellt werden, dass die Rute gerade vor Ihnen liegt und der letzte Ring der Rute sich ungefähr 2,5 cm unter Wasser befindet, wenn die Rute auf der Halterung liegt. Dadurch vermeiden Sie Probleme mit der Schnur bei windigem Wetter.

Beim Fischen mit Schwingspitze und Feeder sollte die Rutenhalterung so aufgestellt werden, dass die Rute seitwärts über das Wasser ragt und die Spitze ungefähr 5 cm über der Oberfläche hängt.

Köder und Grundköder

Der Köder sollte in einer Kühltasche aufbewahrt werden, um ihn vor der Sonne zu schützen. Wenn Ihr Sitz seitliche Behälter hat, dann legen Sie den Köder jetzt in den Behälter.

Nun wird der Grundköder zubereitet. Ist er zu stark ausgetrocknet, befeuchtet man ihn leicht mit Wasser, am besten mit einem Zerstäuber. Dann wird dem Grundköder loses Futter beigefügt, und anschließend wird er zu Kugeln geformt.

Nun können Sie den Haken beködern, die Pose dorthin auswerfen, wo Sie angeln möchten, oder die Stippruten in dem Abstand in die Rutenhalterung legen, in dem Sie fischen werden.

Schließlich können Sie die Grundköderkugeln zur Pose oder an das Ende der Stipprute auswerfen. Ich merke mir mithilfe eines festen Bezugspunkts, beispielsweise einem Baum am gegenüberliegenden Ufer, wo die Kugeln eingetaucht sind, um sicherzugehen, dass der Köder an der Stelle liegt, die ich befische. Jetzt bin ich bereit, Fische zu fangen.

Einrichtung eines Angelplatzes

1. Stellen Sie eine Rute auf, und loten Sie das Wasser aus.
2. Markieren Sie die Wassertiefe an der Rute mit Tipp-Ex.
3. Hängen Sie den Kescher ins Wasser.
4. Stellen Sie die Sitzkiepe auf.
5. Legen Sie das Zubehör zurecht.
6. Mischen Sie den Grundköder mit Wasser an.
7. Stellen Sie die anderen Ruten auf.
8. Stellen Sie die Rutenhalterung ein.
9. Holen Sie den Köder aus der Kühltasche.
10. Werfen Sie erst den Köder, dann den Grundköder aus, und fangen Sie an zu fischen!

OBEN SETZKESCHER SIND IN DEUTSCHLAND SEHR UMSTRITTEN UND TEILWEISE AUCH VERBOTEN, DA DIE FISCHE NACHWEISLICH LEIDEN.

Auswerfen

OBEN NICHT SEITLICH, SONDERN DIREKT ÜBER DEN KOPF WERFEN.

> **Nicht vergessen**
>
> Die Rolle sollte randvoll mit Schnur umwickelt sein, sonst kann man nicht richtig auswerfen.

Präzise zu werfen ist weit wichtiger, als viele Angler annehmen. Bis jetzt haben Sie die richtige Angeltiefe ausgelotet, damit der Köder gerade eben den Grund berührt, und eine perfekte Bissanzeige eingerichtet. Aber wenn Sie Ihre Pose nun nicht genau an die Stelle werfen, die Sie ausgelotet haben, vergeuden Sie Ihre Zeit, da die Tiefe an anderer Stelle vermutlich nicht dieselbe ist. Vielleicht hängt der Köder an anderer Stelle 30 cm über dem Grund, sodass kein Fisch anbeißt.

Wenn Sie nicht gleichmäßig auswerfen und mit einem Katapult befüttern, platzieren Sie den Köder ständig neu, was dazu führt, dass auch die Fische sich über einen größeren Raum bewegen, anstatt sich auf einen kleinen Bereich zu konzentrieren.

Dasselbe gilt für das Fischen mit Feeder. Mit einem Feeder soll der Grundköder auf einen kleinen Bereich des Angelplatzes konzentriert werden. Doch wenn es dem Angler nicht gelingt, seinen Köder an der Angel genau über dieser Futterstelle zu platzieren, ist das Ziel verfehlt.

Der Überkopfwurf

Wie wirft man also richtig? Eigentlich ist es weitaus einfacher, präzise zu werfen, als man denkt. Viele Anfänger begehen den Fehler, seitlich zu werfen. Auf diese Weise ist es jedoch unmöglich, zielgenau zu werfen, denn die Wurfrichtung hängt vom Punkt ab, an dem Sie die Schnur loslassen.

Die korrekte und einfachste Art, präzise zu werfen, ist, die Schnur direkt über den Kopf hinweg schnellen zu lassen, wobei die Rute vertikal nach oben gerichtet ist. Wirft man auf diese Weise und zielt auf einen Punkt am gegenüberliegenden Ufer, dann gehen Feeder, Blei oder Pose jedes Mal in dieselbe Richtung. Man muss sich nur

OBEN WÄHLEN SIE EINEN FESTEN BEZUGSPUNKT AM GEGENÜBERLIEGENDEN UFER, AUF DEN SIE ZIELEN KÖNNEN, WENN SIE AUSWERFEN.

noch darauf konzentrieren, die gleichen Entfernungen zu erreichen, aber das ist Übungssache.

Schnurhalter

Eine Möglichkeit, den Köder immer wieder gleich weit zu werfen, ist, die Schnur einzustellen. Die meisten Stationärrollen verfügen an der Seite der Rolle über eine Klammer, einen sogenannten Schnurhalter.

Nach dem ersten Auswurf kann man die Schnur straffen und um die Klammer wickeln. So wird sichergestellt, dass die Schnur beim nächsten Wurf nur bis zu dem Punkt ablaufen kann, an dem sie um den Schnurhalter gewickelt ist – und dies wird jedes Mal dieselbe Entfernung ergeben.

Der Schnurhalter ist besonders nützlich, wenn man sehr weit auswerfen muss, wie beim Angeln mit Feeder, wo es schwierig sein kann, die richtige Entfernung abzuschätzen. Bei einem großen Fang wird allerdings die Schnur vermutlich reißen, wenn der Fisch ausbricht, da keine Schnur abläuft. Daher ist es nicht empfehlenswert, den Schnurhalter an Orten zu verwenden, an denen Karpfen oder andere kräftige Kämpfer vorkommen.

Rolle

Eine weitere häufige Fehlerquelle für Anfänger birgt das Aufwickeln der Schnur auf die Rolle. Eine falsch aufgewickelte Schnur verhindert

OBEN DER SCHNURHALTER AUF DER ROLLE STELLT SICHER, DASS SIE DIE SCHNUR IMMER GLEICH WEIT AUSWERFEN.

OBEN VERGEWISSERN SIE SICH, DASS DIE SCHNUR BIS ZUM RAND DER ROLLE AUFGEWICKELT IST.

Das richtige Auswerfen

1 Wählen Sie einen festen Bezugspunkt am gegenüberliegenden Ufer, z. B. einen Baum.
2 Pose, Feeder oder Blei sollten bis ca. 1 m von der Rutenspitze entfernt eingeholt werden.
3 Den Schnurfangbügel der Rolle öffnen und die Schnur mit dem Zeigefinger festhalten.
4 Rute vertikal halten, mit dem Rutenfuß auf den Bezugspunkt zielen und die Rutenspitze hinter den Kopf bringen.
5 Mit einer schnellen Bewegung die Rute in Richtung des Bezugpunkts nach vorne schwingen und die Schnur loslassen, wenn die Rutenspitze auf den Bezugspunkt zeigt.

unter Umständen einen guten Wurf. Die Rolle muss randvoll mit Schnur umwickelt sein. So wird sichergestellt, dass die Schnur beim Auswerfen glatt und reibungslos abläuft.

Besitzen Sie eine Rolle mit einer tiefen Spule, und haben Sie nicht genug Schnur, um sie zu füllen, sollten Sie zuerst etwas Wolle aufziehen, bevor Sie die Schnur aufwickeln, um die Rolle bis zum Rand zu füllen.

Schnur

Wenn Sie nicht auf bestimmte Fischarten aus sind, genügt eine Schnur von höchstens 1,8 kg Tragkraft, beim Posenfischen sogar noch weniger. Je höher die Tragkraft, desto stärker sollte die Schnur sein, doch damit steigt auch ihr Gewicht, und es wird schwerer, sie auszuwerfen.

Anhieb, Drill und Landen von Fischen

OBEN ZIEHEN SIE EINEN AUSGEDRILLTEN FISCH SORGFÄLTIG ÜBER DEN KESCHER IM WASSER. VERSUCHEN SIE NICHT, DEN FISCH MIT IHREM NETZ EINZUFANGEN.

OBEN DER DRILL EINES FISCHES MIT DER TIEF GEHALTENEN RUTE BRINGT IHN TATSÄCHLICH NÄHER AN DIE OBERFLÄCHE. WENN EIN GEHAKTER FISCH IN EINE RICHTUNG FLÜCHTET, MUSS MAN DIE RUTE IN DER ENTGEGENGESETZTEN RICHTUNG IN POSITION BRINGEN.

Die orangefarbene Posenspitze taumelt, schwankt und verschwindet dann langsam in der Tiefe. Es ist dieser magische Moment, der Angler dazu bringt, immer wieder zum Wasser zurückzukehren. Eine Mischung aus Aufregung und Ungewissheit. Etwas hat den Köder geschluckt, aber was ist es? Das Herz schlägt schneller, während der Angler die Rute zum Anhieb ergreift.

Die Versuchung, den Fisch mit einem kraftvollen Schwung über den Kopf zu landen, ist groß. Doch so großartig ein derartiger Anhieb auch aussehen mag, er ist hier nicht angebracht, er erhöht die Gefahr, den Fisch sofort zu verlieren, um das Zehnfache. Überdies wäre ein solcher Anhieb sehr aggressiv. Ist es ein kleiner Fisch, der den Köder geschnappt hat, reißen Sie ihm die Lippen aus. Und wenn Sie ein Monster angelockt haben, könnte Sie das in wirkliche Schwierigkeiten bringen.

Flüchtet der Fisch und reißen Sie kraftvoll in die entgegengesetzte Richtung, wird wahrscheinlich einfach die Schnur reißen. In jedem Fall bleibt Ihnen nichts als verletzter Stolz. Daher anheben und nicht reißen!

Ich mag das Wort „Anhieb" nicht besonders, weil es etwas Dramatisches heraufbeschwört. Will man den richtigen Anhieb erlernen, braucht man nur einen erfahrenen Angler zu beobachten.

Der Anhieb sollte gefühlvoll sein, ein leichtes „Anheben" des Fisches. Dieses leichte Anheben genügt, um den Haken einzutreiben, ohne ein Sprengen der Schnur zu riskieren, es sei denn, Sie fischen auf besonders große Entfernung.

Wenn der Fisch groß ist und flüchtet, müssen Sie sofort etwas Schnur freigeben, entweder mit der Kurbel oder durch die weich eingestellte Bremse, um zu vermeiden, dass der Fisch die Schnur sprengt.

Den Fisch einholen

In offenen Gewässern müssen Sie jedem großen Fisch erst einmal nachgeben, anstatt ihn zu stoppen. Nur wenn Ihr Fisch sich auf ein

Landen von Hechten

Viele Experten ziehen es vor, Hechte mit einem Kiemengriff zu landen anstatt mit dem Kescher. Dies ist jedoch für einen Anfänger nicht empfehlenswert, da Hechte sehr scharfe Zähne haben. Versuchen Sie es also nicht, wenn Sie Wert auf Ihre Finger legen. Landen Sie Hechte lieber mit einem Kescher.

Hindernis zubewegt, sollten Sie ihn zurückhalten. Sind Sie grundsätzlich auf große Fische aus, sollten Sie bereits im Vorfeld Ihren Haken mit einem entsprechend starken Vorfach versehen.

Nach den ersten Fluchtversuchen des Fisches heißt es, ihn langsam einzuholen und dabei die Schnur immer straff zu halten, damit er sich nicht vom Haken befreien kann.

Der Drill besteht hauptsächlich darin, den Fisch in Richtung Ufer zu manövrieren, indem Sie die Spitze der Rute mit straffer Schnur (ohne zu kurbeln) anheben, bis die Rute vertikal oder waagerecht zu Ihnen ausgerichtet ist. Dann senken Sie die Rute zügig wieder ab und kurbeln gleichzeitig die gewonnene Schnur ein und wiederholen den Vorgang. Wenn der Fisch nach links ausbricht, sollten Sie die Rute nach rechts führen und umgekehrt. Der Drill eines Fisches mit tief gehaltener Rute bringt ihn näher an die Oberfläche und ermöglicht Ihnen auch, den Fisch notfalls über ein Riff zu führen.

Im Kescher

Solange der Fisch noch weit draußen ist, besteht kaum Gefahr, ihn zu verlieren, denn mit viel Schnur haben Sie genug Spielraum, um rechtzeitig zu reagieren, wenn der Fisch versucht, plötzlich auszubrechen.

Sobald der Fisch in Ufernähe kommt, etwa eineinhalb Rutenlängen vom Ufer entfernt, müssen Sie aufhören zu kurbeln, denn er ist jetzt in Kescherdistanz. Jetzt haben Sie nicht mehr sehr viel Spielraum. Sie sollten daher bereit sein, notfalls Schnur zu geben, und die Rollenbremse sollte nicht angezogen sein.

Kommt der Fisch an die Oberfläche und holt Luft, ist er reif für den Kescher. Tauchen Sie den Kescher ins Wasser, und ziehen Sie den Fisch darüber. Versuchen Sie nie, den Fisch mit dem Netz zu fangen, das würde ihn erschrecken und er würde seine letzten Kräfte für eine Gegenwehr mobilisieren. Dabei ging schon manch guter Fang verloren!

Alle Fische, die zu groß zum Einholen sind, sollten mit einem Kescher gelandet werden. Sie sollten sich daher vergewissern, dass Ihr Kescher groß genug ist für die Fische, die Sie angeln möchten.

UNTEN STELLEN SIE SICHER, DASS IHR KESCHER GROSS GENUG IST, UM DIE FISCHE AUFZUNEHMEN, DIE SIE ANGELN MÖCHTEN.

Posenfischen – Flüsse

Grundsätzlich unterscheidet man drei Arten von Posenfischen an Flüssen – Waggler-, Stabposen- und Stippfischen (siehe Seite 50–51). Beim Waggler- und Stabposenfischen verwendet man eine laufende Schnur, das heißt, Schnur wird von der Rolle abgezogen, während die Pose stromabwärts schwimmt.

Waggler sind nur am unteren Ende der Pose an der Schnur befestigt (siehe Seite 22–23). Stabposen haben dagegen zwei Gummiringe – einen am unteren und den anderen am oberen Ende der Pose –, mit denen sie an der Schnur befestigt sind.

Wagglerfischen an Flüssen

Die Waggler sind ideal für langsam fließende Flüsse. Die Pose und folglich der Köder werden langsam und gleichmäßig von der Strömung getragen, sodass die vorbeischwimmenden Fische nach ihnen schnappen können.

Es gibt zwei Möglichkeiten, mit Wagglern zu fischen: entweder mit einem im Wasser treibenden Köder, der kaum den Grund berührt, oder aufliegend, sodass der Köder über das Flussbett gezogen wird. Allerdings besteht hierbei die Gefahr, dass er sich auf dem Grund verfängt. Daher sollte man für diese Art des Fischens immer einen Waggler mit dicker Spitze benutzen, der genügend Tragvermögen hat, um Hindernisse zu überwinden, ohne sich zu verfangen.

OBEN VERWENDEN SIE EINEN STRAIGHT WAGGLER ZUM FISCHEN IN FLIESSENDEM GEWÄSSER.

RECHTS DIE WAHL DER POSENFISCHTECHNIK, DIE SIE EINSETZEN, HÄNGT VON DER STRÖMUNG DES FLUSSES AB. WAGGLER SIND AM BESTEN FÜR SCHWACHE STRÖMUNGEN GEEIGNET, WÄHREND STABPOSEN FAST AUF ALLEN FLÜSSEN EINGESETZT WERDEN KÖNNEN.

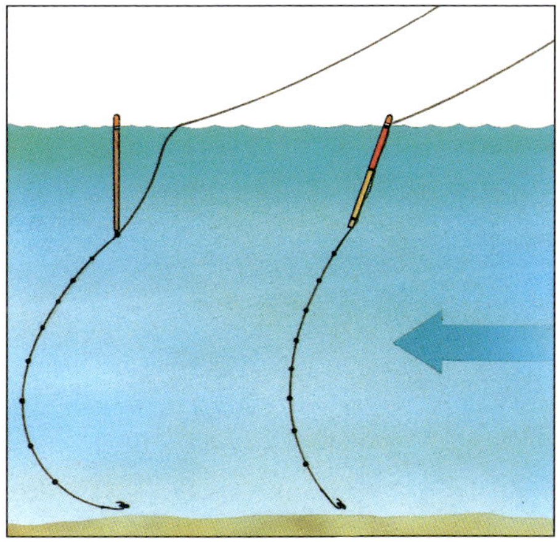

OBEN WAGGLER- UND STABPOSENEINRICHTUNGEN.

LINKS STABPOSEN WERDEN AN DER SCHNUR OBEN UND UNTEN MIT GUMMIRINGEN BEFESTIGT.

OBEN VERBLEIEN SIE IHRE POSEN SO, DASS NUR DIE SPITZE AUS DEM WASSER RAGT.

Wenn Sie über dem Grund fischen, können Sie einen Straight Waggler (stielförmig, ohne Antennenspitze) oder einen Insert Waggler (mit feiner, austauschbarer Antennenspitze) verwenden, da diese empfindlicher sind.

Waggler sollten so verbleit werden, dass zwei Drittel des Ballasts an der Unterseite der Pose angebracht sind und der Rest gleichmäßig mit kleinerem Schrot (Nr. 8) auf dem Vorfach verteilt wird. Das bewirkt ein langsames, gleichmäßiges Absinken des Köders durch alle Wasserschichten hindurch, sodass in jeder Tiefe ein Fisch anbeißen kann, da der Hakenköder die Bewegung des Vorfutters nachahmt.

Wenn Sie beabsichtigen, sich auf das Flussfischen mit Waggler zu konzentrieren, sollten Sie eine wichtige Technik beherrschen: Man muss die Schnur auf der Wasseroberfläche in regelmäßigen Abständen immer wieder hinter die Pose platzieren, da die oberen Schichten des Wasserflusses schneller fließen als die tieferen Schichten. Dadurch wird die Schnur an der Oberfläche schneller getragen und zieht die Pose zu schnell durch das Wasser, sodass der Köder sehr unnatürlich wirkt.

Stabposenfischen

Das Stabposenfischen ist eine Technik, die Sie auf langsam, mittel oder schnell fließenden Flüssen einsetzen können. Da die Pose sowohl am oberen wie auch unteren Ende an der Schnur befestigt wird, haben Sie mehr Kontrolle über die Pose als beim Wagglerfischen. Sie können so die Bewegungen des Hakenköders variieren und den Fisch verstärkt reizen, den Köder anzunehmen. Sie können die Pose mit der Strömung des Flusses laufen lassen, verlangsamen und zurückhalten. Ein Waggler dagegen würde bei derartigen Steuerungsversuchen untergehen. Doch ist diese Methode der Posensteuerung nur in Ufernähe möglich, während man mit einem Waggler in größerer Entfernung fischen kann.

Die Bleie werden stets in regelmäßigen Abständen angeordnet. Nur bei Flüssen mit sehr starker Strömung befestigt man alle Bleie ungefähr 1 m über dem Haken und zwei kleine Bleie (Nr. 8) darunter.

Beim Auswerfen einer Montage mit Stabposen kommt es öfter zu Verwicklungen als beim Wagglerfischen. Um das zu vermeiden, hält man am besten während des Wurfs leicht einen Finger auf die Spule der Rolle, sodass sich das Fanggeschirr aufrichtet, bevor es in das Wasser eintaucht.

Erfolgreiches Stabposenfischen bedarf zwar sehr viel Übung, aber es ist zweifellos eine der unterhaltsamsten Angelmethoden, da Sie die ganze Zeit über aktiv sind, auswerfen, die Rute manövrieren, den Gang der Pose ändern und – hoffentlich – Fische anschlagen, die Sie landen.

Posenfischen – Stehende Gewässer und Kanäle

OBEN BEI SONNENUNTERGANG WERDEN VIELE FISCHE IN STEHENDEN GEWÄSSERN VERTRAUENSVOLLER.

Stehende Gewässer erfordern eine andere Methode des Posenfischens als Flüsse, da der Fisch und nicht das Gewässer die Pose hinunterzieht. Der Fisch hat mehr Zeit, den geringsten Widerstand am Köder zu spüren und ihn wieder loszulassen, bevor die Pose untertaucht. Die Posenspitze darf daher nur ganz knapp aus dem Wasser ragen, damit die kleinste Bewegung sofort sichtbar wird. Ein empfindlicher Insert Waggler ist für einen solchen Einsatz sehr zweckmäßig.

Wenn es in dem Gewässer keine starke Unterströmung gibt, sollten vier Fünftel des Bleis am Fuß der Pose und eventuell noch etwa 2–3 Olivenbleie an der Schnur darunter befestigt werden. Je tiefer das Wasser und je stärker die Unterströmung, umso mehr Bleie benötigen Sie. Die gewählte Stelle sollte vor der Sitzung ausgelotet und der Köder entsprechend so platziert werden, dass er entweder gerade den Grund berührt oder knapp darüberhängt. Im Sommer kommen die Fische beim Vorfüttern häufig in die oberen Schichten des Wassers, Sie sollten darauf vorbereitet sein.

Die Schnur absenken

Wenn Sie einen Waggler auswerfen, bremsen Sie die Schnur kurz vor dem Aufschlag auf das Wasser leicht ab. Das strafft die Montage, verhindert eine Verwicklung, und der Köder sinkt langsam durch das Wasser zum Grund.

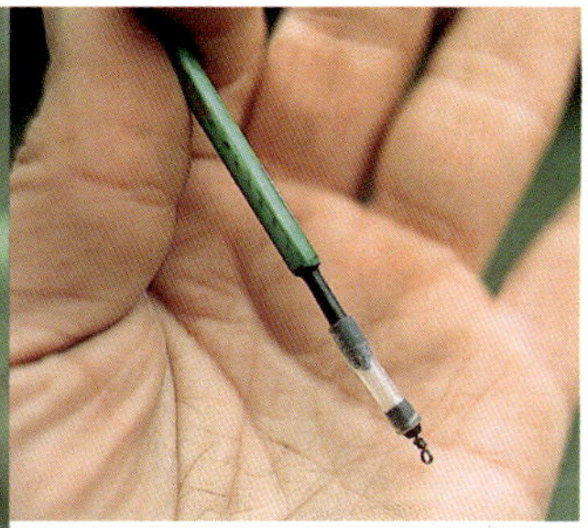

OBEN MIT POSENADAPTERN KANN MAN POSEN SCHNELL AUSWECHSELN.

LINKS WAGGLER FÜR DAS FISCHEN AN KANÄLEN HABEN EINE KONISCHE FORM, UM DAS VERBLEIEN ZU ERLEICHTERN.

Ausloten

Durch Ausloten können Sie die Wassertiefe eines Angelplatzes bestimmen. Beim Posenfischen verwendet man hierzu ein Gewicht, das Senklot, das am Ende der Schnur angebracht wird. Es sollte schwer genug sein, um die Pose unter Wasser zu ziehen. Sie müssen nur Ihre Schnur einrichten, die Tiefe des Angelplatzes abschätzen, das Senklot anbringen und auswerfen. Geht die Pose unter, ist das Wasser tiefer als vermutet, schwimmt sie auf der Oberfläche, ist es seichter. Bleibt die Spitze gerade unter der Oberfläche, entspricht die Schnurlänge mit dem Teil der Pose unterhalb der Wasseroberfläche genau der Wassertiefe.

Ein Köder in stehenden Gewässern sollte sich nicht mehr bewegen, sobald er sich nahe am Grund befindet, denn dies entspräche nicht der Bewegung einer natürlichen Beute. Der Köder würde von den Fischen nicht angenommen werden.

Wenn Sie bei windigem Wetter fischen, muss die Schnur unter die Wasseroberfläche sinken, sonst schleppt der Wind die Pose und damit auch den Köder weg. Dazu müssen Sie die Schnur etwas weiter auswerfen, die Rutenspitze in das Wasser eintauchen und die Schnur mit ein paar Umdrehungen einholen.

In Angelfachgeschäften sind spezielle Sprays erhältlich, die das Versenken der Schnur erleichtern. Die Schnur muss dazu vor der Angelsitzung auf der Rolle eingesprüht werden.

Hebebiss

Nicht alle Bisse ziehen die Pose beim Wagglerfischen unter Wasser. Nimmt ein Fisch den Köder und schwimmt damit nach oben, hebt er das untere Blei mit an, und die Pose steigt sogar etwas höher. Man nennt dieses Anbeißen Hebebisse. Sie erfordern denselben Anhieb wie alle anderen Bisse.

Einige Posenmontagen werden so angefertigt, dass sie Hebebisse produzieren. Das Blei, das die Pose aufrecht hält, wird auf den Grund gesetzt. Nimmt ein Fisch den Köder, wird die Pose angehoben und bleibt flach auf der Oberfläche liegen. Das ist der Moment für den Anhieb!

Posenadapter

Posenadapter sind für jede Art des Wagglerfischens nützlich. Sie erlauben ein schnelles Austauschen von Posen, ohne die Montage durcheinanderzubringen. Man arretiert beim Einrichten der Montage den Adapter einfach mit Schrot und drückt dann die Unterseite der Pose in den Adapter.

Dadurch kann der Waggler einfach herausgezogen und durch einen anderen ersetzt werden, wenn sich die Bedingungen ändern oder wenn man einen größeren Waggler verwenden möchte, um weiter auszuwerfen, ohne die Montage komplett auseinanderzunehmen.

Wagglerfischen an Kanälen

Größere Fische halten sich in den meisten Kanälen möglichst weit entfernt von bevölkerten Uferpfaden am gegenüberliegenden Ufer auf. Wenn Sie keine sehr lange Stipprute haben, ist Wagglerfischen die einzige Möglichkeit, hier einen großen Fisch zu angeln.

Da diese abgelegenen Plätze oft seicht sind, gibt es spezielle, kürzere Kanalwaggler. Ihre Form verjüngt sich zur Spitze hin, sodass nur wenige Schrotkörner erforderlich sind, um die Pose unterzutauchen.

Wichtig für den Fischfang an Kanälen ist, möglichst nahe an die abgelegenen Plätze zu werfen, ohne sich am Ufer zu verfangen.

Stippfischen – Flüsse

OBEN STIPPFISCHEN IST SEHR EFFIZIENT, UM KLEINE FISCHE IN FLÜSSEN ZU FANGEN, UND ERMÖGLICHT EINE GROSSARTIGE KÖDERPRÄSENTATION.

Viele Angler kennen die Vorteile des Stippfischens kaum. Dabei ziehen Wettbewerbsangler das Angeln mit der Stipprute häufig allen anderen Methoden vor, denn unter bestimmten Voraussetzungen ist der Einsatz der Stipprute viel effektiver. Die Fangquote kann im Vergleich zur herkömmlichen Laufschnur-Einrichtung erhöht werden, und unter Umständen fängt man mit Stippruten sogar Fische, bei denen andere Angler erfolglos bleiben.

Mit Stippruten kann man wesentlich genauer arbeiten als mit herkömmlichen Ruten. Das Ausloten ist sehr einfach, und wenn man die Wassertiefe des Angelplatzes ermittelt hat, kann man den Haken an der Stipprute anbringen und die Tiefe des Wassers auf der Rute mit Tipp-Ex markieren (siehe Seite 40). Diese Markierung gibt Auskunft darüber, in welcher Tiefe und in welchem Abstand zum Grund man fischt, und ermöglicht so immer die richtige Einstellung.

Darüber hinaus kann man auch den Abstand zum Ufer am Griff der Stipprute kennzeichnen, sodass man stets genau weiß, in welchem Abstand und Winkel man zur Anfütterungsstelle fischt.

Aufgrund der Genauigkeit, die mit dieser Rute möglich ist, kann man sicher sein, dass ein Schrot Nr. 10 wirklich gerade eben den Grund berührt. Oder man stellt die Stipprute so auf, dass ein Ende der Made auf dem Grund trippelt. Mit einer Stabpose oder einem Waggler könnte man nie so präzise arbeiten.

Wenn Sie Blei auflegen, dann halten Sie Ausschau nach Fischen unter Vorsprüngen sowie Unterständen, und fischen Sie vor einem solchen Vorsprung oder Unterstand. Ziehen Sie die Pose mit der Schnur einige Male durch das Wasser, bevor Sie anfüttern, um sicherzugehen, dass es dort keine Wasserpflanzen oder Hindernisse gibt, sonst versuchen Sie es in einem anderen Abstand.

Anfüttern

In Flüssen fließen nicht alle Wasserschichten gleich schnell. Die oberen Schichten eines Flusses bewegen sich schneller als die unteren. Wenn der Köder mit der Geschwindigkeit der Pose auf dem Grund entlanggeschleppt wird wie beim Wagglerfischen, verhält er sich anders als loses Futter, das langsam über den Grund getragen wird. Mit einer Stipprute können Sie dagegen das Verhalten von natürlichem Köder auf Grund nachahmen, indem Sie die Pose zurückhalten oder langsam durch das Wasser ziehen. Das kann an gewissen Tagen, an denen die Fische allem Ungewöhnlichen misstrauen, ausschlaggebend sein.

Manchmal müssen Sie mehrfach die Geschwindigkeit, Tiefe und Verbleiung des Köders variieren, bis Sie die richtige Kombination gefunden haben. Die Stipprute ermöglicht Ihnen, alle diese Optionen besser zu manipulieren als jede andere Methode.

Montage

Zwischen Rutenspitze und Pose sollte reichlich Schnur vorhanden sein. Dadurch kann die Pose über einen weiten Bereich manövriert werden. Ist es windig, sollte ein Blei (Nr. 8) etwa 8 cm oberhalb der

OBEN EINE TYPISCHE MONTAGE ZUM STIPPFISCHEN AN FLÜSSEN.

UNTEN FÜR STIPPFISCHEN IM FLUSS BENÖTIGT MAN POSEN MIT EINEM AUFTRIEBSKÖRPER IM OBEREN DRITTEL, DIE DER ANGLER IM STROM ZURÜCKHALTEN KANN, OHNE SIE UNTER WASSER ZU ZIEHEN.

Pose angebracht werden, um die Schnur hinter der Pose unter Wasser ziehen zu können.

Bei Stabposen, die beim Flussfischen eingesetzt werden, befindet sich der verdickte Abschnitt oben. Damit kann der Angler die Pose gegen den Strom zurückhalten, ohne sie zu tief zu ziehen. Sie „reitet" auf dem Fluss.

Ein weiterer großer Vorteil der Stipprute ist der Gummizug, der im Inneren der Rute durch die oberen 2–3 Abschnitte läuft. Er dient als Dämpfer und erlaubt den Gebrauch von feinen, vorgedehnten Schnüren, ohne dass diese reißen. Gummizüge sind in einer Vielzahl von unterschiedlichen Bruchbelastungen erhältlich. Wenn der Fluss keine besonders starke Strömung hat, ist ein Gummizug Nr. 3 oder Nr. 4 für die meisten Situationen ausreichend. Je stärker die Strömung und je tiefer das Wasser, desto kräftiger muss der Gummizug sein, um Fische möglichst kontrolliert zu drillen.

Bei großen Fischen, wie Döbel und Barbe, ist die Stipprute fehl am Platz, hier sollte man eine herkömmliche Rute mit laufender Schnur verwenden.

Tipps

- An Flüssen Posen mit einem Auftriebskörper im oberen Drittel benutzen. Sie treiben auf der Strömung.
- Stippruten haben einen Gummizug, der durch das Innere der Rute läuft und von einer Muffe gehalten wird. Die meisten Angelfachgeschäfte richten den Gummizug ein.
- Das Vorfach wird mit einem einfachen Knoten an einem sogenannten Stonfo Connector angebracht.
- Befestigen Sie Schrotblei an der Schnur über der Pose, wenn es windig ist.

OBEN BEFESTIGEN SIE DAS VORFACH MIT EINEM KNOTEN AM STONFO CONNECTOR, DEM ORANGEFARBENEN ENDSTÜCK DES GUMMIZUGS.

Suchen die Fische ihr Futter auf dem Grund, ist eine Fließwasserpose (Drahtunterteil, Auftriebskörper im oberen Drittel) mit einem Olivenblei und ein paar Schrotbleien ideal (siehe Zeichnung). Wenn die Fische in höheren Bereichen sind, ist eine Rohrpose und aufgereihter Schrot besser. Die ideale Ausrüstung besteht aus einer Schnur mit 0,9 kg Tragkraft an einem Vorfach von 0,7 kg Tragkraft.

Beim Anfüttern sollte das Futter stromaufwärts von der Pose eingeworfen werden, damit es auch an die Stelle gelangt, an der Ihr Hakenköder ist. Hanf- und Fliegenmaden sind zwei ausgezeichnete Köder zum Stippfischen an Flüssen. Die Made sollte weiter stromaufwärts als der Hanf eingeworfen werden, da der Hanf schneller sinkt. Das gesamte Futter muss möglichst in demselben Bereich platziert sein.

Stippfischen – Kanäle und stehende Gewässer

An Kanälen und stehenden Gewässern kann man beim Stippfischen noch präziser angeln als an Flüssen, da es hier keine Strömung gibt. Fische halten sich gewöhnlich gerne in der Nähe von Schilfbänken und überhängenden Bäumen auf, und gerade mit der Stipprute kann man die Pose leicht in solche Bereiche schieben. Dazu benötigt man eine kurze Schnur zwischen Rutenspitze und Pose.

OBEN EIN GROSSER FISCH AM HAKEN SORGT BEIM STIPPFISCHEN IMMER FÜR AUFREGUNG. MIT EINER GUTEN TECHNIK UND DEM RICHTIGEN GUMMIZUG KÖNNEN SELBST KARPFEN GELANDET WERDEN.

Größere Fische in Kanälen meiden bevölkerte Plätze. Eventuell müssen Sie mit einer langen Rute fischen, um eine entlegene Stelle zu erreichen. Doch meistens können Sie in unmittelbarer Nähe fischen, fast unter Ihren Füßen, besonders an Karpfenfischteichen.

Wenn Sie grundködern, sollten Sie einen Platz suchen, an dem die Futterbälle auf eine ebene Fläche fallen. Auf einem abschüssigen Grund würden sie wegrollen und sich auf einen größeren Bereich verteilen. Sorgfältiges Ausloten ist hier notwendig.

Wie beim Stippfischen an Flüssen hat das Stippfischen an Kanälen und stehenden Gewässern einige Vorteile gegenüber den herkömmlichen Angelmethoden. Sie haben die Möglichkeit, in bewachsenen Bereichen zu fischen, können den Köder über dem Grundköder oder losem Futter bewegen, ihn hin und her schleppen oder die Tiefe variieren. So können auch sehr vorsichtige Fische angelockt werden.

Wie bei allen Arten des Stippfischens sollte man auch hier bei windigem Wetter Schrot über der Pose anbringen, und bei starkem Wind sollte mit Schrot, der auf dem Grund liegt, gefischt werden. Das hält den Köder ruhig, unabhängig davon, wie windig es über Wasser ist.

Montage

Stabposen für stehende Gewässer haben entweder eine längliche Form oder einen Auftriebskörper im unteren Teil. Sie können präziser verbleit werden als die an Flüssen eingesetzten Posen mit einem Auftriebskörper oben.

Die Stärke für den erforderlichen Gummizug und die Schnur hängt von dem Fisch ab, der geangelt werden soll. Für kleine Rotaugen und Gründlinge ist ein Gummizug Nr. 2 mit einer Schnur von 0,7 kg Tragkraft die richtige Wahl, für größere Rotaugen ein Gummizug Nr. 3 oder Nr. 4 mit einer Schnur von 0,9 kg Tragkraft, für große Rotaugen, kleine Karpfen, Schleien und Ähnliches ist ein Gummizug Nr. 5 oder Nr. 6 mit einer Schnur von 1,1 kg Tragkraft erforderlich, für Schleien und Brachsen ein Gummizug Nr. 8 mit einer Schnur von 1,4 kg Tragkraft und für größere Karpfen ein Gummizug Nr. 10, 12 oder sogar Nr. 14 mit einer Schnur von 1,4–2,7 kg Tragkraft.

Für das Fischen auf große Distanz in Kanälen wurde eine spezielle Pose entwickelt, die sogenannte Dibber, eine sehr kurze Pose für das flache Wasser im Uferbereich. Sie trägt nur einige kleine Schrotkörner, verfügt aber über einen großen Auftriebskörper, sodass man große Köder, wie Mais, Teig und Konservenfleisch, verwenden kann, ohne dass die Pose vom Gewicht des Köders unter Wasser gezogen wird. Sie sollte so verbleit werden, dass der Grundschrot wirklich auf dem Grund liegt und der Köder sich ungefähr 30 cm darüber befindet. Dibber-Posen werden für das Angeln von großen Fischen benutzt, wenn große Köder notwendig sind. Diese müssen an einer starken Schnur mit 1,4–2,3 kg Tragkraft, großen Haken der Größe 14–16 und einem starken Gummizug Nr. 8–12 befestigt werden.

OBEN DER AUTOR GARETH PURNELL UND DER BEKANNTE ANGLER JOHN WILSON ZEIGEN STOLZ EINEN KARPFEN VON 3,18 KG, DER MIT EINER STIPPRUTE GEFISCHT WURDE.

UNTEN GUMMIZÜGE FÜR STIPPRUTEN SIND IN VIELEN UNTERSCHIEDLICHEN STÄRKEN UND FARBEN ERHÄLTLICH.

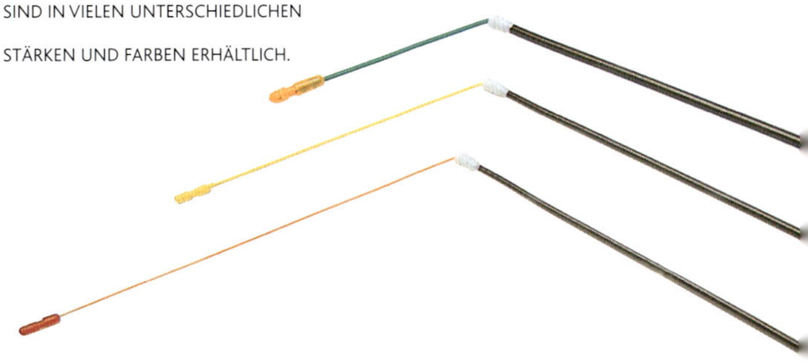

Stippschalen

Für den Grundköder verwenden viele Angler Stippschalen (siehe Bild rechts), um sicherzugehen, dass ihr Köder an der richtigen Stelle ins Wasser fällt. Die Schalen werden am Ende der Stipprute befestigt und mit Grundköder gefüllt. Sie werden dann über dem Wasser zum gewünschten Angelplatz geführt, anschließend wird die Rute gedreht, sodass der Grundköder ins Wasser fällt.

Grundangeln – Flüsse

Beim Grundangeln wird der Köder entweder auf dem Grund ausgelegt oder schwebt über dem Grund. Er wird mit einem Grundblei oder Swimfeeder beschwert, und die Rutenspitze wird zur Erkennung von Anbissen benutzt. Um auch sehr leichte Bisse wahrnehmen zu können, werden Zitterspitzen eingesetzt, die auf die Rutenspitze gesteckt werden. Beißt ein Fisch an, vibriert die Zitterspitze (siehe Seite 24–25).

Zitterspitzen sind in unterschiedlichen Stärken (Testkurven) erhältlich, die in britischen Unzen angegeben werden. An Flüssen mit starker Strömung sind Zitterspitzen von 3 Unzen nötig, während an Gewässern mit geringerer Strömung eine Zitterspitze von 1 Unze genügt.

Die richtige Balance

Wichtig für erfolgreiches Grundangeln an Flüssen ist, ausreichend Gewicht einzusetzen, um die Rute mit Montage im Flussstrom zu halten. Nimmt ein Fisch den Köder an, stört er die empfindliche Balance, das Grundblei oder der Feeder bewegt sich und die Zitterspitze zeigt einen Biss an.

Zieht die Schnur beim Auswerfen stromabwärts, müssen nach und nach Gewichte hinzugefügt werden, bis das ideale Gewicht gefunden ist, sodass der Köder bewegungslos bleibt. Wenn sich dagegen die Schnur beim ersten Auswurf nicht bewegt, muss das Gewicht reduziert werden, damit genau das Gleichgewicht erreicht ist, um auch den leichtesten Biss wahrzunehmen.

Bei Angelplätzen an Flüssen, die nicht ufernah sind, muss die Rutenspitze beim Angeln hoch gehalten werden, damit so wenig Schnur wie möglich auf der Wasseroberfläche liegt. Denn sonst wird die Schnur in einem großen Bogen von der Strömung weggezogen, und das Schnurende wird ständig aus der Position geschleppt.

Bisse können die Zitterspitze verdrehen, meistens jedoch springt die Zitterspitze bei hoch gehaltener Angel in Richtung des Anglers zurück, wenn Blei oder Feeder von einem Fisch bewegt werden. Häufiger haken sich die Fische selbst auch gegen das Gewicht des Feeder oder Bleis an, daher nicht so stark anschlagen!

Paternosterangeln

Die oben beschriebene Methode ist für das Angeln in der Flussmitte ideal, doch an einigen Angelplätzen – besonders bei Hochwasser – muss auf kurze Distanz gefischt werden. Unter diesen Umständen ist das Fischen mit einer Paternostermontage eine einfache und wirkungsvolle Methode. Ein Seitenarm wird mit einem Wasserknoten an der Hauptschnur befestigt (siehe Seite 57), und 2–3 BB-Schrotkörner werden hinzugefügt. Die Schnur wird ausgeworfen und durch die Strömung an das Ufer flussabwärts getragen. Die Rute kann dabei, wie bei Fischen an stehendem Gewässer, tief gehalten werden. Eine Alternative zu der festen Paterernostermontage ist eine gleitende Verbindung mit zwei kleinen Karabinern.

Swimfeeder

Als Swimfeeder bezeichnet man Futterkörbchen, die Grundköder oder loses Futter möglichst punktgenau um den Hakenköder herum auf dem Grund verteilen. An langsam fließenden, tiefen Flussabschnitten, in denen es Brachsen gibt, können Feeder für den Grundköder verwendet werden, doch an den meisten Flüssen sind ein Blockende oder Maden-Feeder die bessere Wahl. Die Feeder werden an der Montage befestigt (siehe Seite 57).

Sobald der Haken beködert ist, wird der Feeder mit Maden gefüllt und ausgeworfen. Liegt der Feeder auf dem Grund, kriechen die Maden aus den Öffnungen des Feeder und locken die Fische zum Hakenköder.

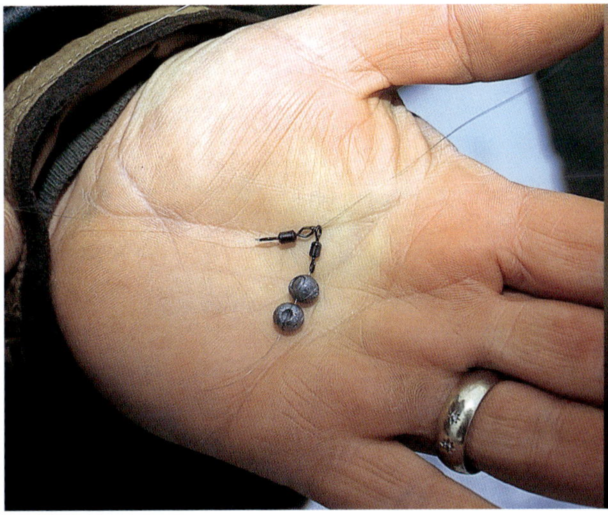

OBEN EINE GLEITENDE PATERNOSTERMONTAGE MIT ZWEI KARABINERN.

OBEN DURCH ÖFFNUNGEN GELANGEN DIE MADEN AUS DEM MADEN-FEEDER UND LOCKEN SO FISCHE ZUM HAKENKÖDER.

OBEN NEHMEN SIE EINE AUSWAHL VERSCHIEDENER BLEIBOMBEN MIT, UM IHRE MONTAGE IM FLUSSSTROM AUSZUBALANCIEREN.

OBEN KARABINER DIENEN ZUR BEFESTIGUNG VON GRUNDBLEI AN DER SCHNUR.

Feeder sind in unterschiedlichen Größen und Gewichten erhältlich. Da im fließenden Gewässer die Rutenspitze unter Umständen nach oben gerichtet werden muss, ist es sehr wichtig, dass der Feeder genügend Gewicht hat, damit er auf dem Grund bleibt. Um das ideale Gewicht zu erreichen, können so genannte Haftbleie oder Klappbleie als zusätzlicher Ballast dem Feeder zugefügt werden.

Jagd auf große Fische

Großfischangler, die auf schwer kämpfende Fischarten in Flüssen, wie Döbel und Barben, aus sind, fischen gewöhnlich mit großen Ködern, wie Dosenfleisch oder Brotstücken. Statt mit einem Swimfeeder Köder an einem Angelplatz zu verteilen, werden hier mehrere Plätze von Hand oder mit einem Köderkorb angefüttert und nacheinander befischt.

Montagen für diese Art des Fischens sind sehr unkompliziert. Für kurze Entfernungen kann man einen Haken ohne Gewicht direkt an das Schnurende binden (Freelining). Man lässt den Köder dann in den Fluss sinken, wobei er sich möglichst natürlich bewegen sollte.

Ist Wurfgewicht erforderlich, kann ein Blei oder eine Bleibombe auf einem Laufwirbel angebracht werden. Sobald das Blei ausgeworfen wird, zieht der Angler die Schnur an, um Kontakt mit dem Köder herzustellen. Bei dieser Methode muss die Rute jedoch ständig gehalten werden, denn Bisse von großen Fischen könnten plötzlich und kraftvoll sein und die Rute leicht ins Wasser ziehen, wenn sie unbeaufsichtigt in der Rutenhalterung liegt.

Grundangeln – Stehende Gewässer

Abgesehen von Karpfen sind Fische in stehenden Gewässern gewöhnlich weniger aggressiv als Flussfische und erfordern beim Angeln eine differenziertere Taktik. An stehenden Gewässern sollte man die empfindlichsten Schwingspitzen verwenden (0,5 Unzen), und sogar mit diesen muss man manchmal bei der kleinsten Bewegung der Spitze anschlagen. Wichtig für die frühe Erkennung solch vorsichtiger Bisse ist eine ständig straff gehaltene Schnur, um Beeinträchtigungen durch den Wind zu vermeiden. Dazu muss so viel Schnur wie möglich unter Wasser sein, eine sinkende Hauptschnur ist hier von Vorteil, so kann man mit der Rute flach über dem Wasser fischen.

Die Rutenhalterung stellt man so auf, dass der letzte Rutenring sich nur noch 5 cm über der Wasseroberfläche befindet. Damit wird jede Windbeeinträchtigung ausgeschaltet, allerdings sind auch keine Bewegungen der Spitze mehr erkennbar. Um diese beobachten zu können, behelfen sich daher viele Angler entweder mit einer Zielscheibe (siehe Bild oben) oder einem Stock, der am Ende der Schwingspitze in den Grund gesteckt wird.

Tipp

Manchmal sind Fische Futterkörben gegenüber misstrauisch, wenn Sie aber ein normales Bleigewicht verwenden, beißen sie vielleicht doch an.

Swimfeeder

Obgleich man auch an Flüssen Swimfeeder oder offene Futterkörbe benutzt, sind diese eher für stehende Gewässer geeignet, insbesondere zum Fischen von Brachsen, die auf dem Grund nach Nahrung suchen.

Der Futterkorb wird mit Grundködermischung gefüllt und dann ausgeworfen. Sinkt der Feeder auf den Grund, verbreitet der Grundköder eine herrliche Wolke um den Hakenköder, von der Fische angezogen werden. Gehackte Würmer und Brotkrumen sind gute Beigaben zum Grundköder.

Wichtig ist, den Futterkorb genau auszuwerfen, damit das gesamte Vorfutter möglichst punktgenau landet und die Fische sich in

OBEN KARABINER ERLEICHTERN DEN SCHNELLEN AUSTAUSCH VON BLEIEN ODER FEEDERN.

OBEN DER GRUNDKÖDER-FEEDER IST EINE AUSGEZEICHNETE METHODE ZUM GRUNDANGELN AN STEHENDEN GEWÄSSERN. ER IST AN DEN ENDEN OFFEN.

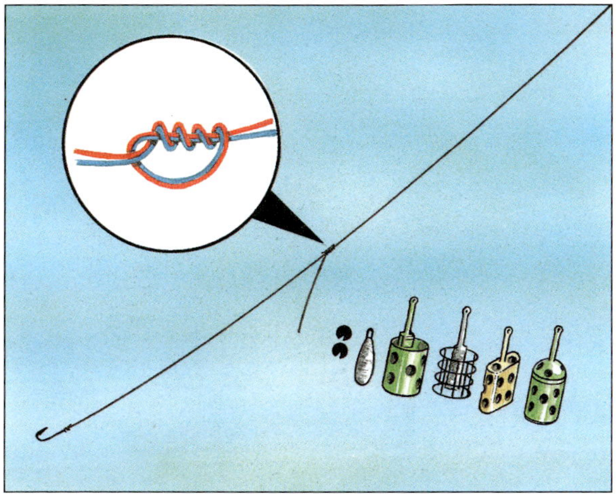

OBEN GRUNDANGELMONTAGE FÜR STEHENDE GEWÄSSER.

diesem kleinen Bereich konzentrieren. Beim Auswerfen sollte hier der Schnurhalter eingesetzt werden (siehe Seite 42–43), um das Futter möglichst zielgenau zu landen.

Fester Paternoster

Ich bevorzuge an stehenden Gewässern die feste Paternostermontage. Die Schnurlänge der Paternostermontage sollte 30 cm betragen und ungefähr 30 cm vom Ende der Hauptschnur mit einem Wasserknoten an dieser befestigt werden (siehe Zeichnung).

Eines der losen Enden sollte am Knoten getrimmt werden, das andere Ende sollte so getrimmt werden, dass 15 cm Schnur übrig bleibt. Der Futterkorb oder das Blei werden an diese Schnur gebunden. Das Vorfach wird dann mit einem weiteren Wasserknoten am Ende der Hauptschnur angebracht.

Die Schnur zwischen Futterkorb und Haken sollte zunächst etwa 0,9–1,2 m lang sein, doch wenn nötig, sollte die Länge verändert werden. Sind die Fische besonders scheu, muss möglicherweise ein Vorfach von bis zu 2 m verwendet werden. Wenn die Maden jedoch angeknabbert werden, ohne dass man die Bisse an einem Vibrieren der Schwingspitze erkennen kann, sollte man das Vorfach verkürzen, bis die Bisse angezeigt werden.

Tipp
Manchmal schwingt die Schwingspitze an stehenden Gewässern zurück, wenn ein Fisch den Köder nimmt und mit der Montage in Ihre Richtung schwimmt. Die Schnur hängt dann durch und die Spitze bewegt sich nach hinten. Meistens jedoch bewegt sich die Spitze in Richtung Köder.

Wenn der Futterkorb an der 15 cm langen Schnur mit einem Karabinerwirbel befestigt wird, können Futterkorb und Bleie schnell ausgewechselt und veränderten Bedingungen angepasst werden.

Bolt Rigs (Selbsthakmontagen)

Das Grundangeln mit Bolt Rigs ist eine spezielle Technik, die von Experten bei der Jagd auf große Fische eingesetzt wird. Ein mindestens 60 g schweres Blei wird an der Hauptschnur angebracht, sodass es nicht gleiten kann. Nähert sich ein Fisch dem Köder, beißt an und schwimmt weg, hakt er sich dank des Bleigewichts selbst an.

Bolt Rigs werden gewöhnlich in Verbindung mit einem elektronischen Bissalarm verwendet, insbesondere, wenn Karpfen und Schleien die Zielfische sind. Der Angler muss bei dieser Technik während langer Sitzungen die Rute nicht die ganze Zeit beobachten, denn bei einem Biss muss er nicht anschlagen.

Köderfischen

Köderfische sind tote Fische oder Teile davon, die beim Fischen von Raubfischen, wie Hecht, Barsch, Wels, Aal oder Zander, eingesetzt werden. Angeln mit Köderfischen ist sehr einfach, und tatsächlich können damit verhältnismäßig leicht große Fisch gefangen werden. Hechte werden unter guten Bedingungen bis zu 18 kg schwer, und Zander, die in großen Teilen Europas vorkommen, können über 9 kg schwer sein.

Hechte lieben Salzwasser-Köderfische, besonders Makrelen, Heringe, Stinte und Sardinen werden mit großem Erfolg eingesetzt. Vermutlich ist das ölige Fleisch dieser Fische für den empfindlichen Geruchssinn des Hechts sehr attraktiv. Barsche, Zander und Aale vermeiden im Allgemeinen jedoch Meeres-Köderfisch. Für diese Arten sind Weißfische, wie Rotauge, Brachse, Rotfeder und Barsch, die auch ihr natürliches Futter bilden, notwendig.

Tipp
Angeln Sie mit Köderfischen unter Brücken. Denn Brücken ziehen die kleinen Beutefische an und diese die Raubfische.

Welse hingegen sind Aasfresser, die fast alles fressen, sogar Tintenfischringe und Leber (siehe Seite 37).

Angelmethoden

Da Raubfische extrem scharfe Zähne haben, benötigen Sie ein Stahlvorfach, das gebrauchsfertig mit bereits angebrachtem Drilling oder großem Einzelhaken erhältlich ist.

Die Größe des Köders ist abhängig von dem Zielfisch. Die Größe des Drillings am Vorfach muss wiederum dem verwendeten Köder angepasst werden. Ein ansehnlicher Hecht oder Wels verschlingt ohne Weiteres ein Rotauge von 200 g, das an einem Drilling Größe 6 angeködert wird. Zander, Barsche und Aale haben hingegen viel kleinere Mäuler, für sie genügt ein 7,5 cm langes Rotauge, das an einen Einzelhaken Größe 8 oder einen Drilling Größe 10 gesteckt wird.

Bevor Sie den Köder beim Fischhändler oder im Angelfachgeschäft kaufen, sollten Sie bereits eine Vorstellung davon haben, wie weit Sie auswerfen. Makrelen haben eine kräftige Haut und sind daher gut zum Auswerfen geeignet, während Sardinen nicht am Haken bleiben, wenn Sie zu kraftvoll auswerfen.

Köderfische werden mit dem oberen Drilling an der Schwanzflosse und mit dem unteren Drilling in der Flanke angehakt (siehe

RECHTS MAKRELEN HABEN EINE KRÄFTIGE HAUT, DAHER SIND SIE IDEALE KÖDERFISCHE, WENN SIE SIE WEIT AUSWERFEN.

OBEN HAKEN SIE KÖDERFISCHE MIT DEM SCHWANZ AM OBEREN DRILLING UND DER FLANKE AM UNTEREN HAKEN AN.

OBEN BEI DER SINKEN-ZIEHEN-METHODE MUSS DER KÖDER UMGEKEHRT ANGEHAKT WERDEN, DAMIT ES BEIM EINHOLEN DEN ANSCHEIN HAT, DASS ER SCHWIMMT.

OBEN DIE MEISTEN HECHTANGLER BENUTZEN BEIM ANGELN MIT KÖDERFISCHEN BISSANZEIGEN.

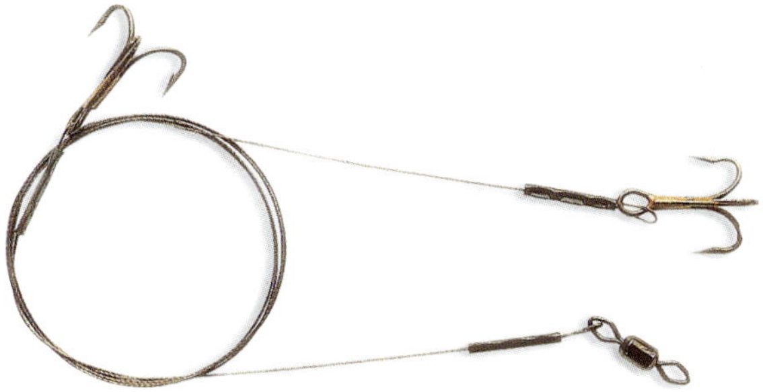

OBEN BEIM ANGELN VON RAUBFISCHEN BRAUCHEN SIE EIN STAHLVORFACH, DAS IN ANGELFACHGESCHÄFTEN VORGEFERTIGT ERHÄLTLICH IST.

Abbildung oben). Da Raubfische den Fischkopf zuerst schlucken, schlagen sie sich auf diese Weise die Haken beim Anhieb fest in den oberen Teil des Mauls.

Verwendung von Köderfischen

Köderfische werden beim Grund- und Posenfischen sowie bei der sogenannten Senken-Ziehen-Methode eingesetzt.

Bei der Senken-Ziehen-Methode wirft man den Köderfisch aus, lässt ihn sinken und zieht ihn langsam und ruckartig zurück, um einen verletzten Fisch nachzuahmen. Daher sollte ein Köder beim Senken-Ziehen ganz sein und mit dem Kopf nach unten angehakt werden, sodass der Köderfisch sich in Richtung des Anglers bewegt, wenn dieser die Schnur einholt. Dies ist die aktivste Angelmethode beim Köderfischen. Der Angler kann am Ufer entlanggehen und den Hecht lokalisieren, anstatt darauf zu warten, dass der Hecht sich einem statischen Köder nähert. Allerdings ist eine wichtige Voraussetzung für diese Methode, dass das Wasser klar ist, damit die Fische den Köder bereits aus einiger Entfernung sehen.

An Angelplätzen mit trübem, verfärbtem Wasser ist ein geruchsstarker, öliger Köderfisch auf Grund die beste Wahl. Die Gerüche verteilen sich im Wasser und locken die Fische an.

Beim Posenangeln mit Köderfischen kann die Angeltiefe variieren. Zudem gibt die Pose ein frühes Signal, wenn ein Hecht den Köder nimmt.

Fischen mit Kunstködern

OBEN VERWENDEN SIE AN SONNIGEN TAGEN GLÄNZEND SILBERNE, KUPFER- ODER BRONZEFARBENE KÖDER, DIE DAS TAGESLICHT REFLEKTIEREN, UND FARBIGE, FLUORESZIERENDE KÖDER BEI BEWÖLKTEM HIMMEL.

OBEN VARIIEREN SIE DIE GESCHWINDIGKEIT, MIT DER SIE EINHOLEN. RAUBFISCHE REAGIEREN AUF EINEN RUCKARTIGEN RHYTHMUS, DER EINEN VERLETZTEN FISCH NACHAHMT.

Der Angler muss sich beim Fischen mit Kunstködern intensiv mit den Gewohnheiten des Raubfisches auseinandersetzen, um herauszufinden, wo und in welcher Tiefe der Fisch sich aufhält und welche Köder ihn zum Anbeißen bewegen könnten.

Witterung, Reinheitsgrad des Wassers, Jahreszeit, Lichtbedingungen und natürliche Gegebenheiten spielen alle eine große Rolle bei der Wahl des richtigen Köders. Und wenn die richtige Wahl getroffen ist, muss der Köder immer noch so bearbeitet werden, dass der Fisch angelockt wird und zubeißt.

Reinheitsgrad des Wassers

Mit Kunstködern baut man fast ausschließlich auf das Sehvermögen des Raubfisches, was gute Sichtverhältnisse voraussetzt. Daher schränkt man am besten das Angeln mit Kunstködern auf Plätze mit klarem Wasser ein. An Angelplätzen mit trübem Wasser sollte man große Raubfische mit Köderfischen angeln.

Welche Farbe?

Das hängt völlig von den vorherrschenden Bedingungen ab. An trüben Tagen sind leuchtend gefärbte Köder, wie orangefarbene, grüne und gelbe, die beste Wahl. An hellen Tagen sollte man glänzende Silber-, Kupfer- und Bronzemodelle verwenden, die das Licht reflektieren. Muster auf den Flanken des Köders können von Bedeutung sein,

Tipp

Köder mit Seegrasschutz, wie der Northland Jay Breaker (unten), erlauben Ihnen, in Schilfen und Seerosenbereichen zu fischen, ohne sich zu verheddern.

OBEN SCHWIMMKÖDER VERURSACHEN VIEL BEWEGUNG IM WASSER, WAS RAUBFISCHE HÄUFIG ZUM ANGRIFF UND ANBISS VERLEITET.

wenn man im flachen, freien Wasser fischt. Meine Lieblingsköder sind jene mit gestreiftem grün-schwarzem Muster, das einen kleinen Barsch imitiert. Im tiefen Wasser sind Muster und Farbe jedoch weit weniger wichtig, da die Fische hier die Unterseite des Köders angreifen, die ihnen nur als schwarzes Schattenbild erscheint.

Angelzeiten

An den meisten Angelplätzen halten Raubfische feste Futterzeiten ein. Die klassischen Zeiten sind Morgen- und Abenddämmerung. Tagsüber fressen Raubfische oft nur zeitlich begrenzt zu bestimmten Zeiten. Merken Sie sich diese Zeiten, und planen Sie dann Ihre folgenden Sitzungen entsprechend. Bedeutend ist auch die Jahreszeit. Im Allgemeinen sind Raubfische im Sommer aktiver, das Fischen mit Kunstködern ist dann am reizvollsten. Doch auch im Winter kann man Raubfische fangen. Sie ziehen dann ihrer Beute in tiefere Schichten des Gewässers nach, wo es wärmer ist. Der Köder muss langsam und tief gefischt werden.

Arbeiten mit dem Köder

Ein Raubfisch ist ständig auf der Suche nach einer leichten Beute. Ein Hecht, Barsch, Döbel oder Zander sucht nach maximaler Belohnung für minimale Mühe, sein Interesse an beweglichen jungen Fischen ist entsprechend gering. Sie bevorzugen leichte Beute, etwa einen verletzten, sterbenden oder kranken Fisch, der ihnen nicht ohne Weiteres entkommen kann, und genau so einen Fisch muss der Angler beim Einholen des Köders imitieren. Obgleich die meisten Kunstköder ihre eigenen Bewegungsmuster haben, darf das Fischen mit ihnen nicht nur auf mechanisches Auswerfen und Einholen beschränkt werden. Die Geschwindigkeit des Köders muss variiert, das Einholen richtig begonnen und beendet werden. Auf schnelle Spurts sollten lange Pausen folgen.

Zählmethode

Tiefläufer, Spinner und Blinker können in allen Tiefen verwendet werden. Um herauszufinden, welches die beste Angeltiefe an einem bestimmten Tag ist, werfen Sie den Köder einfach aus und lassen ihn sinken. Er sinkt etwa 30 cm pro Sekunde. Lassen Sie ihn bei den ersten Würfen drei Sekunden, das heißt 90 cm sinken. Dann gehen Sie auf 1,5 m über, anschließend auf 2 m und so weiter.

Beißt ein Fisch auf einer bestimmten Höhe an, so haben Sie wahrscheinlich die Futtertiefe für diesen Tag gefunden, und es beißt vielleicht einer nach dem anderen an. Wenn Sie den Köder an jedem Platz bis zum Grund sinken lassen, können Sie sich ein Bild von der Wassertiefe machen.

Natürliche Gegebenheiten

Raubfische verstecken sich gern in natürlichem Bewuchs oder Unterständen unter Wasser, wie Schilf, Seegras, Seerosen sowie versunkenen Baumstämmen, und stürzen sich von dort auf ihre Beutefische. Folglich sollten Sie versuchen, den Köder so nahe wie möglich an solche Verstecke auszuwerfen.

Fischarten

Zielfische angeln

Ein besonderer Reiz am Fischen ist, dass man nie wirklich vorhersagen kann, was man am Haken haben wird.

Auch Karpfen, die normalerweise kleine wirbellose Wassertiere fressen, nehmen tote Köderfische, während der Hecht, der so oft als unersättlicher Raubfisch dargestellt wird, auch bei einem Wurm oder einer Made anbeißt. Im gleichen Stil wurde schon mehr als ein Barsch mit Zuckermais gefangen. Und natürlich wird ein Angler gelegentlich mit einem kleinen Köder, wie etwa einer einzelnen Made, einen Monsterkarpfen anschlagen, während die Großfischangler um ihn herum leer ausgehen. Aber diese Beispiele sind die Ausnahmen, die die Regel bestätigen. Die Mehrheit bestimmter Fischarten muss gezielt gefangen werden. Dazu ist es notwendig, sich mit den Gewohnheiten der verschiedenen Fischarten auseinanderzusetzen.

Viele Angler spezialisieren sich mit der Zeit auf eine bestimmte Art. Auch manche Anglervereine sind zuweilen auf den Fang von spezifischen Arten, wie Schleie, Karpfen, Zander, Hecht, Barsch, Döbel, Aal, Wels und Barbe, ausgerichtet.

Jede Fischart hat ihre bevorzugte Futterzeit. Unterschiedliche Köder und Aromen sind erforderlich, verschiedene Methoden und Fertigkeiten sowie eine Vielzahl von Ausrüstungsgegenständen. Ein guter, vielseitiger Angler für verschiedene Fischarten mit allen notwendigen Fähigkeiten und Geräten zu werden, kann ein lebenslängliches Projekt sein. Ein Angler lernt nie aus. Jedes Mal, wenn ich fischen gehe, erfahre ich etwas Neues über einen Angelplatz, eine

UNTEN GLÜCK ALLEIN REICHT NICHT, UM EINEN FISCH WIE DIESEN 15 KG SCHWEREN SPIEGELKARPFEN ZU FANGEN.

UM GEZIELT EINEN DERARTIG PRACHTVOLLEN WELS (**OBEN**) ODER SO EINE GROSSE SCHLEIE (**UNTEN**) ZU ANGELN, MUSS MAN EINIGE SACHKENNTNIS ÜBER DIESE FISCHARTEN BESITZEN.

neue Präsentation oder einen neuen Trick, der mir das nächste Mal mehr Fische einbringt.

Hier finden Sie eine kurze Beschreibung von 13 sehr verbreiteten Weißfischarten, mit Hinweisen für die besten Fangzeiten, Taktiken, Köder und die besten Montagen. Über jede der Arten könnten ganze Bände gefüllt werden, hier werden nur die wichtigsten Fakten genannt. Kleinere Arten, wie Gründling, Laube, Elritze und Groppen, werden aus Platzgründen nicht berücksichtigt.

In diesen Kurzporträts unserer wunderbaren Fische können wir natürlich nur die Oberfläche ankratzen. Es könnten ganze Bücher über jede einzelne Art wie Hecht, Karpfen und Barbe geschrieben werden (und die gibt es auch), aber dieses Kapitel wird hoffentlich trotzdem Ihr Interesse wecken, Sie informieren und mit etwas Glück Sie dazu inspirieren, hinauszugehen und einen herrlichen Fisch zu angeln.

Jeder Angler hat einen eigenen Traumfisch. Es muss kein Karpfen von 18 kg sein, denn der Fang eines Barsches von 1,5 kg, eines Aals von 2 kg, eines Döbels von 2,5 kg oder eines Weißfisches von 500 g ist ebenso eine Leistung. Mein Traumfisch ist eine Brachse im zweistelligen Pfundbereich, und ich habe durchaus vor, diesen Traum wahr zu machen.

Der Standort ist dabei äußerst wichtig. Um Ihren Traum zu verwirklichen, müssen Sie auf jeden Fall einen Standort finden, an dem Ihr Zielfisch vorkommt, und dann dieses Gewässer und seine Fische in all ihren verschiedenen Stimmungslagen kennenlernen.

Gezielt eine bestimmte Art erfolgreich zu fangen, ist die größte Herausforderung beim Angeln. Und man weiß nie, ob nicht schon der nächste Fisch ein Rekord sein wird.

Informationen im World Wide Web

Das Internet bietet eine Fülle von Informationen über einzelne Fischarten an: Suchen Sie nach Begriffen wie Fischlexikon oder nach den Fischarten.

ROTAUGE *(Rutilus rutilus)*

Das Rotauge ist einer der beliebtesten Weißfische. Der Fisch kann im Vergleich zu Süßwasserriesen, wie Hecht und Karpfen, sehr klein sein, dennoch ist er unter Anglern ein hoch geschätzter Fisch.

Kleine Rotaugen schnappen nach allen möglichen Ködern, die ihnen angeboten werden. Aber sobald ein Rotauge ein Gewicht von über 200 g erreicht hat, ist es viel erfahrener, wurde vielleicht bereits mehrmals gefangen und zurückgeworfen und hat einiges gelernt. Es wird sehr misstrauisch gegenüber allem, das verdächtig aussieht, so auch gegenüber unnatürlichen Ködern.

Um große Rotaugen zu fangen, muss man Geschick mit gutem Gerät und ausgezeichneter Gewässerkenntnis kombinieren. Mit einem Rotauge von 500 g ist einem aber bereits ein beachtlicher Erfolg beschieden, der Hunderten von weniger glücklichen Anglern verwehrt bleibt.

Bei einem Zweipfünder sollte man die Kamera auspacken. Und wenn es Ihnen gelingt, den Kescher unter ein magisches Rotauge mit einem Gewicht von 1,5 kg zu schieben, dann genießen Sie jeden Moment. Das ist der Fisch Ihres Lebens.

Montage

Rotaugen sind heikle Fresser, und die Montage sollte daher so fein wie möglich sein. Verwenden Sie Drahthaken der Größe 20 und 22 mit Maden und 18er- sowie 16er-Haken mit Puppen. Der Haken sollte gänzlich in der Puppe begraben sein. Die Kraft des Anhiebs reicht aus, um die Hakenspitze durch die Hülle zu ziehen und den Haken zu setzen. Die Hauptschnur zum Stab-, Waggler- und Stippfischen sollte 0,9 kg Tragkraft haben, und das Vorfach sollte nicht stärker als 0,08 mm sein, beim Stippfischen sogar feiner mit einem Gummizug Nr. 3.

Angelmethoden

Rotaugen sind schnell beißende Fische, die schwer mit dem Grundblei zu fangen sind. Posenfischen mit der Stabpose, dem Waggler oder der Stipprute ist hier eine passendere Methode.

Bei Flussrotaugen ist die Stipprute ideal, wenn der Fluss langsam fließt. Eine Stabpose ist geeigneter bei mittlerer bis starker Strömung, ein Waggler sollte dagegen bei mittleren bis schwachen Strömungsbedingungen verwendet werden, wenn Sie über die Reichweite Ihrer Stipprute hinaus fischen müssen.

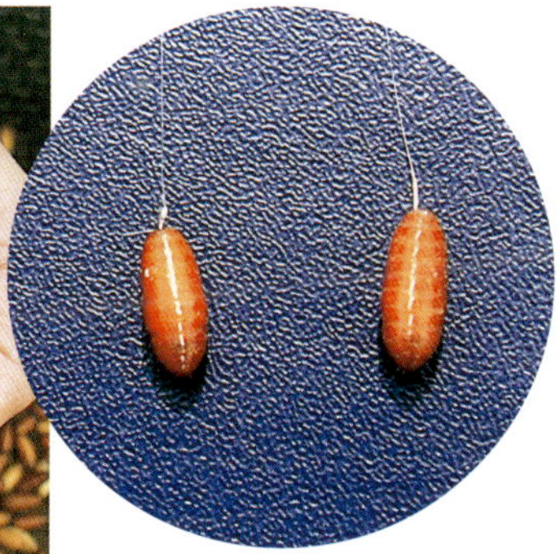

OBEN UND **OBEN RECHTS** PUPPEN SIND IDEAL, UM GRÖSSERE ROTAUGEN AUS EINEM SCHWARM ANZULOCKEN. DIE ANGEHAKTE PUPPE MUSS DEN HAKEN VOLLSTÄNDIG BEDECKEN.

OBEN FÜR ROTAUGEN SIND LEICHTE HAKENSCHNÜRE NÖTIG.

OBEN STABPOSENFISCHEN IST EINE HERVORRAGENDE METHODE, UM FLUSSROTAUGEN ZU FANGEN.

KENNZEICHEN

Silberne Flanken, rote Augen, rot-orangefarbene Flossen, obere Lippe steht etwas vor.

GEWICHT

0,7 kg. Gewichte von über 1 kg sind selten, Rotaugen mit mehr als 1,5 kg Gewicht sind schon eine kleine Sensation.

LEBENSDAUER

10–15 Jahre.

LEBENSRAUM

Die meisten Flüsse, Seen und Kanäle.

ANGELMETHODE

Stabpose und Stipprute.

KÖDER

Puppen, Hanf, Maden.

Indisch gewürzt

Rotaugen lieben bronzefarbene Maden, gewürzt mit einem Löffel Kurkuma.

Die richtige Angelmethode für Rotaugen schwankt nicht nur von Angelplatz zu Angelplatz, sondern möglicherweise auch von Tag zu Tag. Einige Richtlinien sind jedoch allgemeingültig.

Ist das Wasser des stehenden Gewässers oder Kanals kristallklar, können Sie Grundköder ausschließen und sich auf loses Anfüttern beschränken.

Bronzefarbene Maden bringen die meisten Bisse ein, aber bei den größeren Fischen haben Puppen mehr Erfolg. Hanf ist ein weiteres, gut geeignetes loses Futter, besonders an schnell fließenden Flüssen.

Ist das Wasser trübe, sei es durch Hochwasser, Bootsverkehr oder Fischaktivitäten, sind Grundköder eine gute Wahl. Mein bevorzugter Grundköder für Rotaugen ist Van den Eynde Supercup.

Ich mische den ersten Grundködern etwas von meinem Hakenköder bei, werfe sie aus und streue dann etwas loses Futter darüber.

KARPFEN *(Cyprinus carpio)*

OBEN KEIN WUNDER, DASS KARPFEN UNTER ANGLERN SO BELIEBT SIND.

Römern verdanken wir nicht nur Aquädukte und Straßen, sondern auch den Karpfen, den sie im vierten Jahrhundert nach Westeuropa brachten. Die wilden Karpfen laichten und verbreiteten sich schnell in den Flüssen und Seen von Europa.

Karpfen gehören unter den Anglern zu den beliebtesten Weißfischen. Sie werden sehr groß, fressen Köder, kämpfen hart und sprengen Schnüre: Sie regen die Fantasie von Anfängern und alten Hasen gleichermaßen an, vermutlich weil sie größer werden als alle anderen Weißfische, abgesehen von den verhältnismäßig seltenen Welsen.

Sind sie erst einmal in ein Gewässer eingeführt, neigen Karpfen dazu, schnell die dominante Art zu werden und jedes Jahr bis zu 1,5 kg zuzunehmen. In Europa hat man Karpfen von mehr als 32 kg gefangen, doch in Amerika, wo Karpfen für Angler, die auf der Suche nach Barsch oder Forelle sind, eine regelrechte Belästigung darstellen, erreicht eine Büffelkarpfen (Buffalo Carp) genannte Rasse über 40 kg.

Die ursprünglichen, schlanken, majestätisch geschuppten wilden Karpfen haben sich viele Male gekreuzt, so ist es denn nahezu unmöglich, echte Wildkarpfen zu finden. Heute kann man Gemeine

KENNZEICHEN

Lange Rückenflosse, vorstülpbares Maul mit zwei langen Barteln an den Mundwinkeln.

GEWICHT

11 kg.

LEBENSDAUER

Kann über 40 Jahre alt werden.

LEBENSRAUM

Stehende Gewässer, Kanäle, langsam fließende Flüsse.

ANGELMETHODE

Alle Methoden.

KÖDER

Brot, Würmer, Boilies, Mais.

OBEN SPIEGELKARPFEN KÖNNEN DURCH IHRE GROSSEN, UNREGELMÄSSIG GEFORMTEN SCHUPPEN AN DEN FLANKEN IDENTIFIZIERT WERDEN.

OBEN EIN BOLT RIG IST SO KONZIPIERT, DASS DER KARPFEN SICH SELBST ANHAKT, OHNE DASS DER ANGLER ANSCHLÄGT.

OBEN VIELE KARPFENANGLER FÜGEN IHREN KÖDERN GERNE EIGENARTIGE, ABER WIRKSAME AROMEN BEI.

Montage

Karpfen sind große Kämpfer und erfordern robustes Gerät. Sind Sie z. B. auf Exemplare von mehr als 5 kg aus, muss die Rute eine Testkurve von 0,7–1,4 kg haben. Die Hauptschnur muss über 5 kg Tragkraft verfügen, verbunden mit einem starken, geschmiedeten Haken der Größe 4.

Karpfen, Spiegelkarpfen, Lederkarpfen und Zeilkarpfen antreffen, um nur einige Arten zu nennen. Die kleinere Karausche, die kaum mehr als 3 kg erreicht, kreuzt sich bereitwillig mit der vorher erwähnten Rassenvielfalt. Der längliche Graskarpfen ist eine verhältnismäßig neue Art, die ein Gewicht von mehr als 13 kg erreichen kann, in wärmeren Gewässern sogar doppelt so viel.

Angelmethoden

Die Angelmethoden zum Karpfenfang sind mindestens so mannigfaltig wie die Anzahl der Karpfenarten. Sie gelten als sehr gerissene Fische. Sind sie einmal mit einem Köder gefangen worden, meiden sie diesen in Zukunft und stellen somit eine große Herausforderung für den Angler dar. Einige Anglerzeitschriften widmen sich ausschließlich dieser Art.

Die beste Angelzeit für Karpfen ist während der wärmeren Sommermonate, wenn die Fische am aktivsten sind. Sie fressen alles, wenn sie hungrig sind, und der richtige Köder für den Tag kann vieles sein, von einer einzelnen Made bis zu Fleischkonserven.

Dennoch wurde für den Karpfenfang ein spezieller Köder entwickelt, der für die Mehrheit der Fänge von wirklich großen Karpfen (über 13,5 kg) in den vergangenen zehn Jahren verantwortlich war: ein sogenannter Boilie, ein in hohem Grade nahrhafter Köder aus Milchproteinen, Eiern, Sojamehl, Weizenkeimen, Farb- und Geschmacksstoffen, die zu einem Teig vermischt werden. Aus diesem Teig werden Kugeln geformt, die man kurz in Wasser kocht, damit sie eine harte Schale erhalten.

Boilies haben eine große Anziehungskraft auf Karpfen und können in unterschiedlichen Größen hergestellt werden. Je größer die Boilies, umso prächtiger – wahrscheinlich – der Fang. Die kleinen runden Boilies kann man einfach mit einem Katapult ausstreuen und somit auch als Vorfutter verwenden.

Bolt Rigs (Selbsthakmontagen)

Die Bolt Rigs genannten Montagen sind speziell für das Karpfenfischen bestimmt. Der Karpfen gerät in Panik, wenn er den Haken in seinem Maul spürt, und hakt sich auf der Flucht selbst an. Ein Blei (60 g), das an der Hauptschnur angebracht ist, sorgt dafür, dass sich der Haken im Maul des Karpfens festhakt, ohne dass die Rute angehoben wird.

Diese Montage erlaubt dem Angler zu fischen, ohne ständig auf die Ruten aufpassen zu müssen. Gebrauchsfertige Bolt Rigs sind in allen Angelfachgeschäften erhältlich.

BARBE *(Barbus barbus)*

Barben gehören zu den meistgeschätzten Flussweißfischen, und für viele Angler stellen sie eine besondere Herausforderung dar, da sie die am härtesten kämpfenden Flussweißfische sind. Sie wehren sich bis zuletzt.

Barben können sehr groß werden. In Nordeuropa erzielen einzelne Fische manchmal mehr als 7 kg Gewicht. In den südeuropäischen Ländern, wie Spanien und Portugal, wachsen Barben bedingt durch das warme Klima besonders prächtig. Hier wurde schon manch ein Exemplar von über 14 kg gelandet.

Angelmethoden

Obgleich Barben gelegentlich in tiefem Wasser gefangen werden, sind sie in klaren, relativ schnell fließenden Gewässern am zahlreichsten. Hier ist der Barbenfang besonders reizvoll, man kann das Flussufer entlangpirschen und nach Hinweisen auf die Fische Ausschau halten, die sich durch ausgedehnte Krautbetten oder Schilfgürtel auf dem Grund bewegen.

Man sollte nicht zu sehr beladen sein, damit man sich mühelos bewegen kann. Vor der Angelsitzung sollten Sie die Uferstrecke entlanggehen und nach möglichen Barbenplätzen Ausschau halten, z. B. nach einem klaren Kiesflecken stromaufwärts von einem dichten Krautbett oder Schilfgürtel. An diesem klaren Flecken sollten Sie mit Teilchenködern, wie Mais und Hanf, vorfüttern und dann weitergehen. Erst wenn Sie einige Bereiche vorgefüttert haben, kehren Sie zu Ihren angefütterten Plätzen zurück. Wählen Sie diejenigen aus, an denen Barben von dem Köder angelockt wurden oder wo der Köder schnell gefressen wurde.

Köder

Eine Auswahl geeigneter Köder mitzubringen zahlt sich bei Barben aus. Experten angeln im Sommer, wenn die Fische manchmal sehr viel fressen, mit großen Ködern, wie Fleischkonservenwürfeln und Zuckermaiskolben, während sie in den Wintermonaten kleinere Köder, wie Maden und Puppen, verwenden.

Eine Ausnahme sind die Zeiten der Winterfluten, wenn der Fluss stark verfärbt ist. Dann kann ein großer, geruchsstarker Köder, wie

Nächtliche Aktivitäten

Barben fressen bei Dunkelheit besonders arglos. Notieren Sie sich vielversprechend aussehende Plätze, und befischen Sie sie, wenn die Dämmerung einbricht.

OBEN FLEISCHWÜRFEL SIND BEWÄHRTE KÖDER BEI BARBEN.

LINKS MIT IHRER STROMLINIENFÖRMIGEN FORM KANN SICH DIE BARBE GUT AUF DEM FLUSSBETT DER SCHNELL FLIESSENDEN STRÖME BEWEGEN.

OBEN EINE PRACHTVOLLE BARBE. FISCHE DIESER GRÖSSE SETZEN IHRE MUSKELKRAFT EIN UND LIEFERN IHNEN EINEN KAMPF, DEN SIE NIE VERGESSEN WERDEN.

OBEN VERSCHIEDENE BLEIE FÜR DAS GRUNDANGELN.

OBEN EIN FUTTERKORB MIT FLACHER UNTERSEITE UND VERGRÖSSERTEN BOHRUNGEN LÄSST DIE KÖDER SCHNELL AUSTRETEN.

mehrere Würmer oder ein großer Klumpen Käsepaste, ein hervorragendes Lockmittel sein.

An großen, breiten Flüssen, an denen die Pirschmethode nicht möglich ist, setzt man einen Futterkorb mit einer flachen Unterseite und genügendem Gewicht ein, um ihn im Strom stabil zu halten.

KENNZEICHEN
Stromlinienförmig mit abgeflachtem Bauch, braune Flanken, gerundetes, vorstülpbares Maul, vier große Barteln an der Oberlippe.

GEWICHT
4 kg.

LEBENSDAUER
10–15 Jahre.

LEBENSRAUM
Schnell fließende, gut mit Sauerstoff angereicherte Flüsse mit hartem Flussbett.

ANGELMETHODE
Grundangeln.

KÖDER
Fleischköder, Maden, Hanf.

Vergrößern Sie die Bohrungen im Futterkorb, füllen Sie sie mit Hanf und Puppen. Dann werfen Sie den Futterkorb 10–20-mal an denselben Platz, um einen Köderteppich auf dem Grund auszulegen, der die Fische anlockt und sie dort hält.

Anschließend können Sie Ihren Haken verködern und mit hoch gestellter Rute fischen, um möglichst wenig Schnur auf der Wasseroberfläche liegen zu haben, die vom Strom weggezerrt werden könnte.

Die Bisse der Barbe können sehr energisch sein und zu starken Schwingspitzenaktionen führen, wenn der Fisch sich gegen das Gewicht des Futterkorbs anhakt. Dann beginnt die Schlacht Ihres Lebens.

Montage

Vorgedehnte Vorfächer und feine Drahthaken sind für Barben ungeeignet. Sie würden Ihre Montage mühelos zerstören. Um einen kräftigen Fisch in einem starken Strom zu stoppen, benötigen Sie eine robuste, sinkbare Hauptschnur von mindestens 2,5 kg Tragkraft, direkt mit einem geschmiedeten Haken verbunden. Ebenso eine leistungsfähige Feederrute, um die Fische von Hindernissen fernzuhalten. Barben bevorzugen statische Köder, sodass Sie Bleie, Futterkörbe mit flachen Unterseiten und Haftbleie brauchen, mit denen Sie den Futterkorb auch in einem starken Strom stabil halten können.

Hecht *(Esox lucius)*

OBEN HECHTE SIND UNERSÄTTLICHE RAUBFISCHE UND KÖNNEN SEHR GROSS WERDEN, WIE Z. B. DIESES PRACHTEXEMPLAR VON MEHR ALS 12 KG.

Groß, kräftig, eindrucksvoll und unverwechselbar: Der Hecht ist der bekannteste Raubfisch in den meisten europäischen Süßwasser-Fischgründen. Hier wurden schon Exemplare mit einem Gewicht von bis zu 31,8 kg gefangen.

Hechte lauern in ihren Unterständen auf vorbeiziehende Fischschwärme, perfekt getarnt durch ihre grau-gelbliche bis hellgrüne Farbe. Sobald ein Beutetier zu nahe kommt, schnellen die Räuber aus ihrem Versteck heraus und schnappen sich ihr Opfer. Ihre Muskeln und ihre ausgeprägte Stromlinienform erlauben den Hechten, mit unvergleichlicher Geschwindigkeit aus dem Stand hervorzuschießen. Sobald sie ihre Beute im Maul haben, kann sie nicht mehr entkommen, denn ihre Kiefer mit den kleinen nach hinten gerichteten Zähnen krallen sich in das Fleisch.

Hechte können erstaunlich große Fische verschlingen, da sie einen flexiblen Kiefer haben. Einige ihrer Beutefische sind halb so groß wie sie selbst, und angeblich soll sogar mancher Hecht bei dem Versuch, einen gleich großen Artgenossen zu fressen, gestorben sein.

Grandes Dames

Alle großen Hechte sind Weibchen. Männchen erreichen nur ein Gewicht von 5–6 kg.

Angelmethoden

Junge Hechte sind sehr schnell und beweglich und können ihre Beutetiere mit Leichtigkeit jagen und schnappen. Ältere Fische sind massiger und bewegen sich nicht mehr so schnell. Sie entwickeln sich zu Aasfressern, ernähren sich von toten, sterbenden und kranken Fischen und spielen so eine bedeutende Rolle beim Erhalt eines gesunden Fischbestands.

Obwohl Hechte Kunst- und Lebendköder annehmen, ist toter Köder die beste Methode, um größere Exemplare zu fangen.

Köder

Die Wahl des richtigen Köders ist nicht ganz einfach, und oft muss man verschiedene Meeres- und Süßwasser-Köderfische testen, bis man den besten für den ausgewählten Angelplatz gefunden hat. Die erfolgreichste Methode ist, mit zwei Ruten zu fischen, eine wird mit

OBEN HECHTE HABEN UNZÄHLIGE KLEINE, NACH HINTEN GERICHTETE ZÄHNE, MIT DENEN SIE IHRE BEUTE FEST PACKEN.

Montage

Das wichtigste für eine Hechtmontage ist eine Drahtschnur, denn Hechte können monofile oder geflochtene Schnüre mühelos durchbeißen. Der Köder wird auf einen Drillingshaken (Größe 4–10) gesteckt. Die Hauptschnur sollte mindestens eine Tragkraft von 5,5 kg haben, die Hechtrute eine Testkurve von 0,9–1,4 kg.

KENNZEICHEN

Tarnfarben, lang gestreckter Körper, abgeflachter Kopf, tiefer, vorstehender Unterkiefer.

GEWICHT

2–4 kg. Nur äußerst selten erreichen Hechte ein Gewicht bis zu 30 kg.

LEBENSDAUER

Bis zu 25 Jahren.

LEBENSRAUM

Flüsse, Kanäle, Seen und Brackwasser.

ANGELMETHODEN

Lebendköder, Köderfische, Spinnangeln.

KÖDER

Makrelen, Rotaugen, Junghechte, Neunaugen, Stinte.

OBEN HECHTPOSEN MÜSSEN EINEN GROSSEN AUFTRIEBSKÖRPER HABEN, DAMIT SIE DEN KÖDERFISCH TRAGEN KÖNNEN.

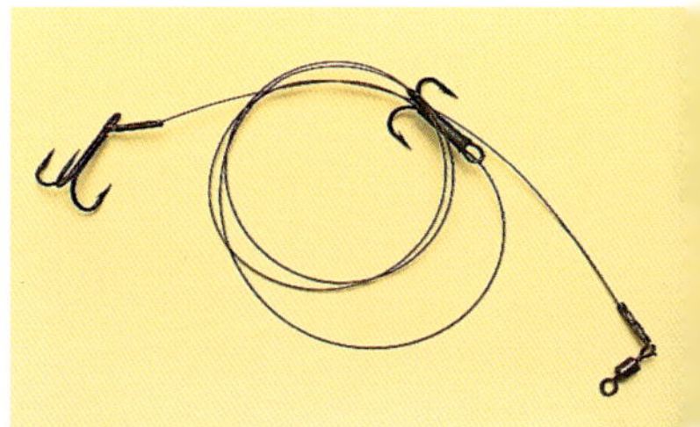

OBEN EINE DRAHTSCHNUR MIT DRILLINGSHAKEN.

Meeres-Köderfisch bestückt, die zweite mit einem Süßwasser-Köderfisch. Um den geeigneten Süßwasser-Köderfisch zu finden, erkundigen Sie sich am besten bei den Anglern vor Ort nach den besten Fangmethoden.

Bilden kleine Rotaugen (bis 100 g) den Hauptfang in diesem Gewässer, sollten Sie diese Fischart als Köder verwenden. Wenn dies jedoch Brachsen (bis 300 g) sind, sollten Sie nicht vor diesem großen Köder zurückschrecken, denn er ist auch die natürliche Hauptbeute der Hechte.

Als Meeres-Köderfisch verwendet man am besten geruchsstarke, ölige Fische zum Anlocken. Makrelenschwänze sind ein bewährter Hechtköder, denn das ölige Fleisch verbreitet einen starken Geruch im Wasser, den ein Hecht bereits in einiger Entfernung vom Angelplatz wahrnehmen kann. Manche gehen sogar davon aus, dass die Duftspuren der Makrele ähnlich der von jungen Hechten sind, die einen nicht unerheblichen Teil der Nahrung von größeren Hechten darstellen.

Ein anderer fängiger Köder für Hechte ist Stint. Er ist einfach auszuwerfen, da er eine feste Haut hat und nicht vom Haken fällt.

Hechte haben oftmals feste Futterzeiten, die lediglich eine halbe Stunde dauern und auf zweimal am Tag beschränkt sein können. Dazwischen können sehr lange Pausen liegen. Es kann einige Zeit in Anspruch nehmen, bis man an dem jeweiligen Gewässer diese Futterzeiten der Hechte herausfindet. An stark befischten Plätzen fressen die Hechte vielleicht nur mitten in der Nacht, wenn sie sich sicher fühlen.

BARSCH *(Perca fluviatilis)*

Barsche gehören zu den stattlichsten Süßwasserfischen und zu den aggressivsten Raubfischen.

Solange sie noch jung sind, bewegen sie sich in großen Schwärmen. Sie treiben Fischbrut zusammen und fallen über sie her, was dazu führt, dass Hunderte von kleinen Fischen bei ihrem Fluchtversuch aus dem Wasser springen. Für junge Angler ist er häufig der allererste Fisch, denn seine Aggressivität lässt ihn schnell zubeißen.

In regelmäßigen Abständen wird die Barschbevölkerung von einer mysteriösen Krankheit befallen, die die gesamte Art fast auslöscht. Doch seit einiger Zeit breiten sich die Barsche wieder rasant aus, und Experten erwarten neue Rekordfänge. In einigen europäischen Ländern werden bereits Barsche mit über 4 kg Gewicht gefangen.

Angelmethoden

Wichtig für den Fang von Barschen ist, einen Platz zu finden, an dem sie gehäuft auftreten. Am besten informiert man sich hierzu in entsprechenden Angelzeitschriften. Im Wesentlichen werden drei Angelmethoden angewandt, um große Barsche über 500 g zu fangen.

Das Spinnfischen wird sehr unterschätzt, aber an Angelplätzen mit klarem Wasser ist es die beste Methode, da man dabei auf- und abgehen und nach Barschen suchen kann. Im Sommer finden sich Barsche an seichten Stellen in der Nähe von natürlichem Bewuchs oder Unterständen, während sie im Winter das tiefere Wasser vorziehen.

Verwenden Sie einen kleinen Spinner, wie z. B. von Mepps oder Ondex, mit einem roten Federbusch an der Rückseite des Drillingshakens. Der Barsch verfolgt gewöhnlich seine Beute und hakt sich an ihrem Schwanz fest, bis sie nicht mehr weiterschwimmen kann. Dann prescht er vor und verschlingt sie. Die Federn des Blattspinners fühlen sich wie der Schwanz eines Fisches an, und die Kunst bei diesem Köder ist, so langsam wie möglich einzuholen.

Montage

Barsche sind keine guten Kämpfer und eine Hauptschnur von 2,5–3 kg Tragkraft genügt meistens, es sei denn, an dem Angelplatz sind auch Hechte vertreten. Dann müssen Sie ein Drahtvorfach benutzen. Doch Barsche meiden solche. Entweder muss man einen sehr geschmeidigen Draht verwenden oder einen Angelplatz ohne Hechte finden und mit monofilem Vorfach von 1,8 kg Tragkraft fischen.

UNTEN BARSCHE GEHÖREN ZU DEN STATTLICHSTEN SÜSSWASSERFISCHEN.

OBEN FRÜHER WURDE AUCH MIT LEBENDEN FISCHEN ALS KÖDER GEFISCHT. DIESE METHODE IST HEUTE IN VIELEN LÄNDERN NICHT MEHR ERLAUBT.

OBEN WÜRMER SIND EIN KLASSISCHER KÖDER, UM GROSSE BARSCHE ANZULOCKEN. MIT IHNEN SOLLTE DIREKT ÜBER DEM GRUND GEFISCHT WERDEN.

KENNZEICHEN

Große aufrechte stachelige Rückenflosse, dunkle vertikale Körperstreifen, rote Bauchflossen, grünlich gefärbte Flanken, starker Dorn am Kiemendeckel.

GEWICHT

0,9 kg.

LEBENSDAUER

13 Jahre.

LEBENSRAUM

Saubere Stauseen, Gruben, Kanäle und langsam fließende Flüsse.

ANGELMETHODE

Köderfische, Spinner.

KÖDER

Würmer.

Früh übt sich ...

Männliche Barsche können schon mit 6–12 Monaten geschlechtsreif sein, obwohl sie oft erst 8 cm lang sind.

OBEN EIN KLEINER SPINNER MIT ROTEM FEDERBUSCH IST HÄUFIG EIN EXZELLENTER KÖDER FÜR BARSCHE.

OBEN EIN SCHÖNER BARSCH MIT DEN CHARAKTERISTISCHEN VERTIKALEN KÖRPERSTREIFEN.

Die zweite Methode für Barsche ist das Köderfischen. Wählen Sie einen kleinen Köderfisch wie ein Rotauge von ca. 8 cm Länge, haken Sie ihn an der oberen Lippe auf einen Rundbogenhaken (Größe 6–8), und lassen Sie ihn unter einer kleinen gleitenden Hechtpose frei schwimmen, sodass der Köder etwa 30 cm über dem Grund schwebt. Werfen Sie Maden um die Pose herum ins Wasser, um kleine silberne Fische, wie Rotaugen, anzulocken, die ihrerseits wiederum Barsche anziehen.

Die dritte Methode ist, einen Regenwurm als Köder zu verwenden, der auf einen Haken (Größe 8) gesteckt wird. 5–8 cm unter dem Haken wird BB-Schrot angebracht. Dem Wurm wird etwas Luft injiziert, dann bewegt er sich sehr verlockend. Benutzen Sie eine saubere Spritze, und injizieren Sie die Würmer immer auf einer festen Oberfläche – nie auf Ihrer Handfläche! Kein Barsch kann diesem Köder widerstehen, und Würmer an frei laufenden Schnüren haben schon zu Rekordfängen bei Barschen geführt.

DÖBEL *(Leuciscus cephalus)*

OBEN EIN DÖBEL WIRD INS WASSER ZURÜCKGESETZT. DÖBEL GARANTIEREN ANGELSPORT DAS GANZE JAHR ÜBER.

Der stämmige, messingfarbene Döbel wird mitunter als gierigster Fisch im Fluss bezeichnet. Zweifellos kann er mit seinem großen Maul riesige Brocken Brot verschlingen. Zudem frisst er das ganze Jahr über, selbst im Winter, wenn die Wassertropfen in den Rutenringen gefrieren.

Dennoch ist der Döbel ein vorsichtiger Fisch und ein würdiger Fang. Besonders reizvoll ist es, einen Döbelschwarm aus der Deckung bei der Nahrungssuche zu beobachten. Aber sollten die Fische Sie bemerken, sind sie im Bruchteil einer Sekunde verschwunden.

An manchen Tagen können Sie einen Döbel mit einer Käsepaste oder Brot und einer Schnur von 2,7 kg Tragkraft fangen. An anderen Tagen müssen Sie am selben Angelplatz auf Haken der Größe 22, feine Schnüre und einzelne Maden zurückgreifen, um überhaupt eine Chance auf einen Biss zu haben. Doch Sie gehen auch leer aus, wenn Ihre Montage zu fein ist und der gehakte Döbel sie bei der Flucht zerreißt.

Angelmethoden

Die besten Wasserbedingungen beim Döbelfischen sind trübes Wasser, wenn der Fluss bedingt durch Regenfälle Schlamm führt. Dann sollte ein großer, geruchsstarker Köder wie ein Regenwurm eingesetzt werden. Beliebt sind auch Brotflocken oder Teigköder. Döbel mögen auch Käsearomen und -gerüche, ein ganz ausgezeichnetes Aroma ist das sogenannte Scopex, das auf den Köder gesprüht wird.

Ist das Wasser kristallklar oder ist der Angelplatz stark befischt, sind große Köder ungeeignet. Stattdessen setzt man hier kleine Köder, wie Maden und Würmer, in der Nähe oder unter weiter entfernten, natürlichen Deckungen wie überhängenden Bäumen ein. Mit einem Katapult wird loses Futter über den Hakenköder verstreut. Besonders gut einsetzbar sind hierfür Maden, da sie langsam sinken und Fische von weit stromabwärts anziehen.

Grundköder hingegen sind bei Döbeln nicht beliebt! Mit Maden werden die Fische in die oberen Schichten des Wassers geholt und mit einem Waggler gefangen, wenn der Hakenköder zusammen mit dem losen Futter versinkt. Sie können bis zu 30 cm unter der Wasseroberfläche gefischt werden.

OBEN IN KLAREM, SCHNELL FLIESSENDEM GEWÄSSER KANN MAN HÄUFIG DÖBEL-SCHWÄRME BEI DER NAHRUNGSSUCHE BEOBACHTEN. DÖBEL SIND EXTREM VORSICHTIGE FISCHE, UND BEIM GERINGSTEN HINWEIS AUF ANGLER VERSCHWINDEN SIE HINTER EINER DECKUNG.

Montage

Befestigen Sie einen geschmiedeten Haken (Größe 8–10) direkt an einer Schnur von 2–2,5 kg Tragkraft. Bei Maden als Köder verwendet man einen geraden Peacock-Waggler Größe 4AAA oder größer. Der größte Teil der Schrotkörner sollte sich an der Unterseite der Pose befinden, und die Schnur von 1,4 kg Tragkraft direkt an einem geschmiedeten Döbelhaken (Größe 18–20).

Stehende Gewässer

Döbel wachsen in stehenden Gewässern gut, und der nächste Rekord wird wohl aus einem See stammen.

In bestimmten Gewässern sind Döbel sehr jagdfreudig und können mit Spinnern und Blinkern effektiv geangelt werden.

Wie alle Mitglieder der Karpfenfamilie besitzen sie beeindruckende, kraftvolle Rachenzähne im hinteren Teil des Mauls, mit denen sie die Finger von Anglern ernsthaft verletzen können.

KENNZEICHEN

Konvexe Rücken- und Afterflossen, großes Maul, messingfarbene Flanken.

GEWICHT

2 kg.

LEBENSDAUER

11–12 Jahre.

LEBENSRAUM

Obere bis mittlere Flussläufe von gleichmäßig fließenden Flüssen. Auch in einigen stehenden Gewässern.

ANGELMETHODE

Grundangeln mit großen Ködern.
Waggler und Maden.

KÖDER

Maden, Brot, Käsepaste, Würmer.

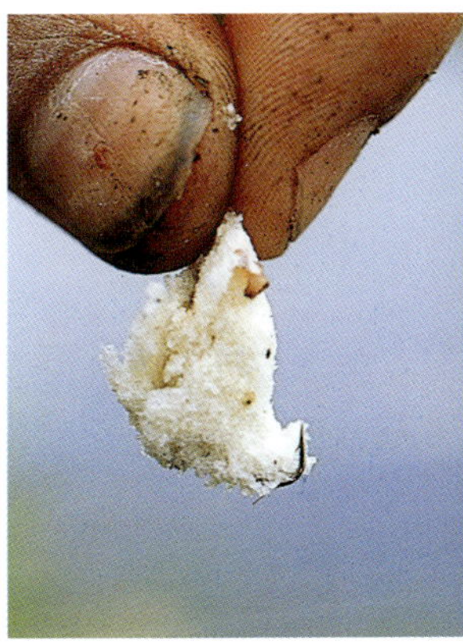

OBEN DIE HAKENSPITZE IMMER FREI LASSEN, WENN SIE BROTFLOCKEN ALS KÖDER VERWENDEN.

OBEN DÖBEL HABEN SEHR GROSSE MÄULER UND NEHMEN HÄUFIG BEREITWILLIG RIESIGE KÖDER AN. DOCH MANCHMAL GENÜGT AUCH EINE EINZELNE MADE.

SCHLEIE *(Tinca tinca)*

Doktor, mein Kopf!

Schleienschleim maß man im Mittelalter magische Kräfte zu. Ihr Schleim wurde in der Medizin eingesetzt, um Kopfschmerzen, Zahnschmerzen und Gelbsucht zu behandeln.

LINKS EINE SCHLEIE MIT DEM CHARAKTERISTISCHEN OLIVGRÜNEN FARBTON, DEN ROTEN AUGEN UND SCHLEIMBEDECKTEM KÖRPER.

Schleien sind vermutlich die abgehärtetsten Weißfische, sie können in sehr sauerstoffarmem Wasser leben und sind häufig die einzige Fischart, die nach einer Verunreinigung überlebt. Sie sind starke Kämpfer, was sie unter Anglern zunehmend beliebter macht.

KENNZEICHEN
Grüne Flanken, rote Augen, paddelartige Flossen, kleines Maul mit zwei Barteln an der Oberlippe, dicke sehr schleimige Oberhaut.

GEWICHT
3 kg.

LEBENSDAUER
20 Jahre.

LEBENSRAUM
Seen, Kiesgruben, Kanäle, langsam fließende Flüsse.

ANGELMETHODE
Grundangeln.

KÖDER
Brot, Würmer, Zuckermais, Maden, Puppen.

Ihr charakteristischer untersetzter, olivgrüner Körper, die roten Augen und die winzigen Schuppen, die mit einem dicken Schutzschleim bedeckt sind, machen sie unverwechselbar.

Wie beim Hecht sind die Weibchen größer als ihre männlichen Artgenossen. Eine männliche Schleie von 3,5 kg gilt als Riese, während Weibchen bis zu 5 kg schwer werden können. Doch sind Exemplare von 3 kg an den meisten Angelplätzen schon verhältnismäßig groß. Sehr kleine Schleien mit einem Gewicht unter 500 g werden kaum gefangen, nicht einmal von erfahrenen Anglern mit winzigen Ködern.

Angelmethoden

Schleien sind Bodenfresser, es ist daher nicht schwierig, sich für die Position des Hakenköders zu entscheiden. Sie sind Gewohnheitstiere, bevorzugen bestimmte Gegenden und verraten ihre Anwesenheit auch gerne durch kleine Luftblasen, die sie beim Fressen abgeben. Klassische Angelplätze für Schleien sind in der Nähe von Seerosenfeldern.

Schleien fressen im Sommer vor allem in den ersten Stunden der Dämmerung. Im Winter sind sie hingegen fast untätig. Die aufsteigenden Luftblasen, die man dann an einem Seerosenfeld im Morgennebel um die Posenspitze beobachten kann, wirken sehr geheimnisvoll und magisch.

OBEN AUFSTEIGENDE LUFTBLASEN VERRATEN DIE SCHLEIEN.

LINKS DIESES PRACHTVOLLE EXEMPLAR WURDE BEIM POSENFISCHEN GEFANGEN.

Posenfischen ist eine sehr gute Angelmethode zum Fang von Schleien, wobei die Hebebissmethode (siehe Seite 49) besonders effektiv ist. Muss man jedoch weit auswerfen oder im tiefen Wasser fischen, ist ein Futterkörbchen geeigneter (siehe Seite 56–57).

Anfüttern

Um die Chancen auf einen großen Schleienfang zu verbessern, sollte angefüttert werden, insbesondere dann, wenn der ausgewählte Angelplatz nicht über die idealen Eigenschaften für den Schleienfang verfügt.

Durch das Anfüttern kann eine größere Anzahl von Schleien an den Angelplatz gelockt werden. Ein unbewachsener Platz ist dabei zweckmäßiger, da hier das Auswerfen einfacher ist. Sollte es hier auch kleine Fische wie Rotaugen geben, werden diese ebenso angezogen.

Meine bevorzugte Mischung zum Anfüttern für Schleien besteht aus Brotkrumen von Mischbrot, Zuckermais, Puppen und gehackten Würmern. Wenn ich ausreichend Zeit habe, füttere ich bereits an drei aufeinanderfolgenden Tagen vor dem Fischen an, angle mit zwei Ruten und wechsle zwischen den Ködern, bis ich den richtigen Köder für diesen Tag gefunden habe.

Lebende Maden sollten nie in Grundködern verwendet werden, wenn Sie diesen mit einem Katapult auswerfen, da die Maden die Kugeln beim Wurf aufbrechen könnten. Tote Maden können Sie dagegen durchaus dem Grundköder beigeben. Um Maden zu töten, frieren Sie diese am besten über Nacht ein.

Montage

Schleienfischen ist so beliebt, dass es hierfür spezielle Ruten gibt, die eine Testkurve von 0,7 kg haben. Damit können Sie mehr Kraft bieten als mit einer Wagglerrute oder einer Grundrute. Eine Hauptschnur von 1,8–2,7 kg Tragkraft ist für die meisten Situationen stark genug. Verwenden Sie dazu einen geschmiedeten Haken der Größe 10–18, abhängig von dem benutzten Köder.

OBEN DIE GOLDENE SCHLEIE WIRD MANCHMAL IN ZIERTEICHEN GEHALTEN.

BRACHSE *(Abramis brama)*

OBEN BRACHSEN WERDEN NICHT SEHR VIEL GRÖSSER ALS DIESES PRACHTVOLLE 8 KG SCHWERE EXEMPLAR.

Brachsen gehören nicht zu den größten Kämpfern unter den Süßwasserfischen, aber mit den glänzenden Bronzeflanken und dem hohen Rücken sind sie zweifellos ein eindrucksvoller Anblick.

Kleine Brachsen sind silberfarben und können von anderen silbernen Fischen wie Rotaugen durch ihre schleimigen Flanken und herabgezogenen Mäuler leicht unterschieden werden. Sobald sie ein Gewicht von mehr als 500 g erreichen, verfärben sich Brachsen dunkel, und der hohe Rücken wird immer ausgeprägter.

Brachsen sind Schwarmfische. Haben Sie einen gefangen, befinden sich in der Nähe höchstwahrscheinlich noch zahlreiche andere. Wenn Sie richtig vorgehen, landen Sie vielleicht ein kapitales Exemplar.

Angelmethoden

Brachsen sind Bodenfresser, das verraten bereits die herabgezogenen Mäuler. Sie lieben es, im Grundschlamm nach Nahrung zu wühlen.

Zudem sind sie keine sehr jagdfreudigen Fische. Sie verfolgen nur widerwillig einen Köder im Gegensatz zu einem flinken Weißfisch. Ein statischer Köder ist daher für diese Fischart ideal, und die beste Methode ist der Swimfeeder. Wichtig ist, punktgenau auszuwerfen, um den Schwarm auf einem möglichst kleinen Bereich zu konzentrieren. Bei jedem Auswurf kann die Futtermenge etwas gesteigert werden.

Da Brachsen keine großen Kämpfer sind und keine Gefahr besteht, dass sie die Schnur beim Anhieb sprengen, können Sie den Schnurhalter an der Spule der Rolle einsetzen, um immer in gleicher Reichweite auszuwerfen. Je genauer Sie sind, desto mehr Brachsen werden Sie fangen.

Die feste Paternostermontage (siehe Seite 57) ist für das Brachsenfischen an Flüssen und stehenden Gewässern sehr zweckmäßig. Scheuen die Fische vor dem Futterkorb zurück, was vor allem an

LINKS UM SICHERZUGEHEN, DASS SIE IHREN KÖDER WIEDERHOLT IN EINEN SCHWARM FRESSENDER BRACHSEN WERFEN, SOLLTEN SIE DEN SCHNURHALTER AN IHRER ROLLE BENUTZEN, DER BEI JEDEM AUSWURF GENAU DIE GLEICHE SCHNURLÄNGE FREIGIBT.

LINKS KLEINE BRACHSEN SIND SILBERFARBEN UND SCHLEIMBEDECKT.

RECHTS FÜGEN SIE IHREM GRUNDKÖDER IMMER GEHACKTE WÜRMER BEI.

Montage

Eine Hauptschnur von 2 kg Tragkraft an einem Vorfach von 1,5 kg Tragkraft ist die beste Wahl, außer Sie erwarten eine Brachse von mehr als 3 kg Gewicht. Sie können ein vorgedehntes Vorfach (0,12 mm oder stärker) beliebiger Länge verwenden. Benutzen Sie die leichteste Schwingspitze, und schlagen Sie alles an!

Leckermäuler

Brachsen lieben süße Aromen. Fügen Sie dem Wasser für die Grundködermischung flüssige Melasse bei.

stark befischten Angelplätzen passiert, verlängern Sie das Vorfach auf bis zu 1,50 m. Nähern sie sich jedoch unbefangen dem Futterkorb, können Sie das Vorfach auf bis zu 30 cm verkürzen.

Der wirkungsvollste Hakenköder bei Brachsen ist ein mittelgroßer Rotwurm zusammen mit einer roten Made oder einer Puppe. Schneiden Sie den Rotwurm in zwei Hälften, und haken Sie beide Hälften an den stumpfen Enden an, da Brachsen vorzugsweise dieses Ende angreifen.

Der Grundköder sollte mindestens zu 50 Prozent aus braunen Brotkrumen bestehen und immer einige gehackte Würmer und Puppen enthalten. Er sollte gut durchmischt werden, bevor man die Würmer und Puppen zufügt, damit sich keine Klumpen bilden, wenn der Grundköder auseinanderbricht. Schlagen Sie einen Fisch an, so sollten Sie ihn schnell vom Schwarm wegführen, damit die anderen nicht verscheucht werden.

KENNZEICHEN
Bronzefarbene, schleimige Flanken, gegabelter Schwanz, herabgezogenes, vorstehendes Maul.

GEWICHT
3 kg.

LEBENSDAUER
15–20 Jahre.

LEBENSRAUM
Tiefe, langsam fließende Flussbereiche, Kanalbassins, tiefe stehende Gewässer.

ANGELMETHODE
Grundköder, Futterkörbchen.

KÖDER
Rotwürmer, Puppen.

ZANDER *(Stizostedion lucioperca)*

Manche Angler glauben irrtümlich, der Zander sei eine Kreuzung zwischen Hecht und Barsch, wahrscheinlich wegen seines länglichen, schlanken, hechtähnlichen Profils und der barschähnlichen Rückenflosse. Der Zander ist jedoch nicht mit dem Hecht verwandt, sondern das größte europäische Mitglied der Barschfamilie, das in nahrungsreicher Umgebung ein Gewicht von bis zu 14 kg erreichen kann.

Die Augen des Zanders sind matt glänzend und leicht irisierend, daher wirkt er wie ein Blinder. Doch das Gegenteil ist der Fall, der Zander hat ein sehr gutes Sehvermögen, insbesondere bei schlechtem Licht und trübem Wasser, denn die irisierende Schicht der Augen wirkt wie ein Restlichtverstärker. Zander sind wie Hechte in hohem Grade ausdauernde, energische Raubfische, die in Schwärmen nach Futter jagen.

Geschmackssache

In Europa ist der Zander ähnlich dem amerikanischen Glasaugenbarsch ein wichtiger Sportfisch, und sein weißes Fleisch ist sehr schmackhaft, doch nur wenige Angler jagen sie für den Kochtopf.

Angelmethoden

Da der Zander durch seine besonderen Augen für die Jagd bei schwachem Licht bestimmt ist, sind die besten Angelzeiten für diese Fischart die Nachtstunden und bewölkte Tage. Ein Wind, der die Wasseroberfläche kräuselt, erhöht sogar die Erfolgschancen.

An heißen, hellen, sonnigen Tagen wird man bei der Suche nach Zandern keinen großen Erfolg haben, denn dann ziehen sich diese Fische in dunkle und geschützte Bereiche des Wassers zurück. Tagsüber jagen sie nur in stark verfärbten Gewässern und während starker Überschwemmungen, wenn das Wasser viel Schlamm führt und ihnen ausreichend Schutz bietet.

An Angelplätzen ohne natürliche Deckungen und Unterstände, wie z. B. an Abflüssen und Kanälen, sucht man am besten in der Morgen- oder Abenddämmerung entlang dem Ufer nach Hinweisen

UNTEN EIN GROSSER ZANDER MIT DER BARSCHÄHNLICHEN RÜCKENFLOSSE.

OBEN ZANDER SIND KRÄFTIGE RAUBFISCHE MIT SEHR SCHARFEN ZÄHNEN.

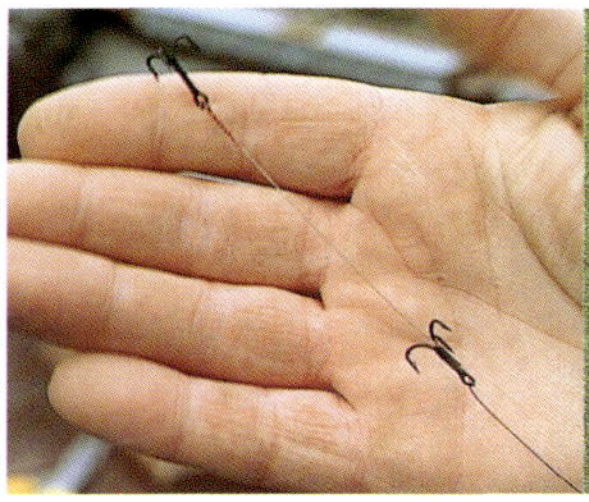

OBEN BENUTZEN SIE DRAHTVORFÄCHER MIT DRILLINGSHAKEN BIS GRÖSSE 8, UM EINEN KLEINEN KÖDER ANZUBRINGEN.

OBEN EINE AUSWAHL KLEINER HECHTPOSEN.

KENNZEICHEN

Weißer Bauch, goldfarbene Flanken, grün-grauer Rücken, große glasige Augen, gespaltene Rückenflosse.

GEWICHT

5 kg.

LEBENSDAUER

Bis zu 20 Jahre.

LEBENSRAUM

Tieflandflüsse,
Seen und Kanäle.

ANGELMETHODE

Köderfische, Kunstköder.

KÖDER

Rotaugen, Rotfedern, Aal.

Montage

Reduziertes Hechtgerät ist erforderlich. Sie benötigen ein Drahtvorfach mit Drillingshaken der Größe 8–12, da das Maul des Zanders viel kleiner ist als das des Hechts. Die Hauptschnur sollte über 5 kg Tragkraft verfügen und die Rute eine Testkurve von 0,8 kg haben, denn es ist durchaus möglich, dass mit den verwendeten Ködern ein Hecht anbeißt. Mit dieser Ausrüstung können Sie aber auch den Kampf mit einem Hecht aufnehmen.

auf eine auseinanderjagende Fischbrut. Dann sind Zander aktiv und greifen von unten die Jungfische an.

Diese Fischart ist allerdings bei der Wahl ihres Futters anspruchsvoll, was vom Angler eine besonders umsichtige Vorgehensweise erfordert.

Anders als der Hecht nehmen die Zander keine Meeres-Köderfische und fressen nur Fische, die in ihrem Heimatgewässer vorkommen.

Da sie überdies verhältnismäßig kleine Mäuler haben, dürfen die Köder nicht größer als 10 cm sein. Aufgetaute Köderfische werden vollkommen ignoriert. Die Köderfische müssen frisch sein, am besten sollten sie kurz vorher gefangen und getötet worden sein.

Zander sind sehr vorsichtig, wenn sie irgendeinen Widerstand spüren, und lassen sofort Köder sowie Haken los. Hier ist also geduldiges Sitzen bei der Rute und sofortiges Anschlagen bei jedem möglichem Biss notwendig. Zander sind selbst für den versiertesten Angler eine wahre Herausforderung.

Rotfeder *(Scardinius erythrophthalmus)*

OBEN DIE ROTFEDER KREUZT SICH BEREITWILLIG MIT ROTAUGE UND BRACHSE. DIE ECHTE ROTFEDER MIT IHREN GOLDBESCHUPPTEN FLANKEN UND SCHARLACHROTEN FLOSSENSPITZEN IST JEDOCH UNVERWECHSELBAR. ROTFEDERN SIND OBERFLÄCHENFRESSER UND SCHNAPPEN GERNE NACH INSEKTEN.

Die echte Rotfeder gilt unter Anglern als einer der schönsten Weißfische. Die Flanken haben eine wunderschöne Goldfarbe und die Flossen scharlachrote Spitzen. Echte Rotfedern sind jedoch ziemlich schwer zu finden, da sich die Fischart mit Rotaugen und Brachsen kreuzt, und die Kreuzungen leicht mit der echten Rotfeder verwechselt werden können.

Am besten kann man sie am Maul unterscheiden. Rotfedern sind Oberflächenfresser und besitzen daher eine Unterlippe, die weit über die Oberlippe hinausragt. Das Rotfederfischen ist etwas außer Mode geraten, zumal ihre Population stark abgenommen hat, was in verschiedenen Gewässern vermutlich mit der Einführung der aggressiveren Rotaugen zusammenhängt.

Doch finden sich vor allem in stehenden und langsam fließenden Gewässern noch genügend Rotfedern.

Montage

Verwenden Sie eine gewöhnliche Wagglerrute (4 m) und eine Rolle mit einer Schnur von 1 kg Tragkraft. Das Vorfach sollte mit mehr als 0,8 kg belastbar sein und der Haken aus feinem Draht, um ein langsames, natürliches Sinken des Köders zu gewährleisten. Ein Kristallwaggler und einige Schrotkörner vervollständigen die Montage.

Angelmethoden

Rotfedern schnappen gerne Insekten von der Wasseroberfläche, also ist das Fliegenfischen mit kleinen Trockenfliegen oder langsam sinkenden Nymphen in der Nähe von Schilfbänken eine der Erfolg versprechendsten Angelmethoden bei dieser Fischart.

Angelt man ohne Fliegenfischgerät, lokalisiert man die Fische, indem man entlang den Schilfbeständen mit schwimmenden Pup-

OBEN SCHWIMMENDE MADEN VORZUBEREITEN, DIE EINEN AUSGEZEICHNETEN KÖDER FÜR ROTFEDER HERGEBEN, IST LEICHT.

Gefangene Rotfedern

Rotfedern müssen unbedingt sofort zurückgesetzt werden, um ihre Bestände zu schonen. Sie gehören an vielen Gewässern zu den bedrohten Arten.

pen in Windrichtung anfüttert, bis die Fische, angezogen durch den Köder, an der Wasseroberfläche erscheinen.

Die beste Methode ist das Angeln mit Wagglerpose. Die Pose wird auf der Unterseite an der Schnur befestigt, so kann man die Schnur zwischen Rute und Pose versenken und Oberflächendrift vermeiden.

Benutzen Sie einen Kristallwaggler, da Sie in klarem Wasser fischen werden und nicht mit einer großen, undurchsichtigen Pose einen Schwarm Fische verjagen wollen. Richten Sie sie so ein, dass sich alle Schrotkörner an der Unterseite der Pose befinden und die Pose nur 2,5 cm aus dem Wasser ragt. Die Schnur zwischen Pose und Haken sollte 60–90 cm lang sein. Jetzt füttern Sie den Angelplatz mit Ihren Hakenködern (Maden oder Puppen) an. Wenn Sie auswerfen, sollte die Pose kurz vor der Wasserung zurückgehalten werden, damit der Haken in einer geraden Linie unter der Pose präsentiert wird. Der Hakenköder sinkt so mit dem losen Futter, und die Pose schwimmt weg.

Um Ihre Fangquoten zu erhöhen, können Sie mit schwimmenden Maden am Haken fischen. Dazu müssen Sie die Maden in eine Köderbox geben und mit Wasser bedecken. Schneiden Sie dann ein Loch in Deckelmitte. Die Maden saugen automatisch Luft an, damit sie nicht untergehen und ertrinken. Innerhalb von fünf Minuten werden sie alle schwimmen.

Schwimmende Maden gleichen das Gewicht des Hakens aus und bleiben entweder an der Wasseroberfläche oder sinken nur sehr langsam.

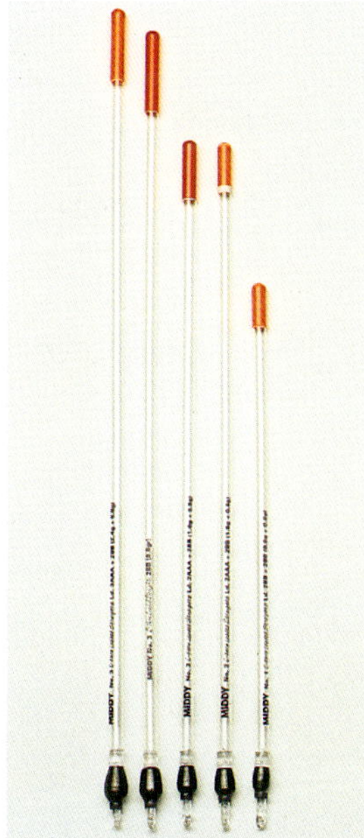

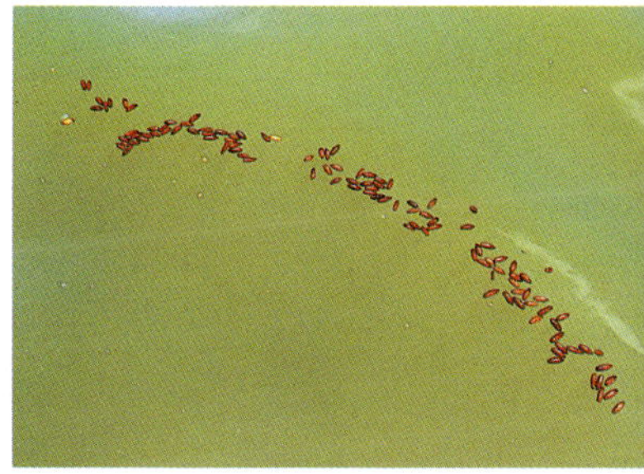

OBEN MADEN, DIE AUF DEM WASSER SCHWIMMEN, LOCKEN DIE ROTFEDERN AN DIE WASSEROBERFLÄCHE.

LINKS DIE DURCHSICHTIGEN KRISTALLWAGGLER VERSCHEUCHEN DIE ÄNGSTLICHEN ROTFEDERN NICHT.

KENNZEICHEN
Goldene Flanken, scharlachrote Flossen, vorstehende Unterlippe, Ansatz der Bauchflosse hinter dem der Rückenflosse.

GEWICHT
1 kg.

LEBENSDAUER
10–12 Jahre.

LEBENSRAUM
Insbesondere seichte, bewachsene Bereiche von nahrungsreichen Seen und langsam fließende Flüsse sowie stehende Gewässer.

ANGELMETHODE
Posenfischen.

KÖDER
Schwimmende Puppen, Maden, Brot, Mais.

HASEL *(Leuciscus leuciscus)*

Hasel findet man überall in fließenden Gewässern, von schnellen, sprudelnden, oberen Bachläufen abwärts. Sie bevorzugen vor allem klares, sauberes, sauerstoffreiches Wasser.

Auf den ersten Blick sieht der Hasel dem Rotauge sehr ähnlich, doch kann man sie leicht unterscheiden. Hasel haben gelbe Augen, sie sind schlanker und stromlinienförmig, und ihr Kopf ist sehr schmal sowie spitz zulaufend.

Eine gewisse Ähnlichkeit besteht auch zu kleinen Döbeln, doch Döbel und Hasel der gleichen Länge können leicht auseinandergehalten werden, wenn man das Maul eines Döbels betrachtet: Es ist zweimal so groß und hat dicke, gummiartige Lippen.

Angelmethoden

Im Sommer ist die Wahl des Angelplatzes einfach, da man mit polarisierten Sonnengläsern Haselschwärme im klaren Wasser sehen kann. Man zieht dann etwas stromaufwärts und fischt auf Distanz, denn wenn der Angler die Fische sehen kann, dann sehen auch die Fische den Angler. An Tagen, an denen Sie mit bloßem Auge keine Hasel entdecken können, sollten Sie sich ein sauerstoffreiches Gewässer suchen, wie unterhalb von Wehren oder an Flussmündungen.

Montage

Eine Wagglerrute (4 m) mit einer festen oder geschlossenen Rolle und mit einer Schnur von 1 kg Tragkraft ist ideal. Die Posengröße hängt von der Tiefe und Geschwindigkeit des Flusses ab (Stabpose Nr. 4 ist ein Mittelwert). Die Haken (Größe 18–22) sollten aus feinem Draht sein.

OBEN CHARAKTERISTISCH FÜR DEN HASEL IST SEIN STROMLINIENFÖRMIGER KÖRPER, DER SPITZE KOPF UND DIE GELBEN AUGEN.

LINKS EIN RECHT GROSSER HASEL.

KENNZEICHEN
Schmaler, spitzer Kopf, gelbe Augen, silberne Flanken, stark gegabelter Schwanz.

GEWICHT
0,3 kg.

LEBENSDAUER
10–12 Jahre.

LEBENSRAUM
Obere, mittlere und untere Flussläufe von sauberen Flüssen, manche stehende Gewässer.

ANGELMETHODE
Posenfischen.

KÖDER
Maden, Puppen.

Oder notfalls eine große Vertiefung. An diesen klassischen Plätzen häuft sich das Futter auf dem Grund an und lockt die Fische an.

Hasel haben kleine Mäuler. Die größeren Fische verschlingen zwar einen Wurm oder ein großes Stück Brot ohne Mühe, doch ist es sicherer, mit einer Made oder Puppe zu fischen und wenig, aber regelmäßig anzufüttern, damit das Interesse der Fische am Angelplatz erhalten bleibt.

Wichtig ist die Präsentation des Köders, da Hasel schnell anbeißen, einen Köder aber ebenso schnell wieder loslassen, wenn sie den geringsten Widerstand fühlen. Ihr schnelles Reaktionsvermögen macht sie trotz ihrer geringen Größe zu angemessenen Gegnern.

Die effektivste Methode für das Haselfischen ist eine Stabpose (siehe Seite 47). Stellen Sie die Montage so ein, dass sich der Haken 30 cm über dem Grund befindet. Befestigen Sie an der Schnur Schrot (Nr. 8) in Hemdknopfart. Dieses Schrotmuster lässt den Köder gleichmäßig, langsam und natürlich sinken.

Der große Kleine

Der Hasel braucht mehrere Jahre, um 25–30 cm groß zu werden. Wegen seines stumpfen silbrigen Glanzes wird er auch mancherorts als Zinnfisch bezeichnet.

OBEN FÜTTERN SIE DIE HASEL IN REGELMÄSSIGEN ABSTÄNDEN MIT EINIGEN WENIGEN MADEN AN, UM SIE ANZULOCKEN. DANN WERFEN SIE DEN BEKÖDERTEN HAKEN AUS.

OBEN IN MITTEL BIS SCHNELL FLIESSENDEN GEWÄSSERN IST DIE STABPOSE WICHTIG, DA SIE EINE GRÖSSERE KONTROLLE ÜBER DEN HAKENKÖDER ERLAUBT.

Beim Auswerfen sollten Sie die Montage in einer geraden Linie hinter der Pose landen. Dann halten Sie sie gegen die Strömung zurück. Die Fische sehen jetzt in Ihrem Hakenköder lediglich ein weiteres Teilchen losen Futters, es könnte also sein, dass während des Absinkens des Köders ein Fisch anbeißt. Auch wenn die Pose nur sehr leicht zittert, Sie können sicher sein, dass ein Fisch Ihren Köder genommen hat.

WELS *(Silurus glanis)*

OBEN GROSSER KOPF, RIESIGES MAUL UND LANGE BARTELN – TYPISCH WELS.

Der Wels mit seinem sehr großen Kopf, beachtlichen Maul und langen, gesprenkelten Körper wird größer als alle anderen europäischen Süßwasserfische. Er stammt aus Osteuropa, wo manche Exemplare der Art mehr als 150 kg wiegen. Diese Artgenossen, die bis zu 4 m lang werden, können allerdings nicht mit Rute und Schnur geangelt werden.

Abhängig von den Witterungsverhältnissen wird der Wels unterschiedlich groß. In Großbritannien verbringt er über die Hälfte des Jahres, zwischen November und Mai, im Halbwinterschlaf und ist folglich verhältnismäßig klein. In Deutschland, Frankreich und Spanien dagegen kann der Wels ein Vielfaches an Gewicht und Größe seiner britischen Artgenossen erlangen.

Angelmethoden

Der Wels ist ein Jäger und Aasfresser. Er bevorzugt den Grund des Gewässers, um im Schlamm mit seinen langen Barteln geruchsstarkes Futter aufzuspüren. Der junge Wels frisst wirbellose Tiere, wechselt dann aber bald zu einer Ernährung, die vor allem aus Fischen besteht.

Welse sind in hohem Grade lichtempfindlich, daher fressen sie gewöhnlich nur nachts oder bei dichter Bewölkung. Tagsüber liegen sie meistens in der Nähe von bewachsenen Stellen im tiefen Wasser.

KENNZEICHEN
Großer Kopf, sehr großes Maul, langer gesprenkelter, schuppenloser Körper, sechs Barteln (zwei lange, vier kurze).

GEWICHT
Bis zu 100 kg.

LEBENSDAUER
Werden sehr alt, manche sollen über 100 Jahre alt sein.

LEBENSRAUM
Stehende Gewässer, große, langsam fließende Flussläufe.

ANGELMETHODE
Lebendköder, Köderfische.

KÖDER
Rotaugen, Karpfen, Wattwürmer, Tintenfisch.

Montage

Die Angelgeräte sollten so stark wie möglich sein. Benutzen Sie Ruten mit Testkurven von 1,4 kg oder mehr, und eine Hauptschnur von mindestens 10 kg oder mehr Tragkraft. Die Haken müssen groß sein (Größe 1 oder größer), scharf und sehr stark. Viele Experten verwenden Seefischereigerät.

Grundangeln mit Weißfischstücken als Köder ist die einzige Methode, um diesen Fisch an die Angel zu bekommen. Der Wels wird von sehr geruchsintensiven Ködern, wie Tintenfisch, Wattwurm oder sogar Leber, angezogen. Er ist ein Furcht einflößender Kämpfer, und der Welsangler braucht starke Ruten, kräftige Arme und gute Nerven, um dieses Monster vom Grund zu holen.

AAL *(Anguilla anguilla)*

Der Aal verdient einen Preis für das interessanteste Fischleben. Aus irgendeinem seltsamen, evolutionsbedingten Grund zieht er, nachdem er 8–13 Jahre im Süßwasser gelebt hat, ins Meer. Dort vergrößern sich die Augen des Aals, er verändert seine Farbe und verwandelt sich in einen Silberaal. Dann begibt er sich auf eine beschwerliche, fünfmonatige Tiefseereise und taucht in der Sargassosee vor der amerikanischen Küste wieder auf, wo er noch laicht, bevor er stirbt.

KENNZEICHEN
Oberständiges Maul, Rücken- und Afterflosse bilden einen durchgehenden Saum.

GEWICHT
1,5 kg.

LEBENSDAUER
Bis zu 25 Jahren.

LEBENSRAUM
Große Fließgewässer und Gewässer, in die er eingewandert ist oder ausgesetzt wurde.

ANGELMETHODE
Köderfisch, Grundangeln.

KÖDER
Halbierte Rotaugen, Würmer.

Die jungen Aale brauchen dann etwa vier Jahre, um zum Süßwasser in Europa zurückzukehren und den Zyklus wieder von vorne zu beginnen. Ein scheinbar nicht gerade effizientes System!

Angelmethoden

Aale jagen mehr mit ihrem Geruchssinn als mit den Augen und fressen nachts, empfindliches Gerät ist daher nicht notwendig. Die Schnur sollte mindestens 4,5 kg Tragkraft haben. Da Aale monofile Schnüre leicht durchbeißen können, muss ein geschmeidiges Vorfach verwendet werden. Leichte Geräte sind hier fehl am Platz. Denn Aale zu landen ist ein Albtraum, da sie von ihrer Fähigkeit, genauso schnell rückwärts wie vorwärts zu schwimmen, Gebrauch machen.

An den meisten Angelplätzen sind Aale vertreten, aber um die Erfolgschancen zu maximieren, sollten Sie ein Auge auf Berichte in Anglerzeitschriften haben und sich auf Gegenden konzentrieren, in denen große Exemplare (über 1 kg) in höherer Zahl auftreten.

Wie der Wels sind auch Aale Aasfresser, und die beste Angelmethode ist bei dieser Fischart, mit Köderfischen oder Würmern auf dem Grund in der Nähe vom Ufer zu angeln, wo sie nachts jagen. Schneiden Sie den Köder entweder auf, oder halbieren Sie ihn, damit alle Körpersäfte austreten und den Aal mit seinem hervorragenden Geruchssinn anlocken.

Montage

Eine Karpfen- oder Hechtrute mit einer Testkurve von 0,9–1,1 kg und eine Schnur von 4,5 kg Tragkraft, an der ein starker, langschenkeliger Haken (Größe 2–8) angebracht ist, sind ideal. Ein tiefer Kescher ist notwendig, da ein Aal sich leicht rückwärts herauswinden kann.

RECHTS AALE JAGEN NACHTS UND VERLASSEN SICH DABEI MEHR AUF IHREN GERUCHSSINN ALS AUF IHRE AUGEN.

Fischen im Meer

Geduld ist, wie häufig behauptet, eine grundlegende Voraussetzung für erfolgreiches Angeln, und doch sind viele der besten Angler, die ich kenne, sehr ungeduldig. Sie sind unerbittlich in dem Bemühen, die Fische zu überlisten, und lassen nichts unversucht, um einen Fang zu machen, angeln nie mit halbem Tempo oder in träger Erwartung, dass der Fisch schließlich einen Fehler begeht. Ob Sie nun Ihr Abendessen fangen, sich einfach an der Küste entspannen oder einen Rekord brechen möchten, all das ist beim Meeresangeln möglich. Der kontinuierliche Lernprozess ist gewürzt mit unvergesslichen Erfahrungen, großartigen Meerlandschaften und viel Frischluft. Die Angelplätze und -verhältnisse sind sehr vielfältig: Boot, Strand oder Felsenküste, große oder kleine Fische.

LINKS DER AUTOR ALAN YATES ZEIGT STOLZ SEINEN FANG. ERFOLG IST HÄUFIG EINE SACHE DES VERTRAUENS UND DER ERFAHRUNG.

RECHTS DER MEERESANGLER IST HÄUFIG STARKEN GEZEITEN, HEFTIGEN WINDEN UND SCHÄUMENDEN WELLEN AUSGESETZT.

LINKS MEERESANGELN KANN UNVERGESSLICHE ERFAHRUNGEN UND VIEL AUFREGUNG BIETEN, WENN SIE EINEN GROSSEN FISCH AM HAKEN HABEN.

Meeresangler sind ein ganz eigener Menschenschlag, schließlich konkurrieren sie in einem rauen Klima nicht nur mit der Natur und der lebenden Beute, sondern auch mit kommerziellen Flotten.

Die Fische konzentrieren sich nicht auf kleine überschaubare Bereiche, wie ihre Artgenossen im Süßwasser. Im Meer sind die Fische gänzlich wild. Die Bestände sind stark beeinflusst von dem Wetter, den Launen der Natur und der kommerziellen Fischerei. Erfolg ist daher nicht garantiert, denn das Meer ist ein riesiges Biotop, und oft sind gerade da, wo Sie auswerfen, die Fischbestände sehr gering.

Angeln gehört weltweit zu den populärsten Sportarten. Das Meeresangeln hat in diesem Sport einen besonderen Platz. Entsprechend widmet sich dieses Kapitel ausführlich den wichtigsten Themen rund ums Fischen im Meer.

Der Erfolg beim Meeresangeln ist besonders abhängig von der Fantasie und Anstrengung, die der Angler aufbringt, und es ist kein Zufall, dass vor allem sichere Angler hier am erfolgreichsten sind. Wenn Sie Ihr Bestes gegeben haben, dann sind Ihnen gute Resultate sicher.

Die Herausforderung des Meeresangelns

Nach wie vor ist das Bild über die Meeresfischerei geprägt von einigen Missverständnissen, dazu gehört die Vorstellung, dass man für diese Sportart schwere Ausrüstung sowie mehr Glück als Verstand benötigt. Das mag zwar auf einige Angler und ihre Ausrüstung zutreffen, aber nicht auf alle. Die Angelgeräte für das Meeresangeln müssen, verglichen mit dem Angeln in Binnengewässern, schwerer sein, da auch die Bedingungen im Meer andere sind. Starke Gezeiten, heftige Winde, hohe Wellen, ein schroffes, felsiges Seebett und Seegras sind für den Meeresangler tägliches Brot. Das Gerät muss mit solchen Anforderungen fertig werden, und der Angler muss mit dem Gerät auch anders umgehen, denn beim Auswerfen eines 140 g schweren Bleis kann durch einen Riss in der Schnur beträchtlicher Personen- und Sachschaden verursacht werden.

Die Vielfalt der Fischarten im Meer und ihre unterschiedlichen Größen sind ausschlaggebend für die Wahl des Geräts und seiner Stärke. Leichtes Gerät kann in vielen Situationen beim Posenfischen oder Spinnen eingesetzt werden, besonders an geschützten Plätzen. Maßgebend für die minimale Schnurstärke, die Montage, die Rute und Rolle sind hauptsächlich die vorherrschenden Bedingungen, unabhängig davon, ob man von einem Boot oder von der Küste aus fischt.

Meeresangler

Bevor wir zu Gerät und Techniken kommen, ein Wort zu den Meeresanglern. Gewöhnlich sind sie eine gesellige Gruppe, die sich aus allen Gesellschaftsschichten zusammensetzt. Der Hilfsbereitschaft wird eine große Bedeutung beigemessen.

Ein Angler lernt nie aus, auch ich habe das wieder sehr deutlich bei den Recherchearbeiten zu diesem Buch gemerkt. Es ist daher empfehlenswert, sich bei Schwierigkeiten und Fragen an erfahrene Angler zu wenden und sie um Hilfe zu bitten.

Ein Anglerverein kann hier eine gute Anlaufstelle sein, um die besten Angler kennenzulernen und von ihnen zu lernen.

Zudem sollten Sie nicht vergessen, dass eine Maß im Wirtshaus häufig Anglerzungen lösen kann und so manches über Meeresangeln weit weg vom Wasser entdeckt wurde.

AUSRÜSTUNG

RUTEN

LINKS KOMBINATIONEN AUS MODERNEN MATERIALIEN BIETEN EIN SORTIMENT VON STARKEN, LEICHTEN UND FLEXIBLEN RUTEN.

Jede Art des Meeresangelns erfordert aufgrund der unterschiedlichen Bedingungen eine spezielle Rute. Vermeiden Sie teleskopische und Weißfischruten, die für ernstes Meeresangeln nicht geeignet sind. Kaufen Sie eine passende Rute – einen Beachcaster für das Strandangeln und eine Bootsrute zum Bootsangeln.

Moderne Rutenmaterialien sind Kohlefaser, Glasfaser, Kevlar und Borfaser, wobei unterschiedliche Legierungen und Beschichtungen verwendet werden, um die ideale Flexibilität, Leichtigkeit und Stärke zu erreichen. In der Regel haben teure Ruten eine höhere Qualität. Preiswerte Ruten aus dünnem, unbeschichtetem Material und mit Beschlägen von geringer Qualität, sollten am besten vermieden werden.

Ruten für das Küsten- und Molenangeln

Für das Brandungsfischen benötigen Sie ein lange Rute, 3,7 m ist das Minimum. Die Rutenlänge verhält sich proportional zur Wurfdistanz, die ausschlaggebend für den Erfolg beim Brandungsfischen ist. Die Rute sollte für Auswürfe mit Bleien von bis zu 170 g geeignet sein, die meisten guten Brandungsangeln sind sogar für den Gebrauch mit Bleien von 110–230 g ausgelegt.

Brandungsangeln sind durch eine Zapfenverbindung in zwei Abschnitte unterteilt. Diese können gleich lang sein oder eine Spitze und ein Griffteil haben, die unterschiedlich lang sind. Ein Spitzenteil ohne jegliche Verbindung ist wegen der häufigen Auswürfe vorzuziehen.

Die Maße bei Küstenruten sind abhängig von der erforderlichen Wurftechnik. Die leistungsfähigeren Ruten sind für den Pendelwurf bestimmt und haben daher einen steifen Durchlauf der Schnur und eine weiche Spitze.

Bei den meisten modernen Brandungsruten werden zur Sicherung der Rollen Schraubrollenhalter verwendet. Sie sind justierbar und erlauben eine exakte Positionierung der Rolle. Vermeiden Sie feste Rollenhalter, denn hier können Sie die Rolle nicht nach Ihrem individuellen Wurfstil positionieren.

Stationärrollen und Multirollen erfordern auch unterschiedliche Rutenringe. Ruten für Stationärrollen, in der Modellnummer mit

OBEN BOOTSRUTEN SIND MAXIMAL 2,4 M LANG, DAMIT SIE IN DEM BEGRENZTEN RAUM EINES FISCHERBOOTS LEICHTER ZU HANDHABEN SIND.

OBEN ENTSPRECHEND DER VERSCHIEDENEN WURFSTILE UND ANGELMETHODEN GIBT ES EINE VIELZAHL VON UNTERSCHIEDLICHEN GRIFFTEILEN FÜR RUTEN.

Tipp

Abnehmbare Griffteile sind praktisch, um die Rute in einem Boot zu verkürzen und manövrierfähiger zu machen. Einige Modelle haben ein Verlängerungsstück, das in das Griffstück geschoben werden kann.

„FS" gekennzeichnet, haben größere Ringe, und die Rolle wird unten an der Rute angebracht. Ruten für Multirollen, mit „M" markiert, haben eine größere Anzahl von kleineren Ringen, da die Rolle oben auf der Rute befestigt wird und die Schnur entlang der Rute geführt werden muss, selbst wenn sie gebogen wird. Fuji und Seymo gelten als die besten Ringmarken.

Bootsruten

Bootsruten sind gewöhnlich maximal 2,4 m lang. Größere Ruten wären in dem begrenzten Raum eines Angelboots schwierig zu manövrieren. Eine Ausnahme bilden Flutruten, mit denen man vom Boot weg werfen muss. Bootsruten werden gemessen nach ihrer Tragkraft in verschiedene Schnurkategorien unterteilt: 5,5–9 kg für leichtes Fischen an Mündungen, 11–14 kg für allgemeines Grundfischen und leichtes Wrackfischen; 23 kg für Wrackfischen und 36 kg für richtiges Meeres- oder Haifischangeln.

Stationärrollenhalter sind für das Bootsangeln wesentlich, da ein kräftiger Fisch einen schwachen oder temporären Rollenhalter leicht verrücken kann. Wichtig sind auch haltbare Ringe. Für Drahtschnüre werden spezielle Rollenringe eingesetzt. Geflochtene Schnüre, die zunehmend die Drahtschnüre ersetzen, können mit gehärteten Standardringen verwendet werden.

Bootsruten der Kategorie 14 kg und mehr haben auch ein spezielles Griffteil zum Anschließen an Griffauflagen, die das Landen großer Fische erleichtern.

Flutruten

Flutangeln erfordert etwas längere Ruten, bis zu 3 m, damit der Angler in die Flut oder vom Boot weg werfen kann. Dabei sollte der Angler abseits des Lärmbereichs vom Boot werfen. Flutruten sind ähnlich wie Brandungsruten gestaltet, wenn auch etwas kleiner, und gehören meistens der Kategorie 14 kg an.

Spinnruten

Spinnruten werden in der Schnurkategorie 5,5 kg und weniger angeboten. Sie sind hauptsächlich für leichtes Fischen und Spinnfischen bestimmt und daher 3–3,7 m lang. Spinnruten können entweder mit Stationärrollen oder Multirollen benutzt werden.

Salzwasser-Fliegenruten

Aufgrund der zunehmenden Beliebtheit des Salzwasser-Fliegenfischens gibt es inzwischen eine Reihe spezieller Geräte, die deutlich beständiger gegen Salzwasser sind als die normale Fliegenausrüstung. In der Regel wird eine Schnurklasse zwischen 8 und 10 verwendet.

MULTIROLLEN

Wie der Name schon andeutet, multipliziert das Rollengetriebe der Multirolle jede Umdrehung des Handgriffs. Üblich sind Übersetzungen von 4:1 bis zu einem Maximum von 6:1 für Rollen zum Felsenküstenangeln oder Flutangeln vom Boot aus. Sie werden immer an der Oberseite der Rute befestigt, damit der Angler die Schnur mit seinem Daumen auf die Rolle legen kann. Einige Modelle haben eine automatische Schnurführung, die allerdings den Schnurlauf und folglich auch die Wurfdistanz einschränkt. Daher sollten Sie sie nicht in Erwägung ziehen.

Die Multirolle ist in Deutschland vor allem beim Brandungsfischen und Bootsangeln populär. Ursprünglich war sie für das Spinnfischen mit Ködern bestimmt. Viele Jahre lang mussten sich Küstenangler mit den beschränkten Reichweiten abfinden, die durch die Ausführungen der Spinnruten bestimmt waren. Mittlerweile sind amerikanische, japanische und schwedische Modelle auf dem Markt, die speziell für das Brandungsfischen bestimmt sind. Und im Gegensatz zu früheren Modellen läuft hier die Multirolle nicht mehr über, was bei monofilen Schnüren zu einem unentwirrbaren Knäuel führte. An solchen Vogelnestknäueln trägt jetzt der Angler die Schuld und nicht die Rolle!

Küstenmodelle

Beim Küstenangeln ist die Multirolle allen anderen überlegen. Sie hat Laufringe mit Kugellagern und Rollensteuerbremsen, und zwar sowohl magnetische als auch Scheibenbremsen. Wurfdistanzen von über 275 m sind damit möglich. Vor allem zwei Rollengrößen erfreuen sich besonderer Beliebtheit. Die ABU 6500 (Größenangaben nach dem schwedischen Hersteller ABU) ist die perfekte Rolle zum Auswerfen über reinem Sand in Verbindung mit Schnüren von 7 kg Tragkraft. Die ABU 7000 ist die alternative Wahl zum Fischen über Felsen und rauem Boden mit einer Schnur von 14 kg Tragkraft.

Boots-Multirollen

Bootsangler verwenden Multirollen hauptsächlich, um das Anheben schwerer Gewichte zu erleichtern. Dabei finden die größten Küstenmodelle wie die ABU 7000 Anwendung, aber auch die Rollen zum Wrack- und Hochseefischen. Sie werden wie die Ruten nach Schnurstärken unterteilt. Ein Anschlussstück für die Anbringung eines Leibgurts kann sehr nützlich sein.

Das Auswerfen vom Boot aus hat zur Entwicklung von Spezialmodellen geführt, mit Hochgeschwindigkeitssystemen und Schnurkapazitäten, die für das Auswerfen der leichten Schnüre ideal sind.

LINKS DIE ABU 6500 GEHÖRT ZU DEN BESTEN ROLLEN UND IST IDEAL FÜR DAS KÜSTENANGELN.

OBEN MULTIROLLEN EIGNEN SICH HERVORRAGEND FÜR DAS BOOTSANGELN, DA IHR ZUGKRAFTSYSTEM DAS FANGEN VON GROSSEN FISCHEN ERLEICHTERT.

Tipps

- Schnurüberläufe können bei einer Multirolle vermieden werden, wenn die Schnur auf eine praktikable Länge begrenzt wird. Eine maximal beladene Multirolle erhöht nicht die Wurfdistanz.
- Das gleichmäßige Aufwickeln der Schnur auf die Rolle vermeidet Verwicklungen beim Auswerfen.
- Der Führungsknoten muss sich auf der Seite gegenüber Ihres Daumens befinden, wenn Sie auswerfen.

OBEN DIE MULTIROLLEN FÜR DAS HOCHSEEFISCHEN ERFORDERN GROSSE SCHNURKAPAZITÄTEN, ANSCHLUSSSTÜCKE FÜR LEIBGURTE, BEQUEME HANDGRIFFE UND GUTE ZUGKRAFTSYSTEME.

Glatt und reibungslos

Rollenpflege und Einstellung ist bei Multirollen sehr wichtig. Verschiedene Öle und Bremsblöcke haben unterschiedliche Auswirkung auf Rollengeschwindigkeit und -beweglichkeit und damit direkten Einfluss auf Ihren Erfolg beim Angeln.

Die Multirolle ABU 7500C ist ein typisches Modell für diese Art des Fischens.

Alle Multirollen haben ein Zugkraftsystem, mit dem man bei ziehendem Fisch Schnur abrollen kann. Wird die Zugkraft so justiert, dass sie der Schnurstärke angepasst ist, kann verhindert werden, dass der Fisch die Schnur sprengt. Die meisten Küstenmodelle haben zur Einstellung der erforderlichen Zugkraft einen sternförmigen Drehknopf auf dem Handgriff, ein leichter Druck auf den Knopf löst die Zugkraft automatisch. Das beste Zugsystem ist ein Modell, bei dem durch einen Hebel eine Gegenkraft erzeugt wird. Damit kann der Angler den Druck der Zugkraft auf die Schnur steuern, ein sehr wirkungsvolles System, wenn man mit einem großen Fisch kämpft. Größere Multirollen haben auch Systeme mit zwei Geschwindigkeiten, sodass die Rolle Schnur zurückgewinnen kann, wenn ein Fisch in ihre Richtung schwimmt.

STATIONÄRROLLEN

OBEN STATIONÄRROLLEN ERLAUBEN LEICHTES, PROBLEMFREIES AUSWERFEN.

Ursprünglich wurden Stationärrollen zum Süßwasserfischen entworfen und für die Hochseefischerei von Herstellern einfach vergrößert, ohne dass sie jemals den Anforderungen der Hochseefischerei genügten. Moderne Modelle haben verbesserte Getriebe, die sich beim Anheben schwerer Gewichte nicht festfressen wie früher. Doch ist die Stationärrolle der Multirolle unterlegen, wenn es um Wurfweite vor der Küste geht. Mit modernen Multirollen sind Wurfdistanzen von über 275 m möglich. Viele Bootsangler ignorieren die Stationärrolle daher auch vollkommen. Sie sind aber beim Gebrauch von sehr leichten Schnüren überragend und finden beim Meeresangeln da Einsatz, wo feine Schnüre in klarem Wasser, wie beispielsweise im Mittelmeer, unerlässlich sind.

Für Anfänger bietet die Stationärrolle zunächst einigen Komfort: problemfreies Auswerfen auf vernünftige Distanzen, keine verwickelten Schnüre und keine Komplikationen bei der Rollensteuerung wie bei der Multirolle. Daher entscheiden sich die meisten Anfänger auch für eine Stationärrolle, wenn sie auch mit zunehmender Erfahrung zur Multirolle wechseln.

Gute Stationärrollen sind im Allgemeinen preiswert, während preiswerte Multirollen gewöhnlich nicht sehr gut sind.

Wichtig bei der Auswahl einer Stationärrolle ist eine konische Spule. Die kurzen, untersetzten Rollen der älteren Modelle sind für das Auswerfen an der Küste nicht geeignet, da sie den Schnurablauf einschränken. Einige Modelle haben tiefe Rollen, für die man große Menge an Schnur bräuchte. Um Verwicklungen zu verhindern, sollte

OBEN MIT DER RICHTIGEN TECHNIK LASSEN SICH AUCH MIT STATIONÄRROLLEN VERNÜNFTIGE WURFDISTANZEN ERZIELEN.

OBEN DER SCHNURHALTER VERHINDERT, DASS DIE SCHNUR VON DER ROLLE SPRINGT.

OBEN FÜLLEN SIE DIE ROLLE RANDVOLL MIT SCHNUR. VERWENDEN SIE EINE SCHLAGSCHNUR.

Linkshänder

Die meisten Stationärrollen sind beidhändig verwendbar, der Handgriff kann sehr schnell ausgewechselt werden, sodass auch Linkshänder sie bequem nutzen können. Bei Multirollen ist die Auswahl für Linkshänder dagegen begrenzt.

Tipps

- Die Rollen sollten randvoll mit Schnur versehen sein. Das Zugkraftsystem sollte festgezogen werden, um beim Auswerfen ein Abrutschen zu vermeiden.
- Es gibt zahlreiche Modelle: Bei Modellen für das Meeresangeln verwendet man heute eher einen kleinen Schnurfangbügel statt eines großen Dreharms wie bei Modellen für das Flussfischen.
- Wählen Sie eine Stationärrolle mit schnurschonender gehärteter Schnurlaufrolle. Verwenden Sie keine großen Schnurfangbügel, die während des Auswerfens zuklappen könnten.

man die Rollen zunächst mit einer geeigneten Ausfütterung füllen und dann die Schnur aufwickeln.

Moderne Modelle haben breite Rollen, die für eine praktische Bespulung und reibungsloses Auswerfen profiliert sind. Kostspieligere Modelle haben ein schwingendes Einholsystem, das ein gleichmäßiges Aufwickeln der Schnur auf die Rolle gewährleistet. Damit wird der Schnurlauf und folglich die Wurfdistanz verbessert.

Bei einer Stationärrolle ist es wichtig, die Schnur gleichmäßig auf die Rolle zu wickeln, damit keine schlaffen Windungen entstehen, die das Auswerfen beeinträchtigen. Mit neu aufgewickelter Schnur sollten Sie auf alle Fälle erst einmal etwas experimentieren, bevor Sie sie richtig einsetzen.

Stationärrollen für das Brandungsfischen erfordern eine Kapazität von mindestens 180 m Schnur.

Eine Reihe von Stationärrollen für das Weißfischangeln und Spinnfischen sind auch für das Meeresspinnfischen oder Meeresposenfischen geeignet. Das Modell sollte aber genug Schnurkapazität und Belastbarkeit haben. Das Meeresspinnangeln erfordert beispielsweise eine Belastbarkeit von 4,5 kg.

Schnüre

OBEN DIE SCHNUR IST IHRE DIREKTE VERBINDUNG ZUM FISCH.

Die Schnur ist Ihre direkte Verbindung mit dem Haken und schließlich auch mit dem Fisch, den Sie fangen möchten. Moderne Schnüre sind stark und geschmeidig, Schnüre geringer Qualität sind heute nur noch selten. Jeder Angler hat hinsichtlich Farbe, Belastbarkeit und Durchmesser seine persönlichen Präferenzen. In den letzten Jahren haben vor allem Schnurhersteller in Japan, in den USA und in Deutschland große Fortschritte in der Entwicklung und Verbesserung der Materialien gemacht. Die neuesten Copolymer-Schnüre sind dünner, zugleich aber stärker und halten Schläge besser aus als monofile Schnüre.

Farbige Schnüre sind seit geraumer Zeit im Trend. Orangefarbene, gelbe und sogar rosafarbene Schnüre erlauben es den Anglern, die Schnüre besser zu verfolgen. Schlagschnüre in hellen Farben haben beim Auswerfen den Vorteil, dass die Rissstelle einfacher zu finden ist. Am Strand und im Boot sind helle Schnüre leichter zu sehen, so können verknotete Schnüre und Verwicklungen schneller erkannt oder gar ganz vermieden werden.

Schnurstärke

Schnurstärke und -durchmesser sind wichtige Faktoren für Küsten- und Bootsangler. Beim Auswerfen an der Küste sind Schnüre von 7 kg

OBEN DIE AUSWAHL AN GEEIGNETEN SCHNÜREN IST GROSS.

Tragkraft oder 0,35 mm Durchmesser mit Schlagschnüren erforderlich, die die Belastung des Auswerfens abfangen, besonders wenn kräftige Wurfstile wie der Pendelwurf eingesetzt werden. Wenn Sie über Felsen fischen, sind stärkere Schnüre angebracht, da Sie mit Hindernissen rechnen müssen. Eine Tragkraft von 14 kg ist für derartige Angelplätze üblich. Vom Boot aus werden ähnlich starke Schnüre wie beim Küstenangeln benutzt, für das Hochseewrackfischen sind aber Schnüre mit einer Tragkraft bis zu 36 kg notwendig.

Schnur ist auf Rollen von mindestens 230 m Länge erhältlich, eine Länge, die für das Auswerfen an Stränden geeignet ist. Kürzere Schnüre müssten Sie durch Knoten verbinden, was nicht empfehlenswert ist, da die Schnur dabei an Tragkraft einbüßt.

Geflochtene Schnüre

Seit einigen Jahren gibt es auch geflochtene Schnüre, die das Bootsangeln revolutioniert haben. Die Kombination aus verminderter Elastizität und geringem Durchmesser verbessert nicht nur die Anbisse, sondern ist auch sehr effektiv in den Gezeitenströmungen. Früher wurden Drahtschnüre benutzt, um gegen starke Strömungen bei Flut und Ebbe anzukämpfen, die neuesten geflochtenen Schnüre

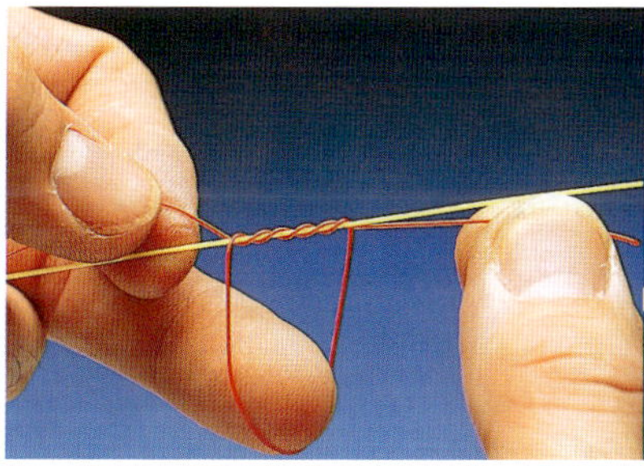

VIERFACHER ENDKNOTEN 1

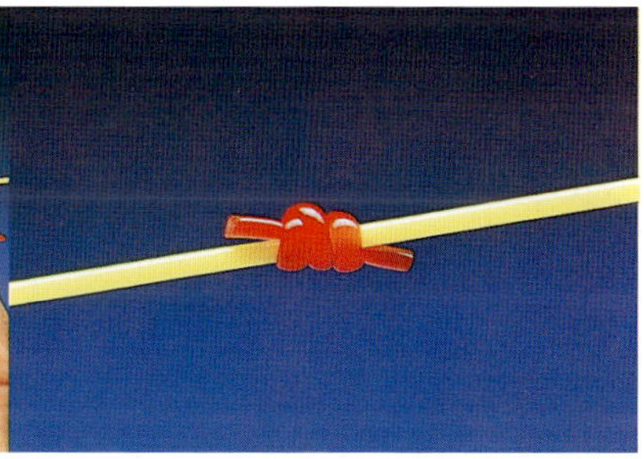

VIERFACHER ENDKNOTEN 2

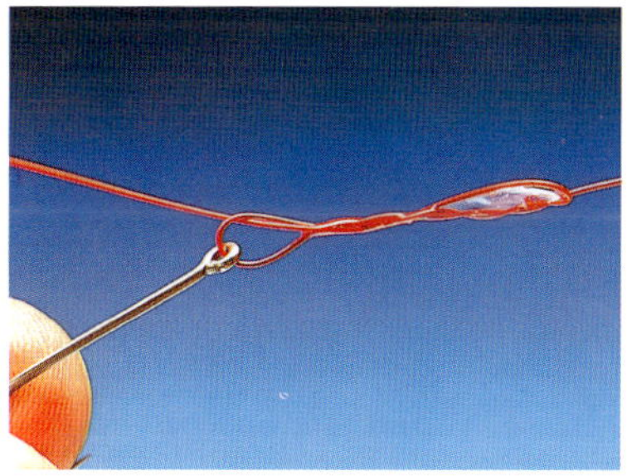

FÜNFFACHER HALBER BLUTKNOTEN

OBEN UND **LINKS** UNERLÄSSLICHE KNOTEN, DIE JEDER MEERESANGLER KENNEN SOLLTE.

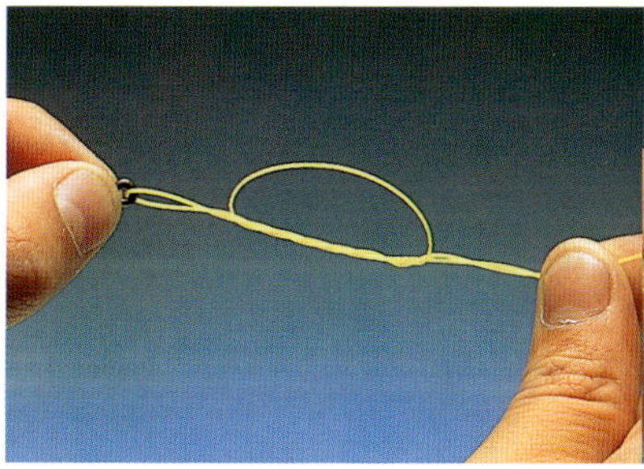

VIERFACHER HAKENKNOTEN 1

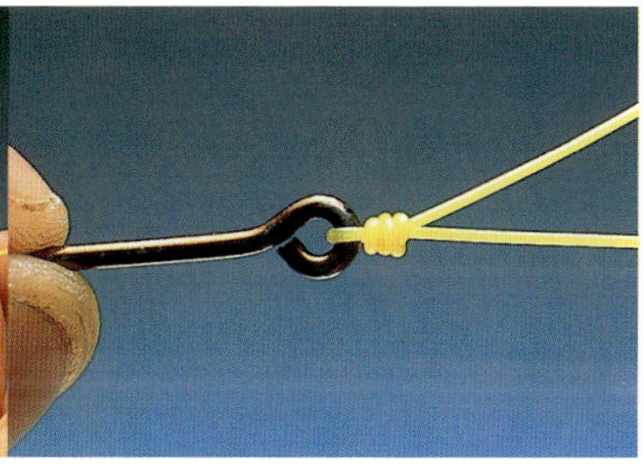

VIERFACHER HAKENKNOTEN 2

haben aber mittlerweile Drahtschnüre so gut wie verdrängt. Und auch viele Küstenangler nutzen in zunehmender Zahl geflochtene Schnüre.

Knoten

Mit der riesigen Anzahl an Knotenvarianten kann man Bücher füllen, dabei genügt es, nur einige wenige Knoten zu kennen. Der vierfache Knoten, auch Grinnerknoten genannt, ist die grundlegende Form. Er ist besonders geeignet zum Verbinden von Schnur und Haken, auch wenn ich für diese Verbindung den halben Blutknoten bevorzuge. Denn beim vierfachen Knoten ragt ein Stückchen Schnur aus dem Knoten heraus, in der sich kleine Wurmköder verfangen können, sodass Fische verloren gehen. Beim halben Blutknoten kann jedoch das Schnurende fest verknotet werden, sodass es den Köder nicht stört.

Der einzige weitere Knoten, den ich benutze, ist ein Bimini-Twist-Knoten, ein Führungsknoten, der ursprünglich in den 1950er-Jahren für das Hochseeschleppfischen entwickelt wurde.

Er stellt die stärkste Verbindung zwischen Schnüren dar, die ich in mehr als 40 Jahren Angeln kennengelernt habe. Auch wenn er scheinbar schwierig zu erlernen ist, seine Verbindungen sind jenen von anderen Knoten in jeder Weise überlegen.

Den normalen Blutknoten sollten Sie aber auf alle Fälle erlernen, da er beispielsweise für die Verbindung von verjüngtem Vorfach und Schnur notwendig ist.

Verzwicktes Problem

Knoten in einer monofilen Schnur sollten nass gemacht werden, bevor man sie festzieht, um Reibungen zu verhindern, die die Schnur beschädigen. Copolymer-Schnur hat eine glatte Oberfläche und wird festgezogen, ohne dass sie nass gemacht wird.

HAKEN UND BLEIE

Im letzten Jahrhundert hat die Auswahl an Haken stark zugenommen. Doch sollten alle Haken ignoriert werden, die nicht aus gehärtetem Stahl und chemisch geschärft sind, da sie den besseren Modellen unterlegen sind. Heute sind sogar kleine Haken sehr stark, sodass eine größere Vielfalt von Arten mit ihnen gefangen werden kann.

Heavy Metal

Schwere Bleie können hilfreich sein, wenn man große Köder in starken Gegenwind auswirft. 170 g sind für einen Sturm landeinwärts angebracht. Ein normales Sortiment von Bleien zum Bootsangeln kann sehr schwer sein. Verteilen Sie die Last.

Das Angebot an Haken bei Ihrem Händler kann begrenzt sein, und vielleicht stoßen Sie auf lokale Eigenheiten und altmodische Ideen. Gehen Sie daher zu größeren Händlern, um ein breiteres Angebot zu finden. Haken sind zwar Haken, aber moderne Modelle, wie die aus Japan und Amerika, sind wesentlich schärfer als viele der älteren europäischen Exemplare.

Die Unterschiede bei den Haken liegen vor allem in der Länge des Schenkels: Bei manchen Typen ist der Schenkel lang, bei anderen kurz.

Haken mit langem Schenkel sind für Wurmköder bestimmt. Sie sind auch einfacher aus dem Fischmaul zu entfernen, wenn Sie den gefangenen Fisch wieder freilassen möchten. Haken mit kurzem Schenkel eignen sich gut für Köder, wie Krabben, Fisch und Tintenfisch. Die Hakengröße wird von der Breite des Hakens bestimmt.

Allerdings schwanken bei der gleichen Größenangabe die tatsächlichen Größen von Hersteller zu Hersteller. Die Nummerierung bei Haken für das Meeresangeln beginnt mit Nr. 10, die Nummern nehmen mit zunehmender Hakengröße ab. Nach der Hakengröße Nr. 1 nimmt die Zahl versehen mit /0 wieder zu, z. B. 11/0, 12/0. Die Größen 4 bis 1/0 sind für das Küstenangeln von Plattfischen und kleinen Arten geeignet. Größere Haken, 1/0 bis 6/0, sind für große Arten, wie Seebarsch, Glatthai und Meeraal, unerlässlich.

LINKS DIE SCHARFGEZÄHNTEN KIEFER DIESES LENGS VERDEUTLICHEN DEN WERT EINES STARKEN HAKENS.

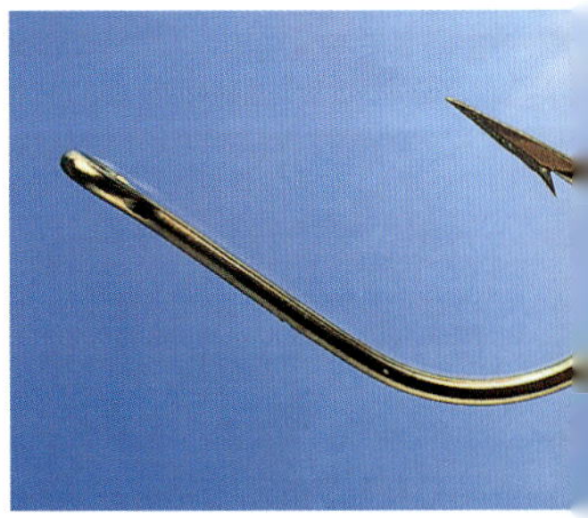

RECHTS EIN WIDERHAKEN IST UNERLÄSSLICH, UM EINEN FESTEN HALT BEI FISCHEN ZU HABEN.

OBEN HAKEN KORRODIEREN SCHNELL IN SALZLUFT, BEWAHREN SIE SIE DAHER IN EINEM WASSERDICHTEN GERÄTEKASTEN AUF.

Senkbleie

Zwei Faktoren bestimmen das Gewicht der Senkbleie beim Meeresangeln: zum einen die Gezeiten, zum anderen die Notwendigkeit, möglichst weit von der Küste entfernt weg zu werfen. Ein Gewicht von 30 g ist für das Spinn- oder Posenfischen gut geeignet, schränkt aber das Auswerfen auf große Distanz stark ein.

Das ideale Bleigewicht für eine maximale Wurfdistanz liegt bei einer durchschnittlich starken Person bei 150 g. Mit diesem Gewicht kann man auch die durchschnittlichen Gezeitenströmungen bewältigen.

Beim normalen Küstenangeln sind Bleie zwischen 100 g und 250 g zweckmäßig. Beim Bootsangeln ist ein Gewicht von 1 kg für tiefes Wasser und starke Gezeiten notwendig.

Bleie sind in unterschiedlichen Ausführungen erhältlich, viele verdanken ihre Entstehung der Geschichte des Meeresangelns. Nicht alle sind für heutige Methoden einsetzbar, da sie die Wurfweiten einschränken. Das altmodische, uhrförmige Blei beispielsweise kann bei Flut und Ebbe stabil sein, das Auswerfen mit dieser Bleiform ist allerdings mühsam. Die besten Bleie heute sind stromlinien- oder kugelförmig.

Tipps

- Krallenbleie im Gerätekasten stellen eine Gefahr für die Finger dar. Bewahren Sie die Bleie in einem anderen Behälter auf, oder drücken Sie die Krallen zu Ihrer eigenen Sicherheit in Styropor.
- Beim Felsenangeln finden vor allem leichte Bleie (bis 100 g) Verwendung. Manche Angler benutzen Bleihebeflügel, um Bleie über Hindernisse hinweg einholen zu können.
- Die Veränderung der Krallenwinkel und der Anzahl an Krallen kann das Verhalten des Senkbleis und des Köders auf dem Meeresboden beeinflussen.

Krallenbleie sind unerlässlich beim Küstenangeln in starker seitlicher Gezeitenströmung. Am weitesten sind zwei Formen dieser Kralle verbreitet. Das torpedoförmige Klappblei hat abstehende Drahtarme, die mit Kugeln in Nuten befestigt werden und unter einem bestimmten Druck ausklinken, sodass sie über Strand und Felsen eingeholt werden, ohne dass sie sich festhaken. In sehr starken Strömungen sind feste Krallenbleie unerlässlich. Sie sind in verschiedenen Krallenstärken erhältlich, je nach Strömungsstärke und der Beschaffenheit des Meeresbodens.

LINKS KRALLENBLEIE SIND BEI STARKEN STRÖMUNGEN UNERLÄSSLICH. DIE VERWENDETE KRALLENSTÄRKE HÄNGT VON DER STRÖMUNG UND DER BESCHAFFENHEIT DES MEERESBODENS AB.

VORFÄCHER

OBEN IMPACT SHIELD, EIN PILZFÖRMIGER CLIP, MIT DEM DER KÖDER NICHT VERLOREN GEHT.

Die Grundangeltechnik, bei der man den Köder fest auf dem Grund platziert, wird in sehr tiefem Wasser angewendet, wo andere Methoden keinen Erfolg zeigen oder wo weit von der Küste entfernt gefischt wird. Dazu muss man ein Vorfach mit Bleigewichten, Haken und Ködern auf den Meeresgrund werfen. Meist verwendet man 2–3 Haken, wobei die Wurfweite mit steigender Anzahl der Haken und der Größe der Köder abnimmt.

Moderne Montagen und Wurftechniken haben die Wurfweite erheblich erhöht. Die Montagen sind heute stromlinienförmig, um zusätzliche Wurfweite zu gewinnen.

Vorfächer für das Küsten- oder Bootsangeln kann man im Angelfachgeschäft in zahlreichen Ausführungen und Kombinationen kaufen oder selbst anfertigen.

Die meisten herkömmlichen Systeme basieren auf dem Einschnur-Paternoster, da dieses stromlinienförmige Vorfach am einfachsten zu werfen ist. Zu jedem Vorfach gehört ein Karabiner, an dem das Senkblei angebracht wird, und ein weiterer zum Anhängen des Vorfachs an die Hauptschnur.

Die Schlaufen (die Schnurstücke, an die die Haken geknüpft werden) befestigt man mithilfe von Drehgelenken, die zwischen Perlen fixiert sind, an der Montage und sichert sie mit Gummistoppern oder Knoten. Das Vorfach sollte separat in einer Vorfachmappe aufbewahrt werden, um sie bei Bedarf an der Hauptschnur zu befestigen, ohne Zeit zu verlieren.

Verschiedene Vorfächer

Der Handel bietet eine Reihe von besonders beliebten und fängigen Vorfächern an, doch auch verschiedene innovative Systeme und Zubehörteile. Fortlaufend werden neue Formen entwickelt, ständig einzelne Komponenten geändert, ausgetauscht und variiert.

Das wichtigste Vorfach für das Küstenangeln ist der einfache Paternoster mit einem Haken und Weitwurfclip. Der Clip fixiert den Köder am Haken dicht hinter dem Blei, damit das Vorfach die richtige Stromlinienform für weite Würfe erhält. Beim Aufprall auf das Wasser lässt der Clip den Haken frei.

Die Verlängerung der Hakenschlaufe kann das Verhalten des Köders beeinflussen. Beim Angeln größerer Fische sollte man in der

Vorfächer und ihre Verwendung

Schleppmontage – Sehr beliebt beim Bootsangeln (Ebbe).

Tandem – Ein einzelner großer Köder wird auf zwei Haken gesteckt. Für große Fische. Geeignet für das Strömungsangeln vom Boot und an der Küste.

Drillingsmontage – Drei Hakenschlaufen am Paternoster, alle an die Schnur geknüpft für weite Würfe.

Bomben mit zwei Haken – Beide Haken sind hinter dem Blei befestigt. Diese Montage wird häufig beim Kabeljau- und Weißfischangeln eingesetzt, da man hier weit werfen muss.

Eine oben – eine unten – Zwei Hakenschlaufen, eine über dem Blei und die zweite darunter. Diese Montage eignet sich zum Allround-Angeln an der Hafenmole oder am Strand.

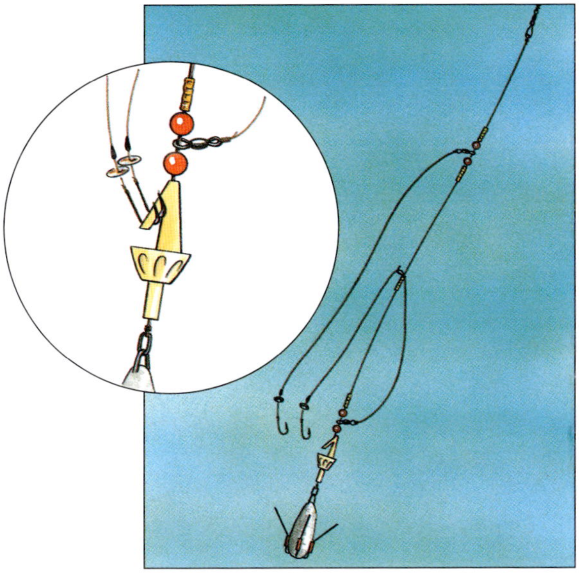

OBEN ENDMONTAGE „ZWEI OBEN, EINE UNTEN". DIES IST MEINE LIEBLINGSMONTAGE, UM DREI HAKEN MÖGLICHST WEIT ZU WERFEN.

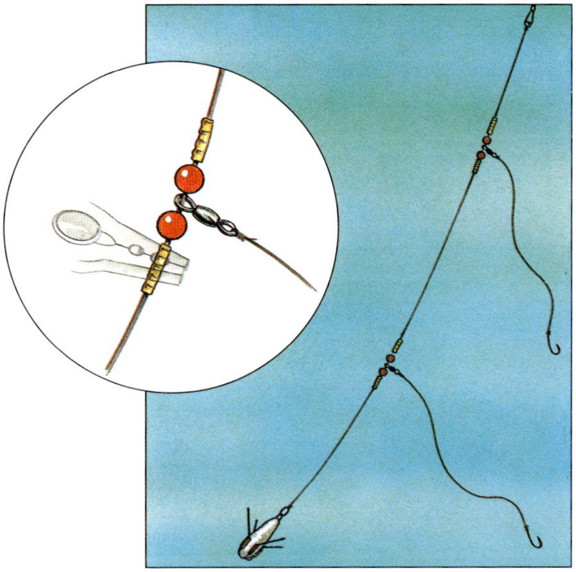

OBEN DER EINSCHNUR-PATERNOSTER MIT ZWEI HAKEN. VIELSEITIG ZUM ANGELN AN DER HAFENMOLE ODER AM STRAND VERWENDBAR.

Tipps

- Benutzen Sie immer einen Karabiner zur Anbringung des Senkbleis, denn eine Schnur könnte durch Hindernisse am Meeresboden oder durch Felsen beschädigt werden. Eine beschädigte Schnur kann beim Werfen sehr gefährlich sein, vor allem wenn ein Blei daranhängt.
- Ein Drehgelenk am oberen Ende des Vorfachs verhindert, dass sich die Schnur verdreht.
- Bewahren Sie die Vorfächer in verschlossenen und gekennzeichneten Boxen auf.
- Alle Clips, Wirbel und die Hauptschnur sollten von derselben Reißfestigkeit sein wie die Schlagschnur.

OBEN EIN KÖDER HINTER DEM BLEI REDUZIERT DEN LUFTWIDERSTAND BEIM WERFEN.

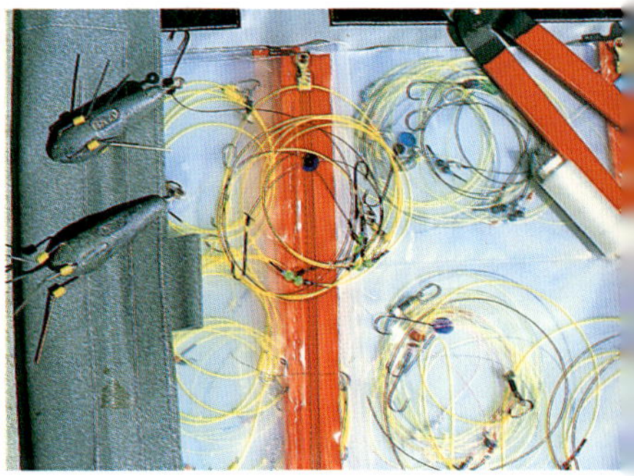

OBEN BEREITEN SIE IHRE VORFÄCHER VOR DEM ANGELAUSFLUG VOR, UND BEWAHREN SIE SIE SEPARAT AUF.

Regel eine längere Schlaufe verwenden, damit sie den Köder verschlingen können.

Ausleger aus Metall oder Kunststoff, die vor allem beim Bootsangeln an der Montage befestigt werden, halten die Hakenschlaufen von der Hauptschnur fern und verhindern, dass sie sich verwickeln.

Wichtiges Zubehör

Das wichtigste Zubehör zum Meeresangeln sind Rutenständer, Schirm und wasserfeste Kleidung. Besonders im Winter werden Sie froh sein, wenn die Ausrüstung, aber auch Sie selbst warm und trocken bleiben, denn das erhöht die Erfolgsaussichten. Ein Angler mit wasserfester Kleidung – unter einem Schirm geschützt und mit einer Thermosflasche Tee in der Hand – ist jederzeit bereit, den ganz großen Winterkabeljau zu fangen, der irgendwann vorbeikommen wird, vorausgesetzt, er kann dem Wetter trotzen. Denn die besten Fänge gehen immer einher mit dem schlimmsten Wetter, eine alte Anglerweisheit.

Tipp

Je größer der Schirm, desto stärker die Wirkung des Winds. Große Schirme sind auch schwieriger im Boden zu verankern.

Sicher auf den Füßen

Denken Sie daran: Auf Felsen bieten feste Stiefel und sogar Sportschuhe Mobilität und ausreichend Gefühl für potenziell gefährliche Stellen.

Rutenständer

Ein Dreibein aus Bambusrohren tut auch seinen Dienst. Die größtmögliche Stabilität bieten jedoch spezielle Rutenständer aus Aluminium. Sie haben Einstellmulden und Doppelauflagen, um zwei Ruten gleichzeitig aufzunehmen, stabile Füße, Schnurhalter und sogar einen Korbhaken für den Köder. Eine Alternative ist der einbeinige Steckrutenhalter, den man in den Boden steckt, der aber auf Hafenmolen oder an Promenaden nicht eingesetzt werden kann.

Schirme und Unterstände

Der Schirm muss leicht, kompakt und gut transportabel sein, sich in wenigen Sekunden aufstellen lassen und Schutz vor Wind und Wetter bieten. Um den Schirm zu sichern, sollten Sie den unteren Teil in Kies oder Sand eingraben, oder Sie binden ihn mit einem Gummiriemen am Geländer der Mole, der Promenade oder an Ihrer Angelkiste fest. Sie können ihn auch mit einer Plastiktüte voller Sand oder Steine, die Sie am Ring an der Spitze festbinden, sichern. Sie können den Schirm durch Seitenteile erweitern, die mit Clips oder Klettverschlüssen an den Seiten befestigt werden.

Angelfachgeschäfte bieten unterschiedliche Unterstände für Meeresangler an, die auf den Materialien der Bivvy-Jacken (wetterfesten Jacken) von Karpfenanglern basieren. Besonders beliebt ist der

LINKS EIN WINDGESCHÜTZTER ANGLER IST EIN ERFOLGREICHER ANGLER. DER BEACH BUDDY IST ZURZEIT DER BESTE ANGLERSCHUTZ IM HANDEL.

OBEN VIELE ANGLER BEVORZUGEN WASSERDICHTE WATHOSEN ZUM MEERESANGELN.

Beach Buddy, da er sehr stabil und angesichts seines großen Schutzraums vergleichsweise leichtgewichtig ist. Er ist ideal für Marathonansitze am Strand.

Wasserfeste Kleidung und Watstiefel

Mobilität ist für den Küstenangler sehr wichtig. Daher sollte man bei der wasserfesten Kleidung die richtige Wahl treffen. Sie brauchen Kleidung, in der Sie trocken bleiben ohne zu schwitzen, wenn Sie viel herumlaufen. Viele Meeresangler entscheiden sich für Latzhosen und einen Umhang, da sie mit der Latzhose um die Taille warm und trocken bleiben sowie ihre Kleidung sauber halten.

Die Auswahl an Angleranzügen ist groß, Thermo-Innenfutter und Schwimmeigenschaften gehören dazu. Bei arktischen Temperaturen sind diese Anzüge wunderbar, aber im Herbst oder an einem warmen Wintertag sind sie eher unpassend. Ein separater Thermo-Anzug unter der wasserdichten Kleidung hält bei jedem Wetter die Körpertemperatur stabil.

Bootsangler sollten sich für einen guten Angleranzug entscheiden, der sowohl gegen Kälte isoliert als auch Sicherheit bietet – ein Faktor, der in Gegenden mit sehr niedrigen Wassertemperaturen besonders wichtig ist.

Watstiefel sind wichtig für Küstenangler, die in der Brandung fischen. Wathosen braucht man unter extremen Bedingungen beim Angeln im seichten Wasser. Auf Felsen sind sie unpraktisch, auch wenn die mit Nieten besetzten Stiefelsohlen einen guten Halt beim Gehen bieten.

OBEN MIT WATSTIEFELN KÖNNEN SIE AUCH IM SOMMER AM STRAND IHRE KLEIDUNG SAUBER HALTEN.

Zubehör und Aufbewahrung

Ein Meeresangler benötigt alle möglichen Utensilien. Und zweifellos verhelfen viele Zubehörteile dem Angler zum Erfolg, während andere seiner Bequemlichkeit dienen. Doch bevor Sie Ihre Ausrüstung zu schwergewichtig machen, sollten Sie sich fragen, ob Sie alle Gegenstände wirklich benötigen und wie Sie sie übersichtlich aufbewahren und transportieren können.

Beleuchtung

Für Nachtansitze beim Küstenangeln ist eine mit Benzin befeuerte Starklichtlampe (Petromax) notwendig. Viele moderne Lampen tragen dazu bei, dass die periphere Beleuchtung an städtischen Küsten immer heller wird. Mit ihrer Intensität überstrahlen sie den Nachthimmel. Wesentlich effektiver hinsichtlich der Leuchtkraft und Ökonomie sind Starklichtlampen. Kopflampen sind sehr nützlich, wenn Sie sich von Ihrem Ansitz entfernen, um die Angel auszuwerfen, verwickelte Schnüre zu entwirren oder einen Fisch zu landen. Man kann sie mit einem Handgriff je nach Bedarf an- und ausschalten. Eine wiederaufladbare Kopflampe (6 Volt) ist für den normalen Gebrauch ausreichend.

Knicklichter oder Dioden an der Rutenspitze erleichtern die Bisserkennung im Dunkeln, aber Sie können auch einfach eine Taschenlampe auf die Rutenspitze richten oder den Lichtkegel einer Petromax mit einem Spiegel als Reflektor dorthin umlenken.

Nützliches Zubehör

Ein Messer, Schnurclips und Scheren werden benötigt, um die Montage herzurichten und Köder zu schneiden. Spitz zulaufende Zangen oder Pinzetten sind beim Abhaken von Fischen, beim Biegen von Drahtschlaufen und zum Festklemmen von Kleinteilen nützlich. An

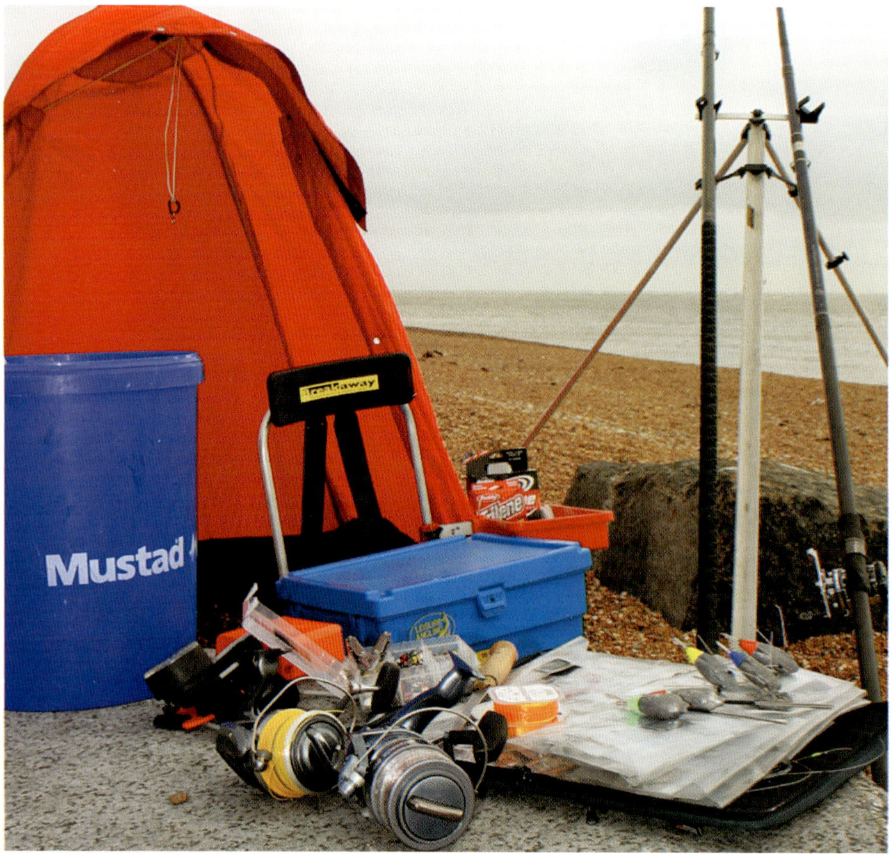

LINKS DIE AUSRÜSTUNG EINES GUT ORGANISIERTEN MEERESANGLERS.

OBEN EINE GUT SORTIERTE ANGELKISTE MIT DEM NOTWENDIGSTEN.

Etwas für die Nase

Sie sollten immer ein Tuch dabei haben, und je stärker es nach Fisch riecht, desto besser. Das überdeckt all jene Gerüche, die Fische abstoßen, wie Tabak, Paraffin, Benzin und Ähnliches.

Ordnung hilft!

Spezielle Vorfachmappen sind ideal zur Aufbewahrung kleiner Zubehörteile. So können beispielsweise Haken, Schnur, Posen und Scheren in diesen Mappen verwahrt werden.

RECHTS EINE KOPF- UND EINE STARKLICHTLAMPE SORGEN FÜR BELEUCHTUNG IN DER NACHT.

Bord eines fahrenden Schiffes sind Messer gefährlich und sollten immer sicher verstaut werden. Man benutzt hier besser Scheren, weil sie sicherer sind und sich in den meisten Fällen ebenso gut zum Schneiden eignen.

Pflaster für die unvermeidlichen Schnittwunden an den Fingern sollte man auf gar keinen Fall vergessen. Ein Fingerling ist ein praktischer Schutz beim Auswerfen, damit kann man auch eine Schnittwunde am Finger schützen. Ein Fischmaß hilft dabei festzustellen, ob man einen Fisch essen darf oder nicht, denn bei vielen Arten gibt es gesetzlich vorgeschriebene Mindestgrößen.

Aufbewahrung

Kühltaschen und -boxen können sowohl im Sommer als auch im Winter nützlich sein, um den Köder zu kühlen oder vor dem Gefrieren zu schützen.

Wenn Sie verhindern wollen, dass in Ihrer Box rostige Haken, Schnüre und Drahtschlaufen ein unentwirrbares Knäuel bilden, dann sollten Sie Kleinteile für die Montage, wie Bleie oder Schnurspulen, sicher und trocken aufbewahren. Ein kleiner Behälter aus Kunststoff ist ideal für Karabinerhaken, sie sollten niemals lose in der Angelkiste liegen, da sie eine große Gefahr für suchende Finger darstellen. Schnüre und Schnurspulen können einzeln in Plastiktüten oder kleinen Verpackungskartons verstaut werden. Wichtige Zubehörteile, wie Haken, müssen in einer wasserdichten Box aufbewahrt werden, am besten in einer Zubehörbox mit Unterteilungen, wie man sie in jedem Angelfachgeschäft oder Baumarkt findet. Kaufen Sie eine Box aus stabilem Kunststoff mit Fächern, deren Inhalt sich auch dann nicht vermischt, wenn man die Box auf den Kopf stellt.

KÖDER

OBEN WATT- UND RINGELWÜRMER BILDEN BEI VIELEN ANGLERN DIE HAUPTKÖDER, ABER ZUM MEERESANGELN SIND SIE NICHT IMMER DIE BESTE WAHL.

OBEN EINE STRANDKRABBE, SEITLICH AN EINEN 3/0-HAKEN GEBUNDEN, SONDERT STARK RIECHENDE FLÜSSIGKEITEN AB, DIE FISCHE ANLOCKT.

Was man auf den Haken steckt, ist oft weitaus wichtiger als das Angelgerät. Ob Lebend- oder Kunstköder, die Auswahl ist riesig, aber in den meisten Fällen gibt es sichere Anhaltspunkte dafür, welchen Köder man am besten einsetzt.

Ein natürliches Angebot an Meereswürmern und Schalentieren, die bei einem auflandigen Sturm auf den Strand geschleudert werden, zieht Fische an, die sie fressen wollen. Unter diesen Bedingungen besteht die wirkungsvollste Taktik darin, die Köder zu benutzen, die Sie am Strand finden, oder aber den Köder, den Ihre Zielart eigentlich sucht. Die Jahreszeiten haben ebenfalls einen großen Einfluss; bestimmte Arten jagen spezielle Nahrung oder Köderfische nur zu bestimmten Zeiten im Jahr.

Die meisten Angler beziehen ihre Köder aus dem Angelgeschäft, wo es eine reiche Auswahl an frischen, gefrorenen, konservierten und künstlichen Ködern gibt.

Köderpräsentation

Fische sind es gewöhnt, ihre Nahrung tot oder verstümmelt vorzufinden, aber durch eine sorgfältige Präsentation kann sichergestellt werden, dass der Köder korrekt genommen und der Fisch angeschlagen wird. Wie viele Angler ruinieren beim Auswurf ihres perfekt beköderten Hakens den Köderfisch so, dass er auf dem Meeresboden entweder als Kugel oder hoch oben am doppelten Wickelknoten endet? Auf diese Weise nimmt dann ein Fisch den Köder, der sich weit entfernt von der Hakenspitze befindet, und entkommt.

Köderpflege

Wenn Sie Ihre Köder auch nur für eine Stunde in der sengenden Sonne stehen lassen, hat das furchtbare Folgen. Würmer schmelzen, Fische werden weich, Muscheln braten und Tintenfisch bekommt einen Sonnenbrand. Suchen Sie sich ein schattiges Plätzchen oder bewahren Sie Ihre Köder in einer Kühlbox oder -tasche oder sogar in Ihrer Spinnerschachtel auf, damit sie frisch bleiben. Außerdem vermeiden Sie so auch Verschwendung, da übrig gebliebene Köder bis zum nächsten Ausflug wieder in den Köderkühlschrank gelegt werden können.

Die Aufbewahrung der Köder ist an den Angeltagen ebenso wichtig wie an den Tagen vor einem Ausflug; überprüfen Sie daher bei der Ankunft an Ihrem Angelplatz die Möglichkeiten, Ihre Köder frisch zu halten. Zeitungspapier ist ein sehr gutes Isoliermaterial und eine einfache, aber wirkungsvolle Art, Meereswürmer und Schalentiere zu lagern. Legen Sie jedoch nicht zu viele Würmer zusammen; 20 Stück reichen, und wenn Sie sie auf mehrere Pakete verteilen, erhöhen Sie ihre Überlebenschancen.

OBEN BEVOR SIE SELBST KÖDER AUSGRABEN, SOLLTEN SIE SICH VERGEWISSERN, DASS DAS KÖDERSAMMELN AN DER GEWÜNSCHTEN STELLE ERLAUBT IST.

Tipps rund um den Köder

- Ein Stück Eis in der Köderbox oder dem Eimer hält die Köder frisch, aber legen Sie es in eine Plastiktüte, damit das Schmelzwasser die Köder nicht verdirbt.
- Setzen Sie Köder immer möglichst großzügig ein, wenn die Fische beißen, statt sie für später aufzuheben und schal werden zu lassen.
- Haken nicht in der Sonne im Voraus beködern, da ein Köder innerhalb weniger Minuten erschlaffen kann. Wenn Sie im Voraus beködern möchten, lagern Sie die fertigen Haken bis zum Gebrauch in der Kühlbox.

Köderfische sollten auch feucht gehalten werden. Eine Plastiktüte hält die Feuchtigkeit hervorragend, solange Sie sie im Schatten lagern. Wenn Sie Fischstreifen verwenden, sollten Sie die Köder nach dem Zerkleinern in einem kleinen Behälter lagern, entweder im eigenen Saft oder mit einem Köderzusatz oder Sardinenöl usw.

Das Auftauen gefrorener Köder lässt sich verhindern, indem man sie in einem kleinen Vakuumgefäß lagert. Um Verschwendung zu vermeiden, tauen Sie immer nur so viele auf, wie Sie für einen Auswurf benötigen. Blöcke von gefrorenem Tintenfisch halten sich selbst frisch und kühlen auch andere Köder.

WÜRMER, SCHALENTIERE UND FISCHE

Meereswürmer

Man könnte glauben, die Natur habe die Meereswürmer eigens zu dem Zweck geschaffen, als Fischköder zu dienen. Sie passen perfekt auf einen Haken, sondern reichlich Geruch und Flüssigkeit ab, winden sich, um die Fische anzulocken, und sind überall in Anglerfachgeschäften erhältlich. Die wichtigsten Arten sind der Watt- und der Ringelwurm.

In Deutschland ist das Ausgraben von Meereswürmern im Nationalpark Wattenmeer nicht gestattet. Doch viele Meereswürmer werden in zunehmendem Maße auf Wurmfarmen in Gefangenschaft gezüchtet und sind in Angelgeschäften erhältlich.

Schalentiere

Schalentiere sind die wirkungsvollsten Küstenköder und bei Ebbe überall an der Küste zu finden. Da sie regelmäßig durch starken Seegang an Land gespült werden, kommen die Fische unter den richtigen Bedingungen an die Küste heran, um sie zu fressen. Von den vielen Muschelarten sind lebende Riesentrogmuscheln mit einer Schalenlänge von 10–13 cm am besten geeignet. Sie sind in Angelgeschäften erhältlich oder werden an der Ebbelinie gesammelt.

Tintenfisch

Es gibt über 300 Tintenfischarten, und er ist eins der häufigsten großen Lebewesen in den Weltmeeren. Sein lateinischer Name bedeutet „Kopffüßer". Als Köder wird am häufigsten der Kalmar verwendet, der überall gefroren erhältlich ist. Dieser kleine Kopffüßer wird gern auch von Menschen verzehrt und kommt häufig an der Pazifikküste von Kalifornien und Mexiko vor. In den letzten Jahren führte der erhöhte Fangdruck zu Engpässen, und heute werden andere Tintenfischarten unter der Bezeichnung „Kalmar" aus Japan und anderen Teilen der Welt importiert. Dazu gehören die neu entdeckten und kleineren Liligo-Tintenfische, die eher wie Miniatur-Sepia aussehen und die ideale Größe zum Küstenangeln haben. Sepia gehören zur selben Familie, haben aber einen breiteren, flacheren Rücken und den berühmten Schulp, der getrocknet als Schnabelwetzstein für Käfigvögel verwendet wird. Auch der Sepia ist gelegentlich frisch sowie gefroren erhältlich; allerdings scheint wie bei allen Tintenfischen zwischen frisch und gefroren wenig Unterschied in der Fängigkeit zu bestehen.

Die Grundregeln beim Einsatz von Tintenfisch sind einfach. Frischer, gefrorener Tintenfisch ist am fängigsten und relativ billig. Nach dem Auftauen sollte er nicht zum späteren Gebrauch wieder

LINKS TINTENFISCH IST EINER DER ERFOLG VERSPRECHENDSTEN KÖDER FÜR GROSSE FISCHE.

OBEN HERZMUSCHELN, SCHWERTMUSCHELN UND BUTTERKREBSE SIND ERSTKLASSIGE KÖDER, ALLEIN ODER ALS ZUSÄTZLICHER LECKERBISSEN.

OBEN KLEINE WATTWÜRMER SIND DER IDEALE KÖDER FÜR DIE MEISTEN KLEINEN FISCHARTEN.

OBEN SUCHEN SIE NACH EINEM HAARRISS AM HINTEREN TEIL DER SCHALE EINER STRANDKRABBE. DANN EIGNET SIE SICH ALS KÖDER.

eingefroren werden. Zweitens ist es bei diesem großen, massigen Köder wichtig, dass der Haken groß genug für einen ganzen Tintenfisch ist und nicht vom Köder eingeschlossen wird. Gleichzeitig sollte der ganze Köder so gesichert werden, dass er nicht über den Hakenbogen rutschen und die Spitze verdecken kann. Daher ist ein Pennell-Zweihakensystem die ideale Hakenkonfiguration für große Tintenfischköder. Der Köder kann auch mittels elastischer Baumwolle befestigt werden; denken Sie daran, dass das Auswerfen einen Köder am Haken leicht ruinieren kann, das Herablassen in große Tiefen jedoch ebenso!

Die Attraktivität des Tintenfischköders lässt sich noch erhöhen, indem die Haut entfernt und, falls er in Streifen geschnitten werden soll, zuerst die Innenseite gesäubert und das Skelett entfernt wird. Kopf und Arme können auch ganz oder als Stippköder eingesetzt werden.

Strandkrabben

Da Krabben harte Panzer haben, müssen sie diesen während des Wachstums immer wieder abwerfen, bis sie die Geschlechtsreife erlangt haben. Dazu bilden sie unter dem alten Panzer eine neue, dünne Schale. Dann saugt die Krabbe Wasser in ihren Körper und sprengt den alten Panzer, den sie zusammen mit ihrer alten Lunge abwirft. In ihrer neuen, weichen Haut ist die Krabbe zu diesem Zeitpunkt völlig wehrlos ihren Fressfeinden, besonders Fischen, ausgeliefert.

Diese Krabben sind einer der besten Köder für Fische, die ihr Futter im Sediment suchen. Sie sind weich und locken selbst dann noch Fische an, wenn alle anderen Köder versagen.

Bevor Sie den Köder einsetzen, müssen Sie die Krabbe häuten, das heißt die Schale entfernen. Dann binden Sie das Fleisch mit dünnem, elastischem Baumwollfaden an den Haken. Eine große Krabbe können Sie auch halbieren, die Hakenspitze durch die Beinansätze ziehen und sie dann mit einem Faden sichern.

Sandaale

Der Sandaal ist einer der vielseitigsten Köder zum Meeresangeln, doch häufig vollkommen unterschätzt. Er wird einfach wie ein Wurm auf den Haken gezogen. Damit fängt man fast alle Fischarten.

Tipps

- Schalentiere vor dem Einfrieren blanchieren, damit sie fester werden.
- Tiefgefrorenen Köder wie tiefgefrorene Lebensmittel behandeln.

Köder sammeln

Seinen Köder eigenhändig auszugraben und zu sammeln hat manchen Vorteil. Der Köder ist frisch, man bekommt Köder, die im Angelfachgeschäft nicht erhältlich sind, und man verschafft sich außerdem einem Einblick in den Lebensraum Meer. Aber erkundigen Sie sich, bevor Sie beginnen, ob das Ködersammeln an der gewünschten Stelle erlaubt ist.

Gabeln mit flachen Zinken eignen sich am besten zum Ausgraben von Wattwürmern in weichem Sand und Schlick, während dünne Zinken beim Sammeln von Ringelwürmern auf steinigem Untergrund vorteilhafter sind. Schwarze Wattwürmer gräbt man gewöhnlich mit einem kleinen Spaten aus oder saugt sie mit einer Wattwurmpumpe aus ihren Röhren.

Ein kleiner Drahthaken ist ein ideales Werkzeug, um auf der Suche nach panzerlosen Strandkrabben den Pflanzenbewuchs umzudrehen. Schalentiere, wie etwa Schwertmuscheln, kann man mit einem Spieß, der einen Widerhaken hat, aufstöbern. Oder man streut Salz auf ihre Schalen, was sie schnell aus ihrem Panzer treibt.

Bei Ebbe finden sich an der Küste viele Köder für das Meeresangeln, die man nur aufsammeln muss. Miesmuscheln kann man von Buhnen und Wellenbrechern abnehmen. Butterkrebse, Venusmuscheln, Herzmuscheln und ähnliche Schalentiere kann man nach einem Sturm am Strand aufsammeln, und wenn man ein paar Steine anhebt, findet man häufig panzerlose Strandkrabben.

Würmer ausgraben

Um im nassen Sand Wattwürmer zu sammeln, muss man einen kleinen Wassergraben um die Stelle ziehen, die man ausgraben möchte, damit das Wasser abfließen kann. Suchen Sie eine Stelle, auf der sich viele Wurmhaufen konzentrieren, und graben Sie einen u-förmigen Wassergraben, das offene Ende zeigt zum Meer. Auf diese Weise wird die ausgewählte Stelle in kurzer Zeit austrocknen.

Den größeren Bäumchenröhrenwurm muss man einzeln mit einem kleinen Köderspaten ausgraben, aber man kann sie auch mit einer Wurmpumpe aus dem Sandboden saugen.

Ringelwürmer findet man normalerweise im Kies und im Schlick. Ziehen Sie mehrere Reihen von tiefen Gräben, und holen Sie die Würmer heraus. Wenn die Gegend schon abgesucht wurde, versuchen Sie es an Wassertümpeln oder unter großen Felsbrocken.

Sandaale fangen

Sandaale kann man mit einem Kescher im Meer fangen oder mit einer Gabel aus dem Sand ausgraben. Nachts ist der beste Zeitpunkt dazu.

OBEN UND **RECHTS** ZIEHEN SIE ERST EINEN WASSERGRABEN, UM DEN SAND ZU ENTWÄSSERN.

LINKS VIELE KÖDER KANN MAN BEI EBBE EINSAMMELN.

Köder aufbewahren

Angler, die ihren Köder frisch und am Leben erhalten wollen, benötigen einen Kühlschrank. Ein ausrangierter Küchenkühlschrank, der in der Garage oder draußen aufgestellt wird, ist ideal. Da Köder leicht riechen, sollten Sie sie nicht in den Küchenkühlschrank legen. Der Kühlschrank sollte ein Kühl- und Gefrierfach haben, um gefrorene und lebendige Köder aufbewahren zu können.

OBEN HALTEN SIE STETS EINE AUSREICHENDE ZAHL AN GEFÄSSEN FÜR VERSCHIEDENE KÖDER BEREIT.

Wattwürmer halten sich 3–4 Tage in sauberem Zeitungspapier. Für längere Zeiträume sollten Sie auf ein flaches Tablett gerade so viel Wasser geben, dass die Würmer nass bleiben, und dieses in den Kühlschrank stellen. Wenn man die Würmer ganz unter Wasser setzt, könnten sich Bakterien und Krankheiten verbreiten, an denen alle Würmer sterben.

Für Ringelwürmer, besonders für Weiße Seeringelwürmer, füllen Sie eine große Schale mit Korallensand. Grüne Seeringelwürmer bleiben in feuchtem Torf bis zu einer Woche am Leben; für längere Zeiträume wenden Sie dieselbe Methode an wie bei Wattwürmern.

Panzerlose Strandkrabben bedeckt man am besten mit feuchtem Zeitungspapier oder Sackleinen und bewahrt sie in einer Holzkiste im Kühlschrank auf, um sie am Leben zu erhalten. Achten Sie darauf, dass die Krabben nicht austrocknen, und besprühen Sie sie regelmäßig mit Meerwasser.

Viele Lebendköder, wie Sandaale, Garnelen, essbare Krabben und kleine Franzosendorsche, müssen in einem Meerwasserbehälter aufbewahrt werden, dem mit einer Aquarienpumpe und einem Ausströmer Sauerstoff zugeführt wird. Alle Köder, die eingefroren werden sollen, müssen zuerst gesäubert und in Tiefkühlbeutel verpackt werden. Legen Sie nur so viele in einen Beutel, wie Sie für eine Angeltour benötigen, damit Sie nicht zu viele auftauen müssen. Beschriften Sie die Beutel mit Inhaltsangabe und Datum, damit Sie sie in der Reihenfolge entnehmen können, in der Sie sie eingefroren haben.

OBEN EIN KÜHLSCHRANK SORGT DAFÜR, DASS SIE IMMER REICHLICH VORRAT AN FRISCHEN KÖDERN HABEN.

Gefrorene Krabben

Strandkrabben kann man einzeln schälen, in Alu- oder Frischhaltefolie wickeln und dann einfrieren. Entfernen Sie die Schale, waschen Sie die Krabben unter fließendem Wasser, und frieren Sie sie sofort ein. Beschriften Sie die Tiefkühlbeutel gut leserlich mit der Inhaltsangabe und dem Fangdatum.

Kunstköder

Kunstköder zum Meeresangeln werden vor allem von den sehr auffälligen Exemplaren dominiert, mit denen man Makrelen fängt. Makrelen fressen fast alles, sodass sie nach allem schnappen, was einem kleinen Fisch auch nur im Entferntesten ähnelt, selbst nach einem blanken Haken, einem Stück Silberpapier oder einer Perle, die zur Sicherung des Köders aufgesteckt wird. Meist werden Federn verwendet.

Doch auch die meisten Kunstköder und Wobbler aus der Süßwasserfischerei und Kunstköder für Hecht, Lachs und Zander werden häufig zum Angeln im Meer benutzt. Das Angebot ist riesig, und Regeln, welche Kunstköder für welche Fische die Besten sind, gibt es kaum. Vielmehr sind die Fantasie und Erfahrung des Anglers oft wichtiger als der benutzte Kunstköder.

Die Köder unterscheiden sich durch Gewicht, Größe und Bewegungsmuster. Die richtige Wahl des Köders kann entscheidend sein, die fängigsten Kunstköder für alle Fischarten haben allerdings gewisse Ähnlichkeiten mit den Kleinfischen, die die Zielfische gewöhnlich fressen. Sandaale sind die Hauptnahrung von Barsch, Kabeljau und Pollack, daher reagieren sie auf die schlanken Kunstköder, die Sandaalen ähneln. Die größeren Spinner, Wobbler und sogar Pilker, die kleinen Makrelen und anderen Beutefischen ähneln, sind zweckmäßig für größere Kabeljaue und Barsche im tiefen Wasser.

Küstenangler, die Barsche fischen, entscheiden sich oft für Wobbler, die zunächst absinken, dann aber beim Einkurbeln an die Oberfläche kommen – oder für solche, die erst schwimmen und dann abtauchen, wenn sie eingeholt werden. Diese Köder sehen aus wie ein verletzter Fisch und bewegen sich auch genauso. Sie sind einfach zu werfen, und ihre Tiefe sowie Geschwindigkeit sind leicht zu kontrollieren.

Metallspinner sinken unterschiedlich schnell. Sie können beim Einholen gut geführt werden, besonders beim Angeln in der Nähe von Seetang und Felsen. Der erfahrene Angler kann ihre Tiefe genau kontrollieren, um festhängende Köder zu vermeiden.

Plastiksandaale (Redgill)

In Großbritannien spielen Plastiksandaale als Köder eine große Rolle. Der Name Redgill (nach der Herstellerfirma) hat sich als Bezeich-

LINKS EINE FARBENFROHE AUSWAHL KÜNSTLICHER WÜRMER AUS WEICHGUMMI, DARUNTER DER SEHR FÄNGIGE GELEEARTIGE GUMMIWURM.

OBEN DIESER POLLACK WURDE MIT EINEM KUNSTKÖDER GEFANGEN.

Tipps

- Das Abwechseln zwischen verschiedenen Arten und Farben von Kunstködern, unterschiedliche Geschwindigkeiten beim Einkurbeln und die Angeltiefe können für den Erfolg entscheidend sein.
- Viele Kunstköder für das Boot haben Drillingshaken, die oft hängen bleiben. Tauschen Sie sie gegen Einzelhaken aus, wenn Sie über Wracks oder Felsen angeln.
- Die Kunstköder der Firma Rapala stehen bei den Küstenanglern auf Barsch sehr hoch im Kurs.

nung für diese Plastiksandaale eingebürgert. Sie winden sich und flattern beim Einholen wie ihre natürlichen Vorbilder. Der Redgill ist ein sehr guter Köder für Pollack und ähnliche Arten beim Wrackfischen vom Boot aus. Er hat sich auch für Barsche beim Schleppen über Riffe von einem kleinen Boot aus bewährt.

Der Redgill benötigt beim Werfen von der Küste aus ein Zusatzblei, das Barsche leicht verscheuchen kann, aber die zusätzliche Montage einer durchsichtigen, zum Teil mit Wasser gefüllten Schwimmkugel als Wurfunterstützung kann sowohl vom Boot als auch von der Küste aus behilflich sein.

Kunstköder mit Naturköder

Viele Fischarten sind mit einer Kombination aus Kunst- und Naturköder gut zu fangen. Vom Boot aus sind Feeder-Systeme für Kabeljau, Knurrhahn, Weißfisch, Franzosendorsch und Lengfisch einsetzbar. Kleine Spinner, mit Ringelwürmern gespickt, fangen Meeräschen in vielen Flussmündungen, und ein ködergespickter Blinker lockt beim langsamen Einkurbeln Schollen und Flundern an.

Federn

Kleine Kunstköder mit Federn nach dem Vorbild von Forellenködern sind gut einsetzbar an Hafenmolen und locken Makrelen, Sandaale, Heringe, Köhler, Stöcker und Pollack an.

Jede beliebige Farbe ... Hauptsache schwarz!

Die beste Farbe für künstliche Sandaale beim Wrackfischen vom Boot aus ist Schwarz. Sie sind sehr fängig bei Kabeljau und Pollack.

OBEN KUNSTKÖDER GIBT ES IN ZAHLREICHEN FARBEN UND FORMEN. MANCHE ERINNERN NUR SEHR ENTFERNT AN DIE NAHRUNG DER FISCHE.

TECHNIK

AUSWERFEN AN DER KÜSTE

OBEN WENN SIE INS WASSER GEHEN, ERREICHEN SIE MEHR WURFWEITE.

Je weiter Sie auswerfen, desto größer ist die Wasserfläche, die Sie mit Haken und Köder abdecken. Doch auch einige andere Faktoren sind ausschlaggebend für erfolgreiches Küstenangeln. Wenn Sie sich nur auf die Wurfweite verlassen, garantiert Ihnen dies kein erfolgreiches Angeln. Das Werfen hat sich mittlerweile als eigene Sportart verselbstständigt. Doch man sollte sich nicht zu sehr auf das Weitwerfen konzentrieren, wenn man beim Angeln noch Fische fangen möchte!

Wurftechniken

Die wichtigste Wurftechnik ist der Überkopfwurf. Jeder Anfänger lernt zunächst diesen Wurf, und er scheint auch ganz einfach. Aber wie beim Golfspielen wirken sich Stil, Technik und Kraft entscheidend auf die Wurfweite aus.

Der Ablegewurf wird aus dem Stand heraus mit einem Blei am Boden ausgeführt. Das erfordert beträchtliche Kräfte. Der Angler beugt sich nach hinten und schwingt die Rute in leichtem Winkel zu seinem aufrechten Körper (etwa auf Zwei-Uhr-Position) über den Kopf. Der Ablegewurf wird besonders dann ausgeführt, wenn am Standort nicht viel Platz ist, beispielsweise auf einer belebten Hafenmole oder auf einem schmalen Felsen.

Der Pendelwurf ist ein kraftvoller Wurf, bei dem das Blei wie ein Pendel geschwungen wird, was der Rutenspitze Kraft und Schwung für den finalen Auswurf verleiht. Timing ist hierbei alles, und man sollte erst den Ablegewurf gut trainiert haben, bevor man zum Pendelwurf übergeht. Die richtige Ausrüstung ist Voraussetzung für jeden Wurf, der mit Kraft ausgeführt wird. Billige, dünne, weiche Ruten taugen nicht für den Pendelwurf, und wie bei jedem Kraftwurf braucht man auch hier eine Schlagschnur. Wenn das Blei beim Auswurf abreißt, könnte es umstehende Personen lebensgefährlich verletzen. Benutzen Sie also stets eine Schlagschnur für Weitwürfe mit Krafteinsatz.

Den Pendelwurf kann man nur mit viel Übung lernen, daher kann es sinnvoll sein, professionellen Unterricht bei einem Lehrer zu nehmen, und sich so viel Zeit sowie Frustration zu ersparen.

Auswerfen lernen

Richtiges Auswerfen will geübt sein. Der richtige Wurf entscheidet unter Umständen über Ihren Erfolg. Nehmen Sie bei einem professionellen Lehrer oder einem erfahrenen Angler Unterricht.

OBEN HIER STRAPAZIERT DER WELTMEISTER NEIL MACKELLOW EINE CAST AWAY. SIE KÖNNTEN DIESELBE RUTE BENUTZEN – ABER AUCH MIT DEMSELBEN ERFOLG?

Auswerfen mit der Multirolle

Mit der Multirolle gelingen die weitesten Würfe, aber man muss sie auch stärker kontrollieren, damit sie nicht überdreht, um die Maximalweiten zu erreichen. Eine Multirolle darf nicht mit zu viel Schnur bespult sein, denn je weniger Schnur aufgewickelt ist, desto besser ist die Spule zu kontrollieren. Beim Einholen sollten Sie besonders darauf achten, dass sich die Schnur glatt auf der Rolle verteilt. Die besten Multirollen haben Kugellager und Bremsen, und jene mit einem magnetischen Bremssystem lassen sich reibungslos aufkurbeln.

Um die drehende Spule festzuhalten, tragen viele Angler einen Fingerling oder legen ein Stück Gummi (ein Gummischlauch ist ideal) über die Spule, das unterhalb der Rolle an der Rute befestigt wird. Dadurch werden die Finger auch vor dem Knoten geschützt, mit dem die Schlagschnur befestigt ist. Sicherheitshalber sollte dieser Knoten nicht auf der Seite der Spule sitzen, die Sie beim Auswerfen festhalten.

Auswerfen mit der Stationärrolle

Stationärrollen erlauben ein Auswerfen, ohne dass sich die Schnur verwickelt, doch sollte man einige wichtige Handhabungen beachten, um einen optimalen Auswurf sicherzustellen. Am besten sind längliche Spulen. Sie müssen mindestens bis auf 1 cm unter dem Spulenrand bespult sein.

Ein Fingerling kann auch hier nützlich für den Finger sein, der die Schnur beim Auswerfen festhält. Stellen Sie sicher, dass der Verbindungsknoten am oberen Ende der Spule sitzt.

Der Schnurfangbügel an der Spule muss festgestellt sein, damit die Schnur beim Auswerfen nicht von der Spule gleitet.

LINKS DAS AUSWERFEN VON ANFANG AN RICHTIG ZU LERNEN IST SEHR WICHTIG. HABEN SICH EINMAL FEHLER EINGESCHLICHEN, SIND DIESE NUR NOCH SCHWER AUSZUMERZEN. PROFESSIONELLEN UNTERRICHT ZU NEHMEN ZAHLT SICH DAHER AUS.

Wetter und Gezeiten

Für erfolgreiches Angeln ist ein Basiswissen über den Einfluss von Wind und Gezeiten auf das Meer und seine Bewohner unerlässlich. Der Anfänger, der in seinem Eifer an der nächstbesten Stelle einen Köder ins Meer wirft, ohne sich um Wind und Gezeiten zu kümmern, hat oft nur dann Erfolg, wenn er Marathonansitze abhält. Aber schon ein minimales Verständnis für die Hinweise, die die Natur den Anglern liefert, kann die Chancen, Fische zu fangen, erheblich steigern.

Gezeiten

Die Strömungen des Meeres, die man Gezeiten oder Tiden nennt, werden durch die Anziehungskraft von Sonne und Mond auf die Wassermassen der Erde gesteuert. Diese Wasserbewegungen erzeugen innerhalb von zwölf Stunden eine Flut und eine Ebbe. Die Zeiten des Hoch- und Niedrigwassers können für viele Jahre im Voraus exakt berechnet werden.

Wenn sich Sonne und Mond auf derselben Seite der Erde befinden, ist die Anziehungskraft am stärksten. Dann treten auch die größten Wasserbewegungen auf, die sogenannten Springfluten.

Gezeitentafeln

Der Meeresangler braucht unbedingt eine Gezeitentafel, die die genauen Zeiten von Ebbe und Flut sowie die jeweils zu erwartenden Pegelstände aufweist. Damit kann er die optimalen Zeiten zum Angeln und Ködersuchen bei Niedrigwasser bestimmen.

Gezeitentafeln sind bei Anglervereinen oder in Angelfachgeschäften erhältlich, und viele beruhen auf den Gezeiten in einem bestimmten Hafen, wie beispielsweise Hamburg. Sie enthalten außerdem eine Liste von festen Zeitspannen, die man zur Berechnung der Tiden in einem anderen Hafen hinzurechnen oder abziehen muss.

Den Unterschied zwischen Hoch- und Niedrigwasser nennt man Tidenhub, und auch dieser variiert je nachdem, ob es sich um eine Springflut oder um eine Nippflut handelt. Durch den größeren Tidenhub und die schnellere Strömung bei einer Springflut kommt es zu einer verstärkten Fischaktivität, besonders entlang der Küste. Das führt in der Regel zu besseren Fängen, doch lässt sich dies nicht verallgemeinern.

An den meisten Küsten- oder Bootsangelplätzen ist der Fischbestand gezeitenabhängig, am höchsten ist er bei Hoch- und Niedrig-

RECHTS DAS WETTER UND DIE GEZEITEN BEEINFLUSSEN DAS VERHALTEN DER MEERESLEBEWESEN UND DAMIT DAS ANGLERGLÜCK.

Wettervorhersage

Das Meeresangeln ist wetterabhängig. Bei starkem Wind und rauer See kann man mit kleinen Booten nicht ausfahren. Radiostationen im Norden senden regelmäßig einen Seewetterbericht mit Hinweisen auf Windstärken und Windrichtungen.

OBEN BEI GEZEITENSTRÖMUNGEN STEIGT DIE AKTIVITÄT DER FISCHE OFT.

wasser, wenn die Flut ihre stärkste Kraft entfaltet oder das Wasser gerade seine Richtung ändert. Es ist für einen Angler von großem Vorteil, sich in der gezeitenabhängigen Fischaktivität an einem bestimmten Ort auszukennen. Schließlich kann man keine Fische fangen, wenn keine da sind.

Wetter

Auch die Wetterlage hat Einfluss auf den Fischbestand. Ein auflandiger Wind verursacht rege Fischaktivitäten, da der Wind das Meer aufwühlt, das Leben unter Wasser durcheinanderwirbelt, und die Fische nun verstärkt nach Beute suchen. Gegen den Wind zu fischen ist folglich viel Erfolg versprechender als mit dem Wind im Rücken, auch wenn es für viele bequemer ist, mit Rückenwind zu angeln, da man weiter auswerfen kann.

Ebenso beeinflusst der Luftdruck das Verhalten der Fische. Eine ruhige See bei Hochdruckwetter treibt klares Wasser an die Küste.

OBEN EINE STARKE BRANDUNG IST IDEAL, UM BARSCHE VON DER KÜSTE AUS ZU FANGEN.

OBEN WENN SIE DEN GEWALTEN DES MEERES RESPEKT ENTGEGENBRINGEN, WERDEN SIE IHR GANZES LEBEN LANG REICHLICH MIT FISCH VERSORGT.

Das bedeutet, dass die Fische nur bei Dunkelheit an die Küste schwimmen, wenn sie sich sicher fühlen. Entsprechend führen Tiefdruck, starker Wind und schwere See an der Küste tagsüber zu einem höheren Fischaufkommen.

Küstenangeln – Strand

Das Küstenangeln ist eine der größten Herausforderungen für Angler. Das Meer ist nicht nur ein riesiger, sondern auch ein sehr komplexer Lebensraum, der unter dem Einfluss von Wind, Wetter und Gezeiten steht. Diesen Bedingungen sind Angler und Fische ausgeliefert. Das Grundangeln ist meist die beste Angelmethode, da es die einfachste Möglichkeit ist, einen Köder an den Fisch zu bringen. Tiefes Wasser, kraftvolle Gezeiten, hoher Tidenhub, Felsen und Pflanzenbewuchs schließen in den meisten Fällen Methoden wie Treibangeln oder Lichtfischen aus.

Das Grundangeln

Bei der Grundangeltechnik wird von der Küste aus ein Köder ins Meer geworfen, und zwar mithilfe eines Bleis oder Senkbleis, das der Schnur Schwung verleiht. Hierzu ist eine starke Montage nötig, da

UNTEN GEORGE SMITH WUSSTE AUS ERFAHRUNG, DASS ES AN DIESER STELLE BEI EINEM BESTIMMTEN FLUTPEGEL IN DEN WINTERMONATEN KABELJAU GIBT. SOLCHES WISSEN IST FÜR DAS ANGLERGLÜCK AN DER KÜSTE ENTSCHEIDEND.

Lernen Sie Ihre Fische kennen

Meeresfische sind in ihrem Verhalten stark von der Jahreszeit abhängig. Jede Jahreszeit hat ihren Fisch.

OBEN BEIM KÜSTENANGELN ERLEBT MAN OFT ÜBERRASCHUNGEN. DIESER BARSCH (5,9 KG) WURDE AN EINEM IRISCHEN STRAND GEFANGEN. DER ANGLER HATTE MIT EINEM KLEINEN KÖDER NACH SCHOLLEN GEANGELT.

der Angler nicht nur der rauen Umgebung des Meeres trotzen, sondern auch die Gefahren von kraftvollen Würfen steuern muss. Manche Küstenangler befürchten, mit der schweren Montage die Fische zu vertreiben, doch sollte, wenn auch vereinzelt Kompromisse möglich sind, dem Sicherheitsaspekt beim schwungvollen Auswerfen die oberste Priorität eingeräumt werden.

Es bedarf viel Übung, um die Wurfweiten von erfahrenen Küstenanglern, im Extremfall um die 200 m, zu erzielen. Doch wenn es in der befischten Gegend keine Fische gibt, dann nützen die besten Wurfweiten nichts. Deshalb sind für erfolgreiches Küstenangeln auch die Kenntnisse und Erfahrungen des Anglers unverzichtbar.

Fische lokalisieren

Auf dem offenen Meer Fische zu ausfindig zu machen, ist oft schwierig, und viele Hinweise darauf, wo sich Fische finden könnten, werden vom Wetter, der Jahreszeit und den Gezeiten beeinflusst.

OBEN DIE MORGEN- UND ABENDDÄMMERUNG SIND DIE ZEITEN MIT GRÖSSTER FISCHAKTIVITÄT AN DER KÜSTE.

Manche Angler scheinen einen sechsten Sinn zu haben und immer auf Fische zu treffen. Doch diese Intuition hat viel mit Selbstvertrauen, Erfahrung und den allgemeinen Kenntnissen des Anglers zu tun.

Abgesehen von Wetter und Gezeiten (siehe Seite 116), die Einfluss auf das Vorkommen von Fischbeständen haben, sollte man ebenso andere Hinweise auf Fische beachten. Tiefe Einschnitte, Felsvorsprünge und Gezeitenwirbel ziehen Fische an, aber eine lange Buhne, die die Fische zwangsläufig umschwimmen müssen, kann eine bessere Stelle zum Angeln sein. Ein Köder am Ende der Buhne hat eine gute Chance, zum Hot Spot zu werden. Große Fänge beruhen vor allem auf pragmatischem Denken, also lassen Sie sich nicht von Ihren Fantasievorstellungen übermannen. Achten Sie auf die aktuellsten Berichte über Fänge im näheren Umkreis.

Timing

Ein oft unterschätzter Aspekt des Küstenangelns ist die Geruchsspur des Köders. Seine Geruchsspur schwindet in der Gezeitenströmung nach und nach und verliert sich schließlich gänzlich. Umso wichtiger ist es, den Köder zum richtigen Zeitpunkt auszuwerfen und, falls nötig, ein weiteres Mal auszuwerfen. Bei jedem Auswurf muss der Köder ausgetauscht werden, denn ein großer, saftiger Köder lockt einen Fisch eher an als ein ausgewaschener Wurm.

Hafenmolen und Buhnen

Hafenmolen, Buhnen und Promenaden bieten dem Angler die Möglichkeit, tiefes Wasser zu erreichen. Für Anfänger sowie alle, die nicht so weit auswerfen können, wie es ein Standort am Strand erfordert, sind sie der ideale Angelplatz. Aber auch hier sollte man über einige Grundkenntnisse bezüglich des Standorts verfügen, wenn man Erfolg haben möchte.

Eine der ersten Erfahrungen, die man als Anfänger beim Molenangeln machen kann, ist die Geselligkeit der Angler. Das rege Treiben bedeutet, dass man sich arrangieren muss. Überkreuzte und verwickelte Angelschnüre sind auf einer überbevölkerten Hafenmole gang und gäbe, zugleich für den Anfänger eine gute Möglichkeit, alle Maßnahmen zu lernen, um ein Verwickeln der Schnüre zu verhindern, aber auch erfahrene Angler beim Fischfang zu beobachten.

Hafenmolen unterteilt man ihrer Bauart nach in gemauerte Molen und Molen auf Pfeilern. Eine solide gemauerte Mole trotzt dem Meer und den Gezeiten, und das Wasser muss zwangsläufig am Bauwerk entlangfließen, was oft zu einer starken Strömung führt. Bei einer Hafenmole, die auf Pfeilern ruht, fließt die Gezeitenströmung zwischen den Stützpfählen hindurch, sodass der Strömungsdruck hier stark vermindert ist. Für Neueinsteiger ist es leichter, an einer Hafenmole zu angeln, die auf Pfeilern steht.

Die grundlegende Montage zum Molenangeln ist dieselbe wie für das Strandangeln. Es gibt keine spezielle Molenrute. Zu den Angelmethoden auf der Mole gehören das Treibangeln, das Angeln mit Auslegern entlang der Mauer und das Auswerfen von der Mauer. Sehr fischreiche Stellen sind jene, an denen verschiedene Strömungen zusammenlaufen oder an denen eine Strömung auf die Molenkonstruktion trifft, wobei ein Wirbel oder eine Gegenströmung ent-

UNTEN VON HAFENMOLEN AUS KÖNNEN SIE TIEFES WASSER ERREICHEN, OHNE WEIT AUSZUWERFEN.

Nachtangeln im Laternenschein

Die Gewässer unterhalb der Laternen auf der Mole sind gute Angelstellen für das Nachtangeln, weil Fische aller Größenordnungen von dem Licht der Laternen angezogen werden.

Tipps

- In tiefem Wasser sollten das Vorfach und einige Haken nicht auf Grund liegen, denn manche Fische ziehen Köder vor, die im Wasser schweben.
- Große Fische können Sie mit der Schnur nicht an der Molenmauer hochziehen. Für Fische mit einem Gewicht von mehr als 2 kg benötigen Sie ein Senknetz.
- Lassen Sie keine Geräte oder Köder an der Molenmauer oder auf dem Boden liegen, sie könnten für andere Besucher auf der Mole gefährlich werden.
- Ein mit Brot gefülltes Netz, das an der Molenmauer ins Wasser gehängt wird, lockt Meeräschen an. Ziehen Sie eine Duftspur, streuen Sie in regelmäßigen Abständen eine Mischung aus gekochtem Fisch, Brot, grob zerstoßenem Grundköder und anderen Leckerbissen ins Wasser.
- Bei starker Flut muss man gegen die Strömung werfen.
- Eine Pose, die von einer Mole stromabwärts getrieben wird, zieht Oberflächenfische an.

steht. Die Algenränder unter der Mauer bieten den Fischen Schutz, während die Stützpfeiler für die Fische eine gute Deckung auf der Jagd nach vorbeischwimmender Beute darstellen. Am Fundament der meisten Hafenmolen finden sich alte, verrostete Stützen und Treibgut, das den Lebewesen unter Wasser reichlich Verstecke bietet. Sandige Stellen und Riffe oder Steinvorsprünge geben den Fischen ebenfalls Deckung. Einige quartieren sich dauerhaft hier ein, während andere mit jeder Flut kommen und gehen.

Ein Krallenblei mit beweglichen Krallen ist unabdingbar, um die Montage an Ort und Stelle zu halten. Für die verschiedenen Strömungen sollten unterschiedliche Gewichte eingesetzt werden, oft benötigt man für das tiefe Wasser um die Molenmauer ein festes Krallenblei.

OBEN DAS ANGELN INMITTEN VON ZAHLREICHEN „KOLLEGEN" AUF EINER BELEBTEN MOLE ERFORDERT GEDULD UND UMSICHT.

OBEN NEHMEN SIE SICH ZEIT, WENN SIE EINEN FISCH MIT EINEM SENKNETZ LANDEN, UND ACHTEN SIE DARAUF, DASS SICH KEINE HAKEN IM NETZ VERFANGEN.

Treibangeln

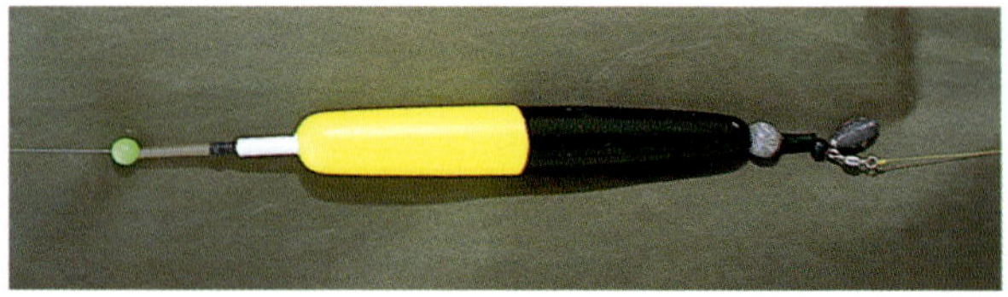

LINKS UND **OBEN** TREIBANGELN IN EINEM RUHIGEN HAFEN. ZUM ANGELN AUF GROSSE ENTFERNUNG BENÖTIGEN SIE EINE GROSSE, BUNT GEFÄRBTE POSE.

UNTEN BENUTZEN SIE EINE GROSSE POSE ZUM ANGELN AUF STEINKÖHLER.

Der Kick und die Faszination, wenn man sieht, wie eine Pose an der Wasseroberfläche zuckt und dann plötzlich verschwindet, gehört zu den schönsten Freuden beim Angeln. Doch große Wassertiefen und starke Gezeitenströmungen erschweren diese Angelmethode im Meer. Das Treibangeln in einem ruhigen, nicht sehr tiefen Jachthafen auf Meeräschen mit leichter Angelausrüstung ist hier erfolgreicher. Eine große Pose hilft, Lippfisch und Pollack hinter Felsen und Seetang hervorzulocken, und ein Ballon ist sowohl ein guter Markierungspunkt als auch eine vortreffliche Methode, eine Makrele direkt unter der Wasseroberfläche anzubieten, wenn Sie vom Boot aus auf Haie fischen.

Tipp

Ein Köder, der auf der Wasseroberfläche schwimmt, ist für den Fisch leichter zu erkennen als ein Köder vor krautigem Hintergrund, da er sich gegen die Wasseroberfläche abzeichnet. Auch Gerüche wie etwa Sardinenöl lassen einen Fisch den Köder leichter und schneller finden.

Angelmethoden

Eine Montage mit Laufpose ist beim Treibangeln im Meer unerlässlich. Damit kann die gefischte Tiefe jederzeit angepasst werden. Ziehen Sie eine längliche Pose auf die Hauptschnur, und machen Sie oben einen kleinen Endknoten, um sie aufzurichten. Die Distanz zwischen Endknoten und Haken bestimmt die Wassertiefe, in der Sie angeln.

Posen für das Meer sind gewöhnlich groß, weil man sie oft weit auswerfen und aus der Ferne beobachten muss. Je ruhiger das Wasser, desto kleiner kann die Pose sein. In einem Motor- oder Jachthafen beispielsweise kann ein Friedfischwaggler ideal sein. Posen, die mit Gewichten beschwert sind, können sehr gut beim Angeln auf Meeräschen, Makrelen oder Hornhechte eingesetzt werden, da man sie weiter auswerfen kann. Ein Buldo, eine wassergefüllte Schwimmkugel, ist eine hervorragende Alternative. Mit dem Blei in der Pose oder dem Wasser im Buldo ist die Gefahr, dass sich das Vorfach verwickelt, weit geringer als mit Bleischrotkugeln an der Schnur. Ein sehr guter Stopper für Posen ist ein Gummiring, den Süßwasserangler zum Stippfischen benutzen. Da er flexibel ist, kann er zur Anpassung an die Angeltiefe an der Schnur nach oben oder unten geschoben werden.

Spinnfischen

Das Auswerfen von Kunstködern gehört zu den beliebtesten Angelmethoden, und viele Fische verschlingen gerne Nachahmungen ihrer schwächeren Genossen. Kunstköder gibt es in den unterschiedlichsten Ausführungen, von einer einfachen Feder an einem Haken bis hin zu schwimmenden Wobblern mit Tauchschaufeln. Dazwischen sind eine Vielzahl von glänzenden Spinnern, Gummiaalen, Fantasiefiguren, feuchtkalte Gummiwürmer und riesige, mit Drillingshaken bewehrte Metallpilker aufzulisten. Entscheidend für den Erfolg ist, dass der Zielfisch den Eindruck hat, es handele sich bei dem Köder um einen lebendigen Fisch. Die Köderform spielt dabei eine untergeordnete Rolle, denn viele Fänge gehen auf das Konto eines Köders namens „Erfahrung"!

Der Küstenangler benötigt wegen der größeren Wassertiefe einen Kunstköder von angemessenem Gewicht, um die maximale Wurfweite zu erreichen. Man sollte die Wassertiefe kennen, ebenso aber die Bedingungen unter Wasser, um Hindernisse zu vermeiden.

Der Bootsangler zieht einfach einen Kunstköder in einem gewissen Abstand hinter seinem Gefährt her. Für Marline und andere Sportfische machen die Wirbel um das Boot und die Motorschrauben im Wasser den Kunstköder noch attraktiver.

Spinnfischen ist eine Methode für den aktiven, umherziehenden Angler und wird selten von einem festen Ansitz ausgeübt. Der Angler wirft ständig an neuen Plätzen aus, probiert jedes Riff, jeden Felsen und jedes unruhige Wasser.

Angelmethoden

Die Methoden beim Spinnfischen sind zahlreich, und von der kleinen Makrele bis zum Hai kann man mit Kunstködern an der Schnur viele Fischarten angeln, sofern Köder und Montage an die Fische und die jeweiligen Meeresverhältnisse angepasst sind.

Verführer

Hüten Sie sich vor dem Sammeln von Spinnern und Kunstködern. Es gibt sie in unendlich vielen Farben und Formen. Manche Hersteller produzieren sie nicht als Köder für Fische, sondern als Köder für Angler. Für die meisten Fälle genügt eine kleine Sammlung von Kunstködern, wie sie hier auf Seite 38–39 und Seite 112–113 beschrieben ist.

RECHTS KUNSTKÖDER GIBT ES IN VIELEN FORMEN, GEWICHTEN UND FARBEN. ACHTEN SIE DARAUF, DASS VORNE AM KUNSTKÖDER EIN WIRBEL ANGEBRACHT IST, DAMIT SICH DIE SCHNUR BEIM AUFKURBELN NICHT VERDRILLT. WECHSELN SIE REGELMÄSSIG TYP UND FARBE DES KUNSTKÖDERS, UND VARIIEREN SIE DIE GESCHWINDIGKEIT BEIM EINKURBELN UND DIE ANGELTIEFE.

Angeln gegen die Strömung

OBEN GEGEN DIE STRÖMUNG AUSZUWERFEN KANN HIER SEHR EFFEKTIV SEIN.

Das Angeln gegen die Strömung kam in den 1970er-Jahren als Massensport auf und wurde an Bord von kleinen Charterbooten betrieben. Der Köder wird dabei weit vom Boot weg geworfen, und zwar gegen die Strömung, was zu besseren Fängen führt. Es ist eine der effektivsten Methoden bei dieser Art des Angels, insbesondere bei Wassertiefen von weniger als 15 m, wo die Wassergeräusche am Bootsrumpf die Fische aufstören können. Die Technik hat viele Ähnlichkeiten mit dem Küstenangeln. Der Köder wird auf dem Meeresboden angeboten, ein Grund dafür, dass das Angeln gegen die Strömung besonders bei starkem Gezeitendruck sehr gut einsetzbar ist. Sie ist hervorragend geeignet für große Fischarten, wie Kabeljau, Glatthai, Rochen und Grauer Glatthai. Dabei wird ein einziger großer Köder auf einem Einzelhaken oder Tandemhaken angeboten.

Tipps

Das Auswerfen auf einem vollen Boot kann gefährlich sein, sodass Sie einige Regeln beachten sollten:

- Beim Werfen sollten Sie das Vorfach und die Haken stets außerhalb des Boots halten.
- Informieren Sie die anderen, wenn Sie auswerfen.
- Achten Sie beim Werfen auf Masten, Radargeräte, Antennen und andere Angelruten.
- Benutzen Sie immer eine Schlagschnur.

Die passenden Ruten sind knapp 3 m lang und so gebaut, dass man mit ihnen auf wenig Raum kurze und kräftige Würfe ausführen kann. Die Rollen sind eher klein, für leichte Schnüre, mit einer schnellen Kurbel, damit der Angler an Wurfweite gewinnt und schnell einkurbeln kann, wenn ein Fisch das Blei vom Grund hebt und es mit der Strömung auf das Boot zutreibt. Stationärrollen werden meistens bevorzugt, doch können auch Multirollen verwendet werden. Die besten Vorfächer sind kurze Paternoster oder eine gleitende Nachläufermontage. Krallenbleie werden benötigt, um die Montage bei starken Gezeitenströmungen an Ort und Stelle zu halten, je nach Strömungsstärke mit festen oder beweglichen Krallen. Um die Gesamtlänge der Montage deutlich zu verkürzen und das Auswerfen zu erleichtern, kann man den Hakenköder an die Kralle hängen.

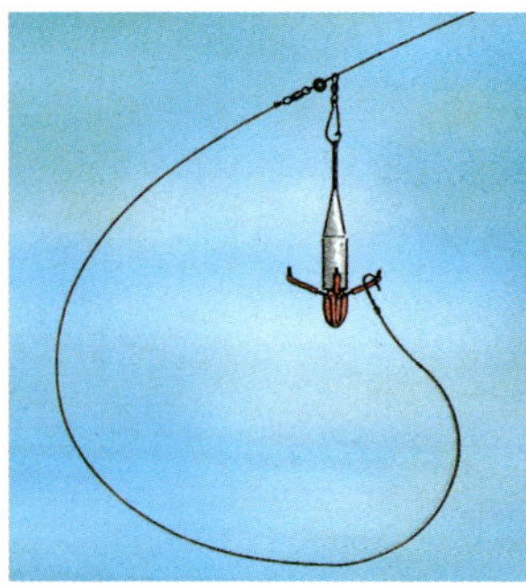

OBEN GLEITENDE NACHLÄUFERMONTAGEN SIND BEIM STRÖMUNGSANGELN ÜBLICH.

OBEN SCHNELL KURBELNDE MULTIROLLEN SIND SEHR ZWECKMÄSSIG.

Angeln aus verankertem Boot

Bei dieser Angelmethode wird die Angel mit hängender Montage von einem verankerten Boot ausgeworfen. Die Ruten sind meist kürzer als 2,1 m, und die Rollengröße richtet sich nach den Zielfischen, da man nicht auswerfen muss. Mit dieser Methode kann man viele Bereiche abfischen – vom Wrack über die Sandbank bis zum Riff. Die Montage mit dem Köder wird einfach vom Boot aus auf den Meeresgrund geführt.

Die Stärke der Gezeiten wirkt sich auf das Verhalten der Schnur und Montage aus, wobei unterschiedlich schwere Bleie und verschiedene Schnüre verwendet werden können, um die Montage am gewünschten Ort zu platzieren. Bei sehr starker Strömung kann man wenig dehnbare, etwa geflochtene Schnüre einsetzen, sodass man mit den leichtesten Gewichten auskommt. Früher wurden Drahtschnüre verwendet, die geflochtenen Schnüre sind diesen jedoch überlegen, da sie auch die Bisse deutlicher anzeigen. Eine monofile Schnur wird mit ihrer starken Dehnung von den Gezeiten stark beeinflusst, besonders wenn man bei hoher Flut bis zu 1 kg schwere Gewichte benötigt. Beim Angeln in seichtem Wasser reichen leichtere Gewichte aus, um Köder nach unten zu führen. Dazu hebt man die Rutenspitze an und lässt Schnur nach, wenn die Strömung Schnur und Blei erfasst. Das richtige Gewicht ist entscheidend, um den Köder in einiger Entfernung stromabwärts vom Boot zu führen.

Die Positionen am Heck eines Boots sind oft die besten Plätze, da der Angler dort so weit wie möglich von den Bootsgeräuschen entfernt ist.

Nachläufermontage

Die beliebteste Montage beim Angeln aus dem verankerten Boot ist die Nachläufermontage mit 1–3 Haken. Auch Seitenarme, die aus mehreren Drahtauslegern bestehen, sind sehr fängig für kleinere Fischarten, wenngleich sie heutzutage aus der Mode gekommen sind.

UNTEN DER STRÖMUNGSDRUCK AUF DER SCHNUR ERLAUBT ES DEM ANGLER, MIT DEM KÖDER WEIT WEG VOM BOOT ZU ANGELN.

RIFFE UND SANDBÄNKE

Sehr wenige Bereiche des Meeresbodens sind völlig eben. Der Meeresgrund ist ein Labyrinth aus Erhöhungen, Felsen, Seegrasfeldern, Sand- und Schlammbänken – ähnlich abwechslungsreich wie die Topografie des Festlands. Um eine Vorstellung vom Meeresboden zu bekommen, über dem Sie angeln, können Sie einfach einen Blick auf das Festland hinter Ihnen werfen!

Riffe und Sandbänke sind zwar unterschiedliche Orte für den Fischfang, aber beide erfordern ähnliche Methoden. Präzises Ankern ist bei diesen Angelplätzen entscheidend, um den Köder genau an der richtigen Stelle zu platzieren. Mit dem Auslaufen einer Ankerkette kann man Fische anziehen oder abschrecken – das hängt von den jeweiligen Gegebenheiten und Fischen vor Ort ab. Eine kleine Felsenspitze, eine sandige Stelle oder eine Sandrinne können einen ganzen Fischschwarm beherbergen.

UNTEN BEI EBBE NACH GROSSEN ARTEN ZU ANGELN, IST EINE BELIEBTE UND ERFOLGREICHE METHODE.

Fischarten und ihre Lokalisierung

Verschiedene Meeresböden ziehen unterschiedliche Fische an. Felsenriffe und Seegras sind die Heimat von Meeraal, Katzenhai, Napoleonfisch, Pollack und Kabeljau, während der Fang von Rochen, Glatthai, Plattfisch und Seebarsch oberhalb von Sandbänken wahrscheinlicher ist. Hinweise auf den genauen Aufenthalt der Fische können Sie nur durch genaues Beobachten der Plätze oder durch andere Boote gewinnen. Scheuen Sie nicht davor zurück, andere Boote zu beobachten.

Die Windverhältnisse und die Flut bestimmen den Erfolg beim Fischen über Grund, Riffen und Sandbänken. Beide Faktoren haben Einfluss auf das Fressverhalten der Fische.

Gewöhnlich fressen Fische, wenn die Gezeitenbewegung am stärksten ist. In dieser Zeit sind sie meistens einfacher zu fangen. Eine Fahrt während der Flut oder eines günstigen Winds ist daher Erfolg versprechend.

Beachten Sie aber, dass Windrichtung und -stärke die Lage eines verankerten Boots ständig verändern können, wenn die Flut nicht stark genug ist, um es in dieser Position zu halten.

OBEN EIN DERARTIGER POLLACK KANN OFT IN DER NÄHE EINES BEWACHSENEN RIFFS MIT EINER LEICHTEN MONTAGE UND EINEM KLEINEN KÖDER, Z. B. EINEM SEERINGELWURM, GEFANGEN WERDEN.

OBEN FÜR EINEN GUTEN FANG BEIM FISCHEN ÜBER GRUND, RIFFEN UND SANDBÄNKEN SOLLTE MAN DIE WINDVERHÄLTNISSE UND DEN VERLAUF DER FLUT BEACHTEN, DA SIE DAS FRESSVERHALTEN DER FISCHE BESTIMMEN.

Erfahrungen mit Navigationsausrüstung und Echolot können sehr hilfreich sein, um die besten Angelplätze über Riffen zu finden, und sie bei einer späteren Fahrt wieder problemlos anzusteuern.

Angelausrüstung und Methoden

Die Abstimmung Ihrer Ausrüstung auf die örtlichen Verhältnisse ist von entscheidender Bedeutung. Viele Angler werfen einfach eine schwimmende Montage über das Bootsheck und warten, bis ein Fisch anbeißt.

Wichtig ist, dass Sie beim Bootsangeln die Strömung zu Ihrem Vorteil nutzen. Vermindern Sie das Gewicht Ihres Bleis etwas, erlauben Sie der Flut, Ihre Schnur zu ziehen und Blei sowie Köder zu tragen. Bei starker Flut kann das dazu führen, dass Sie weit hinter dem Boot angeln – nicht nur abseits von den Geräuschen des Boots, sondern oft auch oberhalb einer Wasserzone mit Fischen. Heben Sie einfach Ihre Rutenspitze, und erlauben Sie der Strömung, die Schnur von der Spule zu ziehen, während das Blei auf den Grund zurückspringt. Das ermöglicht Ihnen, den Meeresboden nach Rinnen oder Felsen abzusuchen, in denen sich Fische aufhalten. Hüten Sie sich davor, Schnur in die Flut zu geben, wenn Ihr Blei steht, weil es zu schwer ist. Viele Anfänger neigen dazu. Doch man muss fühlen, wie das Blei über den Boden springt. Hier können geflochtene Schnüre optimal eingesetzt werden, da sie nicht dehnbar sind und so jeden Sprung und jedes Hindernis weitergeben. Allerdings werden die geflochtenen Schnüre nicht so weit von der Flut getragen wie monofile Schnüre, weil diese dünner sind.

Wenn Blei und Köder in starker Flut vom Boden abheben, reizt dies die Fische, den Köder zu nehmen.

Tipps

- Die Ränder einer Sandbank oder eines Riffs sind die besten Gebiete außerhalb des Hauptgezeitenstroms, da Fische dort Schutz suchen.
- Die beste Montage für den Einsatz in Sand und Seegras ist eine Hakenschlaufe oben und eine unten (siehe Seite 101). Sie kann wirksam für den Fang einer großen Anzahl von verschiedenen Arten benutzt werden.

Wrackfischen

In den letzten Jahren sind die Fischbestände an der Küste, vor allem um Wracks und Riffe herum, durch kommerzielle und Sportangelboote erschöpft worden, die jetzt zum Fang weiter auf das Meer hinausfahren müssen. Wrackfischen abseits der Küste ist eine Spezialform des Angelns geworden, die größten Fischarten sind dabei das Hauptziel. Man muss zu einem besonderen Schlag von Meeresanglern gehören, wenn man zwei Drittel seines Angeltags mit der An- und Abfahrt zu einem weit entfernten Wrack verbringt und den Motorlärm, die Abgase und das Schaukeln der See dafür in Kauf nimmt.

OBEN WENN SIE AM RICHTIGEN ORT ANKERN, KÖNNEN AUCH SIE SOLCHE MEERAALE FISCHEN.

Tausende von Wracks aus Kriegszeiten liegen auf den Meeresböden der Welt, viele von ihnen in der Reichweite von gut ausgestatteten Charterbooten, mit denen Angler zu Stippvisiten vor Ort gebracht werden. Satellitennavigationssysteme ermöglichen es den Skippern, Wracks präzise und schnell zu lokalisieren und genau über diesen zu ankern.

Fischarten

Die meistgesuchten Fischarten beim Wrackfischen sind Meeraal, Leng, Pollack und Kabeljau, da sie diese Orte in relativer Sicherheit vor kommerziellen Netzen bewohnen. Allerdings kann die gegenwär-

LINKS BEIM WRACKFISCHEN KANN AN ALLEN RUTEN GLEICHZEITIG EIN FISCH HÄNGEN.

OBEN EIN PRACHTVOLLER KABELJAU AUS EINEM WRACK.

tige Einführung von Fischfallen zum Fang von Meeraal und Lengfisch zu einer Erschöpfung der Wrackpopulationen führen.

Das Umfeld der Wracks beheimatet auch Franzosendorsche, wobei große Exemplare von Meeresanglern in der Regel nicht beachtet werden. Außerdem Brassen, Katzenhaie, Makrelen, Köhler und gelegentlich Steinbutte oder Rochen.

Obwohl die größten Wracks auf den am meisten befahrenen Bootverkehrsstraßen, wie dem Ärmelkanal, mithilfe von Sprengstoff aufgebrochen wurden, bieten sie immer noch vielen Fischarten Schutz. Meeraal und Lengfisch ziehen sich häufig in den Bootsrumpf zurück.

Pollack, Köhler und manchmal auch Seebarsch schwimmen über dem Rumpf und um die Masten, andere Arten halten sich am Meeresboden um das Wrack herum auf.

Tipps

- Ziehen Sie sich beim Angeln abseits der Küste warm an. Eine Schwimmweste sollte auf alle Fälle an Bord sein oder mitgenommen werden.
- Pilker und Köder mit einfachen Haken verhaken sich auf dem Wrack weniger häufig als Köder mit vielen Haken. Man sollte mit dem Verlust der Montage rechnen und ausreichend Ersatz dabei haben.
- Mit geflochtenen Schnüren sind Bisse schneller erkennbar. Sie ermöglichen auch den Einsatz von leichten Bleien.

Angelmethoden

Die wichtigsten Angelmethoden für das Wrackfischen sind das Grundangeln mit Anker und das Treibangeln mit Köder. Als Köder können große Pilker, Federn oder Plastiksandaale dienen.

Grundangeln mit Anker ist eine beliebte Methode für den Fang von Lengfisch und Meeraal. Man sollte dabei eine Makrele ohne Gräten als Köder auf 8/0-Haken stecken. Die Filets flattern in der Flut und ergeben so einen verlockenden Köder. Geangelt wird mit einer monofilen Schnur (110 kg), um einen Schutz gegen die Zähne von Raubfischen zu haben. Präzises Ankern über dem Wrack ist wichtig. Das Geschick des Bootsführers ist beim Wrackfischen oft entscheidender als das des Anglers, der manchmal nur zu den Fischen herabspulen muss. In einigen sehr großen Wracks findet man riesige Meeraale, und manch ein Rekordfang wird in Zukunft sicherlich aus einem Wrack kommen.

Die Ausrüstung eines Wrackanglers sollte aus einer guten Rute (36 kg) und Rolle bestehen, außerdem ist für große Fänge ein Leibgurt erforderlich, der hilft, schwergewichtige Meeraale aus ihren Verstecken zu holen. Angeln mit Pilker gilt nicht als besonders sportliche Art des Wrackfischens, da Köder mit vielen Haken verwendet werden und oft schlecht gehakte Fische dabei gefangen werden. Es ist aber besonders für Kabeljau eine sehr wirksame Technik, und ein beköderter Pilker ist auch einen Versuch auf viele andere große Arten wert. Meine Lieblingsmethode beim Wrackfischen ist der Einsatz eines einzigen Köders an einer langen Schnur. Ein langsam eingeholter Redgill- oder Wattwurmköder fängt Kabeljau und Pollack, wenn er an einer guten, schweren Rute (14–23 kg) befestigt wird.

Charterboote

Der Besitz eines eigenen Boots ist zweifellos die angenehmste Art des Meeresangelns, aber die meisten Angler mieten ein Charterboot, wenn sie vom Boot aus angeln wollen. Der große Vorteil liegt darin, dass der Angler sich um die Bootsfahrt selbst nicht kümmern muss. Der Bootskapitän übernimmt die Verantwortung für die Bootsfahrt, und meistens kennt er auch die besten Angelplätze vor Ort aus jahrelanger Erfahrung.

OBEN VIELE CHARTERBOOTE BESITZEN HEUTE SATELLITENNAVIGATIONSSYSTEME, ECHOLOTE, UKW-RADIO UND MODERNE SICHERHEITSSYSTEME.

Angeln ist ein Saisongeschäft. Kein Hafen bietet das ganze Jahr über gute Fänge. Erkundigen Sie sich deshalb genau, und entscheiden Sie sich dann für einen geeigneten Hafen. Angelausflüge für das Wochenende müssen oft weit im Voraus gebucht werden. Die besten Skipper sind häufig früh ausgebucht oder haben nur in der Woche Termine frei. Eine Anzahlung vor der verbindlichen Buchung ist weit verbreitet. Das ist nur fair, denn viele Bootsbesitzer verlieren jedes Jahr viel Geld, weil Anglergruppen nicht erscheinen. Manche Skipper schließen daher schriftliche Verträge ab, die eine Stornogebühr vorsehen.

Das Wetter kann einen Strich durch die Rechnung machen, und ein Tagesausflug muss vielleicht gestrichen werden. Kontaktieren Sie daher Ihren Skipper am Abend zuvor oder am Morgen des Ausflugs, um seine Meinung einzuholen.

Gewöhnlich richten sich die Gebühren beim Anmieten eines Charterboots für das Angeln an der Küste nach der Anzahl der Ruten. Viele Boote dürfen maximal zwölf Personen transportieren, manche sogar nur acht. In der Regel nehmen Skipper entweder Einzelpersonen an Bord oder bieten das Boot zu einem festen Preis für Gruppen an – unabhängig davon, ob es voll ist oder nicht.

LINKS STIMMEN SIE SICH MIT DEM SKIPPER ÜBER DAS GERÄT AB, DAS BENÖTIGT WIRD.

RECHTS SIE SOLLTEN FRÜHZEITIG BUCHEN, UM EINEN ERFAHRENEN SKIPPER UND EIN GUTES BOOT ZU BEKOMMEN.

Ausrüstung

Die Angelausrüstung sollte dem Zielfisch entsprechen. Benutzen Sie für das Angeln von Meeraalen also keine leichte Rute oder zum Angeln von Plattfischen keine schwere Ausrüstung.

Das Wrackfischen ist verhältnismäßig teuer im Vergleich zum Küstenangeln, da das Wrackfischen sich heute aufgrund der schlechteren Fischbestände an den Küsten einer großen Beliebtheit erfreut. Viele Skipper haben ihre Boote und Motoren aufgerüstet. Damit sind auch mehr als 100 km von der Küste entfernte Wracks erreichbar.

Charterausrüstung

Die meisten guten Skipper haben eine Reihe von Angelgeräten zur Auswahl, die man mieten kann, und sie stellen auch Zubehör wie Sitzkissen, schwere Bleie und Köder zur Verfügung. Viele geben gute Ratschläge, die besonders bei Anfängern sehr willkommen sind. Sollte Ihr Skipper den ganzen Tag unter dem Brückendeck sitzen und nur zum Starten des Motors herauskommen, dann sollten Sie allerdings das nächste Mal einen anderen chartern.

Moderne Charterboote verfügen über zahlreiche Hilfsmittel für das Angeln und die Navigation. Satellitennavigationssysteme ermöglichen dem Skipper, Wracks problemlos aufzuspüren und präzise zu ankern. Moderne Echolote zeigen sogar, wo Fischschwärme zu finden sind. Radar und Funkverbindung zum Festland gehören zum Sicherheitsstandard. Wichtig ist jedoch, dass der Skipper diese Geräte auch bedienen kann, sonst sind sie nutzlos.

Regeln für Charterboote

Sehr begehrt sind die Heckpositionen auf dem Boot, da diese bessere Fänge garantieren und sich beim Angeln gegen die Flut die Schnüre hier nicht so leicht verwickeln.

Wenn eine Anglergruppe von einem Charterboot aus fischt, werden die Sitze oft verlost. Sind Sie für die Platzvergabe verantwortlich, dann nummerieren Sie die Plätze auf dem Boot, schreiben Sie die Nummern auf Zettel, und lassen Sie jeden Angler einen Zettel ziehen.

Denken Sie daran, dass Sie Gast des Skippers sind. Lassen Sie keinen Müll auf dem Boot liegen, und werfen Sie auch keine benutzten Köder umher. Verstauen Sie Ihre Ausrüstung gut, damit sie anderen Anglern nicht im Wege ist oder den Bootsbetrieb behindert. Betreten Sie das Brückendeck nicht, ohne vorher zu fragen. Wenn Sie darum bitten, werden die meisten Skipper Reservekleidung oder Gerät gerne im Trockenen verstauen.

Alle Boote, die Passagiere befördern, benötigen eine Genehmigung und müssen geeignete Sicherheitsausrüstungen an Bord haben.

Der Gesetzgeber schreibt bestimmte Versicherungsarten vor, legt die Anzahl der Passagiere und Ähnliches fest. Denken Sie daran, wenn Sie sich einem Charterboot anschließen, und vergewissern Sie sich, dass das Gefährt als Charterboot genehmigt ist.

GERÄTEPFLEGE

Es ist unvermeidlich, dass sich der Hochseeangler früher oder später intensiv mit der Pflege seiner Geräte auseinandersetzen muss. Regelmäßige Pflege wird gängige Gerätedefekte, wie Leinenbruch, gebrochene Ringe, Spulenkorrosion und Ähnliches, vermeiden helfen.

Ausfälle kommen trotzdem vor, deshalb empfiehlt es sich, Ersatzteile, wie Rutenringe für Spitze und Mittelteil, Reserveleine, Lampengehäuse und Glühbirnen für Leuchten, mitzunehmen. Sehr nützlich sind auch ein Schlitten als Ersatz-Rollenhalterung, eine Rolle Klebeband für schnelle Reparaturen von Ringen sowie anderen kleinen Bruchstellen.

Die Grundpflege verlangt eine regelmäßige Kontrolle und Reinigung von Ruten und Spulenrollen. Spulenrollen müssen nach jedem Ausflug unter laufendem Wasser gewaschen werden, am besten mit einer alten Zahnbürste, um Salz, Sand und Algen zu entfernen.

Dann können sie trockengeschüttelt und mit Tüchern abgewischt werden. Spulenrollen, die mit Salz bedeckt sind, dürfen nicht in der Gerätetasche liegen bleiben, da das Salz das Metall angreift.

Spulenrollen, besonders Multirollen, müssen regelmäßig auseinandergenommen und innen gereinigt werden. Durch die Lücke zwischen der Spule und dem Gehäuse gelangt salziges Meerwasser an die Einzelteile der Spulenrolle, das unbedingt entfernt werden muss, um Korrosion zu vermeiden.

Stationärrollen mit festen Spulen sind dagegen verschlossen, sodass kein Meerwasser an die Mechanik gelangen kann. Es genügt daher, sie äußerlich zu reinigen.

Um die Multirolle auseinanderzunehmen, müssen Sie die Halteschrauben entfernen. Waschen Sie dann das Salz ab, ölen Sie das Lager, und befeuchten Sie die inneren Teile vor dem Zusammensetzen mit einem leichten Öl.

Rutenreparaturen und Schnurwicklung

Es ist unwahrscheinlich, dass der durchschnittliche Hochseeangler an seinen Ruten jemals mehr machen muss, als mit einem Kleber einen neuen Ring anzubringen oder ein reflektierendes Band um die Spitze zu wickeln. Größere Reparaturen verlangen einen professionellen Handwerker, und der Bruch einer Rute zieht oft einen Versicherungsanspruch nach sich.

Röhrenförmige Rollenhalterungen bieten der Spulenrolle festeren Halt als Schlitten und sind wichtig für das Felsen- oder Bootsangeln.

Kaufen Sie eine Ersatzhalterung mit einem Innendurchmesser, der etwas größer als Ihr Rutenfuß ist. Sie können das Ende mit PVC-Band, Wickeldraht und Harzkleber verstärken, damit es in die Halterung passt.

LINKS HOCHWERTIGE MODERNE MULTIROLLEN HABEN DREI SCHRAUBEN, DIE ENTFERNT WERDEN MÜSSEN, UM AUF DIE WICHTIGSTEN BETRIEBSTEILE ZUGREIFEN ZU KÖNNEN.

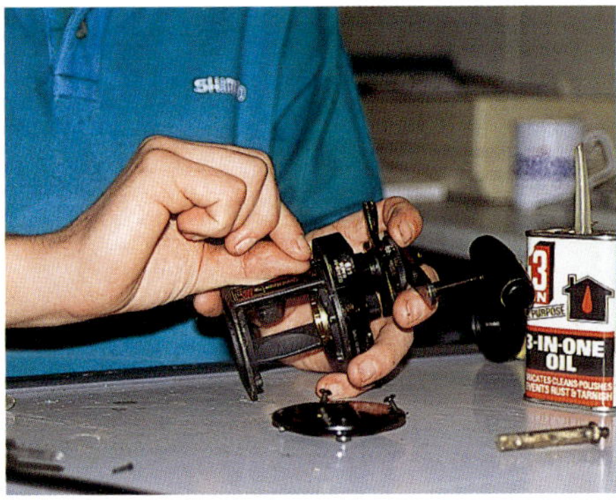

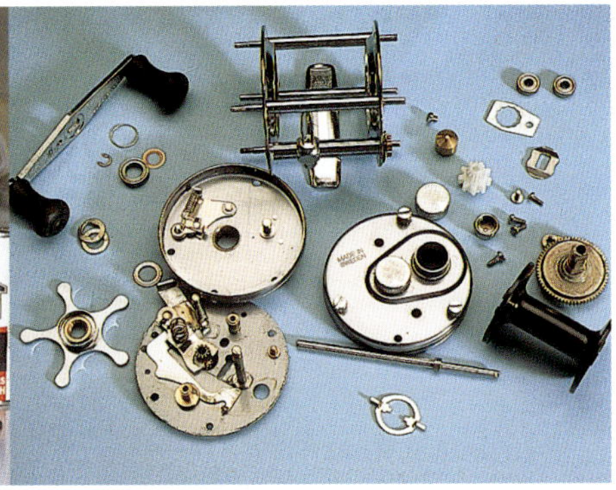

OBEN LINKS UND **OBEN** NEHMEN SIE IHRE ROLLE NUR DANN KOMPLETT AUSEINANDER, WENN SIE SIE WIEDER ZUSAMMENSETZEN KÖNNEN.

LINKS GUTES ÖL IST WICHTIG FÜR IHRE ROLLE.

OBEN DIE RUTENRINGE WERDEN MIT EINER SPEZIELLEN WICKELTECHNIK AN DER RUTE BEFESTIGT. DIE WICKLUNG WIRD MIT FIRNIS VERSIEGELT.

Ringe auf der Rute festzumachen, ist sehr einfach, wichtig ist aber die Vorbereitung der Ringe. Feilen Sie raue oder hohe Grate vom Fuß des Rings ab, dies sichert eine einfache Montage. Versiegeln Sie die Oberfläche mit hochwertigen Harzen und Firnissen. Das Geheimnis liegt in der Zeit, die Sie sich nehmen, um jede Seite gut trocknen zu lassen, bevor Sie die nächste Schicht auftragen.

Pflege und Einstellung der Spulenrolle

Für Experten ist die Abstimmung der Spulenrolle von großer Bedeutung. Mittlerweile spielt sie aber auch beim Freizeitangler eine große Rolle.

Doch sollte man es nicht übertreiben, eine einfache monatliche Reinigung und das Ölen der Lager genügt. Wichtiger ist ein funktionierendes Bremssystem. Ich verwende einen einfachen Fiberbremsblock für meine Multirollen und drei Magneten bei magnetischen Spulenrollen.

Der Spulenfluss beschreibt den Bewegungsspielraum in der Spule, der über die Abschlusskappen der Spule eingestellt wird. Man kann die Abschlusskappen festziehen, bis sich die Spule nicht mehr zur Seite bewegt, und sie dann mit einer halben Drehung entspannen.

Stationärrollen benötigen keine Abstimmung, ihr einwandfreies Laufen hängt mehr davon ab, ob die Schnur richtig aufgewickelt ist.

Tipps

- Entfernen Sie nie die Schmiere aus dem Inneren der Multirollen, denn sie hält Salz und Wasser von der Mechanik fern.
- Ruten können gelegentlich mit Seifenwasser abgewaschen werden. Prüfen Sie die Rutenringe auf reparaturbedürftige kleine Risse, und halten Sie die Rollenlager frei von Sandklumpen.
- Vorsicht beim Eintauchen hebelbetriebener Bootsspulen ins Wasser, Wasser weicht die Unterlegscheiben auf.

FISCHARTEN

FISCHFANG

OBEN DAS ANGELN MIT ZWEI RUTEN ERHÖHT IHRE CHANCEN, EINEN FISCH ZU FANGEN.

OBEN FLUNDERN LIEBEN HELLE PERLEN UND BLITZENDE BLINKER.

Die Grundkenntnisse über die häufigsten Fischarten, die Fangmethoden vom Boot aus und über die besten Köder sind die wichtigsten Grundlagen für erfolgreiches Angeln im Meer. Als Einstieg bietet Ihnen dieses Kapitel zunächst einen Überblick über die wichtigsten Techniken und Methoden, die Meeresangler einsetzen.

Angeln ohne Zielfisch („Scratching")

Der Begriff „Scratching" (Zusammenkratzen) stammt vom Wettkampfangeln. Hierbei versucht der Angler, alle Fische zu fangen. Er angelt am Grund mit dem erlaubten Maximum von drei Hakenködern. Bei vielen Meeresanglern erfreut sich diese Methode großer Beliebtheit, da die Angler hauptsächlich an kleinen Fischen interessiert sind. Gelegentlich beißt sogar ein größeres Exemplar an. Doch die meiste Zeit ist der Angler mit einem kontinuierlichen Strom kleiner Fische beschäftigt. „Scratching" ist eine sehr aktive Angelmethode, auch wenn Sie die meiste Zeit nur Kleinfische fangen werden. Es ist eine gute Methode, um Jüngere für den Sport zu interessieren, und mancher Angler, der nicht erwachsen wurde, einschließlich meiner selbst, ist dabeigeblieben.

Nach allem zu angeln, das Ihren Köder nimmt, erfordert gewisse Kompromisse bei der Ausrüstung. Wesentlich sind kleine, starke Haken. Vermeiden Sie dünnen Draht, wenn er nicht stark genug ist.

Zwei Ruten

Mit zwei Ruten zu angeln, erhöht die Chancen des Fangs und macht es möglich, gleichzeitig auf verschiedene Fischarten zu zielen. Eine Rute mit einem einzigen großen Köder kann für eine große Art gedacht sein, während die zweite mit einem kleinen Hakenköder für Plattfische oder eine andere kleine Fischart bestimmt ist. Der Einsatz von zwei Ruten erlaubt auch verschiedene Wurfweiten oder ganz unterschiedliche Stile wie Posenangeln und Grundangeln. In vielen Gegenden ist das Angeln mit zwei Ruten und maximal drei Haken erlaubt.

Auswerfen ohne Blei

Bei dieser Methode wird mit einem gehakten Ringelwurm oder einem Sandaal an einer Schnur ohne Blei geangelt. Dabei wird eine leichte Ausrüstung mit Stationärrollen verwendet.

Wenn der Ringelwurm verlockend ins Wasser sinkt, zieht er Pollack, Stöcker und Köhler an, während ein Sandaal für Seebarsch und Rochen, aber auch Pollack attraktiv sein kann. Nehmen Sie einen durchsichtigen Blasenschwimmer, um ausreichend Gewicht zu haben und Ihre Wurfweite zu verbessern, wenn Sie in einer Brandung oder bei starker Flut Seebarsche angeln.

Wanderangeln

Vom Strand aus mit einem Krallenblei zu angeln, ist mancherorts sehr beliebt. Wenn Sie sich für ein einfaches Blei entscheiden, kann der Köder bei Flut getrieben und zum Wandern gebracht werden, was für überraschende Fänge sorgen kann. Diese Methode kann auch bei Plattfischen in Flussmündungen angewandt werden.

Ausleger

Das Angeln von Molen und Kaimauern aus kann sehr interessant sein, wenn man einen Ausleger benutzt, der die Köder von der Hauptschnur fernhält. Drei Kunststoff- oder Drahtausleger von etwa 4 m Länge werden entlang der Mauer oder etwas davon entfernt ausgebracht. Beim Angeln von aufgepfählten Molen hängen Sie die Montage außerhalb des Gezeitenbereichs hinter einem Pfeiler auf. Mit Haken, die mit kleinen schlängelnden Ringelwürmern beködert sind, fängt man Pollack, Köhler, Stöcker, Barsch, Meeräsche und Knochenhecht.

Beköderter Blinker

In vielen Flussmündungen schnappen Krebse unbewegliche Köder sehr schnell weg.

Um dies zu verhindern, wirft man einen Hakenköder mit einem großen Plastik- oder Metallblinker aus, der einige Zentimeter hinter dem Haken angebracht ist. Dieser sollte langsam den Meeresgrund entlanggezogen werden, damit Plattfische, Pollack, Köhler und sogar Aale folgen und anbeißen.

Beim Bootsangeln setzt man einen beköderten Kunstköder oder eine beköderte Feder ein.

Angelmethoden für Boote

Die meisten der hier beschriebenen Methoden können für das Bootsangeln übernommen werden, obgleich Bootsangler wegen der räumlich begrenzten Möglichkeiten selten zwei Ruten einsetzen können, wenn sie bei Flut angeln. Beim Angeln von einem verankerten Boot ist dies jedoch möglich.

GANZ LINKS MEERESFISCHE WAGEN SICH ÜBERALL DORTHIN, WO SALZWASSER FLIESST. HIER FISCHEN ANGLER AUF DER TYNE (GB).

LINKS WUNDERSCHÖNE KABELJAUE, AM STRAND GEFANGEN – HEUTZUTAGE NICHT SO HÄUFIG, ABER MIT ETWAS ANSTRENGUNG UND FANTASIE IMMER NOCH MÖGLICH.

KABELJAU *(Gadus morhua)*

Der Kabeljau ist das größte Mitglied der Familie Gadidae und verwandt mit Pollack, Franzosendorsch, Wittling, Leng und der seltenen Quappe. Er ist der beliebteste Meeresfisch beim Boots- und Küstenangeln. Zugleich ist er auch eine wichtige Nahrungsquelle und daher enorm unter Druck geraten. Das hat zu einer Verkleinerung der Durchschnittsgröße geführt.

Im Herbst und Winter jagen Tausende von Küstenanglern Kabeljau, vom Boot aus kann die Art das ganze Jahr über gefangen werden.

Die meisten Angler an Küsten und felsigen Regionen fangen Dorsch, also Kabeljau unter 3 kg Gewicht. Diese nehmen die hellrote Färbung des Tangs an, in dem sie leben. Andernorts sind sie von eintönig cremiger, grau-grüner Farbe.

Der Kabeljau nutzt sein bloßes Körpergewicht und Schaufelmaul, um der Flut zu widerstehen.

Er frisst viel, worauf schon das große Maul verweist. Solange er jung ist, ernährt er sich von einer Vielzahl an Würmern, Krabben und anderen maritimen wirbellosen Lebewesen, wenn er größer ist, entfernt er sich von der Küste und konzentriert sich auf Fische.

Angelmethoden

Nächtliche Springfluten sind mancherorts die besten Zeiten, um Kabeljau zu fangen. Aber sie kommen auch zur Morgen- und Abenddämmerung in Strandnähe. Robuste Ausrüstung und körperliche Ausdauer ist beim Angeln von Kabeljau angebracht. Der Einsatz von zwei Ruten ermöglicht Ihnen die Nutzung verschiedener Haken, Köder, aber auch unterschiedliche Wurfweiten.

Ausrüstung

Eine Rute und Spule für eine 7-kg-Schnur ist erforderlich. Empfehlenswert sind Haken von 1/0–6/0, wobei zur Auswahl des Hakens die Ködergröße berücksichtigt werden muss.

Benutzen Sie einen Köderclip, um die Endmontage und den Köder zu fixieren.

Ein kräftiges Blei hilft, Montage und Köder auch bei schlechtem Wetter und starkem Wellengang an der richtigen Stelle zu halten.

Für größere Fische nimmt man beim Bootsangeln gegen die Strömung besser eine kurze Schnur und ein zweihakiges Vorfach. Ein kleiner Ausleger kann verhindern, dass sich die Ausrüstung verwickelt.

Für das Bootsangeln gegen die Strömung eignet sich am besten ein Einzelhaken-Mono-Paternoster.

LINKS DIESER WOHLPROPORTIONIERTE KABELJAU STAMMT AUS DER NÄHE DER WEISSEN FELSEN VON DOVER.

KENNZEICHEN

Grüne Flanken, große Flossen, großer Kopf und Bauch, Bartfäden auf der Unterlippe.

GRÖSSE

10–11 kg. An der Ostküste Nordamerikas wurden Exemplare von über 70 kg gefangen, eines davon war sogar 90 kg schwer. Durchschnittlich 1 m, maximal 1,5 m. Wird bis zu 24 Jahre alt.

LEBENSRAUM

Weit verbreitet, Jungtiere bevorzugen gemischte Meeresböden, ausgewachsene Tiere Tang, Algen, Riffe und Wracks.

ANGELMETHODEN

Distanzwurf von ebenen Stränden. Federn und Pilker über Wracks.

KÖDER

Wattwurm, Tintenfisch und gehäutete Krabbe für kleinere Exemplare.

Tipps

- Kleine Kabeljaue werden in schwacher Strömung am besten mit einem zweihakigen Vorfach geangelt. Sie sollten dazu den Haken mit Wattwürmern und weißen Ringelwürmern beködern.
- Streichen Sie Ihre Rutenspitze und die Schnur weiß an, damit Sie diese erkennen können, wenn Sie in der Dunkelheit Fische von Molenmauern einholen.

Kabeljau kann auf kürzere Distanz mit großen Krebs- und Tintenfischködern zwischen den rauesten Felsen und Tangflächen gefangen werden. Legen Sie die Rutenspitze auf eine Rutenstütze, um den Kontakt mit Algen und Brandung gering zu halten. Beobachten Sie Ihre Rute gut, nicht nur, um Bisse zu registrieren, sondern auch große Kabeljaue, die Ihre Rute ins Meer ziehen könnten.

Um große Fische an Land zu bringen, braucht man ein Netz oder Gaff, besonders beim Angeln von Molen aus, wo ein Senknetz von großem Nutzen ist.

Angelt man von einem Boot aus, sind große Tintenfischköder sehr Erfolg versprechend. Diese Köder halten zugleich kleine Aalmuttern und Katzenhaie ab. Beim Wrackfischen benötigt man künstliche Köder.

OBEN DIESER KABELJAU WURDE MIT EINER KRALLENBLEI-MONTAGE GEFANGEN. DAS KRALLENBLEI HÄLT DEN KÖDER AUCH BEI DEN STÄRKSTEN FLUTEN IN POSITION.

RECHTS GROSSE AUGEN UND GROSSE MÄULER. KABELJAUE FRESSEN VIEL UND ALLES, INKLUSIVE KÖDER, UND MANCHMAL SOGAR DIE STEINE UND KREBSE DARUM HERUM.

SEEBARSCH *(Decentrarchus labrax)*

OBEN WENIGE FISCHE AN DER SCHNUR SIND SO GROSSARTIG WIE DER SEEBARSCH. DIESER SEEBARSCH WURDE MIT EINEM WOBBLER GEANGELT. KÖDERFISCHEN AN DER KÜSTE KANN SEHR EFFEKTIV SEIN, ABER NUR, WENN DIE BEDINGUNGEN STIMMEN.

Der Seebarsch ist für viele Meeresangler der Meeresfisch schlechthin. Er ist ein Verwandter des amerikanischen Barsches, der für Köder empfänglicher ist als sein europäischer Vetter.

Neueinsteiger und junge Angler fangen diese Art häufig, weil sie sich gerne an der Küste tummelt. Nachts schwimmen Seebarsche oft an der Wasseroberfläche, nur etwa 1 m von der Küstenlinie entfernt, besonders bei Hafenlicht.

Der Seebarsch hat bei vielen Anglern, die diesen munteren Fisch mit Ködern verfolgen, einen Kultstatus erlangt. In den letzten Jahren war diese Art durch kommerzielle Überfischung, aber auch durch Rute und Schnur erheblich bedroht. Jeder Angler, der Seebarsch zum Gelderwerb fängt, ist verantwortlich für diese Situation. Obwohl ein sehr gutes Laichjahr kürzlich die Bestände wiederhergestellt hat, fällt auf, dass die mittelgroßen Fische von 3–3,5 kg fehlen.

Gaff

Den Seebarsch nie mit einem Gaff holen. Ihre gepanzerten Schuppen leisten starken Widerstand. Verwenden Sie ein Netz.

Tipps

- So mancher falsche Wurf hat den größten Barsch gefangen. Wenn eine Welle das nächste Mal Ihren Köder in die Brandung reißt, lassen Sie ihn dort.
- Schäumendes weißes Wasser bringt Seebarsche in einen Fressrausch, da das aufgewühlte Wasser viele Meerestiere trägt. Die brechenden Wellen sind dabei ein optimaler Platz für den Köder.
- Seebarsche kommen in rasender Geschwindigkeit an die Oberfläche, wenn sie anbeißen. Das ist nicht nur ein spektakulärer, sondern auch sehr kraftvoller Akt, lockern Sie deshalb den Zug der Rolle, und halten Sie sich bereit für ein Abtauchen in letzter Minute.
- Seebarsche werden normalerweise mit einhakiger Montage und einem großen Köder geangelt.

Ausrüstung

Es gibt zwei Möglichkeiten, Seebarsche zu angeln: entweder mit einer schweren Ausrüstung von einer Mole oder von Felsen, oder mit einer leichteren von einem Strand aus in die Brandung. Für das Molenangeln benötigt man eine Strandrute mit mindestens 11-kg-Schnur, für das Angeln von einem Sandstrand eine leichtere Ausrüstung, z. B. eine spezielle Seebarschrute. Die Spule sollte für eine Schnur von 7 kg Tragkraft geeignet sein.

KENNZEICHEN

Silberne Schuppen, großes Maul, dunkler Rücken, stromlinienförmiger Körper mit spitzen Rückenflossen und kräftigem, gegabeltem Schwanz. Achten Sie auf die scharfen Kiemenränder.

GRÖSSE

Bis über 1 m. In den meisten Regionen 4–4,5 kg, selten bis 12 kg.

LEBENSRAUM

Weit verbreitet im Ostatlantik und Mittelmeer. Junge Seebarsche mögen die Brandung, während die größeren Fische eher starken Wellengang über Felsen und Riffe vorziehen. Sie kommen oft sehr nah an die Küste heran. Daher fängt man mit weitem Abwurf nur selten Seebarsche. Seebarsche sind in Schwärmen unterwegs.

ANGELMETHODEN

Kleine Seebarsche können mit nahe der Oberfläche gespulten Ködern angelockt werden. Die Mehrzahl der großen, an der Küste gefangenen Seebarsche wird mit Köderfischen geangelt. Sandaale eignen sich gut als Köder, auch von einem kleinen Boot aus.

KÖDER

Sandaal. Große Seebarsche lassen sich auch von Booten und Molen mit einem ganzen Tintenfisch oder Makrelenköder fangen. In der Brandung nehmen Seebarsche oft lieber Wattwürmer, aber Seeringelwürmer und gehäutete Krabben eignen sich ebenso. Die besten Köder für das Angeln von der Küste sind große essbare Krebse oder gehäutete Krabben. Mit lebenden Garnelen und einer Pose fängt man auch junge Seebarsche an Molen.

STREIFENBARSCH *(Morone saxatilis)*

Der Streifenbarsch, auch als Felsenbarsch bekannt, ist an der Atlantikküste der USA zu finden, wo er als wichtiger Sportfisch gilt. Den Weltrekord hält ein Streifenbarsch von 35,6 kg. Er wurde von einer Mole in Atlantic City aus durch Albert McReynolds mit einem Kunstköder der Marke Rebel Windcheater in einer stürmischen Herbstnacht 1982 gelandet.

Es gibt Berichte über kommerziell gefangene Streifenbarsche von 57 kg. Durch die Schutzmaßnahmen erholen sich die Bestände so weit, dass der Fang größerer Fische zunehmend möglich wird.

Angelmethoden

Beim Küstenangeln werden Seebarsche am besten nachts gejagt, Dämmerung und Morgenröte sind die besten Zeiten. Angeln über kurze Entfernung mit großen Ködern ist vom Strand oder von der Mole aus am erfolgreichsten. Seebarsche sind stets auf bestimmte Gebiete konzentriert, sodass der erfahrene Meeresangler keine Schwierigkeiten hat, sie zu orten. Doch bis die großen Fisch anbeißen, können viele Stunden vergehen, während kleine, junge Seebarsche leicht an den Haken gehen. Geduld und Einsatz sind für den Fang der größten Seebarsche notwendig. Das Auslegen des Köders an der Wegstrecke des Seebarsches und das Warten im Hinterhalt ist die erfolgreichste Strategie!

Kleine Plattfische und Grundfische

OBEN SANDSTRÄNDE SIND DIE BESTEN PLÄTZE, UM KLIESCHEN ZU FANGEN.

Die kleinen Plattfische und Bodenfresser sind die Hauptstütze des Meeresangelns. Auf sie ist üblicherweise Verlass, wenn es um Sport geht und größere Fische nicht in der Gegend sind. Die verbesserte Stärke der modernen Haken ermöglicht es dem Angler, mit demselben Haken nach größeren Arten zu fischen. Für wirklich große Fische über 9 kg ist eine schwerere Spezialausrüstung nötig, doch gewöhnlich geht es beim Küstenangeln um Fische unter 2,5 kg. Unter den kleineren Fischen sind jüngere der großen Arten und solche, die kaum zu beträchtlicher Größe wachsen. Diese Fische sorgen für eine regelmäßige Bewegung der Rutenspitze und für ein leckeres Essen. Viele Angler ziehen diese kleinen Fische dem großen Einzelfisch vor, da sie in der Regel Stunden darauf warten müssen, bis ein großes Exemplar anbeißt.

OBEN KLIESCHEN BEVORZUGEN EINE STARKE FLUT.

Eine beliebte Montage für die kleineren Arten sind drei Haken (Größe 1–2) an einer Paternoster-Endmontage mit kleinen Wurmködern. Die beste Zeit für das Fischen an vielen Küsten ist bei Hochwasser, während der Springflut und bei Morgenröte oder Abenddämmerung.

KLIESCHE *(Limanda limanda)*

Diese kleinste und schmackhafteste Plattfischart findet man auf Sand- und Muschelkiesböden. Sie bevorzugt eine starke Flut und ernährt sich von Wattwürmern, Schalentieren und auch jungen Fischen.

GRÖSSE

Bis 0,4 m und 2 kg.

SEEZUNGE *(Solea solea)*

Die Seezunge, die am besten nachts nahe der Küste von Sandstränden aus gefangen wird, ist sehr flach und daher einfach zu erkennen. Sie hat ein hakenförmiges Maul und nimmt bevorzugt auf kleinen Haken angebotene Wattwürmer und Seeringelwürmer an.

GRÖSSE

Bis 0,5 m und 3 kg.

OBEN DIE KLEINSTEN SEEZUNGEN SIND DIE SCHMACKHAFTESTEN.

WITTLING *(Merlangius merlangus)*

Der Wittling ist ein Mitglied der Dorschfamilie, zu der auch der Kabeljau gehört. Er hält sich vor allem in küstennahen Gewässern auf, die besten Angelzeiten für diese Fischart sind nach Einbruch der Dunkelheit. Er ist ein wilder Fresser, schießt plötzlich hervor, um nach Tintenfisch, Wattwürmern und Fischködern zu schnappen, und bietet guten Biss. Hüten Sie sich vor seinen kleinen Zähnen, die sehr scharf sind.

GRÖSSE

0,4–0,7 m und 3 kg.

Mindestfanggröße

Für viele Fischarten sind gesetzlich vorgeschriebene Mindestfanggrößen zu beachten.

Gefleckter Lippfisch *(Labrus bergylta)*

Der Gefleckte Lippfisch wird als Weibchen geboren und braucht sechs Jahre, um sich zu entwickeln. Nach dem Laichen wechselt ein Teil das Geschlecht und wird männlich, der überwiegende Teil bleibt aber weiblich. Gefleckte Lippfische leben bis zu 25 Jahre und sind im Ostatlantik und seinen Randmeeren weit verbreitet. Nach Einbruch der Dunkelheit „schlafen" sie in einer Felsspalte eingekeilt. Man findet sie vor allem an den felsigen Stellen der Atlantikküste, wo sie sich von Schalen- und Krebstieren ernähren. Lippfischpopulationen halten sich oft in begrenzten Bereichen auf, und schnell können ihre bevorzugten Aufenthaltsorte, z. B. Molen, gefunden werden.

Die größten Lippfische findet man in den Gewässern unterhalb der unzugänglichsten und gefährlichsten Klippen. Um diese Exemplare zu fangen, muss man unbedingt schwindelfrei sein. Lippfische fressen in einem „Fahrerfluchtstil": Sie schnappen sich einen Köder und rasen dann zurück in ihr Versteck.

Ausrüstung

Zum Fang dieser Fischart verwendet man einen einzelnen Haken, eine starke Schnur und eine Rolle für schnelles Zurückziehen und Felsenfreigabe – damit kann man an Felsen die Montage befreien. Kleine Lippfische kann man mit einer gleitenden Montage fangen.

KENNZEICHEN

Von kräftigem Aussehen, mit großen, verschlossenen Lippen, auffallenden Zähnen und einer spitzen Schnauze. Die ausgewachsenen Fische sind generell von leuchtend roter oder oranger Farbe, junge Fische sind grün mit blauen Markierungen.

GRÖSSE

Bis 0,6 m und 4 kg.

LEBENSRAUM

Im Ostatlantik und seinen Randmeeren weit verbreitet. Mit Algen bewachsene Küsten und Felsen sowie sauberes Wasser werden bevorzugt.

ANGELMETHODEN

Grundangeln oder Posenangeln an Felsen oder Molenmauern. Es ist nur selten nötig, weit zu werfen.

KÖDER

Gehäutete Krabben oder kleine Küstenkrebse. Wurmköder für kleinere Fische.

LIPPFISCHE GEHÖREN ZU DEN BUNTESTEN MEERESFISCHEN. **OBEN** IST EIN GEFLECKTER LIPPFISCH ABGEBILDET, **LINKS** EIN KUCKUCKSLIPPFISCH.

POLLACK
(Pollachius pollachius)

KENNZEICHEN
Große Augen, goldgrüne Flanken, zinnfarbene Schuppen, großes Maul mit hervortretender Unterlippe, kurvenförmige seitliche Linie hinter der Kiemendecke, gerades Schwanzende.

GRÖSSE
0,8 m und 12 kg.

LEBENSRAUM
Größere Fische gibt es auf dem Meer, im Umfeld von Wracks und Riffen. Kleinere Fische bewohnen Molenmauern und Felsen.

ANGELMETHODEN
Fischen mit Ködern vom Boot oder von der Küste aus. Der Pollack nimmt gelegentlich unbeweglichen Köder an.

KÖDER
Gleichmäßig zurückgezogene Plastiksandaale. Sie nehmen auch gefrorene Sandaale, Fische, Seeringelwürmer und gehäutete Krabben.

KÖHLER
(Pollachius virens)

KENNZEICHEN
Der Köhler hat einen dunkleren Grünton als der Pollack. Er wirkt plump, hat einen geraden weißen Seitenstreifen und einen gegabelten Schwanz.

GRÖSSE
1–1,4 m und 30 kg.

LEBENSRAUM
Ähnlich dem Pollack. Große Fische halten sich gerne in tiefen Wracks auf, kleine ziehen Flussmündungen und Häfen vor.

ANGELMETHODEN
Köderfischen oberhalb von Wracks. Angeln mit geringem Abstand von der Küste nach Winterstürmen.

KÖDER
Kunstköder, große Köderfische wie Makrelen. Gehäutete Krabben und Miesmuscheln für kleine Köhler im Winter vor der Küste.

Pollack und Köhler kommen manchmal zusammen vor und ähneln sich im Aussehen und Verhalten. Sie gehören zu den kräftigsten Fischarten beim Meeresangeln und ihr anfänglicher Geschwindigkeitsimpuls beim Nehmen eines Lockmittels oder Köders ist nicht zu bremsen. Nach seinem ersten Lauf hat der Pollack aber wenig Ausdauer, der Köhler dagegen gibt nicht so leicht auf. Beide Arten nehmen bereitwillig einen Kunstköder und können mithilfe von Plastiksandaalen entweder vom Boot oder von der Küste aus gefangen werden.

Angelmethoden

Einen Kunstköder auf einer langen Spur mit gleichmäßigem Tempo in der Nähe von Tang über einem Riff oder Wrack zu ziehen, ist beim Pollack sehr effektiv. Verschiedenfarbige Kunstköder werden genommen, obwohl Schwarz der Favorit von Bootsanglern ist, die helleren

OBEN EIN POLLACK, DER EINEN SCHWIMMENDEN SEERINGELWURM MIT AUFGESETZTEM MAKRELENFILET GENOMMEN HAT.

Farben werden von Küstenanglern bevorzugt. Köhler nehmen Federköder und große Pilker. Ein gefrorener, auf einem Haken (Größe 3/0) angebotener Sandaal zieht über einem Wrack größere Exemplare an, weil der echte Sandaal einen natürlichen Geruch aufweist.

Klarwasser-Sportfische

OBEN FISCHE WIE DIESE PFERDEMAKRELE SIND EINE SCHÖNE HERAUSFORDERUNG.

Blaubarsch *Familie Pomatomidae*

Der gefräßige Blaubarsch ist in gemäßigten bis tropischen Gewässern auf der ganzen Welt zu finden. Er ist sowohl um seiner selbst willen als auch als Köderfisch begehrt und wird mit Köder oder Kunstköder vom Boot oder der Küste aus geangelt.

Glasbarsch *Familie Centropomidae*

Sechs Arten kommen im Atlantik vor und sechs im Pazifik. Sie bewohnen flache Küstengewässer, Meeresarme und Brackwasser-Lagunen und dringen gelegentlich ins Süßwasser des Binnenlandes vor. Der Glasbarsch wird mit Schleppangel und Kunstköder oder statisch auf Köderfische gefangen und als Speisefisch geschätzt.

Stachelmakrele (Pferdemakrele) *Familie Carangidae*

Die tropische Art kommt häufig in felsigen Küstenregionen in der Nähe von Riffkanten und tiefen Gezeitenkanälen zwischen Felsen usw. vor. Auf die Jagd nach Köderfischen gehen sie in großen Schwärmen. Sie nehmen die meisten Kunstköder, haben aber eine eindeutige Vorliebe für rasch eingeholte Popper. Sie können auch auf Bodenköder wie Garnelen oder Fisch geangelt werden.

Schnapper *Familie Lutjanidae*

Die Schnapper bilden eine große Familie, zu deren Mitgliedern der Rote Schnapper mit selten über 4,5 kg ebenso gehört wie der Pazifische Schnapper mit bis zu 36,3 kg. Wegen seiner Kraft und Ausdauer ist er sehr beliebt unter den Liebhabern leichter Ausrüstung und leichter Schnurklasse. Er wird auf Kunstköder und Köderfische geangelt.

DICKLIPPIGE MEERÄSCHE *(Chelon labrosus)*

Die Meeräsche, eine der häufigsten und am weitesten verbreiteten Meerarten, gilt in vielen Teilen der Welt als alleiniger Köderfisch. Einige europäische Angler haben sich auf die Dicklippige Meeräsche spezialisiert; sie ist die meistgesuchte Art von Anglern mit Rute und Schnur.

RECHTS DIE GESCHMEIDIGE UND STARKE MEERÄSCHE STELLT OFT AUSRÜSTUNG UND GEDULD DES ANGLERS AUF DIE PROBE.

KENNZEICHEN

Torpedoform, gestreifter Körper mit einem breiten Kopf, einem kleinen Maul und mit ausgeprägten herzförmigen, dicken Lippen. Graue bis silberne Färbung. Die kleine stachelige Flosse ist die erste von zwei Rückenflossen. Breiter, gegabelter Schwanz.

GRÖSSE

0,3–0,5 m und 2,5 kg.

Die größten Fische finden sich in Lagunen, die von Land umgeben sind, und Flüssen, wo sie über dieses Gewicht hinaus wachsen können.

LEBENSRAUM

Atlantik, Nordsee, Mittelmeer, Schwarzes Meer.

In Flussmündungen, Häfen, Jachthäfen und Brackwasser. Sie können ungehindert zwischen Salz- und Süßwasser wechseln.

ANGELMETHODEN

Leichte Ausrüstung mit Posen. Grundangeln in geschützten Häfen.

KÖDER

Brot, kleine Seeringelwürmer, Fische und Krebsfleisch. Sie können mit einer gemischten Ködermasse aus Brot und gekochtem Fisch in das Angelgebiet gelockt werden.

Tipps

- Meeräschen nehmen gerne einen weichen Köder mit Brotflocken. Dämpfen Sie Brot über kochendem Wasser, um sehr weiche Brotflocken zu erhalten.
- Eine gehakte Meeräsche muss schnell von den anderen Fischen entfernt werden, da sie diese in Alarm versetzt.
- Meeräschen haben zwar weiche Mäuler, schütteln aber nach dem Anbiss den Haken leicht wieder ab. Deshalb Hakenmodelle mit guten Widerhaken verwenden.

Ausrüstung

Leichtes Angelzubehör ist wichtig, ideal ist eine Rute mit einer 2,7-kg-Schnur. Posenfischen oder Angeln mit einem Köder und einer Zitterspitze direkt an einer Molenmauer sind bewährte Methoden, da Meeräschen meist in klarem, geschütztem Wasser zu finden sind. Ein Waggler mit kleinen Bleien und ein Haken der Größe 6–8 sind hierfür zweckmäßig.

Rochen

OBEN ALAN YATES MIT EINEM 90 KG SCHWEREN ROCHEN, DEN ER WIEDER FREILIESS.

Rochen sind eng mit Haien verwandt. Sie besitzen wie Haie keine Knochen, sondern haben ein Skelett aus Knorpel und gehören somit zu den Knorpelfischen. Zwei entscheidende Merkmale unterscheiden sie jedoch von den Haien: Zum einen liegen die Kiemenspalten der Rochen an der Unterseite, die der Haie an den Seiten, zum anderen sind die Brustflossen stark vergrößert und flügelähnlich. Mit ihren oben liegenden Augen können sie ihr Futter nicht sehr gut sehen. Sie nutzen daher bei der Futtersuche ihren Tast- und Geruchssinn sowie ein elektrisches Ortungssystem, mit dem sie die Stromimpulse ihrer Beute orten können. Man unterteilt die Rochen in 17 Familien, 47 Gattungen und 340 Arten. Hier werden nur die wichtigsten vorgestellt.

Glattrochen *(Raja clavata)*

Der Glattrochen ist der begehrteste Rochen unter den Anglern im nordeuropäischen Raum. Zugleich ist er einer der wenigen Rochen, der gewöhnlich sowohl von der Küste als auch vom Boot aus gefangen wird. Besonders im Frühling sind Glattrochen an der Küste sehr zahlreich. Sie bewegen sich wie Drachen in der Flut und zeigen beim Fang nicht viel Widerstand.

Angelmethoden

Die besten Zeiten, um von der Küste aus Glattrochen zu angeln, sind die Dämmerung, wenn die Schwärme durch die Flut an die Küste gelangen. Ein einziger Haken, mit einem Sandaal beködert, ist eine bewährte Methode, um an die Glattrochen vor der Nordseeküste zu gelangen. Beim Angeln in Flussmündungen sind gehäutete Krabben ein besserer Köder, besonders im Frühling, und das Angeln vom Boot aus gegen die Strömung ist die effektivste Methode.

KENNZEICHEN

Der Körper ist bedeckt mit spitzen Dornen. Ihre Farbe passt sich dem Meeresboden an, oft Grau bis Braun mit dunklen Flecken.

GRÖSSE

2,80 m (Weibchen) und bis 100 kg.

LEBENSRAUM

Nordostatlantik, Nord- und Ostsee, Mittelmeer. Bevorzugt Schlamm-, Sand- oder Kieselmeerböden. Manchmal Tang und Felsen.

ANGELMETHODEN

Grundangeln.

KÖDER

Makrelen und Sandaale.

LINKS HÜTEN SIE SICH BEIM ANFASSEN DER GLATTROCHEN VOR IHREN DORNEN AUF DEM RÜCKEN UND DER UNTERSEITE.

RECHTS STECHROCHEN WERDEN SOWOHL VOM BOOT ALS AUCH VON DER KÜSTE AUS GEFANGEN UND STETS WIEDER FREIGELASSEN. **GANZ RECHTS** DER BLONDROCHEN IST DER GRÖSSTE ROCHEN, AUF DEN BOOTSANGLER TREFFEN.

BLONDROCHEN *(Raja brachyura)*

In den letzten Jahren hat die Zahl der Blondrochen zugenommen, seine nördlichste Verbreitung ist der Ärmelkanal. Er wird selten von der Küste aus gefangen. Der verstärkte Fang von Booten aus ist darauf zurückzuführen, dass der Blondrochen heute Gebiete nutzt, die früher von kommerziell gefischten Arten bewohnt wurden.

KENNZEICHEN
Hellbraun, einige cremefarbene Flecken. Weiße Unterseite.

GRÖSSE
1,30 m (Weibchen) und 14 kg.

LEBENSRAUM
Ostatlantik von Großbritannien bis Madeira, außerdem Mittelmeer. Im tiefen Wasser gelegene Ränder von Sandbänken abseits der Küste.

ANGELMETHODEN
Grundangeln mit geflochtener Schnur.

KÖDER
Ganze Tintenfischköder, Makrelenstücke oder -filets.

Tipps

- Die meisten Rochen haben schmackhaftes Fleisch. Doch heute lässt man sie vermehrt nach dem Fang wieder frei, da sie in ihren Beständen gefährdet sind.
- Die Ränder einer Sandbank, wo das Wasser tiefer wird, sind die besten Orte, um Rochen zu fangen.
- Hüten Sie sich vor den starken Kiefern der Rochen. Obwohl ihre Zähne nicht scharf sind, sind sie sehr kräftig und für das Zermalmen von Beute und Fingern ausgelegt!

STECHROCHEN *(Dasyatis pastinaca)*

Der Stechrochen ist einer der wenigen giftigen Fische in nordeuropäischen Gewässern. Vielen der schon einmal gefangenen und dann wieder freigelassenen größten Exemplare wurde der Stachel oder sogar der Schwanz abgeschnitten. Im Frühjahr bewegen sich die Fische zur Küste und ernähren sich von Küstenkrebsen, die ihre Schalen abwerfen. Sie werden meist von Anglern gefangen, die eigentlich andere Arten, wie Barsche und Plattfische, im Visier haben, und immer lebend wieder ausgesetzt, da ihr Fleisch für die menschliche Ernährung als wertlos gilt.

KENNZEICHEN
Dickerer Körper als andere Rochen, Schwanz mit giftigem Rückrat. Schwarze bis olivefarbene Färbung, mit cremeweißer Unterseite.

GRÖSSE
2,5 m und bis 30 kg.

LEBENSRAUM
Mittelmeer, Schwarzes Meer, Ostatlantik, Nordsee und westliche Ostsee. Meeresböden aus Sand und Schlamm, Flussmündungen.

ANGELMETHODEN
Grundangeln.

KÖDER
Krabben, Seeringelwürmer und manchmal Tintenfische oder Sandaale.

MAKRELE *(Scomber scombrus)*

KENNZEICHEN
Blaugrüne, zebraartig gestreifte Körperstellen.
Große Rückenflossen, kleine Flossen beim Schwanz.

GRÖSSE
0,6 m und 3 kg.

LEBENSRAUM
Nord-, Ost-, Westatlantik, Mittelmeer, Schwarzes Meer. Makrelen fressen an der Oberfläche und bevorzugen sauberes Wasser. Man kann sie in großen Schwärmen an der Küste bei der Jagd von Fischbrut beobachten.

ANGELMETHODEN
Federn und Kunstköder – in Paternostern von drei und mehr Ködern, die man schnell hochzieht und wieder herunterlässt.

KÖDER
In einem Fressrausch nehmen sie alles, selbst einen blanken Haken oder Kunstköder. Am besten ein Stück Hornhecht, Makrele oder Sandaal.

Eine leichte Spinner-Ausrüstung mit einem Kunstköder oder einem treibenden Köder zeigt das wahre Kampfpotenzial der Makrele, das beim Fang nur durch ihre geringe Größe eingeschränkt wird. Von einem kleinen Boot aus können Makrelen mit Fliegenfisch-Ausrüstung und großen Forellenködern gefangen werden. Man kann sie oft gut lokalisieren, wenn man Möwen beobachtet, die über einem fressenden Schwarm kreisen und eintauchen. Nähern Sie sich ihnen vorsichtig, denn oft können Barsche unter den Makrelen schwärmen. Makrelen sind sehr schmackhaft, besonders wenn sie ganz frisch gefangen sind.

Tipps

- Von einer Mole aus können Sie Makrelen am besten bei Flut mit Makrelenfilet oder Sandaal fangen.
- Bei leichter Ausrüstung ist der Stöcker ein erbitterter Kämpfer. Er frisst besonders nach Einbruch der Dunkelheit nahe der Wasseroberfläche. Wegen seiner vielen Gräten wird er nur selten verspeist. Doch Filets sind eine echte Gaumenfreude.

LINKS EINE MAKRELE ALS KÖDER ZU FANGEN IST DIE ERSTE AUFGABE BEI EINEM AUSFLUG ZU EINEM ANGELPLATZ ABSEITS DER KÜSTE. FRISCHE MAKRELEN SIND DIE BESTEN ALLROUND-KÖDER FÜR DAS BOOTSANGELN.

STÖCKER *(Trachurus trachurus)*

Das Verhalten des Stöckers ähnelt dem der Makrele. Sie werden häufig in dieselbe Gruppe eingeordnet, obwohl sie verschiedenen Arten angehören, die nicht einmal miteinander verwandt sind. Stöcker haben sehr große Augen und einen silbernen Körper.

UNTEN DER STÖCKER IST BEI LEICHTER AUSRÜSTUNG EIN KRÄFTIGER KÄMPFER.

Hornhecht *(Belone belone)*

Ausrüstung

Zum Fang von Hornhechten verwendet man am besten eine Ausrüstung mit einer leichten Pose, die einen präzisen Wurf in die Flut erlaubt. Manchmal werden sie mit Mehrfachhaken-Montagen gefangen. Kleine, scharfe Haken sind erforderlich, um die harten, zahnreichen spitzen Schnäbel dieser Fische zu durchdringen, und Vorfächer unter 4,5 kg Tragkraft.

Der Hornhecht ist unter vielen Namen bekannt. Er bringt selten viel Gewicht auf die Waage. Man kann ihn zuweilen an der Oberfläche beim Überspringen von Treibgut beobachten.

Hornhechte können mit Grundködern gelockt werden. Verwenden Sie eine fette Mischung aus gekochter Makrele oder Hornhecht und Brot. Diese bildet auf dem Wasser eine Ölspur, die die Fische anlockt.

Tipps

- Hornhechtfleisch ist ein guter Köder für die meisten Fischarten, auch für Meeraale.
- Halten Sie beim Angeln von Hornhechten Ihren Köder in Bewegung. Die Fische jagen einen Köder, der sich bewegt – etwa ein kleines Stück Sandaal.

KENNZEICHEN

Aalähnliches Spitzmaul mit Zähnen. Seine grünen Gräten bereiten jenen, die sie zum ersten Mal filetieren, einen Schreck.

GRÖSSE

0,4–0,8 m und 1,5 kg.

LEBENSRAUM

Nordostatlantik, Nord- und Ostsee, Schwarzes Meer, Mittelmeer. Er frisst nur an der Oberfläche und bevorzugt sauberes Wasser.

ANGELMETHODEN

Gleitpose, beködert in einem Bereich bis maximal 2 m unter der Wasseroberfläche. Leichte Ausrüstung mit einem kleinen Haken (Größe 8).

KÖDER

Fischstreifen einschließlich der eigenen Art. Auch Sandaale und kleine Seeringelwürmer.

Angelmethoden

Eine gute Angelmethode ist, eine Standardausrüstung zum Grundangeln auszuwerfen und dann eine Posenmontage die Schnur entlanggleiten zu lassen, sodass die Pose auf der Oberfläche verankert ist. Beim Anbeißen springt der Hornhecht mit einem spektakulären Satz aus dem Wasser.

LINKS DIE KRÄFTIGEN KIEFER DES HORNHECHTS WIDERSTEHEN GEWÖHNLICHEN HAKEN, NEHMEN SIE DESHALB KLEINE SCHARFE HAKEN (GRÖSSE 6), WENN SIE HORNHECHTE FANGEN MÖCHTEN.

Katzenhai-Arten

LINKS KATZENHAIE MÖGEN SAUBERES WASSER, BEI VERSCHMUTZUNG VERLASSEN SIE DAS GEBIET. SIE KAUEN DIE KÖDER. NICHT ZU SCHNELL ZIEHEN, SONST VERLIEREN SIE GROSSARTIGE FÄNGE.

OBEN KATZENHAIE FRESSEN, WENN DAS MEER STILL IST, DIE SONNE SCHEINT UND DIE MEISTEN ARTEN SICH VON DER KÜSTE IN TIEFERE WASSERZONEN ZURÜCKGEZOGEN HABEN.

In Zeiten schwindender Fischbestände hat der Verlust von einigen der wichtigsten Arten dazu geführt, dass die Mitglieder der Katzenhai-Familie, die seit langem in vielen Gegenden als Plage angesehen werden, für manche Angler die einzige große Fischart darstellt, die noch übrig gebliebenen ist. Vor 20 Jahren wäre das Foto eines Anglers mit einem Katzenhai nicht ganzseitig in einem Anglermagazin abgebildet worden. Heute zählt dieser einfache kleine Hai zu den gefälligsten und häufigsten großen Fischarten beim Küstenangeln. Vielen gilt der Katzenhai noch als Plage, da er zuweilen großen, höher geschätzten Fischen in die Quere kommt.

Kleingefleckter Katzenhai *(Scyliorbinus canicula)*

Der Kleingefleckte Katzenhai ist das kleinste und häufigste Mitglied der Familie. Der Hai erscheint in kleinen Schwärmen bei jedem Wetter. Selbst an einem windstillen und milden Sommertag kann man sie beim Fressen in Küstennähe finden. Sie ziehen die Angelspitze oft herunter und sind beim Fang wahrscheinlich die robustesten Fische. All das hat dazu beigetragen, dass der Katzenhai einen begehrten

GRÖSSE

Durchschnittlich 0,4–0,8 m lang und 5 kg schwer.

Autsch!

Die Haut des Katzenhais ist so rau wie Sandpapier. Im Mittelalter wurde sie für das Scheuern von Bootsdecks benutzt und von Pfeilmachern, um ihre Pfeile abzuschmirgeln. Also Vorsicht!

Tipps

- Lange Haken helfen beim Fang wählerischer Katzenhaie.
- Nehmen Sie chemisch geschärfte Haken, um das harte Maul des Katzenhais zu durchdringen. Am besten sind Kamasan Aberdeens in der Größe 1/0, wenn Sandaale als Köder benutzt werden.
- Seien Sie nicht zu schnell, wenn ein Katzenhai anbeißt. Wenn drei anbeißen und Sie zwei davon landen, dann ist das ein sehr gutes Ergebnis.
- Ein optimaler Köder ist ein mit einem kleinen Stück Sandaal versehener Wattwurm.

Fang darstellt, außer man ist eigentlich auf eine Scholle, Brasse und einen Barsch aus, und es beißt ein Katzenhai an. Manche halten den Katzenhai sogar für eine gute Mahlzeit!

In der Vergangenheit war der Katzenhai nicht sehr geschätzt. Ich erinnere mich noch daran, wie mehrere Katzenhaie während eines irischen Angelwettkampfs zurück ins Meer geworfen wurden, nachdem man ihnen die Schwänze abgeschnitten hatte. Katzenhaie haben Augenlider, und sie können sich zu einer Art Kugel formen. Behandeln Sie diese Tiere respektvoll!

Angelmethoden

Bei weitem der beste Köder sind tiefgefrorene Sandaale. Frische Sandaale sind nicht so verlockend, was vermutlich mit dem Geruch zusammenhängt. Stecken Sie einen Sandaal auf einen langschenkeligen Haken der Größe 1/0. Auch mit Makrelen und anderen Köderfischen kann man Katzenhaie fangen, doch können sie auch zu enttäuschenden Fehlbissen führen. Angelweitwurf bringt vielfach gute Ergebnisse bei Katzenhaien, und ein kurz hinter dem Blei befestigter Köder ist eine bewährte Methode. Andere Mitglieder der Katzenhai-Familie werden in dem Abschnitt über kleine Haie beschrieben (siehe Seite 152).

Grossgefleckter Katzenhai *(Scyliorbinus stellaris)*

Großgefleckte Katzenhaie ähneln sehr den Kleingefleckten Katzenhaien, sind aber untersetzter und haben weniger große Flecken. Sie halten sich an felsigen Küsten und in tiefen Bereichen des Wassers auf, können aber gelegentlich sehr nahe der Küste gefangen werden. Die Fische lassen sich mit Sandaal und Tintenfisch fangen.

GRÖSSE

Grösse: 1,5 m und 10 kg.

Dornhai *(Squalus acanthias)*

Der Dornhai hat die typische Form und Farbe eines Hais und ist an den beiden spitzen Knochenspornen zu erkennen, die aus der Vorderflanke der Rückenflosse hervortreten. Diese können zu einer ernsten Verletzung führen. Denken Sie daran, besonders wenn Sie es mit größeren Exemplaren zu tun haben. Dornhaie sind eine Tiefseeart und besitzen Zähne, mit denen sie leicht monofile Schnüre durchbeißen können.

GRÖSSE

Grösse: 1,2 m und 14 kg (Weibchen), 0,9 m und 10 kg (Männchen).

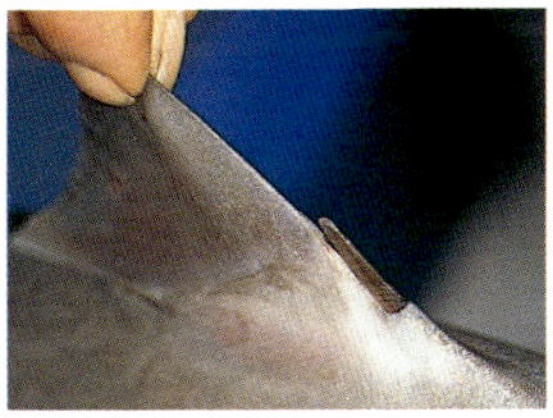

OBEN UND **LINKS** CLIFF BROWN, HERAUSGEBER VON *IMPROVE YOUR SEA ANGLING* MIT EINEM DORNHAI. HÜTEN SIE SICH VOR DEN SPITZEN SPORNEN.

Kleine Haie

Obwohl mehrere der großen „Menschen fressenden" Haiarten, wie der Blauhai, Fuchshai, Heringshai und Mako, in europäischen Gewässern zu finden sind, werden sie nur von wenigen Spezialbooten und -anglern gesucht. Der Fang und die Präsentation dieser Fische zieht häufig eine sensationsgierige Presse an. Oft konzentrieren sich Meeresangler mehr auf das Bewahren dieser Arten, kennzeichnen sie im Falle eines Fangs und setzen sie dann lebend wieder aus. Bei den meisten Haien in den europäischen Gewässern geht es um kleinere Arten. Diese Fische werden hier beschrieben.

Hundshai *(Galeorhinus galeus)*

Der Hundshai ist eine der größten Arten, die im Sommer vom Meeresangler gefangen wird. Er wird selten an der Küste gefischt, aber zu bestimmten Zeiten bieten manche Strände gute Gelegenheiten für den Fang, am besten in der Dämmerung mit großen Sandaalen als Köder.

Ausrüstung

Eine schwere Ausrüstung ist die Standardanforderung für das Angeln von Hundshaien. Wenn Sie gegen die Strömung oder von einem verankerten Boot aus fischen, nehmen Sie eine kurze Montage mit einem kurzem Drahtvorfach, um die scharfen Zähne des Hundshais zu bekämpfen. Große Hundshaie sind schwer zu fangen. Sie werden am Schwanz aus dem Wasser gezogen. Das kann jedoch zu Verletzungen führen.

RECHTS DIE GRÖSSTEN HUNDSHAIE, DIE GEFANGEN WERDEN, SIND IMMER SCHWANGERE WEIBCHEN. SIE SOLLTEN VOM HAKEN GELÖST UND WIEDER FREIGELASSEN WERDEN, UM DEN BESTAND DER ART ZU SICHERN.

Angelmethoden

Der Hundshai kann von einem Boot aus gefangen werden. Fangen und freilassen ist heute die übliche Praxis für alle Haie. Dieser auf Bestandserhaltung zielende Ansatz hat die Zahl der Hunds- und Glatthaie wieder steigen lassen. Beide Arten werden nur von sehr wenigen Anglern zum Essen getötet.

Tipp

Hundshaie leben einzeln oder in Schwärmen. Ein Angelzentrum in Deutschland ist Helgoland.

KENNZEICHEN

Hundshaie haben die Form und Farbe eines Hais, große Brustflossen, eine große und eine kleine Rückenflosse (Glatthaie haben zwei gleich große Rückenflossen). Sie sind schlank und haben spitz zulaufende Mäuler mit spitzen, dreieckigen Zähnen, während der Glatthai stumpfe, flache Reibezähne hat.

GRÖSSE

2 m und bis 50 kg.

LEBENSRAUM

Weltweit, in Deutschland Helgoland. Der Hundshai bevorzugt freien Meeresboden, lebt in Bodennähe und steigt zum Fressen an die Oberfläche auf.

ANGELMETHODEN

Große, auf Grund ausgelegte Fischköder, wie Makrelenflossen und -filets. Nehmen Sie Draht oder kräftige monofile Schnur.

KÖDER

Die meisten Fischköder, der Favorit ist aber Makrele. Ein Aal ist in vielen Gegenden der beste Köder.

OBEN LINKS GLATTHAIE SUCHEN DIE KÜSTEN IN DER MITTE DES SOMMERS AUF, SO ETWA AM ÄRMELKANAL.

OBEN RECHTS AN DER KÜSTE GEFANGENE HUNDSHAIE SIND EINE SELTENHEIT.

GLATTHAI *(Mustelus mustelus* und *Mustelus asterias)*

Die beiden Arten des Glatthais wurden bis vor kurzem für identisch gehalten, und der Nördliche Glatthai galt als Jungfisch der Art. Sie unterscheiden sich jedoch biologisch. Die Jungen des Nördlichen Glatthais werden im Körper in Eiern ausgebrütet. Sie ernähren sich ausschließlich über den Eidotter. Die Jungen des Südlichen Glatthais werden nur kurze Zeit in Eiern ausgebrütet und lebend geboren. Die Jungen ernähren sich zunächst vom Dottersack und dann direkt von der Mutter.

Angelmethoden

Glatthaie sind räuberisch und ernähren sich in Gruppen. Wenn Sie ein Exemplar fangen, sind andere in der Nähe. Sobald sie den Köder fassen, schwimmen sie sehr schnell weg und kämpfen erbitterter als andere kleine Haiarten.

Halten Sie den Rollenzug bereit, und rechnen Sie mit einem Ausbruchversuch bis zuletzt. Sie benötigen keine Drahtschnüre oder lange Haken, weil der Glatthai keine Zähne hat.

Bootsangler bevorzugen das Angeln gegen die Strömung mit Krebsfleisch als Köder. Der Glatthai nimmt aber auch Wattwurm, Fisch und sogar Tintenfisch.

Ein toter Glatthai setzt einen Ammoniakgeruch frei, ein Grund, weshalb nur wenige Angler das Fleisch verzehren. Bei richtiger Lagerung verflüchtigt sich der Geruch jedoch.

Tipps

- Frische Einsiedlerkrebse gibt es bei örtlichen Fischern, die Reusen für Krebse, Hummer und Wellhörner auslegen.
- Für den Glatthai ist eine kurze Montage mit Haken der Größe 4/0 ideal.

KENNZEICHEN
Dem Hundshai sehr ähnlich, mit den vorher beschriebenen Unterschieden. Es gibt zwei Arten: den Südlichen und den Nördlichen Glatthai.

GRÖSSE
Nördlicher Glatthai 1,4 m und 4,7 kg;
Südlicher Glatthai 1,8 m und 7 kg.

LEBENSRAUM
Küsten Südeuropas und der Britischen Inseln, gelegentlich auch Küsten Amerikas. Glatthaie kommen in allen Tiefen vor.

ANGELMETHODEN
Besonders Bootsangeln gegen die Strömung.

KÖDER
Gehäutete Krabben von der Küste und Einsiedlerkrebse vom Boot aus.

GROSSE HAIE

Der Hai entwickelte sich vermutlich vor über 400 Millionen Jahren. Heute gibt es weltweit rund 350 Arten, von denen 75 Prozent ausgewachsen weniger als 1,52 m lang sind.

Weltweit stehen zunehmend mehr der bedrohtesten Arten wie der Weiße Hai unter Schutz. Beim Haiangeln wird das Tier nach dem Fang normalerweise wieder freigelassen, und inzwischen gelten die meisten großen Haie als erfolgreich angelandet, wenn der Skipper oder Angler das Zwischenvorfach oder Vorfach berührt.

GROSSER BLAUHAI *(Prionace glauca)*

Auch Menschenhai genannt, hat das größte Verbreitungsgebiet der großen Haie und ist an seiner blauen Färbung zu erkennen. Der stromlinienförmige Blauhai ist der klassische Anglerhai. Den Weltrekord hält ein vor Montauk, New York, geangelter Blauhai von 239,5 kg.

OBEN EIN GRÖSSERER BLAUHAI WIRD SCHLIESSLICH ZUM BOOT GEBRACHT. DIESES EXEMPLAR WURDE MARKIERT UND WIEDER FREIGELASSEN.

KURZFLOSSEN-MAKO *(Isurus oxyrinchus Rafinesque)*

Auch Makrelenhai und Makohai genannt. Diese Art ist in tropischen und warmen gemäßigten Gewässern beheimatet. Der Mako hat einen stromlinienförmigen, aber stämmigen Körper und eine spitze Schnauze. Den IGFA-Gesamtrekord hält ein Fisch von 553,8 kg, der vor Massachusetts gefangen wurde.

HERINGSHAI *(Lamna nasus)*

Der Heringshai ist am häufigsten im Nordatlantik zu finden. Er gehört zur selben Familie wie der Weiße Hai und der Mako und kann beim Anschlagen ganz aus dem Wasser springen. Der Gesamt-Weltrekord liegt bei 230 kg und wurde vor Caithness, Schottland, erzielt.

FUCHSHAI *(Alopias valpinus)*

Sofort zu erkennen an der langen Schwanzflosse, mit der er angeblich in einem Schwarm Beutefische das Wasser aufwühlt. Es gibt weltweit mehrere Arten dieses Hais; den Gesamtrekord hält ein vor Neuseeland gefangener Fisch mit 347,9 kg.

TIGERHAI *(Galeocerdo cuvieri)*

Der Gesamtrekord für diesen riesigen Hai liegt bei 807,4 kg und wurde 1964 vor South Carolina aufgestellt. Seinen Namen verdankt er den tigerähnlichen Streifen, die bei Jungtieren am ausgeprägtesten sind. Mit zunehmendem Alter werden die Streifen zu Flecken und verschwinden dann fast vollständig. Der Tigerhai gilt als einer der gefährlichsten Menschenhaie. Wird wegen seines Kampfesmutes und seiner Ausdauer hoch geschätzt. Der Tigerhai ist an seinen hahnenkammartig gezackten Zähnen zu identifizieren, die nach hinten gebogen sind und an der Innenseite Kerben aufweisen.

Taktik vom Boot aus

Es gibt verschiedene Methoden, Haie zu angeln: Freelining mit lebendem oder totem Köder, Schleppfischen mit großen Kunstködern oder Fischen, Angeln mit einem lebenden oder toten Fisch, der unter einem Ballon oder Schwimmer befestigt wird, und Köderangeln in einer bestimmten Tiefe mit einem Downrigger. In jedem Fall ist ein Zwischenvorfach (Trace) aus starkem Draht erforderlich, das der Fisch nicht durchbeißen kann. Moderne Zwischenvorfächer sind eher aus Monofil als aus geflochtenem Material, um das Abnehmen des Fisches zu

RECHTS AUS EINER MISCHUNG AUS FISCHTEILEN UND KLEIE ENTSTEHT CHUM, DAS HAIE ANZIEHT.

GANZ RECHTS DIESER 90,72 KG SCHWERE KUPFERHAI KANN MIT DEM RICHTIGEN GERÄT VON DER KÜSTE AUS GEANGELT WERDEN.

erleichtern und die Korrosion des Vorfachteils zu verringern, das im Fisch verbleibt. Ein Stahlvorfach mit kräftigem Vorfachknoten ist ebenfalls unverzichtbar, weil die schmirgelpapierartige Haut, die aus kleinen, unschuldigen Schuppen besteht, für die Schnur ebenso tödlich ist wie die Zähne des Hais.

Ausrüstung und Köder

Zum Bezwingen der ganz großen Haie unter Verwendung schwerer Geräte (36,3 kg) in einem längeren Kampf sind Kampfstühle erforderlich; stehend mit Kampfgurt und Schultergurt ist die sportlichste und verbreitetste Variante, durchschnittliche Exemplare zu angeln. Am häufigsten werden Geräte zwischen 13,6 und 22,7 kg eingesetzt; mit der richtigen Technik lassen sich damit selbst Fische über 136 kg landen. Kurze, steife Ruten von höchstens 1,83 m Länge werden bevorzugt, weil sie einen größeren Druck auf den Fisch ermöglichen als längere, elastischere Ruten.

Die besten Köder für die meisten Haie sind lebende Fische, am wirkungsvollsten sind Blaubarsch, Makrele, Sardine und Bonito. Das Zügelsystem mit Zwillingshaken kann für einen lebenden Köder unter einem Schwimmer verwendet werden, während die Attraktivität einer Makrele an der Freeline durch das Abschneiden des Schwanzes erhöht wird.

Ködern mit Chum

Durch seinen feinen Geruchssinn spürt der Hai rasch das kleinste Blutströpfchen im umgebenden Wasser auf; dies wird von Haifischanglern beim Ködern mit sogenanntem Chum ausgenutzt. Mit Kleie und Fischöl versetzter Fischbrei wird als öliger Teppich ausgebracht, um Haie anzulocken – eine sehr wirkungsvolle Taktik. Für alle, die selbst keinen Chum herstellen können, verkaufen Angelgeschäfte es in tiefgefrorener Form. Das Chum wird in einen 20-Liter-Eimer mit Deckel und Löchern in den Seiten gefüllt und über die Bordwand gehängt.

Tipps

- Wenn Sie beim Ködern mit Chum eine Extrarute mit Köder bereithalten, können Sie sie sofort auf einen Fisch auswerfen, der in der Nähe des Bootes erscheint. So ein Köder wird manchmal als Wurfköder bezeichnet.
- Ein Stück Styropor ist der ideale Hai-Schwimmer. Wickeln Sie die Schnur so um den Schaum, dass sie sich ins Material gräbt; wenn Sie dann anschlagen, zerschneidet die Schnur das Styropor und der Schwimmer ist befreit!

Durch die natürliche Schaukelbewegung des Bootes wird das Chum beim Auftauen freigesetzt.

Markieren

Das Markieren von Haien zu Forschungszwecken hat sich in letzter Zeit mit zunehmender Verbreitung des Freilassens nach dem Fang und der Einsicht entwickelt, dass Haie von Überfischung bedroht sind. Am häufigsten wird heute die Pfeilmarkierung verwendet und führt zu besseren Kenntnissen über Verhalten und Gewohnheiten des Hais.

Haie in der Brandung angeln

Große Haie von der Küste aus zu fangen, ist eine der aufregendsten Arten des Angelns. Die besten Köder sind ein großes Filet oder Stück eines fettreichen Fisches wie Makrele, Bonito oder ein Meeräschenkopf, wenn kleine Fische weiche Filets zu schnell abfressen. Die kompakteren Köder sind auch leichter auszuwerfen, wobei die Wurfweite oft eine wesentliche Rolle spielt und noch mehr von der Tatsache beschränkt wird, dass eine Rolle mit großem Fassungsvermögen und eine kräftige Schnur verwendet werden müssen. Für einen ordentlichen Auswurf in die Brandung zu waten, ist an vielen Küsten eine unverzichtbare Taktik beim Haiangeln.

MEERAAL *(Conger conger)*

LINKS DIESER MEERAAL SCHEINT FÜR DAS TESTEN DER SCHNUR GESCHAFFEN ZU SEIN.

KENNZEICHEN
Langer, glatter Körper. Silbergraue Färbung mit schwarzem Rand, gepunktete Brustflossen.

GRÖSSE
Weibchen bis 3 m und 60 kg,
Männchen bis 1,5 m und 10 kg.

LEBENSRAUM
West- und Ostatlantik. Felsgebiete und Wracks, sie tummeln sich auch an Hafenmauern und Meeresriffen.

ANGELMETHODEN
Große, auf Grund ausgelegte Köder,
große Haken und starke Schnur.

KÖDER
Frische Makrelenflossen, kleiner Seelachs.

Der Meeraal hat den Ruf, bissig zu sein, dabei zieht er sich eher zurück, als zu kämpfen, und beißt nur, wenn Sie Ihre Hand in sein Maul halten. Große weibliche Fische kann man während der Sommermonate aus Tiefseewracks fischen, besonders im Ärmelkanal, was zur Verminderung der Küstenbestände geführt hat.

LINKS FRISCHE MAKRELEN SIND DER SCHLÜSSEL FÜR ERFOLGREICHES ANGELN VON MEERAALEN.

Frische Köder

Meeraale bevorzugen frische Köder, vor allem frische Makrelen aus dem Meer.

Ausrüstung

Beim Bootsangeln benötigen Sie eine schwere Ausrüstung und Gurtzeug. Nehmen Sie ein Vorfach mit 45 kg Tragkraft, um zu verhindern, dass die Aale die Schnur durchbeißen können. Die größten Fische erfordern Haken der Größe 6/0–12/0. Vermutlich befinden sich in vielen Wracks noch sehr große Meeraale, die mit dem oftmals zu leichten Gerät vieler Angler nicht gefischt werden können. Es soll in Wracks sogar Exemplare geben, die zu groß sind, um ihr Versteck noch verlassen zu können. An der Küste braucht man eine mittelschwere Ausrüstung, um über 4 kg schwere Fische aus ihren Unterschlüpfen in Felsen und Molenmauern herauszuziehen. Montagen aus einem Haken, an einem Draht oder einem starken monofilen Vorfach befestigt, sind ideal.

Grosse Plattfische

Plattfische lieben Schlamm, Sand und Sediment-Meeresböden. Sie liegen entweder auf ihrer linken oder rechten Seite und haben beide Augen nach oben gerichtet. Plattbutt und Steinbutt haben ihre Augen links, Scholle, Flunder, Kliesche und Seezunge rechts.

Heilbutt *(Hippoglossus hippoglossus)*

Der Heilbutt gehört zu den größten Plattfischen, die von Meeresanglern gefangen werden. Er ist ein typischer Raubfisch und ernährt sich fast ausschließlich von anderen Fischen. Am Haken liefert er einen außergewöhnlichen Kampf.

KENNZEICHEN
Riesiger, gefleckter, gestreckter Körper und großes Maul.

GRÖSSE
Bis 3,7 m und 290 kg.

LEBENSRAUM
Nordatlantik, Nordsee.

ANGELMETHODEN
Pilker oder Grundköder.

KÖDER
Pollack- oder Köhlerstücke.

Butt *(Familie Bothidae)*

Der Butt, auch Linksaugenflunder genannt, wird rund 11,3 kg schwer. In den wärmeren Zeiten des Jahres bewohnt er küstennahe Gebiete; dann sind mittelgroße ausgewachsene Tiere in den sandigen und schlammigen Gründen von Buchten, Häfen und entlang der offenen Küstenlinie zu finden. Junge Butte ernähren sich von Garnelen und anderen Schalentieren, während ausgewachsene Exemplare eine Vielzahl von Fischen fressen, darunter die kleine Winterflunder, Menhaden, Sandaale, Gabeldorsche, Ährenfische, Blaubarsche sowie Wirbellose wie Krebse, Tintenfisch und Sandgarnelen.

KENNZEICHEN
Schmutzig gelbe oder rote Flecken, an den Flossensäumen gut fühlbare Verdickungen, gut entwickelte Zähne.

LEBENSRAUM
Bevorzugt sandige Böden, besonders Sandbänke abseits der Küste.

ANGELMETHODEN
Treibangeln oder mit Anker oberhalb von Sandbänken.

KÖDER
Fisch- oder Tintenfischstücke. Besonders effektiv sind Kunstköder mit Naturköder.

Angelmethoden

Verwenden Sie leichte Ruten und geflochtene Schnüre für das Küstenangeln. Setzen Sie rot-weiße Bucktail Jigs mit frischen oder tiefgefrorenen Tintenfischstücken, Sandaale oder 10–12 cm große Fleischstücke von der Bauchpartie eines Blaubarsches als Köder ein.

RECHTS ALAN YATES MIT EINEM BUTT AUS MONTAUK, LONG ISLAND.

GEWÄSSER

FELSENKÜSTE

Im Gegensatz zu vielen anderen Angelarten bietet das Angeln an Felsenküsten einen entscheidenden Vorzug: Die Fische, die man dort antrifft, sind in der Regel größer. Hier begegnet man Arten wie Meeraal, Katzenhai, Kabeljau, Barsch und Lippfisch.

Der einzige Preis, den ein Angler für diesen Vorzug gelegentlich bezahlen muss, ist der Verlust von ein paar Bleien, Haken und Schnüren, ein Gedanke, der manche Angler abschreckt. Doch sind es oft ihre Unerfahrenheit und die fehlende Übung, die den Verlust der Ausrüstung verursachen.

Es gibt einige Grundregeln, die Sie beachten sollten, wenn Sie einen Haken in die Felsen werfen.

Die erste Regel lautet: Vielleicht bekommen Sie ihren Haken nicht mehr zurück – wenn Sie das stört, dann blättern Sie jetzt weiter.

OBEN DIE FELSEN GEBEN HINWEISE AUF DIE BESCHAFFENHEIT DES MEERESBODENS.

Tipps

- Präzise auszuwerfen ist oft wichtiger, als große Distanzen zu überwinden. Eine kleine Schlucht oder ein kleines Loch im Felsen sind die besten Stellen, um Fische zu finden. Prüfen Sie den Meeresboden möglichst bei Niedrigwasser.
- Krebse sind auf Felsen häufig aktiver und verschlingen Ihre Köder schnell. Nehmen Sie deshalb einen großen Köder mit Duftstoffen und große Haken, um sie abzuhalten.
- Stellen Sie sicher, dass Ihre Rute fest steht. Schon mancher Felsenangler musste erleben, wie ein großer Fisch seine unbeaufsichtigte Rute ins Meer gezogen hat.
- Überprüfen Sie Vorfach, Hauptschnur und sonstige Ausrüstung regelmäßig auf Schäden, und nehmen Sie immer Ersatzteile mit.
- Ein Gaff oder Netz ist wichtig, um große Fische beim Felsenangeln an Land zu holen, aber achten Sie darauf, wo Sie hintreten, und nehmen Sie sich Zeit.
- Einer der besten Sommerköder für Felsenbarsche sind große gehäutete Krabben.

Wenn Sie solche Kleinigkeiten nicht abschrecken, ist die nächste Regel, die richtige Ausrüstung zu benutzen: eine große, schnell einziehbare Multirolle, eine starke Rute und eine Schnur (mindestens 14 kg).

All das nützt jedoch nichts, wenn Sie die Montage langsam zurückziehen – dann verfängt sie sich auf dem Boden. Die Rute muss in einem Schwung gehoben werden und die Leine so eingerollt werden, als ob Ihr Leben davon abhinge.

Um ein Hängenbleiben mit dem Haken zu vermeiden, verwendet man Montagen mit einem einzelnen Haken. Denn je weniger Haken Sie benutzen, desto geringer ist die Gefahr, hängen zu bleiben.

Leichte Verbindungen

Sogar mit der robustesten Ausrüstung und der besten Technik werden Sie früher oder später einmal Schwierigkeiten bekommen. Pas-

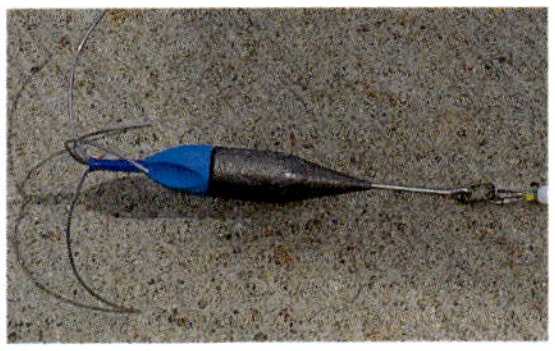

OBEN EIN SEHR EINFACHES SYSTEM, UM BEIM FELSENANGELN IM NOTFALL NICHT IHRE GANZE AUSRÜSTUNG ZU VERLIEREN. MIT DIESER LEICHTEN VERBINDUNG OPFERN SIE IM SCHLIMMSTEN FALL IHR BLEI.

LINKS UM EINEN GROSSEN FISCH ZU LANDEN, BENÖTIGT MAN EIN LANGES GAFF ODER EIN NETZ.

siert das, wenn Sie den Fisch Ihres Lebens am Haken haben, können Sie sich von dem Rekordfang verabschieden.

Um solche Schwierigkeiten zu vermeiden, sollten Sie ein System mit leichten Verbindungen einsetzen, dann verlieren Sie nur Ihr Bleigewicht. Sie erhalten dieses System in den meisten Angelfachgeschäften. Eine starke Schnur trägt beim Wurf das Blei. Sobald das System auf Grund liegt, tritt anstelle des Endabschnitts eine leichtere Schnur (7 kg). Diese reißt, wenn das Blei geschnappt wird, und lässt zugleich Ihr Vorfach intakt.

Einige der Verbindungen haben eine kleine schwimmende Nadel, die die starke Schnur beim Wurf in Position hält. Beim Eintritt in das Wasser schwimmt die Nadel heraus und gibt die leichte Schnur für das Blei frei. Ich bevorzuge das Perlensystem, da es kräftigem Wurf widersteht und sicher aufgeht. Eine kleine Perle gibt bedingt durch Luftdruck die leichte Schnur nach dem Wurf frei.

Sicherheit

Felsen und Algen können bei feuchtem Wetter tückisch sein, deswegen ist geeignetes Schuhwerk unerlässlich.

Viele Angler ziehen kräftige Stiefel an, die dem Knöchel Halt geben und rutschfeste Sohlen haben, andere nehmen lieber einfache Sportschuhe. Sie sind leichter, und die Füße können sich ihren Weg auf der Felsenoberfläche ertasten.

OBEN DAS ANGELN AN FELSENKÜSTEN BIETET DIE MÖGLICHKEIT, AUF GRÖSSERE FISCHE ZU TREFFEN.

Hüten Sie sich vor abgelaufenen Sportschuhen, die tödlich sein können. Gummi- und Watstiefel oder Wathosen sollten ebenfalls nicht in felsigen Gebieten getragen werden.

Angeln Sie niemals allein an einer Felsenküste, und informieren Sie jemanden darüber, wohin Sie gehen und wann Sie zurückkommen. Angeln Sie nie nachts, und halten Sie rechtzeitig Ausschau nach einem Weg, auf dem Sie bei ansteigender Flut zurückgehen. Achten Sie besonders an der Atlantikküste auf massive Dünungen. Jede siebte Dünung, sagt man, soll eine große sein, und das stimmt.

FLUSSMÜNDUNGEN

Flussmündungen an der Küste sind teilweise riesig. Millionen Liter von Süßwasser und Schlick werden an diesen Flussmündungen in das Küstenwasser gespült. In vielen Fällen hat der Schlick riesige Flächen von Salzmarschen, schlammigen Sandbänken und Wasserrinnen geschaffen.

Fischarten

An diesen Stellen, wo Meer- und Süßwasser zusammenkommen, leben einige Fischarten, die sich den besonderen Bedingungen angepasst haben. Meeräschen haben die einzigartige Fähigkeit, das in Brackwasser nur begrenzt vorhandene Futter zu nutzen. Sie kommen in ruhigen Meeresbecken vor, auch flussaufwärts in sauberem Süßwasser. Flundern und Aale sind ebenso Flussmündungsfische, die in Wasser mit geringem Salzgehalt überleben können, indem sie die Salzkonzentration in ihrem Blut den veränderten Wasserverhältnis-

Tipps

- Die meisten Flussmündungen bieten dank ihrer geschützten Untiefen einen Überfluss an Ködern. Mit einer Gabel können Sie viele der Köder ausgraben.
- Zu den besten Ködern in Flussmündungen gehören gehäutete Krabben und Hafenringelwürmer. Krabben sind wegen ihres Geruchs sehr wirkungsvoll und Würmer wegen ihrer überaktiven Schwänze.
- Für Flundern setzt man am besten eine Montage mit einem Bombenblei ein, das mit den Gezeiten wandert.

UNTEN DIE FLUNDER FINDET SICH OFT AN STELLEN, DIE VON ANDEREN FISCHARTEN GEMIEDEN WERDEN.

OBEN DIESER FISCH WURDE MIT EINEM BEKÖDERTEN BLINKER VON EINEM TREIBENDEN BOOT AUS GEANGELT.

OBEN PERLEN AM VORFACH LOCKEN DIE NEUGIERIGE FLUNDER AN. GELB UND WEISS SIND DIE BESTEN FARBEN.

sen anpassen. Einige andere Meeresfischarten, wie Barsch, Kliesche und Plattfisch, wagen sich an die Ränder des Brackwassers, die meisten aber bewegen sich nur bis zur Salzwassergrenze.

Flussmündungen sind oft ein Labyrinth von Sandbänken, Rinnen und Landstreifen. Sie sind häufig sehr schlammig und bei Ebbe sehr gefährlich, bieten aber den Fischen Schutz, die bei Flut hineinschwimmen. In manchen Flussmündungen folgen die Fische beim Eindringen des Meeres in den Fluss einer Uferseite und ziehen sich auf die gegenüberliegende Seite zurück, wenn das Wasser wieder ausläuft.

Der kundige Angler kann in diesen Gebieten alle Gezeiten hindurch Fische fangen. Die Süßwassermengen, die der Fluss bis zum Meer führt, bestimmen den Aufenthaltsort vieler Meeresfischarten, die nur bis zur Salzwassergrenze in die Flussmündung kommen.

Salz- und Süßwasser vermischen sich oft nicht, sondern bilden Schichten, sodass man von demselben Boot sowohl Meeresfische als auch einfache Süßwasserfische fangen kann, aber in unterschiedlichen Tiefen.

Angelmethoden

Ob Sie in der Flussmündung oder von der umliegenden Küste aus angeln, Ihre Ausrüstung muss immer an die ruhigeren Bedingungen angepasst werden. In Flussmündungen ist der Einsatz von leichter Strand- oder Bootsausrüstung angebracht. Eine Barsch- oder Plattfischrute mit einer 4,5-kg-Schnur und 60 g schweren Bleien ist ideal. Von der Küste kann sich eine Montage mit drei Haken (Größe 2) und gehäuteten Krabben oder kleinen Würmern als wirksam erweisen.

Stecken Sie auf das Vorfach ein paar Perlen, ziehen Sie die Köder ab und zu zurück, das kann Flunder, Aale, Köhler und in einigen Flüssen sogar Kabeljaue anlocken. Meeräschen kommen in vielen Flussmündungen vor und können mit leichter Pose oder Vorfach (3 kg) und Brot, Fisch, Krabben oder winzigen Ringelwürmern gefangen werden. In manchen Flüssen nimmt auch die Dünnlippige Meeräsche einen beköderten Spinner. Ein kleiner geblätterter Spinner, der mit einigen Hafenringelwürmern beködert ausgeworfen und langsam zurückgezogen wird, ist besonders fängig.

Angeln mit kleinen Booten

Beton-Ablaufbahnen, elektrische Winden, Vereinsgebäude und Jachthäfen haben das Angeln mit Booten zu einem besonders schnell wachsenden Zweig des Meeresangelns werden lassen. Beigetragen hat dazu auch der Rückgang der Fischbestände an den Küsten, der viele Angler veranlasst hat, selbst auf das Meer hinauszufahren. Schnelle Motoren, kompakte Navigationssysteme sowie solidere Ausrüstung haben die Fahrten einfacher und sicherer gemacht.

Das Angeln von kleinen Booten aus erfordert genaue Ortskenntnis. Man sollte Seekarten und Gezeitentafeln ohne Schwierigkeiten lesen können und großen Respekt vor dem Meer haben.

Betrachtet man die Kähne mancher Angler, so erstaunt die geringe Zahl der Unfälle, die sich ereignen. Ich rate jedem Anfänger, einem Bootsverein beizutreten und die Hilfe erfahrener Mitglieder in Anspruch zu nehmen. Vereine unterstützen Sie bei der Suche nach einem Liegeplatz für Ihr Boot, wenn Sie es nicht hinter dem Auto herziehen möchten. Der Aufwand, ein Boot vom Stapel zu lassen oder an Land zu ziehen, kann an solchen Liegeplätzen recht leicht bewältigt werden. Überdies können Sie in einem Verein viel Wissenswertes über das Bootsangeln, die besten Angelplätze, manche technische Geräte und vieles mehr erfahren.

Tipps

- Für Anfänger ist es zunächst durchaus sinnvoll, ein gebrauchtes Boot zu kaufen. Bei einem Glasfiberboot kann nicht viel kaputt sein, was man nicht auch sehen könnte.
- Viele Boots- und Segelvereine bieten Kurse in Navigation und sonstigen Seemannskünsten an. Für Anfänger lohnt sich die Teilnahme auf alle Fälle.
- Eine Versicherung für das Boot ist empfehlenswert. Es gibt einige Versicherungen mit Spezialpolicen für die Besitzer von kleinen Booten.

OBEN DIE MEISTEN KLEINEN FAHRZEUGE BESITZEN EINE KLEINE KABINE, DIE DEN KOMFORT DER ANGLER ERHÖHEN KANN.

LINKS EIN GUT AUSGESTATTETES BOOT MIT EINEM STARKEN MOTOR BIETET EIN HOHES SICHERHEITS- UND KOMFORTNIVEAU.

OBEN DREI MÄNNER AUF EINEM BOOT, EIN MAXIMUM FÜR KLEINBOOTE.

LINKS DIESER HUNDSHAI WURDE IN KÜSTENNÄHE GEFANGEN – EIN IDEALER ANGELPLATZ FÜR KLEINE BOOTE.

Wind und Sicherheit

Die Windstärke ist oft der entscheidende Faktor für das Bootsfahren. Ein starker, durch den Wind verursachter Seegang kann das Angeln sehr ungemütlich und gelegentlich sogar unmöglich machen. Meereswetterberichte sind heute sehr genau und verlässlich.

Für die Sicherheit auf dem Meer sollte man dem gesunden Menschenverstand folgen. Jedem Angler wird empfohlen, eine Rettungsweste oder Schwimmhilfe zu tragen oder mindestens dabeizuhaben.

Zur Sicherheitsausrüstung eines kleinen Bootes gehören eine Reihe von Fallschirmsignalraketen, Handfackeln und Rauchsignalen – fragen Sie die Küstenwache vor Ort nach den Bestimmungen.

Ein UKW-Radio-Kommunikationssystem für das Meer ist heute für jedes kleine Boot wichtig – für Notfälle oder um herauszufinden, was andere Angler fangen. Ein Handy kann zusätzlichen Komfort bieten, doch sollte man sich nicht nur darauf verlassen.

Ein weiteres wichtiges Gerät für die erfolgreichsten Angler ist ein Echolot. Damit lassen sich nicht nur Fische orten, sondern auch Informationen über Tiefe und Besonderheiten anzeigen.

Informieren Sie sich vor dem Kauf oder Anmieten eines Boots, ob für das Boot Führerscheinpflicht besteht – den müssen Sie dann erst erwerben, wenn Sie ihn nicht schon haben.

Windstärken

Der Maßstab für Windstärken ist die Beaufort-Skala:

0	Ruhig, spiegelglattes Wasser
Stärke 1	Leichter Luftzug, geringfügiges Kräuseln
Stärke 2	Leichte Brise, Wasser kräuselt sich leicht
Stärke 3	Sanfte Brise, Wasser kräuselt sich deutlich
Stärke 4	Mäßige Brise, kleine Wellen
Stärke 5	Frische Brise, mäßige Wellen
Stärke 6	Starke Brise, große Wellen
Stärke 7	Beinahe Sturm, brechende Wellen, Schaum
Stärke 8	Sturm, hohe Wellen
Stärke 9	Starker Sturm, hohe Wellen, Gischt
Stärke 10	Wirbelsturm, sehr hohe Wellen

WETTFISCHEN IN ENGLAND

LINKS EIN TYPISCHER WETTKAMPF, EINE GUTE GELEGENHEIT, ANDERE ANGLER ZU BEOBACHTEN.

RECHTS ALAN YATES MIT EINER FLUNDER VON 1,6 KG GEWICHT, GEFANGEN BEI LANGELAND, DÄNEMARK.

Wettkampfangeln oder Wettfischen ist in Deutschland aus Gründen des Tierschutzes seit Beginn der 1990er-Jahre nicht mehr gestattet. Lediglich auf Vereinsebene darf noch ein so genanntes Gemeinschaftsfischen mit einer begrenzten Zahl von Anglern durchgeführt werden, allerdings ohne Preisgelder und nur mit eingeschränkter Erfassung der Fangergebnisse. Anders verhält es sich in Großbritannien, wo sich das Wettkampfangeln einer zunehmenden Beliebtheit erfreut, vor allem in Küstengebieten.

Die meisten Wettkämpfe werden dort von Anglervereinen organisiert. Eine wachsende Zahl von Turnieren findet im Rahmen von Mannschaftswettkämpfen statt, die jährlich veranstaltet werden.

Die besten Angler erhalten ansehnliche Preisgelder, und insgesamt herrscht ein hoher Grad von Professionalität in den Spitzenbereichen dieses Sports.

Für das Wettkampfangeln benötigt man im Wesentlichen keine andere Ausrüstung oder Angeltechnik als beim normalen Freizeitangeln. Der Hauptunterschied besteht darin, dass der Wettkampfangler zu einer von den Organisatoren festgelegten Zeit angeln muss, gewöhnlich sind das zwar sehr gesellige Zeiten, doch nicht die besten Angelzeiten. Unter diesen Umständen muss der Angler eine andere und umsichtigere Herangehensweise entwickeln. Auf die Auswahl des Köders muss ein besonderes Augenmerk gelegt werden, und gute Kenntnisse über den Angelplatz sind unabdingbar.

Viele Wettkampfteilnehmer angeln zwar im Verlauf ihrer gewöhnlichen Angelsitzungen eine beachtliche Zahl von Fischen, während des Wettkampfs gehen sie jedoch leer aus. Oftmals, weil sie den Angelplatz und die Angelzeiten nicht richtig eingeschätzt haben. Wettkampfangeln ist eine ganz andere Herausforderung. Der Angler muss die Fische angeln, die zu dem bestimmten Zeitpunkt an dem festgelegten Angelplatz vorhanden sind.

Die Wettkämpfe werden in zwei verschiedenen Formen ausgetragen. Entweder wird eine bestimmte Fischart geangelt. Diese Turniere finden dann an einer langen Küstenstrecke zu Zeiten statt, die für die ausgewählte Fischart optimal sind. Oder der Angler fischt binnen

OBEN EINE TEILNEHMERIN DER CIPS-WELTMEISTERSCHAFTEN.

OBEN RECHTS ABWIEGEN DER FÄNGE NACH DEM TURNIER.

5–6 Stunden so viele Fische wie möglich. Sieger bei dieser Form des Wettkampfs, die weitaus populärer ist, wird der Angler mit dem höchsten Gesamtgewicht an Fischen.

Der Bewegungsraum der Wettkampfteilnehmer ist je nach Turnier sehr unterschiedlich. Bei einigen Wettbewerben dürfen sich die Angler über weite Strecken bewegen, während bei anderen die Sportler auf einen kleinen Angelplatz beschränkt sind.

Bei Wettbewerben im Bootsangeln durchziehen die Boote im Allgemeinen größere Gebiete. Doch gibt es gelegentlich auch Turniere mit kleinen Booten, bei denen nur in einem bestimmten Umfeld vom Boot gefischt werden darf.

Tipps

- In Deutschland ist das Wettkampfangeln verboten. Doch kann man in kleinen Gruppen gemeinschaftliche Angeltreffen organisieren, die keinen Wettkampfcharakter haben, aber viele Gelegenheiten zum Lernen bieten.
- Ein Angler kann Turniererfolg nicht erkaufen – die beste Ausrüstung nützt wenig, wenn es dem Angler an Wissen und Erfahrung mangelt. Harte Arbeit und Mühe sind die Schlüssel zum Erfolg bei großen Veranstaltungen, Glück hat hier nur einen sehr geringen Einfluss.

Wichtig für das Wettkampfangeln ist, die richtige Angelausrüstung zusammenzustellen. Sie muss leicht genug sein, um kleine Fische fangen zu können, aber auch stark genug, um große Fische zu landen.

Angehende Wettkampfangler sind in Großbritannien oftmals zunächst in einem Verein aktiv. Hier können sie sich mit erfahrenen Anglern messen und von ihnen wesentlich mehr lernen als in einsamen Angelstunden, in denen sie versuchen, allein ihre Angeltechnik zu verbessern.

Die Turniere haben sehr unterschiedliche Standards. Angefangen bei Wettkämpfen, die von kleinen Vereinen auf lokaler Ebene veranstaltet werden, bis hin zu sehr kostspieligen großen Veranstaltungen bieten sie dem interessierten Angler jede erdenkliche Form.

Wettkampfangeln ist eine weitaus aktivere Art des Angelns, als gemeinhin angenommen. Der Angler wirft nicht nur aus und wartet auf einen Biss. Er muss, um Erfolg zu haben, den besten Köder und die beste Montage ermitteln, indem er immer wieder das eine oder andere auswechselt, er muss die ideale Wurfweite finden und unterschiedliche Taktiken anwenden. Und er muss einen Blick für seine Konkurrenten haben. Erfolgreiche Methoden kann er übernehmen, weniger Erfolg versprechende dagegen am besten vermeiden.

Wettkämpfe können eine gute Gelegenheit sein, viel zu lernen und Erfahrungen zu sammeln. Sie bieten dem Angler viele Möglichkeiten, seine Angelkenntnisse zu vertiefen, da man unter Einsatz verschiedener Köder und Angeltechniken jede Fischart fangen muss.

Verbände und Vereine

OBEN MEERESANGLER-VEREINE NEHMEN SOWOHL BOOTS- ALS AUCH KÜSTENANGLER AUF.

Wo wäre das Angeln heute ohne die wichtigen Vereine und Interessensverbände? Das organisierte Angeln ist das Rückgrat und der Abwehrschild des Sports, wenn Lobbyisten des „unblutigen Sports" und andere Kritiker seine Existenz bedrohen. Wenn ein Ort für das Angeln gesperrt wird, eine Art bedroht ist oder Schwierigkeiten auftreten, wenden sich viele Angler selbstverständlich an die örtlichen Vereine oder die Verbände auf Landesebene, während sie sonst die Organisationen meiden.

Anglerverbände kümmern sich um die Vereinheitlichung von Regeln sowie um die Einhaltung von Mindestgrößen und Schonzeiten bei Fischen. Sie helfen dabei, Überfischungen von Gewässern zu verhindern und Streitfälle auszuräumen, sie lösen Probleme zwischen Anglern und Vereinen und agieren als Stimme der Angler in der Öffentlichkeit.

Doch ist die Neigung vieler Angler, einem Verein beizutreten, eher gering. Es herrscht eine gewisse Apathie im Umgang mit den Vereinen, ein großes Problem des Sports.

Das liegt sicherlich in der Natur des Angelns, das ein individuell ausgeübter Sport ist. Die größte Freude beim Angeln mit Rute und Schnur ist, alleine zu sein und die selbst gesteckten Ziele auf persönlicher Ebene zu erreichen. Wen kümmert der Rest?

Egal, ob Sie sie mögen oder hassen: Die Vereine und Verbände üben schon seit vielen Jahren eine wichtige Rolle aus, sie schützen

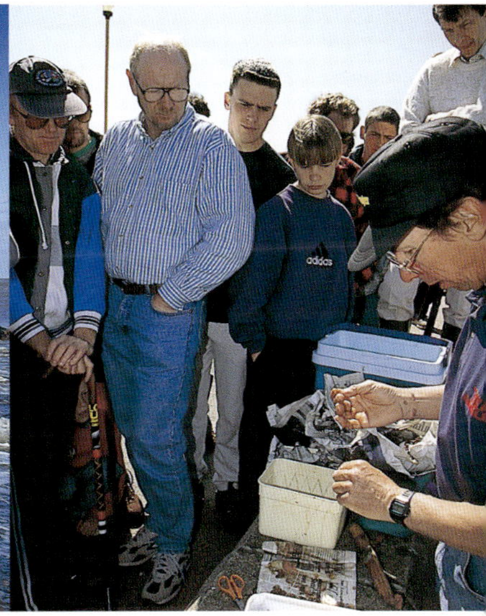

OBEN ANGLERVEREINE BIETEN VIELE VORTEILE, FÜR DEN INDIVIDUALISTEN EBENSO WIE FÜR DEN GESELLIGEN ANGLER.

OBEN RECHTS DER AUTOR, SELBST AKTIVES MITGLIED IN EINEM ANGLERVEREIN, ERKLÄRT KÖDERTECHNIKEN.

und überwachen unseren Sport. Regierungsstellen benötigen Verbände als Ansprechpartner und Kontaktstelle. Ich vertrete die Überzeugung, dass jeder Angler Mitglied in einem Verein sein sollte. Auf diesem Wege können seine Stimme und Meinung gehört werden.

Vereine erfüllen auch eine andere wichtige Funktion, sie fördern das Angeln unter jungen Menschen und sorgen so für Nachwuchs. Vereine sind hervorragende Institutionen, um sich das notwendige Angelwissen anzueignen. Gehen Sie ruhig los, und angeln Sie alleine, aber Sie lernen dann nur durch mühseliges Ausprobieren.

Wenn Sie einem Verein beitreten, profitieren Sie von den Erfahrungen anderer, die oft über Generationen gesammelt wurden.

Mitgliedschaft in einem Verein

Die Mitgliedschaft in den meisten Anglervereinen ist ohne Weiteres möglich. Viele Angler wählen einen Verein in ihrer Nähe oder einen, der ihnen erlaubt, eine besondere Art des Angelns auszuüben.

Bootsangler können sich einem Verein anschließen, der auf diese Sportart spezialisiert ist.

Die Dachorganisation der deutschen Angler ist der Deutsche Anglerverband in Berlin. In Österreich sind auf dieser Ebene der Verband österreichischer Arbeiter-Fischer-Vereine, der Österreichische Sport- und Fischereiverband und die Österreichische Fischereigesellschaft in Wien tätig und in der Schweiz der Schweizerische Fischereiverband in Bern.

Die Verbände sind nicht nur die Dachorganisationen von zahlreichen Landesverbänden, Vereinen oder Spezialverbänden, wie beispielsweise des Deutschen Meeresanglerverbands, des Verbands Deutscher Sportfischer e.V. oder des Handicap Anglerverbands in Deutschland, sondern sie stehen auch mit anderen nationalen Verbänden in Kontakt, sodass sich ein internationales Netzwerk von Anglerverbänden gebildet hat, von dem der einzelne Angler in vielerlei Hinsicht profitieren kann. So können über Vereine bespielsweise günstige Angelurlaube im Ausland gebucht werden.

Anglervereine sind in Deutschland an den meisten Gewässern aktiv. Der Angler benötigt an den entsprechenden Gewässern einen Angelschein, den er entweder durch die Mitgliedschaft oder durch eine Tages-, Wochen- oder Monatskarte erwerben kann.

Anglervereine bieten auch Schulungen für den Erwerb des Fischereischeins an, der eine wesentliche Voraussetzung für all jene ist, die an deutschen Gewässern angeln wollen.

Angelregeln

Die Etikette des Meeresangelns ist hauptsächlich eine Sache des gesunden Menschenverstands. Doch mag es einige Angler geben, die von Zeit zu Zeit daran erinnert werden müssen.

Der zahlenmäßige Anstieg der Wassersportarten hat dazu geführt, dass wir die Annehmlichkeiten am Wasser mit vielen anderen Menschen teilen. Angler müssen an Sommerstränden während der Hochsaison Kompromisse eingehen und auf andere Angler sowie Freizeitsportler oder Urlauber Rücksicht nehmen. Erfreulicherweise haben Sie dafür im tiefsten Winter viele Orte ganz für sich.

Doch wird immer deutlicher, dass die Meere für Menschen nicht nur wunderbare Freizeitmöglichkeiten bieten, sondern auch wertvolle Naturressourcen enthalten, die geschützt werden müssen.

Abfall ist ein großes Problem. Der Müll an der Küste wird oft Meeresanglern zugeschrieben. Er wird über Bord gekippt oder am Strand fallen gelassen, aber nicht nur von Anglern. Doch die Regeln lauten klar: Lassen Sie keinen Abfall liegen, und räumen Sie zur Not auch einmal den von anderen weg.

Verloren gegangene Ausrüstungsteile stellen besonders für Vögel, Tiere und andere Strandbenutzer eine Gefahr dar. Manchmal verschwinden Einzelteile im Sand und werden später zur Gefahr. Achten Sie daher stets darauf, die Einzelteile aufzusammeln.

Regionale Besonderheiten

An den meisten Gewässern in Deutschland darf man nur mit Fischereischein angeln. Zusätzlich benötigt man häufig für das betreffende Gewässer eine Angelberechtigung. Zuständig für die Regeln vor Ort sind die regionalen Anglerverbände und -vereine, die unter Umständen auch ein Maximum an Haken und Ruten pro Angler festlegen.

- Auf dem Fangplatz eines anderen Anglers breitet man sich nicht aus, ebenso lässt man keine Ausrüstungsteile in das Angelgebiet eines anderen treiben.
- Die Belegung von Anglerpositionen – sofern nicht ausgelost – erfolgt nach dem Prinzip: „Wer zuerst kommt, mahlt zuerst".
- Holt ein Angler einen großen Fisch an Land, gewährt man ihm Unterstützung und holt Schnüre aus dem Wasser, wenn sie stören.
- Das Wohlergehen der Fische ist überaus wichtig. Mit Fischen, die man ins Wasser zurücksetzt, geht man vorsichtig um, andere, die zum Essen dienen, tötet man zügig.
- Alle sollen ihre Freude am Angeln haben.

LINKS UND **GANZ LINKS** LEBENDE FISCHE VORSICHTIG VOM HAKEN ZU NEHMEN UND SOFORT WIEDER FREIZULASSEN, WENN SIE NICHT VERSPEIST WERDEN, IST SICHER NICHT LEICHT, DOCH FÜR MANCHE ARTEN ÜBERLEBENSWICHTIG.

NATURSCHUTZ

Die Schädigung der Meere ist bedauerlicherweise Realität. Viele Meere verlieren ihre Fischarten. Anders als auf dem Festland, wo der Rückgang des Nashornbestands weltweit für Schlagzeilen sorgte, stehen die Ozeane bei weitem nicht so stark im Interesse der Öffentlichkeit. Was unter Wasser passiert, ist unsichtbar und nur selten das Thema aktiver PR-Kampagnen.

Mittlerweile setzen sich viele Meeresangler sowie Verbände und Institutionen dafür ein, dass mehr von den lebend gefangenen Fischen wieder zurückgesetzt werden.

Wettkampfangler haben ein System entwickelt, bei dem die Fische gemessen und dann wieder ins Wasser gesetzt werden. Die Anzahl der Fische und die Menge an Ködern, die der Meeresumwelt entnommen werden dürfen, werden zunehmend begrenzt. Angler müssen sich nach gesetzlich festgelegten Mindestgrößen und Schonzeiten der Fischarten richten.

Den meisten Schaden richtet das Töten von ausgewachsenen Fischen an, nicht von den winzigen Fischen, die erst noch Laichgröße erreichen müssen.

Die wirtschaftlich wertvollen Arten sind am stärksten von Überfischung bedroht. In vielen Meeren sind sie schon ganz verschwunden, oder ihre Durchschnittsgröße ging erheblich zurück. Andere weniger wertvolle und nicht essbare Arten gedeihen dann oft in den neu entstandenen Nischen.

Unter diesen Umständen ist es zuweilen erforderlich, dass Meeresangler ihre Ziele und Ansprüche reduzieren. Die Küsten Europas und des Mittelmeers kann man sich dabei als schlechtes Beispiel vor Augen führen: Hier gibt es heute hauptsächlich nur noch kleine Fische. Ein Grund dafür sind Angler, die alles fischen.

Es bleibt zu hoffen, dass einzelne Angler, aber auch politische Entscheidungsträger die Wichtigkeit des Meeresangelsports als Freizeitvergnügen und als wirtschaftlichen Faktor begreifen und hoffentlich bald entsprechend handeln.

OBEN STEVE ALLMARK WIRFT EINEN AN DER KÜSTE GEFANGENEN GLATTHAI ZURÜCK. GIBT ES EINE GRÖSSERE FREUDE, ALS DEN FANG WIEDER UNVERLETZT WEGSCHWIMMEN ZU SEHEN?

RECHTS DER BESTAND AN GLATTROCHEN GEHT ZURÜCK, SODASS INZWISCHEN VIELE ANGLER SIE WIEDER FREILASSEN.

FLIEGENFISCHEN

Fliegenfischen wird von seinen Anhängern als Königin aller Angelkünste und -disziplinen gesehen. Das Auswerfen verlangt vom Angler einige Kunstfertigkeit, denn das einzige Gewicht ist die Schnur.

Aber auch die Fische – in der Regel Forelle oder Lachs, zunehmend auch Meeresfische – müssen davon überzeugt werden, eine künstliche Fliege aus Fell, Federn und Lametta zu nehmen. Die daraus folgende Schlacht ist immer atemberaubend, weil der Angler mit einem Fisch kämpft, der bei seinem Versuch zu entkommen, heftig Widerstand leistet und hoch emporschnellt. Es ist ein direkter Kampf zwischen Angler und Fisch, ohne ein Getriebe in der Fliegenrolle, das dem Angler einen technischen Vorteil verleihen könnte.

Die Geschichte des Fliegenfischens reicht Jahrhunderte zurück. Erstmals wurde die Methode von Claudius Aelianus im dritten Jahr-

UNTEN VIELE FLIEGENFISCHER LASSEN IHREN FANG – HIER EINE SCHÖNE BACHFORELLE AUS EINEM KALKSTEINFLUSS – WIEDER ZURÜCK INS WASSER.

GANZ LINKS GEZÜCHTETE REGENBOGENFORELLEN BIS 9 KG SIND KEINE SELTENHEIT.

LINKS EINE GEZÜCHTETE BACHFORELLE AUS EINEM FISCHTEICH.

hundert vor Christus beschrieben. Er berichtet von Fischern in Makedonien, die rote Wolle um ihre Haken wickeln und daran „zwei unter den Kehllappen eines Hahns wachsende Federn mit der Farbe dunklen Wachses" befestigen.

1496 erwähnt Dame Juliana Berners, die Äbtissin des Klosters Sopwell bei St. Albans in Hertfordshire, die Verwendung von künstlichen Fliegen an dem dortigen Fluss Ver. Das war 150 Jahre, bevor Izaak Walton das Forellenangeln an dem nahe gelegenen Fluss Lea in seinem Buch *The Compleat Angler* beschrieb. Waltons spätere Freundschaft mit Charles Cotton und ihre Erfahrungen auf dem Fluss Dove ergaben ein neues Kapitel in einer weiteren Auflage seines Buchs mit der Überschrift „Anleitung, wie man in einem sauberen Fluss nach Forelle oder Äsche angelt". Das moderne Fliegenfischen war geboren.

Der puristische Kult des Trockenfliegenfischens setzte im späten 19. Jahrhundert mit dem großen Angelautor F.M. Halford ein, der im 20. Jahrhundert von Koryphäen wie G.E.M. Skues und später Frank Sawyer fortgesetzt wurde. Skues erkannte, dass alle Forellen mehr Futter unterhalb der Oberfläche nahmen als darüber, und schuf eine neue Disziplin, das Angeln mit Nymphen.

Frank Sawyer baute auf der Pionierarbeit von Skues auf und entwickelte weltbekannte Muster, wie die Fasanenschwanz-Nymphe (Pheasant-Tail-Nymphe).

Modernes Fliegenfischen

In neuerer Zeit haben englische Angelautoren wie John Goddard, Brian Clarke und Richard Walker die Flussforelle und ihr Fressverhalten genauer untersucht, um dem Angler die sichersten Methoden und Fliegen an die Hand zu geben. Bis in die 1960er-Jahre, als die Öffnung einer Reihe von großen Stauseen im Süden Englands das Forellenfischen allen zugänglich machte, waren die Fliegen und Methoden für stehende und fließende Gewässer identisch. Dieser schnell wachsende Sportzweig brachte seine eigenen Gurus hervor: Angler wie Bob Church Arthur Cove und John Wadham, deren Fliegenmuster und Methoden immer noch nachgebaut werden und im Gebrauch sind. Die Revolution des Fliegenfischens ging jedoch weiter, da in immer mehr kleinen Seen, Teichen und Kiesgruben Netze geworfen wurden, um einfache Fische herauszuholen und Forellen anzusiedeln. Heute gibt es mehr kleine Forellenfischteiche als jemals zuvor. Zugleich wuchs die Zahl der prachtvollen Fliegen, und neue technische Entwicklungen brachten Veränderungen bei der Ausrüstung.

Neben der sportlichen Herausforderung, eine Fliege zu werfen, steht die künstlerische, die Fliege zu binden. Forellenfischteiche sind oftmals sehr schön gelegene Orte, und der Sport ist geselliger als Süßwasser- oder Meeresangeln. Das schönste aber ist, dass Sie Ihren Fang immer mit nach Hause nehmen können.

Dame Juliana würde den Sport heute wohl nicht mehr wiedererkennen. Aber befürwortet hätte sie ihn wohl in jedem Fall.

AUSRÜSTUNG

RUTEN

Fliegenruten haben sich, anders als die Ausrüstung für das Süßwasser- und Meeresangeln, im Laufe der Jahre kaum verändert. Der Fliegenangler von gestern könnte sich eine Rute von heute schnappen und sie glücklich auswerfen. Allerdings würde er einen Gewichtsunterschied bemerken. Während die Ruten vergangener Tage aus gesplisstem Rohr oder Greenheart-Holz sehr schwer waren, wiegt die moderne Kohlefaserfliegenrute nur noch 100 g.

Man unterscheidet nach dem Biegeverhalten der Rute unter Belastung, der sogenannten Aktion, verschiedene Rutenarten.

Ruten mit Spitzenaktion

Die stark verjüngte Rutenart ist leicht und steif, die Wurfaktion konzentriert sich auf den obersten Teil. Für Anfänger ist sie nicht sehr geeignet. Die Rute verlangt einen schnellen Wurf und kann mit einer engen Schnurschlinge über große Entfernungen geworfen werden, und zwar mit erstaunlicher Genauigkeit.

Ruten mit semiparabolischer Aktion

Die Aktion der meisten moderner Fliegenruten fällt unter diese Beschreibung. Hier biegt sich die Rute unter derselben Belastung bis ungefähr zur Mitte, was eine langsamere Aktion und eine breitere

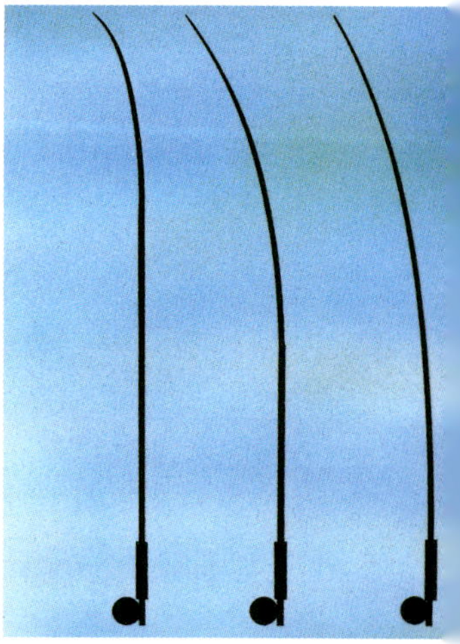

OBEN RUTEN MIT SPITZEN-, SEMI- UND VOLLPARABOLISCHER AKTION.

LINKS EINE RUTE MIT SPITZENAKTION SOLLTE GENUG RUTENZUG HABEN, UM EINER HART KÄMPFENDEN FORELLE WIDERSTAND ZU BIETEN.

OBEN LINKS EINE RUTE MIT VOLLPARABOLISCHER AKTION IST IDEAL FÜR DAS PIRSCHEN AUF KURZE ENTFERNUNG IN FISCHTEICHEN.

OBEN EINE RUTE MIT SPITZENAKTION IST PERFEKT FÜR DEN WEITWURF UND DAS ANGELN AUF GROSSE ENTFERNUNG. DIESER ANGLER ERMÜDET DIE FORELLE DURCH IHREN WIDERSTAND GEGEN DEN RUTENZUG.

Schnurschlinge erfordert – das fällt vielen Anglern leichter. Ein Angler mit durchschnittlichem Wurfvermögen wird mit dieser Rutenart genauso weit werfen können wie mit einer stark verjüngten Rute. Nur Experten, die die verjüngte Rute wirklich „hochkurbeln" können, kommen in den Genuss ihres maximalen Potenzials.

Die weichere Aktion der Rutenspitze funktioniert wie ein Stoßdämpfer, was die Verwendung leichterer Bleie erlaubt.

Ruten mit vollparabolischer Aktion

Die Rute mit vollparabolischer Aktion biegt sich bis zum Handteil. Sie wird noch von manchen Traditionalisten hauptsächlich für das Flussfischen mit Trockenfliege und Nymphe oder für das Angeln in tiefen Seen auf kurze Distanz eingesetzt.

Für weite Würfe ist sie nicht geeignet, aber ideal für den Rollenauswurf und für den Einsatz von Fliegen in der Nähe eines Boots. Sie kann kaum brechen, und das Herausziehen der Fliege aus dem Fischmaul stellt kein Problem dar, falls man die Rute zu schnell zurückgezogen hat. Allerdings ist diese Rutenart bei starkem Wind schwer ruhig zu halten.

AFTMA-Klassifizierungen

Eine Rute muss mit der richtigen Fliegenschnur kombiniert werden, damit sie die ideale Wurfweite erreicht. Beim Gebrauch von zu leichter Schnur reicht das Gewicht nicht aus, um die Rute zu laden. Mit zu schwerer Schnur wird die Rute überlastet.

Die Fliegenruten werden nach dem sogenannten AFTMA-System, das von der American Fishing Tackle Manufactures Association entwickelt wurde, klassifiziert. Jede Rute trägt auf ihrem Rumpf eine Nummer für das Schnurgewicht.

Die AFTMA-Nummern beschreiben das Gewicht einer Schnur in „grains", berechnet für die ersten 9 m (1 grain = 0,0648 g).

Länge

Flussruten sind üblicherweise kurz – 1,8–2 m, mit entsprechenden Schnureinteilungen von 2–6. Eine Rute mit dem Schnurgewicht 5 ist der Durchschnitt. Meist wird ein Kompromiss eingegangen mit mittlerem Schnurgewicht. Ruten für stehende Gewässer liegen bei 2,7–3 m, die beliebteste Länge in Europa ist 2,9 m. Amerikanische Angler bevorzugen eine kürzere Rute mit schwerer Schnur.

Für das Bootsangeln wird eine 3 m lange Rute verwendet. Eine Köderschnur ist meist schwerer, eine Trockenfliegenrute wird dagegen mit mittelschwerer Schnur geladen.

Ringe

Eine Fliegenrute kann hartverchromte zweibeinige oder mit einem einzelnen Steg angebrachte Ringe oder Führungen haben. Die stark verjüngten Ruten für den Weitwurf haben normalerweise Ringe, wie sie bei amerikanischen Ruten verwendet werden.

Rollen

Fliegenrollen sind beliebte Sammelobjekte. Alte Rollen von Firmen wie Hardy, Farlow und Allock bringen bei Versteigerungen Tausende von Euro ein. Die heutigen Rollen ähneln in vielerlei Hinsicht den alten Modellen, die nach dem einfachen Drehzapfen-Prinzip funktionierten. Heute gibt es dafür sehr leistungsfähige Zugsysteme mit Korken- oder Kohlefaserscheiben.

Die einfache Fliegenrolle ist ein Speicher für die Fliegenschnur. Die auszuwerfende Schnur wird von Hand abgewickelt. Durch das Zurückziehen oder Freigeben der Schnur wird mit den Fischen gespielt. Schwierig wird es bei dieser Angeldisziplin, wenn ein großer Fisch an die Leine geht. Die lose Wicklung der Schnur kann sich in einem Zweig oder im Boot verfangen, was unweigerlich den Verlust des Fisches zur Folge hat. Der heutige Forellenangler spielt mit seinem Fisch lieber direkt von der Rolle aus.

Anspruchslose Fliegenrollen haben einfache Bremssysteme, teurere dagegen aufwendigere Scheibenbremsen. Viele der amerikanischen Rollen sind mit einem sehr robusten Zug ausgestattet, um bei weichen Spitzen auch mit starken Fischen fertig zu werden.

Beliebte Rollen

Preisgünstig – Phantom Steena, Micra, Aventa, Aqua, Seapoint, Seawin.

Mittelklasse – Dream-Tackle SW, DreamTackle, Dreamrun, Balzer BVB, DAM TT, Shakespeare.

Hochwertig – Shimano Super X, Shimano Catala, Cormoran Concord, DAM Quick Exquisite, DAM Dura.

Eine gute Rolle braucht viel Platz für die Schnur, ein Gegengewicht, um das Flattern der Spulen zu minimieren, und einen breiten Rand, um die Spule anfassen zu können. Auch das Gewicht ist entscheidend, mit Aluminium kann das Gewicht erheblich reduziert werden, zum selben Zweck nehmen einige Rollenhersteller auch Veränderungen am Design vor.

Rollengröße

Wie schon die Schnur muss auch die Rolle zur Rute passen. Eine schwere, breitspulige Rolle auf eine leichte Flussrute zu setzen

RECHTS ZWEI AMERIKANISCHE FLIEGENROLLEN AUF DEM NEUESTEN TECHNISCHEN STAND.

GREY'S PLATINUM X

SCIERRA IC3

FINN-NOR.

macht keinen Sinn. Flussrollen bespult man mit Schnüren der Gewichtsklassen 2–6, und für kleine ruhige Gewässer nimmt man Schnurgewichte von 6–7. Rollen für Stauseen, Meeresforellen und Lachse erfordern einen viel größeren Spulenplatz, um Schnüre der Gewichtsklassen 8–12 oder sogar einen Schusskopf aufnehmen zu können. Die meisten Angler nehmen Ersatzspulen mit, die mit verschiedenen Schnüren geladen sind, sodass die Angler schnell Schnüre austauschen können.

SNOWBEE CLASSIC

Die richtige Nutzung

Stellen Sie immer sicher, dass Sie ausreichend Halteschnur auf der Rolle haben, bevor Sie die Fliegenschnur aufspulen. Die Nylonführung darf nicht unter die Aufwicklung der Fliegenschnur geraten, sonst verwickelt sie sich mit dieser und beschädigt die Fliegenschnur.

Manche Rollen haben eine Nut, an der man das Ende der Führung befestigen kann.

Überprüfen Sie beim Kauf einer neuen Rolle oder Rute, ob die Rollenlagerung zu Ihrem Rutengriff passt. Nicht alle passen zueinander. Lassen Sie preisgünstige Spulen nicht fallen, weil sich dabei das Gehäuse verziehen kann und sich die Spule dann nicht mehr ungehindert dreht.

Bevor Sie die Schnur anbringen, sollten Sie überprüfen, ob die Spule für rechts- oder linkshändigen Rückzug vorbereitet ist. Die meisten Spulen können schnell von einer Einstellung auf die andere verändert werden. Üblicherweise sind Spulen für das Aufwickeln mit der linken Hand vorbereitet, aber viele Angler bevorzugen es heute zu wechseln, sodass sie mit dem rechten Arm sowohl auswerfen als auch mit den Fischen spielen können.

Fliegenrollen für Salzwasser

Um der Salzkorrosion und dem Ansturm von großen Fischen, wie dem Thunfisch oder dem Atlantischen Segelfisch, widerstehen zu können, werden bei diesen Ruten die stärksten Materialien verwendet. Viele haben eine Rücklaufsperre, es kreist also nur die Spulenmitte. Das erlaubt dem Angler, die Zugkraft genau an der Stelle zu justieren, wo der Fisch die Schnur annimmt, während er die Rute laden und noch Schnur einholen kann. DAM TRX oder DAM Distance sind hochwertige Modelle.

Fliegenschnüre

Das Gewicht der Fliegenschnur reicht aus, um eine winzige, leichte Fliege bis zu 25 m oder noch weiter zu werfen. Fliegenschnüre gibt es in vielen Gewichtsklassen, Längen, Profilen, Dichten und Farben, die sowohl zu der jeweils benutzten Rute als auch zu Ihrer Angelmethode passen müssen. Um die richtige Schnur zu finden, wenden Sie sich am besten an ein qualifiziertes Angelfachgeschäft. Jeder Fachhändler wird den Anfänger bei der Auswahl der geeigneten Schnur für seine speziellen Bedürfnisse und Wünsche gerne beraten. Eine Auswahl von Schnüren verschiedener Stärken gehört zur Grundausstattung jeden Anglers.

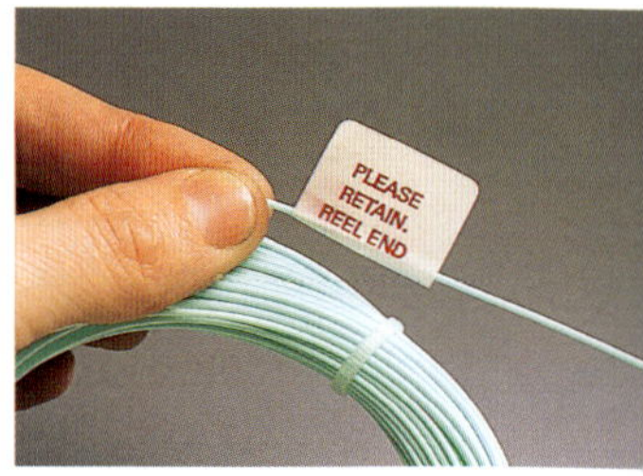

RECHTS DIE SCHNUR MUSS MIT DEM RICHTIGEN ENDE AUF DER ROLLE BEFESTIGT WERDEN.

Schnurgewicht

Das Schnurgewicht wird nach der AFTMA-Klassifizierung festgelegt. Die leichteren Schnüre der Schnurklassen 2–5 sind für kurze Würfe an Flüssen am besten geeignet, denn dort kommt es vor allem auf Feinheit und Genauigkeit an. Schwerere Schnüre der Klassen 6–9 eignen sich am besten zum Fischen in stehenden Gewässern, wo man größere Fliegen weiter werfen muss, oder zum Meerforellenfischen in schnell fließenden Flüssen. Schnüre der Gewichtsklassen 10 und 12 werden zum Lachsfischen oder zum Salzwasser-Fliegenfischen mit großen und schweren Fliegen verwendet.

UNTEN EINE SCHWIMMENDE KEULENSCHNUR.

Schnurprofil

Die ersten beiden Buchstaben auf der Herstellerverpackung geben das Profil der Schnur an, und zwar nach dem amerikanischen System. Im Normalfall ist das entweder eine Keulenschnur WF (= weight forward), eine doppelt verjüngte Schnur DT (= double taper) oder eine Schusskopfschnur ST (= shooting taper).

Das geläufigste Schnurprofil bei Fliegenfischern an stehenden Gewässern ist die Keulenschnur (WF), bei der sich das Gewicht der Schnur auf das vordere Ende konzentriert. Zu diesem Zweck ist das vordere Schnurende keulenartig ausgebildet. Mit diesem Schnurprofil kann man leicht große Wurfweiten erreichen.

Die Länge der Keule variiert je nach Art der Fliegenschnur. Bei einer Schnur für kurze Distanzen ist die Keule etwa 5,5 m lang. Bei einer Schnur, die beim Auswerfen große Reichweiten erzielen soll, kann der Keulenabschnitt bis zu 9,75 m lang sein. Die Gesamtlänge der Schnur selbst variiert zwischen 27 m und 32 m.

Der Schusskopf ist eine spezielle Schnur, bei der das schwere Schnurende zu einer feinen Schussleine aus geflochtenem Nylon verspleißt ist. Diese Schnur eignet sich nur zum Fischen auf große Reichweiten.

Angaben auf den Verpackungen

Neben dem Durchmesser der Schnur (Ø) sowie dem Gewicht (kg) finden sich auf den Verpackungen oft auch Angaben, für welchen Fisch die Schnur geeignet ist.

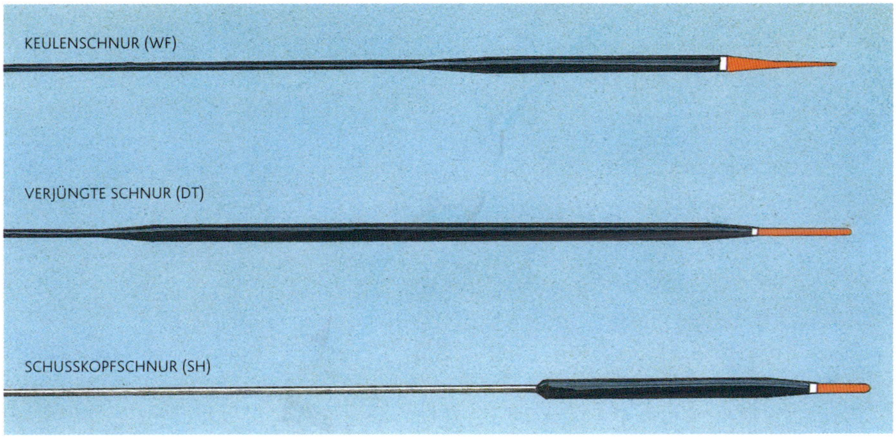

OBEN VERSCHIEDENE SCHNURPROFILE FÜR UNTERSCHIEDLICHE AUSWURFSTILE.

Beliebte Schnüre

Jubilee Sänger Sigma, Hypron Eco 12, Dreamline Energy, Carbon X Dynamic, Damyl Steelpower, Vision Extreme.

Schnurdichte

Sie haben die Wahl zwischen schwimmenden, schwebenden, langsam sinkenden, mäßig sinkenden und schnell sinkenden Schnüren, je nach Stimmung und Aufenthaltsort der Forellen. Im Idealfall sollte der Angler von jeder Schnurart eine in seiner Tasche haben.

Die meisten Angler beschränken sich allerdings auf die schwimmende Schnur, da sie sowohl beim Flussfischen als auch beim Angeln in stehenden Gewässern einsetzbar ist und die meisten Belange der Fischerei in unseren Breiten abdeckt. Schwimmende Schnüre sind farblich oftmals hell gehalten, was das Auswerfen und die Kontrolle der Schnur wesentlich erleichtert.

Konzentriert sich der Angler auf stehende Gewässer, ist einer schwebenden (Intermediate-) Schnur der Vorrang zu geben. Bei einem schnellen Rückschwung sinkt diese Schnur weit genug ab, um Ihre Fliegen dicht unter der Oberfläche zu belassen und den lästigen

UNTEN DIESE KEULENSCHNUR SINKT.

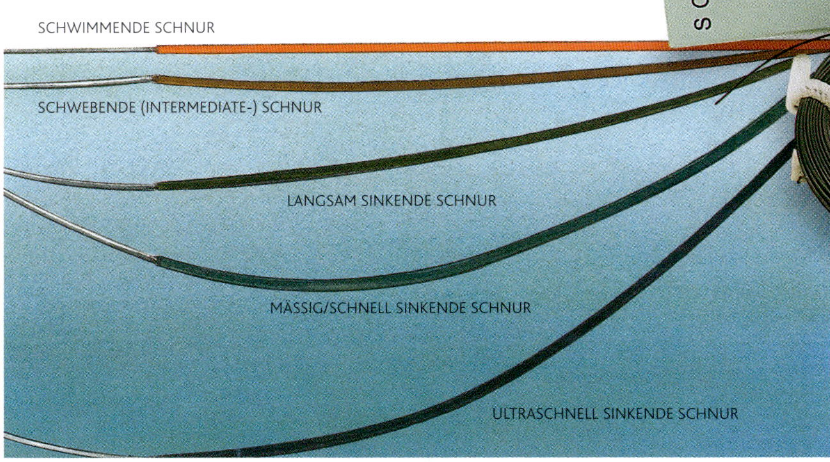

LINKS DIE SCHNURDICHTE BESTIMMT DIE GESCHWINDIGKEIT, MIT DER DIE SCHNUR SINKT.

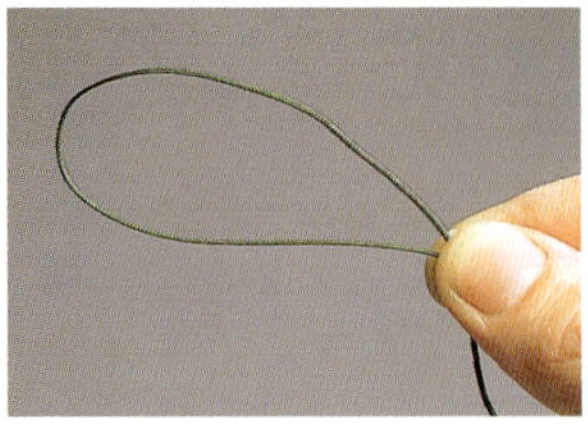

BEFESTIGEN SIE DIE HALTESCHNUR MIT EINER SCHLAUFE AN DER ROLLE.

Windeinfluss auszuschalten. Wenn Sie sie ein bisschen länger sinken lassen, können Sie die Fliegen in gerader Linie etwa 30 cm unterhalb der Wasseroberfläche einholen.

Die Auswahl der sinkenden Schnüre ist heute mit Sinkgeschwindigkeiten zwischen 2,5–18 cm pro Sekunde größer denn je. Und es gibt mittlerweile ultraschnell sinkende Schnüre.

Auch Schnüre sollten gepflegt weren. Wischen Sie sie regelmäßig mit einem sauberen, feuchten Tuch ab.

Schnurfarbe

Ursprünglich gab es nur weiße oder cremefarbene Schnüre, heute sind sie in einem breiten Farbenspektrum erhältlich. Viele dieser Farben erleichtern die Sichtbarkeit der Schnur für den Angler. Außer in Blau, Pfirsichfarben und Gelb kann man Schnüre auch in leuchtendem Orange und Grün erwerben. Sinkende Schnüre sind jedoch eher in dunkleren Farben gehalten, während schwebende (Intermediate-) Schnüre häufig farblos sind.

Tipp

Wenn Sie eine neue Fliegenschnur auf die Rolle aufkurbeln, sollte die Schnur in derselben Höhe von der Spule abgerollt werden, wie sie auf die Rolle aufgekurbelt wird, sonst verdrallt sich die Schnur. Bitten Sie eine zweite Person, einen Bleistift durch das Mittelloch der Plastikspule zu stecken und sie abzurollen, während Sie die Schnur auf Ihre Rolle aufkurbeln.

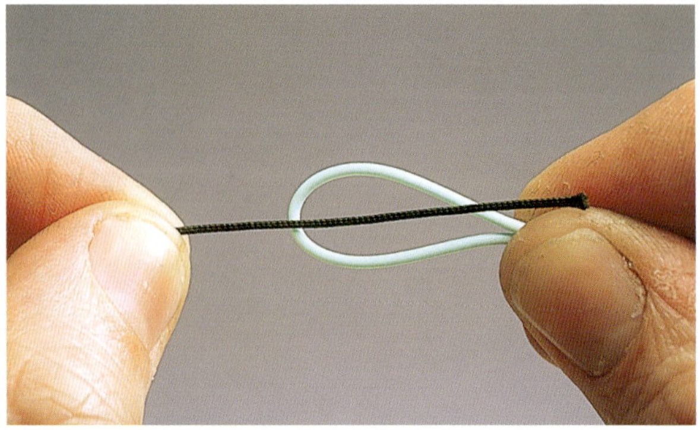

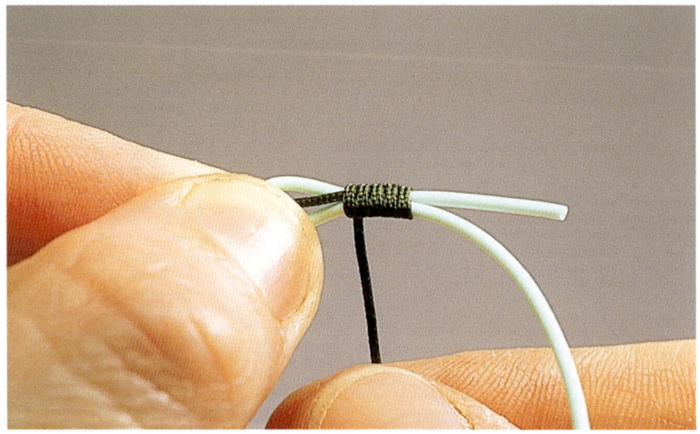

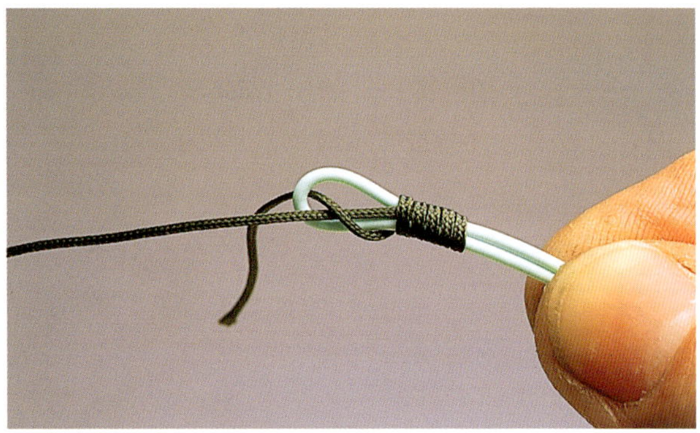

OBEN BEFESTIGEN SIE DIE HALTESCHNUR AN DER FLIEGENSCHNUR MIT EINEM NAGELKNOTEN ODER MIT EINEM SCHRUMPFSCHLAUCH UND SEKUNDENKLEBER.

Für den Anfang benötigen Sie keine hochwertige Fliegenschnur, es genügt eine gute, preiswerte Schnur, bei der die Halteschnur bereits inbegriffen ist. Sie brauchen mindestens 50 m, um sicherzustellen, dass die Rollenspule bis zum Rand bespult ist. Verbinden Sie die geflochtene Halteschnur mit der Fliegenschnur, entweder mit einem Schrumpfschlauch und einem Sekundenkleber (siehe Seite 179) oder mit einem Nagelknoten.

VORFÄCHER

Zwischen Ihrer Fliege und der Fliegenschnur benötigen Sie eine Nylonschnur oder eine geflochtene Schnur – das Vorfach. Es kann 0,3–6 m lang sein, je nach Angelmethode. Wichtig ist, dass sich das Vorfach vom Endstück, das mit der Fliegenschnur verbunden ist, bis zur Spitze (siehe Seite 180), dem Punkt, an dem die Fliege hängt, verjüngt. Diese Verjüngung stellt sicher, dass die Fliege sich am Ende des Auswurfs umdreht und langsam auf das Wasser senkt.

Knüpfen des Vorfachs

Früher wurde das Nylonvorfach mit einem Nagelknoten am Ende der Fliegenschnur befestigt. Man schob die steife Nylonschnur etwa 2,5 cm weit in den inneren Kern der Fliegenschnur und durch ein kleines Loch seitlich aus der Schnur wieder heraus. Dann wurde das Nylon mithilfe eines Nagelknotens fest mit der Fliegenschnur verbunden.

Das Aufkommen der Geflechtschlaufen, bei denen man die Fliegenschnur ganz einfach in das hohle Ende des Geflechts schiebt und sie dann mit einem eigens dafür vorgesehenen Schrumpfschlauch und einem Tropfen Sekundenkleber sichert, hat den komplizierten Nagelknoten weitgehend abgelöst. Trotzdem ziehen es manche Angler immer noch vor, das Ende der Fliegenschnur von der Umhüllung zu befreien und wie oben beschrieben am Vorfach zu befestigen.

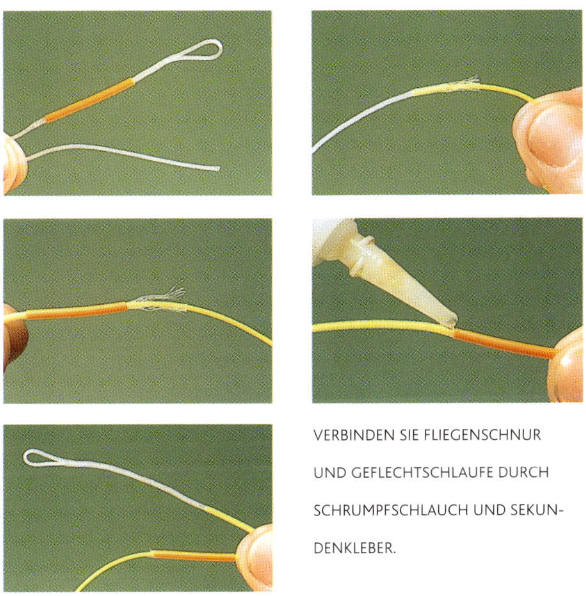

VERBINDEN SIE FLIEGENSCHNUR UND GEFLECHTSCHLAUFE DURCH SCHRUMPFSCHLAUCH UND SEKUNDENKLEBER.

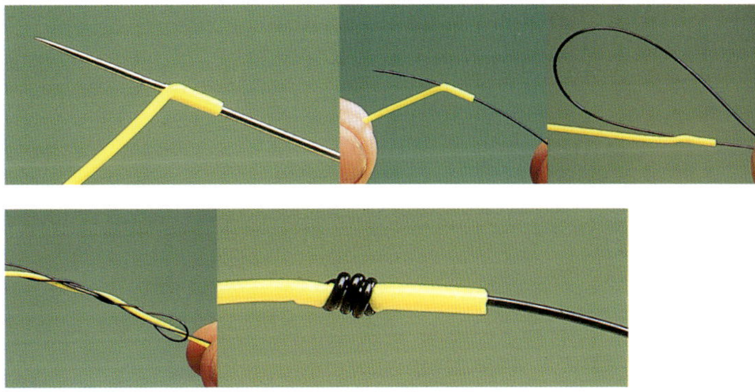

OBEN DER NAGELKNOTEN.

Zum Angeln an Stauseen reicht eine 4 m lange Nylonschnur mit einfacher Tragkraft, die an das schwerere Endstück der Fliegenschnur oder die Geflechtschlaufe angeknüpft wird. Eine bessere Köderpräsentation und weitere Würfe erreicht man jedoch mit einem verjüngten Vorfach. Dazu können Sie entweder ein fertig gekauftes Vorfach verwenden oder Ihr eigenes herstellen, indem Sie die Tragkraft beispielsweise von 4,5 kg schrittweise über 2,7 kg auf 1,8 kg reduzieren. Die einzelnen Schnurabschnitte werden durch doppelten Blutknoten oder Grinnerknoten miteinander verknüpft. Versuchen Sie nie, zwei Nylonschnüre von sehr unterschiedlicher Dicke miteinander zu verknüpfen – ein solcher Knoten hält nicht.

Ein verjüngtes Vorfach wird die Kräfte, die Sie ihm über die Rutenspitze geben, weiterleiten. Diese Kräfte setzen sich von der Rutenspitze durch Fliegenschnur und Vorfach bis zur Fliege fort, die sich glatt und sauber dreht.

Spitzen ansetzen

Bootsangler fischen gerne mit bis zu drei künstlichen Fliegen, die im Abstand von 1,5 m am Vorfach befestigt werden. Die Gesamtlänge des Vorfachs beträgt somit von der Fliegenschnur bis zur vordersten Fliege (Strecker) 4,5 m. Dieser Teil des Vorfachs wird mit einer Nylonschnur von einfacher Tragkraft (2,5 kg) gefertigt. Die Spitzen, an die die Fliegen geknüpft sind, befestigt man mit einem Wasserknoten an der Nylonschnur. Knotet man neue Nylonschnur an, wird das herabhängende lose Ende zur Spitze. Diese können anfangs etwa 15 cm lang sein, da aber immer wieder Fliegen abreißen und neue ange-

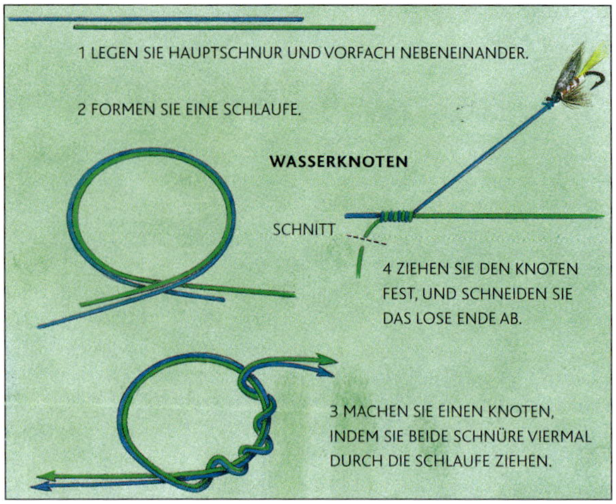

MIT DEM WASSERKNOTEN (**OBEN**) WERDEN DIE SPITZEN ANGESETZT, AN DENEN DIE FLIEGEN BEFESTIGT SIND. BOOTSANGLER FISCHEN OFT MIT DREI FLIEGEN AN DER SCHNUR, DIE IN ABSTÄNDEN VON 1,5 M AN DAS VORFACH GEKNÜPFT SIND. BENUTZEN SIE FÜR DIE SPITZEN IMMER DAS ENDE DER NYLONSCHNUR, DAS VOM VORFACH NACH UNTEN HÄNGT, UND SCHNEIDEN SIE DAS NACH OBEN GERICHTETE ENDE AB.

knüpft werden, kann die Spitze am Ende eines Angeltags auf die halbe Länge geschrumpft sein.

Benutzen Sie nie das nach oben zeigende Ende der Nylonschnur als Spitze. Es wird abreißen, sobald ein Fisch an den Haken geht.

Springer

Meist wird eine einzelne Fliege benutzt, aber manchmal ist es auch effektiver, mit zwei oder mehr Fliegen zu angeln, die am selben Vorfach befestigt sind. Bei dieser Methode können Fliegen verschiedener Größe, Farben oder Gewichte verwendet werden, und es kann in unterschiedlichen Tiefen geangelt werden. Der Angler kann die Wassersäule gründlicher absuchen, und zwar mithilfe von Springern – angeknoteten Seitenstücken am Vorfach, an denen die Fliege befestigt wird.

Wenn zwei Stücke Schnur entweder mit einem Grinnerknoten oder einem Wasserknoten mit vier Windungen verbunden werden, erhält man vier Enden. Die beiden langen Enden bilden das Vorfach selbst, während das kurze Ende, das zur Vorfachspitze zeigt, auf rund 0,15 m Länge gekürzt und die Fliege daran befestigt wird. Das andere kurze Ende, das zur Schnur hoch zeigt, wird entfernt – es sollte nie als Springer verwendet werden, da der Winkel, den es beim Anschlagen eines Fisches bildet, zum Reißen der Schnur führt.

Bei einer anderen Methode, einen Springer anzubinden, wird ein kurzes Stück Schnur an den Hakenbogen geknotet – so macht man es in Neuseeland. Beim Kombinieren einer großen Trockenfliege mit einer kleinen Nymphe mit Gewicht hilft die Trockenfliege nicht nur bei der Präsentation, indem sie die Nymphe auf der Dead Drift hält, sondern dient auch als Bissanzeiger, der unter der Oberfläche verschwindet, wenn ein Fisch anbeißt.

Bei dieser Methode kann auch eine große, schwere Nymphe verwendet werden, um mit einer kleineren, leichteren in einer Tiefe zu angeln, die sie allein nicht erreichen könnte.

Vorfächer-Arten

Die Zeiten des dunkel gefärbten Nylons als Vorfachschnur sind vorbei. Grünes oder farbloses Vorfachmaterial ist heute unter Anglern angesagt.

Vor ein paar Jahren wurde das Copolymer-Vorfachmaterial mit geringem Durchmesser und doppelter Tragkraft eingeführt. Ein Angler konnte nun mit einer Vorfachschnur fischen, die so dünn wie konventionelle 1,4-kg-Monofil-Schnur, aber so reißfest wie 2,7-kg-Monofil-Schnur war. Doch statt den Vorteil der besseren Tragkraft zu nutzen, entschieden sich die meisten Angler für die Schnüre mit den geringsten Durchmessern, da sie für Fische fast unsichtbar sind.

Die dünne Copolymer-Schnur ist bei Sonnenschein und klarem Wasser eine gute Wahl, besonders wenn nur eine Trockenfliege benutzt wird. Allerdings knickt sie leicht und muss häufiger ausgewechselt werden als konventionelles Monofil-Material.

Mittlerweile gibt es ein neues Material, Fluorocarbon, das in der Vorfach-Fabrikation alle anderen überflügeln könnte. Aufgrund seiner Licht absorbierenden Eigenschaften soll es im Wasser unsichtbar sein. Genau wie Nylon-Vorfächer mit doppelter Tragkraft darf Fluorocarbon nie an konventionelles Nylon angeknüpft werden.

Knoten

Der halbe Blutknoten oder Clinchknoten eignet sich zum schnellen und einfachen Anknüpfen von Haken. Er bietet einen sicheren Halt insbesondere bei höherer Tragkraft, kann sogar noch sicherer gemacht werden, indem man die Schnur vor dem Festziehen ein zweites Mal durchzieht. Diese Version heißt auch gesteckter halber Blutknoten.

Beim Grinnerknoten wird eine Schlaufe gebildet, und die Schnur wird vier- bis fünfmal hindurchgewickelt und dann festgezogen. Dadurch ist er außergewöhnlich sicher und hat eine hohe Knotenstärke

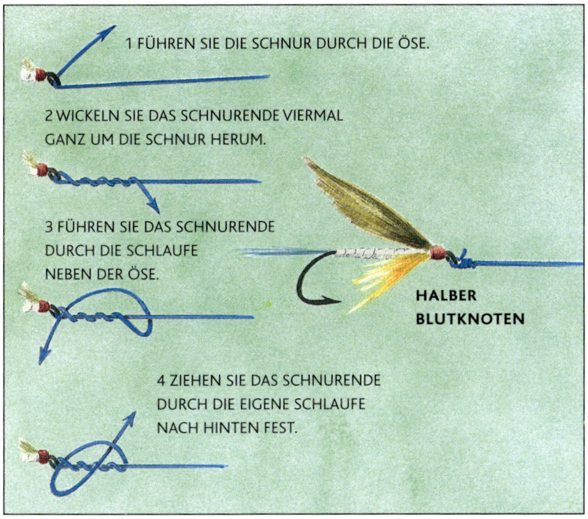

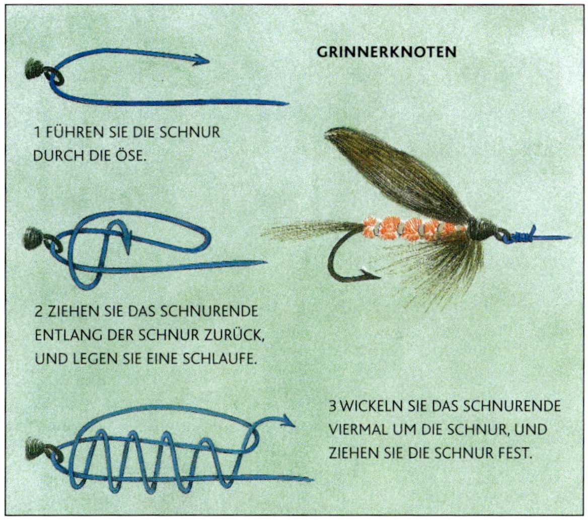

DER GRINNERKNOTEN (**OBEN**) ODER DER HALBE BLUTKNOTEN (**LINKS**) SIND BESONDERS FÜR DAS ANKNÜPFEN VON FLIEGEN AN DAS VORFACH GEEIGNET. VERKNOTET MAN NYLONSCHNÜRE, SOLLTE MAN DIESE ZUNÄCHST BEFEUCHTEN UND DANN DEN KNOTEN LANGSAM ZUZIEHEN, DAMIT DIE SCHNUR NICHT BESCHÄDIGT WIRD. DIE SCHLINGEN SOLLTEN FEST UND ORDENTLICH NEBENEINANDER SITZEN, DANN HÄLT IHR KNOTEN EINEN FISCH SICHER AM HAKEN.

– ideal für Schnüre jeden Durchmessers, besonders sehr dünnen, die aus anderen Knoten oft herausrutschen.

Der Schildkrötenknoten wurde speziell zum Anknüpfen eines Hakens an die Schnur entwickelt und funktioniert besonders gut mit Lachshaken (Öse oben). Die Schlaufe wird hinter dem Kopf der Fliege festgezogen, die Schnur geht durch die Öse. Der Knoten befindet sich daher in einer Linie mit dem Hakenschenkel und verhindert damit ein mögliches Drehen.

Zwei Stück Schnur lassen sich auch mit dem doppelten Grinnerknoten, dem Blutknoten und dem Wasserknoten verbinden. Jeder hat seine Vorteile, wobei der doppelte Grinnerknoten und der Wasserknoten allgemein als die mit der besten Knotenstärke gelten. Beim Grinner- und beim Blutknoten werden auf jeder Seite der Verbindungsstelle vier oder fünf Windungen geschlagen, beim Wasserknoten jedoch, da die beiden Stücke miteinander verwunden werden, nur drei oder vier.

Zum Schluss ein Tipp: Feuchten Sie den Knoten vor dem Festziehen immer an, damit die Reibungshitze die Schnur nicht beschädigt. Denken Sie außerdem daran, die Knotenstärke vor dem Auswerfen mit festem, gleichmäßigem Zug zu prüfen.

Länge des Vorfachs

Die Länge des Vorfachs kann stark variieren und hängt sowohl von der angewandten Methode als auch vom beangelten Gewässer ab. So wird ein kürzeres Vorfach eher bei windigen Bedingungen eingesetzt, wenn das Wasser leicht getrübt ist, als bei ruhigem, klarem Wasser.

Sind die Fische in einem stehenden Gewässer sehr wählerisch, sollten Sie es mit einem längeren Vorfach (bis 8 m) versuchen. An einem Fluss darf das Vorfach aber nicht länger als 3 m sein. Für Futter suchende Fische müssen Sie die Fliege sehr genau führen können, dafür benötigen Sie ein kurzes Vorfach von 2,5–3 m Länge. Die durchschnittliche Vorfachlänge im Stausee beträgt ungefähr 5 m.

Tragkraft des Vorfachs

Testen Sie grundsätzlich Ihre Nylonschnur, bevor Sie ein neues Vorfach bauen. Es könnte die ursprüngliche Tragkraft verloren haben. Ohnehin zahlt es sich aus, die ersten 30 cm stets wegzuwerfen. Beim Flussfischen müssen Sie vielleicht die Tragkraft auf 1 kg reduzieren, während in den meisten stehenden Gewässern Schnüre mit einer Tragkraft von etwa 2 kg den besten Kompromiss zwischen Leichtigkeit und Sicherheit darstellen. An einem rauen, windigen Tag in trübem Wasser, wenn die Fische eine schwere Schnur nicht bemerken, kann ein Angler ohne weiteres ein Vorfach mit größerem Durchmesser benutzen, das nicht so leicht knickt oder beschädigt wird wie die Schnüre mit geringerem Durchmesser.

Zubehör

OBEN WÄHLEN SIE IHR ZUBEHÖR MIT BEDACHT AUS, UM SICH NICHT MIT SCHWEREM GEPÄCK ZU BELASTEN.

Das Schöne am Fliegenfischen ist, dass man mit sehr leichtem Gepäck reisen kann. Ein paar Utensilien sind aber für den Erfolg eines Angeltags entscheidend, und diese sollten Sie immer dabeihaben.

Sonnenbrille

Gehen Sie nie ohne Sonnenbrille zum Fliegenfischen. Sie können damit nicht nur Ihre Augen vor Haken schützen, die durch die Luft schwirren, sondern Sie schonen auch Ihre Augen beim stundenlangen Starren auf glitzerndes Wasser. Und wenn Sie am Fluss fischen, können Sie mit einer Polarisationsbrille Fische unter Wasser ausmachen, die Sie sonst gar nicht sehen würden. Hängen Sie sich die Brille stets mit einer Kordel um den Hals, dann kann sie nicht verlegt werden oder verloren gehen.

Fischtöter

Zum schnellen und sicheren Töten der gefangenen Fische brauchen Sie einen sogenannten Fischtöter. Der Fischtöter hat einen schweren Messingkopf, mit dem der Fisch durch einen Schlag auf den Hinterkopf getötet wird. Benutzen Sie keine Stöcke, Steine oder Ähnliches, um Ihre Fische zu töten. Ein solches Vorgehen kann für die Fische qualvoll sein.

Löffel

Mit einem Löffel, wie er oft in den Griff des Fischtöters eingearbeitet ist, können Sie die letzte Mahlzeit der erlegten Forelle begutachten. Schieben Sie der Forelle einfach den kleinen Löffel durch den Schlund in den Magen, drehen Sie ihn einmal um, und ziehen Sie ihn wieder heraus. Dann haben Sie die Überreste der Mahlzeit auf dem Löffel. Das Identifizieren der halb verdauten Insekten könnte für den unerfahrenen Angler allerdings nicht ganz leicht sein.

Schere

Eine Schere ist unerlässlich, um Vorfächer zu schneiden oder Fliegen auszuwechseln. Stecken Sie sie in die Tasche Ihrer Weste, oder hängen Sie sie an einen Befestigungsclip, um sie jederzeit griffbereit zu haben.

Zange

Manchmal ist es schwierig, eine Fliege aus einem Forellenmaul zu entfernen, besonders wenn der Fisch sie geschluckt hat. Eine lange, zugespitzte Zange ist hilfreich, um die Fliege zu retten und die Forelle schnell abzuhaken.

Kühltasche

Wenn Sie wirklich frischen Fisch essen wollen, dann gehört zu Ihrer Grundausrüstung eine Kühltasche mit den zugehörigen Gefrierelementen. So können Sie gefangene Fische lange frisch halten.

Flotant

Zum Trockenfliegenfischen braucht man ein sogenanntes Flotant, ein Schwimmpräparat für Fliegen, das es in vielen verschiedenen Formen zu kaufen gibt. Flussangler ziehen oft Sprays vor, während Angler an stehenden Gewässern ein Gel benutzen. Verwenden Sie es sparsam.

Sinkant

Genauso wichtig wie Flotant ist eine Paste, die Fett und Schmiere vom Vorfach entfernt, damit es den Oberflächenfilm des Wasser durchschneiden und sinken kann. Beim Trockenfliegen- oder Nymphenfischen müssen Sie das Vorfach unter Umständen mehrmals täglich entfetten.

Bissanzeiger

Bissanzeiger sind an Flüssen seit vielen Jahren in Gebrauch. Dabei kann es sich um einen kleinen leuchtenden Wollfaden handeln, der am Vorfach befestigt ist, ein kleines selbstklebendes Styproporstück oder schwimmende Knetmasse, die leuchtend gefärbt ist und auf das Vorfach geknetet wird. Egal, für welche Methode Sie sich entscheiden, es wird Ihnen den Biss einer Forelle anzeigen, den Sie sonst vielleicht nie bemerken würden. Sie können auch elektronische Geräte verwenden.

Reserveschnur

An manchen Angeltagen müssen Sie Ihr Vorfach mehrmals neu knüpfen. Daher sollten Sie immer mehrere Reservespulen mit monofiler Schnur von unterschiedlicher Tragkraft dabeihaben. Für Fliegenfischer werden sie im Normalfall in 25- und 50-Meterspulen angeboten.

Fliegenboxen

Quälen Sie sich nicht mit gigantischen Fliegenboxen herum, die vollgestopft sind mit allen Fliegensorten, die Sie besitzen. Sortieren Sie Ihre Fliegensorten nach Trockenfliegen, Nymphen, Nassfliegen, Kunstköder und Ähnlichem, und verstauen Sie sie in kleinen Boxen, die Sie in Ihre Westentaschen stecken können.

Kescher

Kescher gibt es in vielen Formen und Größen, von riesigen Tragnetzen, die an einem Lederriemen um die Schulter gehängt werden, bis hin zu kleinen Klappkeschern für das Flussfischen, die man an die Weste hängen kann. Bootsangler benutzen lieber einen größeren, nicht klappbaren Kescher mit langem Stiel. Unabhängig davon, welchen Kescher Sie kaufen, das Netz sollte keine Knoten haben, damit der Fisch darin im Wasser bleiben kann, ohne sich zu verletzen, wenn Sie ihn wieder aussetzen.

Tasche

Für Ihr Angelzubehör brauchen Sie eine Tasche. Es gibt zahllose Angeltaschen auf dem Markt, darunter auch einige überdimensionierte für das Bootsangeln. Entscheiden Sie sich für eine gut verarbeitete, wasserdichte Tasche, die bequem zu tragen ist, und achten Sie darauf, dass sie genügend Seitentaschen hat, um all Ihre Extras bequem verstauen zu können.

UNTEN EINE GUTE SCHERE SOLLTE MAN IMMER DABEIHABEN.

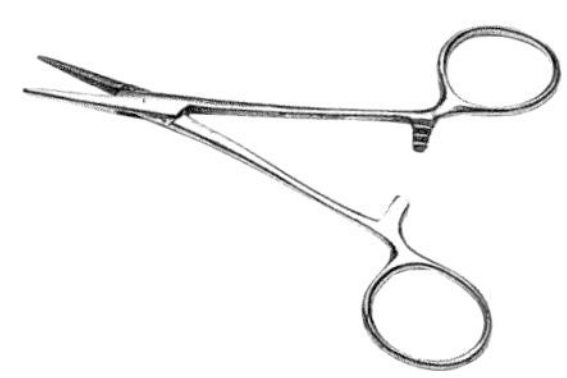

OBEN EINE SONNENBRILLE IST UNERLÄSSLICH.

RECHTS BENUTZEN SIE STETS EINEN KESCHER MIT EINEM NETZ OHNE KNOTEN, DAMIT DIE FISCHE SICH NICHT VERLETZTEN.

Bekleidung

Die Kleidung des modernen Fliegenfischers hat sich in den vergangenen Jahren sehr zum Vorteil des Anglers verändert. Die herkömmliche beschichtete Baumwolljacke und Tweedkleidung wurden durch leichtgewichtige Kleidung aus atmungsaktiven Hightech-Geweben, die zunächst für die hohen Anforderungen von Seglern und Bergsteigern entwickelt worden waren, ersetzt.

Hut

Gehen Sie nicht ohne einen Hut mit Krempe zum Fliegenfischen. Er hält nicht nur freche Fliegen davon ab, sich auf Ihrem Hinterkopf einzunisten, sondern schützt auch Ihre Augen vor Gegenlicht und verbessert damit die Sicht. Der Fliegenfischer von heute trägt oft eine Baseball- oder Ruderkappe mit ultralangem Schild.

Weste

Die moderne Weste ist ein unverzichtbares Kleidungsstück für den Fliegenfischer. Darin lässt sich fast alles unterbringen, was Sie benötigen. Gummizugtaschen an der Vorderseite bieten Platz für Ersatzspulen, zusätzliche Fliegenboxen, Vorfächer, Fischtöter und Ähnliches. In den hinteren Taschen können Sie Ersatzrollen oder sogar Forellen unterbringen. Alle haben einen D-Ring oder Clip, an dem Sie auch Ihren Kescher befestigen können. In den Sommermonaten können Sie kurze Watwesten aus ultraleichtem atmungsaktivem Material tragen.

Mantel

Ein Fischermantel muss stets wasserdicht sein. Ob der Mantel tatsächlich wasserdicht ist, merkt man erst, wenn man am Ufer steht und ein Wolkenbruch herunterprasselt. Früher trugen Fliegenfischer wachsimprägnierte Baumwollmäntel, um trocken zu bleiben. Die Imprägnierung dieser Mäntel lässt mit den Jahren jedoch nach. Heute ersetzen Hightech-Materialien wie Goretex die wachsimprägnierte Baumwolle. Eine Kapuze ist wichtig, sie sollte Ihren Kopf ordentlich beschirmen.

OBEN EINE WESTE MIT TASCHEN, DIE FAST DAS GESAMTE ZUBEHÖR AUFNEHMEN KANN.

GANZ OBEN EINE GUT SITZENDE KAPUZE HÄLT KOPF UND HALS ANGENEHM TROCKEN.

UNTEN EIN WASSERDICHTER FISCHERMANTEL.

LINKS EINE SCHIRMMÜTZE SCHÜTZT VOR GEGENLICHT.

WATSTIEFEL GIBT ES IN VIELEN AUSFÜHRUNGEN UND LÄNGEN, HIER EINE BRUSTHOHE LEICHTE WATHOSE (**OBEN LINKS**) UND WATSTIEFEL, DIE BIS ZUM OBERSCHENKEL REICHEN (**OBEN**).

LINKS DIE MODERNE ATMUNGSAKTIVE, WASSERUNDURCHLÄSSIGE KLEIDUNG IST BEQUEM UND HÄLT DEN ANGLER TROCKEN.

Fleece

Moderne Fleecestoffe haben den altmodischen Wollpullover abgelöst. Einige Firmen haben sich auf Bekleidung für Angler konzentriert und komplette Monturen entworfen: Ein Unterhemd aus Kunstfasern, das die Körperfeuchtigkeit aufsaugt, wird unter einem schweren Flanellhemd und einem Polarfleece-Pullover getragen. Über dem gesamten Outfit zieht man eine kurze Jacke oder eine Watweste an.

Wathosen und Watstiefel

Wathosen aus Neopren werden heute von vielen Flussanglern bevorzugt. Selbst wenn der Angler nicht im Wasser steht, kann er sich mit Wathosen auch an feuchten Ufern hinsetzen und trotzdem warm und trocken bleiben. Da Wathosen aber an einigen stehenden Gewässern nicht erlaubt sind, können auch herkömmliche Watstiefel aus Gummi, heute Neopren, verwendet werden. Neoprenstiefel sind warm, windundurchlässig, angenehm und robuster als Gummistiefel.

OBEN POLARFLEECE HÄLT SIE IN DER SCHLIMMSTEN KÄLTE WARM.

Je dicker die Neoprenschicht ist, desto teurer sind die Watstiefel und -hosen. Im Sommer können diese zu heiß werden, dann sollte man auf leichtgewichtige, atmungsaktive Wathosen ausweichen, wie sie mittlerweile einige Hersteller anbieten.

Filzsohlen, die in Flüssen mit hartem Untergrund viel Komfort bieten, werden im Schlamm oder auf nassem Gras rutschig. Je nach Angelplatz sollten Sie daher lieber zu Schuhen mit guten Gummiprofilen greifen.

Nieten auf den Sohlen sind bei schneller Strömung oder auf rutschigen Felsen sinnvoll, da sie die Schuhe griffiger machen.

Stiefel

In einem Boot Wathosen oder Watstiefel zu tragen, ist selbstredend sehr gefährlich. Mit den herkömmlichen kniehohen Gummistiefeln bleiben Sie aber auch trocken. Manche ziehen zum Bootsangeln lieber Wanderstiefel an.

Rettungshilfen

In einigen Fischfanggebieten wird Anglern das Tragen von Schwimmwesten empfohlen. Eine sehr praktische und weitverbreitete Schwimmweste ist die leichte Rettungsweste, die einfach über den Kopf gezogen wird. Fällt der Angler ins Wasser, bläst sie sich automatisch auf.

FLIEGEN

NATÜRLICHE INSEKTEN

Die Kunst des Fliegenfischens beruht auf der Imitation der natürlichen Nahrung von Fischen. Für die unterschiedlichen Forellenarten ist die Auswahl beinahe grenzenlos. In diesem Kapitel finden Sie einige der wichtigsten natürlichen Nahrungsquellen der Forelle, die von Anglern mit ihren künstlichen Fliegen kopiert werden.

Fliegen mit aufwärtsgerichteten Flügeln

(Ephemeroptera)

Diese Fliegen, wohl die wichtigste Fliegenordnung für den Flussfischer, sind die einzigen, die zwei große aufwärtsgerichtete Flügel und 2–3 große Schwanzfäden besitzen; sie haben unterschiedliche Größen von der Eintagsfliege bis zu den winzigen *Baëtidae* (Glashafte). Ihr faszinierender Lebenszyklus liefert dem Fliegenfischer alle möglichen Techniken und Muster.

Die meisten Fliegen mit aufwärtsgerichteten Flügeln kommen an Flüssen in Kalksteingebieten, aber auch an Sandsteinflüssen und großen Seen vor, wo sich das ganze Jahr über Brutstätten der Fliegen finden. Einige blauflügelige Glashafte schlüpfen sogar mitten im Winter.

Aus den Eiern, die von den Weibchen im Wasser abgelegt werden, schlüpfen Nymphen, die nach einem Jahr die Geschlechtsreife erreichen. Jede Nymphenart verhält sich anders, die Namen, wie Steinklammerer, Mooskletterer, Flitzer, Schlängler und schneller Schwimmer, beschreiben perfekt ihren Lebensraum und ihr Verhalten.

Arten mit aufwärtsgerichteten Flügeln
Eintagsfliege *(Ephemera danica* und *vulgata)*, olivbraune Eintagsfliege *(Ephemerella ignita)*, Märzbraune, Glashaft *(Baëtis rhodani)*, Blasswasserfarbene, Teich-Olivbraune.

LINKS DIE EINTAGSFLIEGE MIT IHREN AUFWÄRTSGERICHTETEN FLÜGELN.

OBEN KLEINE, OLIVFARBENE NYMPHEN WIE DIESE BAËTIS SP. SIND EINE HAUPT-NAHRUNGSQUELLE VON FORELLEN.

OBEN KÖCHERFLIEGEN ERKENNT MAN LEICHT AN IHREN DACHFÖRMIGEN FLÜGELN.

OBEN STEINFLIEGEN SIND SEHR AKTIV. FORELLEN MÖGEN SOWOHL DIE NYMPHEN ALS AUCH DIE EIER LEGENDEN WEIBCHEN.

Köcherfliegenarten
Moorhuhnfliege, Kleine Rote Riedgrasfliege und Große Rote Riedgrasfliege.

Irgendwann kommt die Zeit, da aus der Nymphe eine Eintagsfliege im ersten geflügelten Stadium (Subimago) mit ihren glanzlosen Flügeln schlüpft. Innerhalb eines Tages häutet sich diese Fliege noch einmal zur glänzenden Imago (Vollkerf) und ist dann bereit zur Paarung. Das Weibchen kehrt danach ans Wasser zurück, um seine Eier abzulegen, stirbt und fällt am Abend auf das Wasser. Das ist der Zeitpunkt, an dem die Forelle auftaucht, um die sterbenden Insekten zu fressen.

Köcherfliegen *(Trichoptera)*

Der lateinische Name dieser Fliege bedeutet „Haarflügel" und beschreibt die winzigen Haare auf ihren Flügeln, aber am bemerkenswertesten für Angler sind die dachförmigen Flügel bei der adulten Fliege. Die Larven der Fliege leben in schlammigen oder kiesigen Untergründen und sind eine bedeutende Nahrungsquelle für Forellen in stehenden Gewässern und Flüssen von Kalk- und Sandsteingebieten.

Einige Larven stellen aus Kies, Sand, kleinen Steinchen, Stöckchen, abgeworfenen Panzern, Blättern, Riedgrashalmen und anderen Pflanzenteilen unter Wasser einen Behälter (Köcher) für sich her, um sich vor Fressfeinden zu schützen. Andere Larven schwimmen frei umher oder schaffen sich einen taschen- oder schlauchförmigen Schutzbau.

Die meisten Larven durchlaufen ihren Lebenszyklus innerhalb eines Jahres, dann schwimmen die Puppen zur Wasseroberfläche oder an das Ufer, um sich zur adulten Fliege zu häuten, die bis zu einer Woche leben kann.

Viele der größeren Köcherfliegenarten schlüpfen am späten Abend, Forellen lieben aber am meisten das Puppenstadium.

Steinfliegenarten
Große Steinfliege, Kleine Steinfliege.

Steinfliegen *(Plecoptera)*

Steinfliegen haben mit ihren harten Flügeln sowohl für den Flussangler als auch für die Forellen in Sandsteinflüssen große Bedeutung. Der Name deutet schon an, dass ihre bevorzugten Lebensräume schnell strömende Flüsse mit steinigem oder felsigem Flussbett sind, aber man findet sie auch an steinigen Seeufern.

Steinfliegennymphen können bis zu 5 cm lang werden und durchlaufen mehrere Stadien. Ihre kräftigen Körper und abgeflachten Flügelkassetten können der Umgebung zwischen den Felsen in der schnellen Strömung der Flüsse standhalten.

Der Vollkerf ist für den Fliegenfischer nur relevant, wenn die Weibchen zum Wasser zurückkehren, um ihre Eier abzulegen. Dann holt sich die Forelle häufig das Eier legende oder absterbende Weibchen.

OBEN DIE ZUCKMÜCKENPUPPE STEIGT AN DIE WASSEROBERFLÄCHE, UM DORT ZU SCHLÜPFEN.

Fliegen mit flachen Flügeln *(Diptera)*

Dies ist die größte Ordnung mit vielen Tausend verschiedenen Fliegenarten. Für den Fliegenfischer ist, besonders an stehenden Gewässern, die riesige Familie der nicht stechenden Zuckmücken *(Chironomidae)* von Interesse, speziell die Arten, die am oder im Wasser leben. Vom Frühjahr bis in den Herbst schlüpfen sie in großer Zahl an Seen und Stauseen. Die Forelle frisst sie in diversen Entwicklungsstadien.

Die Büschelmückenlarven *(Chironomus)* leben im Schlick oder Schlamm. Ihre Farbskala reicht von Blutrot, das vom Hämoglobin herrührt, bis zu Grün und Braun. Die Forellen schnappen gierig nach ihnen, wenn sie zum Fressen ihren Bau verlassen. Die Chironomus-Larven bilden einen beliebten Köder für Angler auf Friedfisch und Hecht, und ihre Imitationen sind bei Fliegenfischern weitverbreitet.

Das nächste Entwicklungsstadium ist die Puppe. Die Verpuppung dauert 36–72 Stunden. Ist die Puppe reif zum Schlüpfen, schwimmt sie an die Oberfläche. Wenn sie ihren gefährlichen Aufstieg an die Wasseroberfläche beginnen, sind sie der Forelle wehrlos ausgeliefert. Die Forelle schnappt sie unter Wasser. Zu diesem Zeitpunkt benötigt man ein beschwertes Fliegenmuster der Zuckmücke. Die Farbe der Puppen kann von Schwarz über Oliv und Braun bis Rot variieren. Man benötigt bunt gefärbte Muster, um die Forelle anzulocken. Wenn das schlüpfende Insekt die Oberflächenspannung des Wassers nicht durchstoßen kann, ist es den Forellen ausgeliefert. Dann gibt es heftige Bewegung an der Wasseroberfläche und die Forellen „springen". Besonders bei glattem Wasserspiegel ist dieses Schauspiel gut zu beobachten. Das Studium der Fressgewohnheiten von Forellen hat viele interessante Fliegenmuster hervorgebracht, wie z. B. Emerger (Aufsteiger) und Suspender (Schwebende), die direkt auf der Wasseroberfläche gefischt werden.

Forellen fressen auch sehr gerne die Imagines, die in dichten Wolken in der Nähe von Bäumen aufsteigen und aussehen wie eine Rauchsäule.

In den letzten Jahren haben die Mückenlarven in Flüssen an Bedeutung gewonnen, besonders dort, wo sich die Wasserqualität verschlechtert und Flüsse verlanden.

OBEN DIE LIBELLENLARVEN LEBEN IN FLÜSSEN UND SEEN, BIS SIE SICH IN DIE GEFLÜGELTEN LIBELLEN VERWANDELN. ES GIBT VIELE KÜNSTLICHE MUSTER, DIE DIE NYMPHE (LARVE) IMITIEREN.

OBEN DIE IMAGO DER GESTREIFTEN PRACHTLIBELLE IST EIN EINDRUCKSVOLLES INSEKT, DAS IM SOMMER ÜBER DEM WASSER SCHWEBT. SIE IST EIN VERTRAUTER ANBLICK FÜR JEDEN ANGLER.

LINKS DIE MÄRZFLIEGE IST LEICHT AN DEN LANGEN, NACHGEZOGENEN BEINEN ZU ERKENNEN.

Mücken
Märzbraune, Zuckmücken (blau und schwarz), Büschelmücken (verschiedene Arten), Stechmücken.

Terrestrische Fliegen

Im Laufe des Jahres treibt es viele Fliegen auf das Wasser, und wenn genug davon zusammenkommen, bringen sie die Fische zum Steigen. Die Märzfliege *(Bibio marci)* erscheint normalerweise gegen Ende April und ist an ihren langen, nachgezogenen Beinen leicht zu erkennen. Eine ähnliche Fliege in Moorlandschaften ist *Bibio pomonae*. Auch sie hat lange, nachgezogene Beine, die oben hellrot sind, und kann im Hochsommer schwärmen. Achten Sie auch auf die schwarz-gelb gestreifte Mistbiene *(Eristalis tenax)*, die Dungfliege *(Scatophaga stercoraria)* und die Blaue Schmeißfliege *(Calliphora vomitoria)*. Im Hochsommer verspeist die Forelle sie alle mit Hochgenuss. Im Herbst wird die *Holorusia rubiginosa* auf die Seen getrieben. Ihre schlaksigen Beine scheinen wie ein Magnet auf Forellen zu wirken, die gierig nach ihr schnappen.

Gleichflügler *(Zygoptera)*

Dem Fliegenfischer sind Arten wie die gestreifte Prachtlibelle *(Calopteryx splendens)* am vertrautesten. Im Sommer schießen sie pfeilschnell über die Seen und Flüsse. Die gewundenen Bewegungen der Nymphe, wenn sie zum Ufer schwimmt, um sich dort zu der eindrucksvollen Subimago zu häuten, locken die Forelle an. Viele Fliegenmuster für stehende Gewässer basieren auf einer Imitation der Nymphe, deren Farben von Dunkelbraun bis Hellgrün variieren können.

LINKS DER INHALT EINES FORELLENMAGENS: ROTAUGENBRUT.

UNTEN WASSERFLÖHE SIND WINZIGES ZOOPLANKTON, DAS OFT IN RIESIGEN WOLKEN UNTER WASSER DAHINTREIBT. SIND AUSREICHEND WASSERFLÖHE VORHANDEN, ERNÄHREN SICH FORELLEN MANCHMAL FAST AUSSCHLIESSLICH DAVON UND KOMMEN DAHER NICHT AN DIE OBERFLÄCHE.

Käfer *(Coleoptera)*

Alle möglichen Käfer gelangen auf das Wasser, besonders auf Flüssen, wenn sie von Uferpflanzen fallen. Kleine schwimmende Käfermuster können sehr fängig sein. In höher liegenden Gegenden trifft man im Juni den Gartenlaubkäfer *(Phyllopertha horticola)*, auch Junikäfer genannt, in großen Schwärmen an. Und wenn sie auf das Wasser getrieben werden, steigen viele Fische auf. Das traditionelle Fliegenmuster kann nass oder trocken gefischt werden.

Weitere Lebewesen im Wasser

Wasserflöhe *(Daphnidae)*: Diese winzigen Krebstierchen schwärmen in riesigen Unterwasserwolken in stehenden Gewässern und bilden das Grundnahrungsmittel vieler Forellen, die in der Tiefe ihre Beute suchen. Zeitweise kann ihre Zahl so groß sein, dass die Forellen sich keine Mühe mehr machen, zum Fressen an die Wasseroberfläche zu kommen. Die Wasserflöhe bewegen sich im Wasser auf und ab, abhängig von der Sonneneinstrahlung und Tageszeit. Die Flöhe sind zu klein, um eine Imitation von ihnen anzufertigen, aber ein leuchtender orangefarbener Kunstköder, der zügig durch den Schwarm geführt wird, fängt Wasserflöhe fressende Fische.

Rückenschwimmer: Sie sind sowohl in stehenden als auch in fließenden Gewässern häufig vertreten. Forellen verschlingen sie gierig, wo immer sie sie finden. In sauberen Flüssen oder am Rand von stehendem Gewässer sieht man häufig Forellen, die sie aus dem Kies oder Moos schnappen, daher ist auch das sinkende Rückenschwimmermuster weitverbreitet.

Wasserwanzen *(Corixidae)*: Diese Kleintiere, die auch unter dem Namen Ruderwanzen bekannt sind, findet man in Seen und Flüssen.

OBEN WASSERWANZEN AUF WASSERPFLANZEN WERDEN VON FORELLEN GERNE IM SPÄTSOMMER UND HERBST GEFRESSEN.

OBEN MANCHMAL ZIEHEN FORELLEN SCHNECKEN ALS FUTTER VOR, DANN IST ES SCHWER, SIE ZU FANGEN.

Kleine Fische

Forellen ernähren sich gerne auch von kleinen Fischen, wie Elritzen, Dreistachligen Stichlingen und Zwergkatzenwelsen. Die großen Bachforellen, die in Flüssen gefangen werden, lockt man mit Fliegenmustern an, die kleinen Friedfischen nachgebildet sind.

Sie suchen immer wieder seichte Uferstellen mit Wasserpflanzen auf, weil sie an die Oberfläche müssen, um ihren Sauerstoffvorrat aufzutanken. Stauseeforellen ernähren sich im Spätsommer und Herbst gerne von Wasserwanzen, wenn diese sich häuten und zur Paarung an die Luft begeben.

Wasserschnecken: Forellen können pausenlos Schnecken fressen, besonders wandernde Schnecken. Diese Fische sind manchmal schwer zu verführen, und nur mit speziellen Mustern wie der „Gleitenden Schnecke". Forellen schnappen Schnecken aber auch aus dem Wasserpflanzenbewuchs. Die Schneckennahrung gibt dem Forellenfleisch eine schöne und gesunde rosa Farbe.

Schweinelaus: Die Schweinelaus ist ein Krebstierchen, ähnlich dem Shrimp, und siedelt in großer Zahl in den schlammigen Uferzonen von Seen und Teichen zwischen absterbenden Pflanzenresten. Im Winter, wenn das Futter knapp ist, suchen Forellen oft nach ihr.

Fischbrut: Forellen sind Raubtiere und wenden sich im Spätsommer und Herbst schnell der Brut von Friedfischen zu. Wenn sich die jungen Rotaugen zu riesigen Schwärmen um Hafenmolen und Pontons herum sammeln, lauern sowohl Bach- als auch Regenbogenforellen dem Schwarm auf und greifen die kleinen Fische an. Die erschrockenen Jungfische schwimmen an die Oberfläche, wo die Forellen sie dann gemütlich verspeisen. Eine ganze Musterserie an Fliegen imitiert die Jungfische, um diese Fischbruträuber zu fangen, die häufig Prachtexemplare sind. Möwen, die aufgeregt über dem Wasser kreisen, sind häufig ein Hinweis auf die Jungfischräuber.

Stauseeforellen halten sich im Spätsommer manchmal ausschließlich an die winzigen Brutfischchen von etwa 2,5 cm Länge und jagen erst später im Jahr wieder größere Fische. Es ist immer wichtig, dass Ihre Brutimitation etwa so groß ist wie das natürliche Vorbild.

Fliegenbinden

Das Fliegenbinden ist eine wahre Kunst, doch sie ist schnell erlernbar. Bücher, Zeitschriften, Videos und sogar Abendkurse zeigen, wie selbst die kompliziertesten Muster gebunden werden.

Fliegenbindervereine tauschen ihre Muster im Internet aus. Der Markt wartet permanent mit neuen Materialien auf, vieles davon kommt aus Amerika. Fliegenbinden ist mittlerweile ein wahrhaft globaler Zeitvertreib geworden.

Der Anfang

Zuerst sollten Sie sich einen Arbeitsplatz einrichten, wo Sie ungestört binden und experimentieren können. Der Platz sollte ausreichende Beleuchtung haben, damit Ihre Augen nicht zu sehr strapaziert werden. Eine schwenk- und tragbare Arbeitsleuchte ist unverzichtbar, ebenso ein verstellbarer Stuhl, vorzugsweise mit Armlehnen, sodass Sie die Ellbogen aufstützen können.

Manche Fliegenfischer haben das Glück, über einen eigenen Fliegenbinderaum mit Werkbänken zu verfügen, aber die meisten von uns müssen sich mit einer Ecke des Küchentischs zufriedengeben. Doch bevor Sie anfangen, sollten Sie sich davon überzeugen, dass der Tisch, den Sie benutzen werden, einen Angriffspunkt für den Bindestock bietet.

Werkzeuge

Sparen Sie keinesfalls am Bindestock. Ein billiger Bindestock könnte Ihren Haken nicht sicher festhalten. Es sollte ein einfacher hebelgetriebener Bindestock mit gehärteten Stahlbacken und justierbarer Höhenverstellung sein.

Außerdem benötigen Sie zwei Scheren – eine mit breiten, geraden Klingen und eine zweite mit gebogenen Klingen. Nehmen Sie die erste zum Schneiden von harten Materialien wie Lametta und Draht und die zweite für Feinarbeiten, wie Spitzenschneiden und Ähnliches.

Die Klingen müssen fein und sehr scharf sein. Dann brauchen Sie eine Hechelklemme, die es in mehreren Größen gibt. Die Greifer sollten beim Zusammendrücken eben aufeinanderliegen und glatt genug sein, dass die Hechelfeder, die Sie biegen wollen, nicht durchgeschnitten wird.

Außerdem sollten Sie sich einen Schnurspulenhalter kaufen. Das sind zwei gefederte Drahtbügel, die den Bobbin halten, und ein Röhrchen, durch das der Faden zugeführt wird. Das Gewicht des Schnurspulenhalters hält den Faden straff, während die Federarme dem Bobbin so viel Spannung geben, dass der Faden nicht abspult.

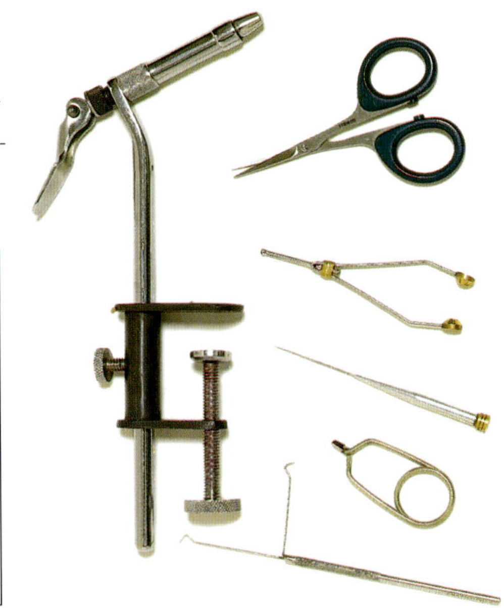

UNTEN BENUTZEN SIE DIE BESTEN WERKZEUGE, DIE SIE SICH LEISTEN KÖNNEN, UM DIE FEINSTEN FLIEGEN ZU BINDEN.

UNTEN IN ANGELFACHGESCHÄFTEN UND VERSANDHÄUSERN FINDEN SIE EINE ERSTAUNLICHE VIELFALT AN MATERIALIEN.

Tipps

- Verwahren Sie Ihr Material fachgerecht und gut verschlossen auf – besonders natürliche Materialien könnten von Schädlingen befallen werden.
- Ein aufgeräumtes Fliegenbindeschränkchen kann hilfreich sein.

LINKS BÜCHER, ZEITSCHRIFTEN, VIDEOS UND ABENDKURSE BIETEN IHNEN EINE EINFÜHRUNG IN DIE KUNST DES FLIEGENBINDENS.

Haken

Das Angebot an Fliegenhaken ist enorm. Die in chemischen Verfahren geschärften Haken aus Asien sind zwar beliebter geworden, aber viele Fliegenbinder ziehen immer noch die teureren, kräftigen, handgefertigten Haken aus Europa vor.

Fliegenfischerhaken werden üblicherweise als Nasshaken, Nymphenhaken, Shrimphaken, Trockenhaken und Longshank- oder Streamerhaken verkauft. Die Größen variieren von großen 4er-Haken bis zu winzigen 24er-Haken, je nach Fliegenart, die Sie binden wollen.

Einige Nassfliegenhaken bestehen aus schwerem Stahl und sinken deshalb schneller. Andere haben eine ausgestellte oder gewundene Spitze, die die Gestaltung des Shrimps, der Made oder der Puppe unterstützt. Detailliertere Informationen bieten häufig Kataloge von Hakenherstellern.

Materialien

Ein Besuch in Ihrem Angelfachgeschäft oder ein Blick in einen Versandkatalog zeigt Ihnen die erstaunliche Vielfalt an Materialien, die es zu kaufen gibt. Aber auch hier zahlt es sich aus, das Beste zu kaufen, was Sie sich leisten können, da die billigeren, zweitklassigen Materialien in der Anwendung vielleicht nicht so fängig sind.

Wenn Sie es sich leisten können, sollten Sie einen hochwertigen Hahnenbalg für Ihre Hechelfedern kaufen, auch wenn die allerbesten in Amerika produzierten Bälge teuer sind. Die Bälge liefern Hechelfedern in sämtlichen Größen bis zu winzigen 28er-Trockenfliegen. Sie werden zudem in allen möglichen Farben angeboten, einschließlich so berühmter Schattierungen wie Iron Blue Dun, Honey Dun, Cree, Badger, Grizzly und Furnace. Eine billigere Alternative ist ein natürlicher oder gefärbter indischer oder chinesischer Balg.

Die Liste weiterer Materialien, die Sie brauchen könnten, ist endlos, aber wirklich notwendig sind Produkte wie Robbenfell, Kaninchenfell, Hasenmaske, Maulwurfsfell, Marabufedern, Fasanenfedern, Eichhörnchenschwanz, Kälberschwanz, Hirschhaar, Rebhuhn-, Goldfasan-, Stockenten- und Krickenten- sowie Entenbürzelfedern (Cul de Canard).

Sie werden auch eine Auswahl künstlicher Materialien für die Körper benötigen, beispielsweise Chenille, Wolle, Schaumstoff und Goldperlen für Nymphen, außerdem Bindeseide in verschiedenen Stärken und Farben, Lametta, Zahnseide und Draht für die Rippung.

Trockenfliegen

Trockenfliegen schwimmen auf der Wasseroberfläche. Bei den Fliegen mit klassischen Mustern, von denen einige über 100 Jahre alt sind, erreicht man dies, indem man sie auf ihre steifen Hecheln und den Schwanz setzt, der etwa 1,5–2-mal so lang sein sollte wie die Hakenöffnung (die Distanz zwischen Hakenspitze und Hakenschenkel). Früher wurden die Flügel aus Schwungfedern gebunden, heute verwendet man dagegen eine ganze Reihe anderer Federn, darunter auch Spitzen und Fasern von Hechelfedern. Flügel aus schwimmfähigem Material, wie Elchhaar, Hirschhaar, Polypropylen, Antron, Schaumstoff und Entenbürzel, unterstützen das Schwimmen der Fliege auf dem Wasser.

Die Trockenfliege repräsentiert das Entwicklungsstadium adulter Wasserinsekten wie Eintagsfliegen, Köcherfliegen, Steinfliegen und Mücken, dazu all die terrestrischen Fliegen, die vom Wind auf das Wasser getrieben werden.

Aufsteiger (Emerger)

Die Oberflächenspannung des Wassers bildet eine Barriere, die das Insekt überwinden muss, wenn die Imago aus der Puppe schlüpft. In dieser Phase sind sie den Forellen hilflos ausgeliefert. Viele der heutigen Fliegen, die auf der Wasseroberfläche schwimmen, sind eigentlich Emerger-Muster, die mehr im als auf dem Wasser sitzen.

Schwimmende Adulte

An trockenen, sonnigen Tagen, wenn die Fliegen rasch ausschlüpfen und davonfliegen, sind die hohen, aufrechten Muster mit voller Hechel am besten geeignet. An feuchten Tagen jedoch brauchen die Flügel der Subimago länger, um zu trocknen, dann ist ein flaches Muster besser. In ruhigem Wasser nimmt man sehr leichte Fliegen, während man in bewegtem Wasser eine Fliege mit schwereren Federn benötigt.

Spent-Fliegen

Nachdem die Imago-Weibchen ihre Eier abgelegt haben, bleiben sie im Oberflächenfilm des Wassers gefangen und treiben den Forellen ins Maul. Die Spent-Fliege imitiert dieses Stadium des Lebenszyklus, wobei allerdings Forellen, die gerade auf Imagines scharf sind, extrem wählerisch sein können.

Kopfhecheln

Der Bindestil mit Kopfhechel ist die Standardmethode beim Binden von Trockenfliegen. Vögel werden speziell dafür gezüchtet, die für Hahnenhecheln benötigten Federn zu liefern.

OBEN EINE FASANENSCHWANZ-FLIEGE.

LINKS EIN STIMULATOR KANN SOWOHL KÖCHERFLIEGEN ALS AUCH EINTAGSFLIEGEN IMITIEREN.

Berühmte Trockenfliegen

Grey Wulff

Haken: 12/16
Bindeseide: Schwarz
Schwanz: Hirschhaar
Körper: Graues Kaninchenfell
Flügel: Hirschhaar
Hechel: Blue-Dun-Hahnenhechel

Die klassische amerikanische Trockenfliege für stark bewegtes Wasser.

Grey Duster

Haken: 10/14
Bindeseide: Braun
Schwanz: Badger-Hahnenhechel-Fasern
Körper: Blaugraues Kaninchenfell
Hechel: Badger-Hahnenhechel

Fängige Trockenfliege für Forelle und Äsche, vielseitig einsetzbar, repräsentiert eine breite Auswahl von Insekten über das ganze Jahr.

Adams

Haken: 14/22
Bindeseide: Grau
Schwanz: Grizzly-Hechelfasern
Körper: Wolle oder Fell mit blaugrauem Körper
Flügel: Grizzly-Hechelspitzen
Hechel: Grizzly-Hahnenhechel

Eine vielseitige Trockenfliege aus Amerika.

CDC Dun

Haken: 14/20
Bindeseide: Oliv
Schwanz: Blue-Dun-Hahnenhechel-Fasern
Körper: Fellmischung in Helloliv
Flügel: Natürliche Entenbürzelfasern (CDC)
Hechel: Entenbürzel (CDC)

Eine exzellente Imitation, wenn die Forellen steigen und nach der Imago von Teich-Olivbraunen schnappen. Funktioniert an Flüssen und stehenden Gewässern.

Elk Hair Caddis

Haken: 8/10
Bindeseide: Braun
Körper: Olivfarbenes Fell
Flügel: Natürliches Elchhaar
Hechel: Braune Palmer-Hahnenhechel

Ein Muster für Flüsse und Seen am späten Abend, wenn die adulten Köcherfliegen zum Wasser zurückkehren, um ihre Eier abzulegen.

Hasenohr-Nymphe

Haken: 12/16
Bindeseide: Oliv
Anhängsel: Grüne gewachste Seide
Rippung: Lurex
Körper: Hasenfell
Brustkorb: Hasenfell
Kopf: Grauer Schaumstoff

Ein modernes Nymphenmuster.

Nassfliegen

LINKS NASSFLIEGEN SIND IN VIELEN GEWÄSSERN FÄNGIG, VON STRÖMEN UND FLÜSSEN BIS HIN ZU SEEN UND STAUSEEN. MAN SETZT SIE DICHT UNTER DER OBERFLÄCHE EIN, WO SIE SCHLÜPFENDE FLIEGEN IMITIEREN. DIESE NASSFLIEGE (DARK MACKEREL) MIT IHREM CHARAKTERISTISCHEN MUSTER WIRD ZUM ANGELN VON SEEFORELLEN EINGESETZT.

Die Nassfliege soll bis knapp unter die Oberfläche sinken und die schlüpfende Fliege imitieren. Bei den herkömmlichen Nassfliegen, die entweder mit Flügeln oder Hecheln gebunden sind, wird immer mit drei Fliegen gleichzeitig gefischt, sowohl an stehenden Gewässern als auch an Flüssen mit schneller Strömung.

Bei der traditionellen Methode, Nassfliegen Flügel einzubinden, werden zwei zurechtgeschnittene Streifen einer Schwanzfeder mit den Rückseiten aneinandergelegt. Früher hat man dafür die Federn zahlreicher Vogelarten benutzt, heute haben sich Stockentenfedern durchgesetzt.

Die geflügelten Nassfliegen werden gewöhnlich an den vorderen und mittleren Enden einer Dreiergruppe gebunden, mit einer Palmer-Nassfliege als oberem Springer, um an der Wasseroberfläche Bewegungen zu erzeugen. Sie werden gerne zum Fischen von Seeforellen in Seen und Flüssen eingesetzt. Berühmte Nassfliegenmuster für Seeforellen sind die Wickham's Fancy, Bloody Butcher, Alexandra und Märzbraune Silber.

Palmer

Der Palmer, bei dem die Hechelfeder um den Hakenschenkel gewunden wird, bildet ein dichtes, buschiges Fliegenmuster, das ideal bei Wellengang auf Seen ist. Erzeugt man mit dieser Nassfliege unterhalb des Wasserspiegels Bewegung, so steigt die Bachforelle auf. Im Wasser hinterlassen die Hechelfedern ähnliche Spuren wie Insekten, die vom Wind auf das Wasser getrieben wurden.

Weichhechel

Die weichen, geschmeidigen Körperfedern von Wildgeflügel, wie Moorhuhn, Bekassine, Waldschnepfe und Rebhuhn, dienen bei mehreren traditionellen Spinnenmustern als Hechelfedern für Nassfliegen. Diese weichen Federn sind sehr beweglich und pulsieren auf den lebhaften Wellen von Flüssen.

Berühmte Nassfliegen

Teal, Blue & Silver

Haken: 8/14
Bindeseide: Schwarz
Schwanz: Goldfasan-Tippet
Körper: Flaches Silberlametta
Rippung: Feiner Silberdraht
Flügel: Flügelfeder der Krickente
Hechel: Leuchtend blaue Hahnenhechel

Der silbrige Körper mit dem gestreiften Flügel, der ursprünglich als Flussmuster entworfen wurde, dient heute auch als Jungfisch-Imitation in stehenden Gewässern.

Märzbraune Silber

Haken: 10/14
Bindeseide: Schwarz
Schwanz: Goldfasan-Schopffeder
Körper: Flaches Silberlametta
Flügel: Fasanenhenne
Hechel: Natürlich hellrote Palmer mit blauem Eichelhäher am Kopf

Eine sehr fängige Fliege ist diese Variante der Märzbraunen im Sommer, wenn die Forellen den kleinen Jungfischen auflauern. Setzen Sie sie als oberer Springer ein.

Mallard & Claret

Haken: 10/14
Bindeseide: Braun
Schwanz: Goldfasan-Tippet
Körper: Rötliches Robbenfell
Rippung: Feiner Golddraht
Flügel: Braune Stockente
Hechel: Natürlich helle Henne

Eine klassische schottische Allround-Nassfliege, die in Flüssen und Seen fängig ist. Sie ist sehr gut an windigen, bewölkten Tagen als Strecker bei drei Fliegen an einem Vorfach einsetzbar.

Greenwell's Glory

Haken: 10/16
Bindeseide: Gelb
Schwanz: Braunes Rebhuhn
Körper: Gewachste gelbe Seide
Rippung: Golddraht
Flügel: Graue Ente
Hechel: Henne

Eine berühmte Fliege aus Großbritannien, 1854 von Canon Greenwell entwickelt. Auch heute noch fängig beim Schlupf der Märzbraunen auf einem Fluss oder See.

Blae and Black

Haken: 12/16
Bindeseide: Schwarz
Schwanz: Goldfasan-Tippet
Körper: Schwarze Bindeseide
Rippung: Ovales Silberlametta
Flügel: Graue Ente
Hechel: Schwarze Henne

Ein weiteres traditionelles Schottenmuster, das die Zuckmücke imitiert.

Golden Olive Bumble

Haken: 8/12
Bindeseide: Schwarz
Schwanz: Goldfasan-Schopffeder
Körper: Goldfarbenes Robbenfell
Rippung: Goldlurex
Hechel: Dicke Palmer, olivenfarbene Hahnenhechel mit blauem Eichelhäher am Kopf

Eine klassische irische Fliege, die wegen ihrer Körperfarbe vor allem während der Eintagsfliegenzeit besonders fängig ist. Benutzen Sie sie als oberen Springer in einer großen Welle.

NYMPHEN

Im Jargon der Fliegenbinder bezeichnet der Begriff Nymphe ein riesiges Sortiment an Fliegen, angefangen bei stark beschwerten Ködern auf langschenkligen Haken, die fast am Boden gefischt werden, bis hin zu winzigen Exemplaren, die stromabwärts wie tot auf dem Wasser treiben. Einige sogenannte Nymphen für stehende Gewässer sind nicht mehr als normale Kunstköder, während andere Nachschöpfungen eines Wasserinsekts sind.

Nymphen können jedes Entwicklungsstadium eines wirbellosen Tiers unter Wasser imitieren, z.B. Larven, Nymphen, Puppen, Krustentiere, Ruderwanzen und sogar Wasserflöhe. Sie sind am fängigsten, wenn man sehr langsam mit ihnen fischt. Doch ein schwimmendes Insekt stellt nur einen kleinen Bruchteil der Forellennahrung dar, den größeren Anteil findet die Forelle unter Wasser.

Gewichte

Nymphen können je nach Wassertiefe beschwert sein oder nicht. Eine Möglichkeit, sie zu beschweren, ist, Bleidraht um den Hakenschenkel zu wickeln, bevor die Fliege gebunden wird. Oder der Bleidraht wird seitlich am Hakenschenkel angebracht, ideal für Muster mit flachen Körpern, wie etwa den Steinfliegennymphen.

Eine weitere Möglichkeit ist, Alufolie zu benutzen, wie etwa die schwere Folie vom Hals einer guten Schampusflasche. Sie ist sehr gut geeignet für Pirschexemplare, da hier die Fliege schnell sinken muss.

Einige Pirschnymphen bestehen hauptsächlich aus Bleidraht, der um einen Haken gewickelt wurde. Andere Nymphen wie der Rote Haken bestehen lediglich aus einem dick mit Draht umwickelten, rot angemalten Haken!

Für kleine Fliegen zum Flussfischen benutzt man Kupferdraht als Gewicht, wenn mit der Nymphe knapp unter der Wasseroberfläche gefischt werden soll, besonders bei ganz winzigen Exemplaren wie der Eintagsfliege.

Goldperlen

Ein neuer Trend beim Fliegenbinden ist die Verwendung von Goldperlen. Sie dienen nicht nur als Gewicht, ihre glänzende Oberfläche reflektiert auch Licht. Da, wo sie eingesetzt werden dürfen, haben sie sich als sehr fängige Köder für Forellen und Äschen in Flüssen bewährt, häufig ersetzen sie hier die herkömmlichen Fliegen.

Ebenso lassen sich Silberperlen in die Fliegen einbinden oder Röhrchen. Die Tungsten-Röhrchen, die wie die Tungsten-Perlen aus Amerika kommen, werden vor dem Binden von winzigen Nymphen auf den Haken gezogen.

LINKS GOLDPERLEN, WIE BEI DIESER BLACK-NUGGET-NYMPHE, SIND EIN NEUER TREND BEIM ANGELN MIT NYMPHEN. SIE ERSETZEN HÄUFIG DIE GÄNGIGEN FLIEGENMUSTER.

Berühmte Nymphen

Walker's Mayfly

Haken: Größe 8/12 Longshank
Bindeseide: Braun
Schwanz: Brauner Fasan, Schwanzfeder
Körper: Hellgelbe Angorawolle, darunter Bleifolie
Rippung: Fasern von Fasanenschwanzfedern
Brustkorb: Fasern von Fasanenschwanzfedern
Flügelkasten: Fasern von Fasanenschwanzfedern
Beine: Schwanzfasern vom männlichen Fasan

Klassisches Muster für Flüsse und Seen, erfunden von dem englischen Angler Richard Walker. Gut geeignet als Pirschköder, selbst wenn keine Eintagsfliegen schlüpfen.

Montana

Haken: Größe 6/14 Longshank
Bindeseide: Schwarz
Schwanz: Fasern der Hahnenhechel
Körper: Schwarzes Chenillegarn (darunter eventuell Umwicklung mit Bleidraht)
Brustkorb: Limettengrünes Chenillegarn
Flügelkasten: Schwarzes Chenillegarn
Beine: Schwarzer Hahn

Amerikanisches Muster. Bei starker Beschwerung ist sie sehr fängig für Forellen in stehenden Gewässern.

Daiwl Bach

Haken: Größe 10/12
Bindeseide: Silber
Schwanz: Braune Fasern
Körper: Peacock Herl
Hechel: Henne

Ein sehr fängiges Muster für Stauseen, von Anglern aus Wales für die Firma Chew & Blagdon entwickelt.

Fasanenschwanz-Nymphe (Pheasant-Tail-Nypmphe)

Haken: Größe 10/14 Longshank
Bindeseide: Braun
Schwanz: Fasern von Fasanenschwanzfedern
Unterwicklung: Kupferdraht
Körper: Fasern von Fasanenschwanzfedern
Rippung: Kupferdraht
Brustkorb: Orangefarbenes Robbenfell
Flügelkasten: Fasern von Fasanenschwanzfedern
Hechel: Natürlicher roter Kampfhahn

Sehr fängig an Flüssen und Seen. Imitiert Nymphen und sogar kleine Fische.

Killer Bug

Haken: Größe 10/16
Körper: Unterwicklung mit Bleidraht, darüber drei Schichten beigefarbene Stopfwolle. Wickeln Sie feinen Kupferdraht zwischen den Materialien mit ein.

Erfunden von der Flussfischer-Legende Frank Sawyer. Sehr fängiges Muster für das Flussfischen.

Holographic Buzzer

Haken: Starkdrahtiger Haken Größe 10/12
Bindeseide: Schwarz
Körper: Holografische Flitter
Rippung: Schwarze Bindeseide, mit klarem Kunststoff oder Lack überzogen
Brustkorb: Verhornte Grannen von Graugänsefedern
Flügelkasten: Orangefarben
Atmungsfasern: Weißer Entenbürzel

Buzzer-Muster werden stets weiterentwickelt. Die neuesten sind die schnell sinkenden schlanken Nymphen, die mit Kunststoff oder Lack hergestellt werden.

Streamer und Kunstköder

Streamer und Kunstköder sind Imitationen von kleinen Köderfischen, die wie Fliegen gebunden werden. Die Anzahl der Typen und Arten ist weit höher als bei Fliegen. Sie reichen vom Minikunstköder, der auf einen kurzschenkligen 10er-Haken gebunden wird, bis hin zu großen Tandems auf Haken der Größe 2/0.

Damit Kunstköder fängig sind, müssen sie Glanz, Farbe und Bewegung kleiner Beutefische nachahmen. Dabei spielt die Auswahl des Materials und die Art, wie sie auf den Haken gebunden und bewegt werden, eine große Rolle. An manchen Tagen muss man den Kunstköder schnell zurückziehen, an anderen dagegen langsam.

Berühmte Lachsfliegen

Garry Dog

Haken: 6/12 Doppelhaken
Bindeseide: Schwarz
Körper: Schwarzes Floss
Rippung: Ovales Silberlametta
Flügel: Gelb gefärbtes Eichhörnchenfell über Rot
Hechel: Gefärbtes dunkelblaues Perlhuhn

Berühmtes schottisches Muster, besonders fängig in Flüssen, deren Wasser eine torfähnliche Farbe hat.

Willie Gunn Tube

Haken: Drillingshaken Größe 4/10
Bindeseide: Schwarz
Körper: Schwarzes Floss
Rippung: Gold
Flügel: Orangefarbenes und gelbes Hirschhaar mit ein wenig Schwarz.

Ein Köder für die Vorsaison in stark torffarbigen Flüssen.

RECHTS DIE MUDDLER MINNOW MIT IHREM PRÄPARIERTEN REHHAARKOPF.

Berühmte Kunstköder

Appetizer

Haken: Größe 8/12
Bindeseide: Schwarz
Schwanz: Orangefarbene und grüne Hahnenhechel
Körper: Weißes Chenille
Rippung: Flaches Silberlametta
Flügel: Eichhörnchen und Marabufeder
Hechel: Wie Schwanz

Klassischer Kunstköder in Stauseen, fängig bei Fischbrut fressenden Fischen. Kann klein auf Turnierhaken gebunden werden oder als Tandem für die Tiefe.

Yellow Booby

Haken: 8/12 mit großer Hakenöffnung
Bindeseide: Weiß
Schwanz: Gelbe Marabufeder
Körper: Gelbes Fluor-Chenille
Augen: Gelber Schaumstoff

Ein schwimmfähiger Stauseeköder. Sehr fängig in der Tiefe mit einem kurzen Vorfach an einer schnell sinkenden Schnur. Er ist aber auch ideal in bewegtem Wasser, wenn an der Wasseroberfläche gefischt wird.

Orange Leadhead

Haken: Größe 8/12 lang
Bindeseide: Orangefarben
Schwanz: Orangefarbene Marabufeder
Körper: Orangefarbenes Chenille
Hechel: Grizzly
Kopf: Schrot

Trevor Housby hat diese Fliegenart in den 1970er-Jahren auf britischen Gewässern eingeführt. Die Tauchbewegungen dieser zunächst als Dog Nobbler bekannt gewordenen Fliege sind aufgrund des Gewichts am Kopf sehr gut.

Goldhead Damsel

Haken: 8/10
Bindeseide: Olivfarben
Schwanz: Gold-olivfarbene Marabufeder
Körper: Gold-olivfarbene gefettete Marabufeder
Körperhechel: Gold-olivfarbene Hahnenhechel
Rippung: Feiner Golddraht
Hechel: Graue Rebhuhnhechel, gold-oliv gefärbt
Kopf: Goldperle

Auch wenn die Libellenlarven-Imitationen die Nymphen des Insekts nachahmen, sind sie dennoch auch als Kunstköder geeignet und holen jederzeit Fische aus allen Gewässern. Diese Version ist von Kevin Hart.

Bewegung

Hoch geschätzt sind Marabufedern, und zwar sowohl für Flügel als auch für Schwänze von Kunstködern. Ihre sanft schwingenden Bewegungen unter Wasser sind so lebendig, dass sie andere, traditionellere Materialien für Flügel, wie etwa Hahnenfedern, Ziegenhaar, Eichhörnchen-, Hirsch- und Kälberschwanz, weitgehend verdrängt haben.

Man bindet aber heute auch modernes Kunstfasermaterial ein, um mehr Glanz zu erzeugen.

Lachsfliegen

Die moderne Lachsfliege hat sich sehr verändert. Waddingtons und Köcherfliegen sind heute neben Krabben- und Garnelen-Imitationen Standardköder. Waddingtons werden dort angesetzt, wo die Öse des Drillings mit dem Hakenschenkel verbunden ist. Köcher sind entweder aus Messing, Aluminium oder Plastik.

Lachsfliegen für den Sommer in seichtem Wasser sind klein und nur spärlich bestückt, verglichen mit den schweren Köcherfliegen, die in der Vor- und Nachsaison verwendet werden.

FISCHARTEN

LACHS, FORELLE, SAIBLING

OBEN FLIEGENFISCHEN AUF LACHS.

Dank ihrer Beliebtheit ist die Fischfamilie der Salmoniden die bekannteste weltweit. Ursprünglich sind Salmoniden in den nördlichen gemäßigten Zonen Europas, Asiens und Nordamerikas heimisch, doch mittlerweile wurden sie weltweit in geeigneten klaren und kühlen Gewässern angesiedelt.

Ihr charakteristisches Kennzeichen ist die kleine Fettflosse zwischen der Rücken- und Schwanzflosse sowie die dunklen Farbpunkte bei älteren Tieren, während Jungfische Jugendflecken an den Flanken haben.

Alle Salmoniden sind Raubfische, die sich sowohl von wirbellosen Lebewesen als auch von Fischen ernähren, wobei sie ihren Speisezettel mit zunehmender Größe oft verändern. Sie sind langlebig: Saiblinge können beispielsweise über 35 Jahre alt werden.

Alle Mitglieder der Salmoniden laichen in fließenden Gewässern, auch wenn einige Arten, wie der Lachs und die Meerforelle, einen großen Teil ihres Lebens im Meer verbringen. Sie sind in der Lage, sich an ihre Umgebung anzupassen. Ihre Bedeutung als Speisefisch seit Jahrhunderten hat zum Rückgang des Bestands geführt. Heute werden sie künstlich gezüchtet. Regenbogenforellen etwa werden in großer Zahl in Fischzuchtbetrieben herangezogen. Diese Zuchtfarmen sind jedoch nicht unproblematisch. Die Fische benötigen für ihr Wachstum viel frisches, fließendes Wasser und ihre Ausscheidungen haben negative Auswirkungen auf die umliegenden Flüsse.

Regenbogenforellen sind in viele Flussläufe eingedrungen, in denen einst Bachforellen lebten. Überdies gelangten auch aus den Zuchtbetrieben Fische in die Flüsse. Da sie aggressiver sind, haben sie die Bachforelle aus ihrem Lebensraum vertrieben. Wasserentzug und -verschmutzung haben ihren Anteil dazu beigetragen, dass die echte wilde Bachforelle heute eine gefährdete Art ist.

LINKS EIN PRACHTEXEMPLAR EINER MEERFORELLE AUS DER OSTSEE.

Lachszuchtbetriebe

Der Lachs ist von einem Essen für arme Leute im Mittelalter zur Delikatesse der Reichen im 20. Jahrhundert aufgestiegen. Doch die modernen Techniken der Lachszucht haben ihn in jüngster Zeit wieder als Billigprodukt in die Regale der Supermärkte gebracht.

Der ökologische Preis hierfür ist hoch: Chemikalien zur Abtötung der Seeläuse bei eingehegten Lachsen verschmutzen die Küstengewässer und vertreiben die dort heimischen Meerforellen.

Der Atlantische Wildlachs wird immer seltener, obwohl viele kommerzielle Fangnetze in Flussmündungen entfernt worden sind.

In früheren Jahrhunderten durchwanderte der Lachs viele der großen Flüsse in Deutschland, etwa den Rhein und die Elbe, bis die Wasserverschmutzung an den Mündungen sie davon abhielt. Erst das millionenschwere Projekt „Lachs 2000" hat im Rhein und in der Elbe wieder Möglichkeiten für den Lachsaufstieg geschaffen, und mittlerweile zeigen erste Ergebnisse, dass von den ausgesetzten Brütlingen bereits zahlreiche zurückkehren und der Lachs bei uns wieder heimisch wird.

In der Zwischenzeit reisen Lachsangler, die es sich leisten können, an die unberührten Flüsse in Nordrussland, um dort ihren Sport auszuüben, denn in diesem Land kann man an einem Tag immer noch Dutzende von Atlantischen Lachsen mit einer Fliege fangen.

Die Meerforelle verschwindet

Die Geschichte der Meerforelle ist ganz ähnlich. In einigen deutschen Flüssen wandert sie gar nicht mehr. Andere Flüsse dagegen, etwa der Rhein, haben eine Wiedergeburt der Meerforellen erlebt, nachdem Schwerindustriebetriebe und Kohlebergwerke geschlossen wurden und die Verschmutzung der Flüsse abnahm.

Die besten Gegenden zum Meerforellenfischen sind heute Gebiete vor der schwedischen und dänischen Küste. Hier sind Exemplare mit 10 kg Gewicht und mehr häufig. Den Forellen steht hier reichlich Hering als Futter zur Verfügung, nachdem dessen natürlicher Fressfeind, der Kabeljau, durch Überfischung stark dezimiert wurde.

Saibling aus der Tiefe

Der Arktische Saibling lebt in den großen Tiefen von eiszeitlichen Reliktseen, sodass Angler ihn nur selten zu Gesicht bekommen. Trotzdem stellen die zunehmend benutzten Motorboote und andere Entwicklungen in seinem natürlichen Lebensraum eine Bedrohung dar.

Seinen glazialen Lebensraum bewohnen auch die seltenen Renken – Zwergmaräne, Baikal-Renke, Edelmaräne und Große Schwebrenke. Diese kleinmäuligen Salmoniden stehen heute meist unter Naturschutz.

Atlantischer Lachs

Lachse werden gemeinhin als Könige der Fische bezeichnet. Sie haben einen sehr komplexen Lebenszyklus, der zum Teil durch die Eingriffe des Menschen in die Natur erschwert wird. Durch die kommerzielle Lachszucht hat der Druck auf die wilden Bestände etwas abgenommen, aber sie sind weiterhin durch Umweltverschmutzung, Wasserentnahme, Krankheiten und Überfischung gefährdet.

Tipp

Lachsfischen kann Sie ein Vermögen kosten – oder ganz billig sein. Bevor Sie einen teuren Urlaub für eine Woche buchen, warum probieren Sie es nicht zuerst mit einem Verbandsgewässer? Sie müssen das Ufer mit anderen Lachsanglern teilen und sich darauf einstellen zu fischen, sobald ein plötzliches Hochwasser die Fische hereinschwemmt.

Verhalten

Lachse laichen im Süßwasser, gewöhnlich in den Zuflüssen oder den Quellgebieten von kalten Flüssen mit schneller Strömung, und zwar im Spätherbst und Winter. Die Rogner suchen sich für ihre Laichgrube eine Kiesstelle, in die sie ihren Rogen ablegen. Die Eier werden vom Milchner befruchtet, dann wird die Laichgrube zugedeckt, um sie vor fressgierigen kleinen Forellen zu schützen.

Nach dem Laichen schwimmen die Rogner stromabwärts. Einige Rogner gelangen wieder ins Meer, um im folgenden Sommer erneut zurückzukehren. Von den Milchnern überleben jedoch nur wenige.

Aus dem Lachsrogen schlüpfen im Frühjahr Brütlinge (ein Entwicklungsstadium, in dem sie sich von ihrem äußeren Dottersack ernähren). Sie bleiben mehrere Wochen in der Laichgrube, bevor sie als Setzlinge herauskommen. Nur etwa zehn Prozent der Setzlinge überleben bis zum nächsten Enwicklungsstadium als Vorstreckbrut (Parr).

Nach 2–3 Jahren im Fluss sind Smolts von 15–20 cm Länge herangewachsen und bereit für ihre Wanderung flussabwärts ins Meer. Das Nahrungsangebot im Meer garantiert ein rasches Wachstum. Sie

UNTEN DRILL EINES SOMMERLACHSES MIT EINER EINHANDRUTE.

RECHTS DIE TEMPLE DOG EIGNET SICH GUT BEI HOCHWASSER.

GANZ RECHTS ALLY'S SHRIMP IST EINE FÄNGIGE FLIEGE MIT DOPPELTEM HAKEN.

LINKS DIESES MIT EINER FLIEGE GEFANGENE PRACHTEXEMPLAR ZEIGT DIE HELLE SILBERNE FLANKE EINES FISCHES, DER FRISCH AUS DEM MEER KOMMT.

ernähren sich hier von Krabben, Garnelen, Tintenfischen, Sprotten und Sandaalen. Einige Lachse schwimmen in einer dreijährigen Odyssee bis nach Grönland, bevor sie in ihren Heimatfluss zurückkehren.

Angelmethoden

Lachse, die vom Meer kommen, fressen gewöhnlich im Süßwasser nichts. Dennoch kommt es gelegentlich vor, dass ein Lachs an einer Angel mit Fliege, Köder oder Spinner anbeißt. Die Gründe sind unklar – eventuell führen Erinnerung, Aggression oder Neugier zum Biss. Die großen Lachswanderungen im Frühjahr gehören in vielen Flüssen der Vergangenheit an. Frische Fische kommen ab Ende Mai in die Flüsse, wann immer ein ausreichendes Hochwasser eintritt.

Bei tiefem und gefärbtem Wasser oder bei hohem Wasserspiegel benötigt der Fliegenfischer zum Lachsfang eine schwere Messing-Köcherfliege oder eine Waddington, um den Lachs auf Grund zu fangen. Die Fliege wird geworfen und treibt in der Strömung, während der Angler sie ins tiefe Wasser führt. Zweihandlachsruten können bis zu 5,5 m lang sein.

Bei klarem Wasser oder niedrigem Wasserspiegel sollte der Lachsangler die Größe seiner Fliege entsprechend reduzieren. Bei warmem Niedrigwasser im Sommer ersetzt eine Fliege der Größe 10 die Größen 4 und 6, die im Frühling benutzt werden.

KENNZEICHEN
Leuchtend silberfarben mit einigen dunklen Flecken, wenn er frisch aus dem Meer kommt. Im Lauf der Reifung bis zur Laichablage verblasst die silberne Farbe zu Bronzerosa. Milchner (männliche Fische) bekommen eine rötlich braun gefleckte Färbung und einen großen hakenförmigen Unterkiefer. Rogner (weibliche Fische) erhalten einen rötlichen Glanz.

GEWICHT
Grilse (Erstaufsteiger, das heißt junge Lachse, die nach einem Winter im Meer wieder ins Süßwasser zurückschwimmen) wiegen durchschnittlich 2,5–3,5 kg. Die Springer, die nach zwei oder mehr Wintern ins Meer zurückkehren, können bis zu 14 kg oder mehr wiegen.

LEBENSRAUM
Saubere, kalte bis gemäßigte arktische Flüsse der nördlichen Hemisphäre.

VORKOMMEN
Norddeutschland. Mit den verbesserten Bedingungen für den Lachs steigt auch die Zahl der Meerforellen wieder.

FLIEGEN
Blue Charm, Garry Dog, Green Highlander, General Practitioner, Thunder & Lightning.

SAISON
In Deutschland ganzjährig.

MEERFORELLE *(Salmo trutta)*

OBEN AUFBRUCH ZUM FORELLENANGELN BEI TAG. VIELE ANGLER JAGEN MEERFORELLEN LIEBER NACH EINBRUCH DER DUNKELHEIT, WENN DIE GRÖSSEREN FISCHE ZUM FRESSEN AUFTAUCHEN.

Nur wenige Fische regen die Fantasie der Fliegenfischer derart an wie die geheimnisvolle Meerforelle. Sind an einem Tag die Fanggründe noch leer, springen am darauffolgenden Tag die Meerforellen munter im See. In den letzten Jahren hat die Zahl der Meerforellen in einigen Gebieten drastisch abgenommen. Eine der Hauptursachen sind Chemikalien, die zur Fischaufzucht verwendet werden. Erfreulicherweise kommen sie jedoch in Flüsse, in denen sich die Wasserqualität erheblich verbessert hat, wieder zurück, nachdem sie jahrelang ausgeblieben waren.

Verhalten

Meerforelle und Bachforelle gehören derselben Art an. Man könnte sogar alle Forellen als Meerforellen bezeichnen, da die Flüsse und Seen einst von Forellen aus dem Meer besiedelt wurden. Wie der

KENNZEICHEN

Eine frische Meerforelle ist ein heller Silberbarren, gesprenkelt mit ein paar schwarzen Flecken. Sie unterscheidet sich vom Smolt (jungem Lachs) durch die quadratische Schwanzflosse (die Schwanzflosse von Lachsen ist geteilt) und durch den langen Kiefer, der sich bis hinter das Auge erstreckt. Wie ein Lachs wird sie dunkler, je länger sie sich im Süßwasser aufhält, und ein großer geschlechtsreifer Fisch kann von einem ähnlich großen Lachs in der Laichzeit schwer zu unterscheiden sein.

GEWICHT

Zweijährige, noch nicht geschlechtsreife Meerforellen, die vom Meer in die Flüsse wandern, wiegen durchschnittlich 0,5 kg. Aber je nach Aufenthaltszeit im Meer können sie mit einem Gewicht von 1,5 kg bis in den zweistelligen Bereich zurückkehren.

LEBENSRAUM

Flüsse mit schneller Strömung und Zugang zum Meer.

VORKOMMEN

Kommen vor den Küsten Deuschlands vor. Sie steigen jeden Fluss hinauf, vorausgesetzt, er hat klare, saubere Nebenflüsse, die sich zur Laichablage eignen. Ihre traditionellen Refugien sind Flussoberläufe.

FLIEGEN

Peter Ross, Alexandra, Red Stuart, Medicine, Bloody Butcher, Blackie, Loch Ordie.

SAISON

Ungefähr von März bis Oktober. Je nach Bundesland jedoch unterschiedlich.

OBEN FORELLENFISCHEN AM LOCH HOPE, SUTHERLAND (GB).

LINKS EINE GROSSE, MIT FLIEGE GEFANGENE MEERFORELLE.

Lachs laicht die Meerforelle im frühen Winter. Der Rogner legt seine Eier in eine Laichgrube im Kies eines sauerstoffreichen Nebenflusses, der Milchner befruchtet sie, und der Rogner deckt sie anschließend zu.

Die ausgewachsenen Fische, jetzt Grundforellen genannt, steigen flussabwärts in tiefere Gewässer ab, um sich zu erholen, bevor sie zum Meer zurückkehren. Die Zahl der Grundforellen, die das Meer wieder erreichen, liegt im Allgemeinen höher als bei den Lachsen, bei denen 90 Prozent der Milchner nicht überleben.

Die ersten 2–3 Jahre ihres Lebens unterscheiden sich die jungen Meerforellen nicht von den jungen Bachforellen. Der Unterschied wird jedoch deutlich, sobald sie sich vom Parrstadium zum Smolt entwickeln, eine silberne Färbung annehmen und im Frühjahr flussabwärts zum Meer wandern. Die Meerforellen entwickeln nun die physiologische Konstitution, die sie für das Überleben im Salzwasser brauchen.

Die Wanderwege der Meerforelle sind noch nicht sehr gut erforscht. Viele bleiben vermutlich in der Nähe ihrer Flussmündung. Einige Jungfische kommen schon nach wenigen Monaten im Meer wieder in ihren Heimatfluss, kehren aber genauso schnell erneut ins Meer zurück. Je länger sie sich im Salzwasser aufhalten, desto größer werden sie. Ein Fisch von 5 kg Gewicht hat gewöhnlich sieben Jahre im Meer verbracht.

Tipp

Nehmen Sie eine schwimmende Fliege für unruhige Wasseroberflächen. Lassen Sie sie an einer schwimmenden Schnur treiben, und ziehen Sie sie dann schnell zurück.

Angelmethoden

Nach 2–3 Jahren im Salzwasser werden die Meerforellen von ihrem Fortpflanzungstrieb wieder in ihren Heimatfluss zurückgetrieben. Niedrigwasser ist für die Meerforelle kein Hindernis, denn sie kann von einer tiefen Stelle zur nächsten springen. Anders als Lachse nehmen Meerforellen auch im Süßwasser Nahrung zu sich. Zweijährige Meerforellen schnappen bereitwillig nach Fliegen und müssen vor allzu gierigen Anglern geschützt werden. Um jedoch die größeren Fische zu fangen, muss man ihnen nachts auflauern, denn sie fangen erst bei Einbruch der Dunkelheit an, sich zu bewegen, besonders in flachem, klarem Wasser. Warme, mondlose Nächte sind ideal.

Meerforellen sind leicht zu verscheuchen, sodass Lärm und Licht auf ein Minimum beschränkt werden muss.

WILDE BACHFORELLE *(Salmo trutta)*

Die Bachforelle ist in Europa, Nordwestasien und sogar in Nordafrika heimisch. Zu Zeiten des British Empire, als große Teile der Weltkarte rot eingefärbt waren, setzten fliegenfischende Kolonialisten den befruchteten Rogen der europäischen Bachforelle erfolgreich in geeignete Flüsse rund um den Globus ein. 1864 wurde Rogen aus dem Fluss Itchen in Hampshire (GB) nach Tasmanien gebracht. Von dort aus wurden australische und neuseeländische Gewässer besiedelt, die heute einige der besten Angelplätze für Bachforellen bieten.

Weitere Besätze folgten in Indien, Süd- und Ostasien, Argentinien, Chile und schließlich in Nordamerika, wo Forellen nach ihrer Herkunft als „German Browns" bekannt sind.

Die echte wilde Bachforelle ist heute eine bedrohte Spezies. Die Gründe liegen in der Wasserentnahme, der Entwicklung der Städte, der Umweltverschmutzung, dem sauren Regen und der Vermischung der wilden Arten mit Zuchtfischen.

In entlegenen Mittelgebirgsbächen, die immer noch gute Stämme von Wildfischen aufweisen, bietet sich ein gesünderes Bild.

KENNZEICHEN

Große Unterschiede bei den Merkmalen, von einer metallisch silbrigen Färbung mit dunklen Flecken bis hin zu Goldgelb mit lebhaften roten Tupfen. Anders als bei der Regenbogenforelle finden sich auf der Schwanzflosse keine Flecken. Viele Populationen an unterschiedlichen Orten haben über Jahrtausende hinweg ihre eigenen charakteristischen Merkmale herausgebildet. Das berühmteste Beispiel ist Lough Melvin in Ulster (GB) mit seinen unverwechselbaren Gillaroo-, Sonaghan- und Ferox-Forellen.

GEWICHT

0,2–0,8 kg.

LEBENSRAUM

Mittelgebirgsgewässer.

VORKOMMEN

Nahezu alle geeigneten Mittelgebirgsgewässer in ganz Deutschland.

FLIEGEN

An Seen: Zulu, Black Pennell, Butcher, Bibio, Olive Bumble, Mallard & Claret, Connemara Black.
An Flüssen: Adams, Beacon Beige, Kite's Imperial, Märzbraune, Wickham's Fancy, Partridge & Orange, Grey Wulff, Fasanenschwanz-Nymphe.

SAISON

In vielen Bundesländern 1. März bis 30. September, in Niedersachsen ganzjährig freigegeben. Jedoch einzelne abweichende Termine, informieren Sie sich beim örtlichen Anglerverein.

LINKS EINE MIT EINER TROCKENFLIEGE GEFANGENE BACHFORELLE WIRD ÜBER DEN KESCHER GEZOGEN.

Federspucker

Wilde Bachforellen können Ihre Fliege schnappen und sie sofort wieder ausspucken. Daher ist volle Konzentration erforderlich. Hängen Sie immer die buschigste Fliege an die Schnurspitze, und tauchen Sie sie mehrmals kurz ins Wasser, bevor Sie sie erneut auswerfen.

OBEN DIESE PRACHTVOLLE BACHFORELLE WURDE MIT EINER TROCKENFLIEGE GEFANGEN.

OBEN FORELLENFANG MIT TREIBENDER FLIEGE VOM BOOT AUS.

GANZ OBEN DIE MUSTERUNG UND FARBE DER WILDEN BACHFORELLE HÄNGT VON DEM GEWÄSSER AB, IN DEM SIE LEBT.

Kampf um die Befruchtung

In manchen Gewässern ist das Verhältnis von Rognern zu Milchnern sehr unterschiedlich, die Zahl der Milchner liegt wesentlich höher als die der Rogner. Das führt an den Laichgruben zu Kämpfen unter den Milchnern, während die Weibchen schon ihre Eier legen. Im Ergebnis bleibt die Befruchtungsrate zu niedrig, um eine hohe Reproduktion zu gewährleisten.

Verhalten

Bachforellen brauchen zum Laichen eine ausreichende Zufuhr an sauerstoffreichem Wasser. Aus den befruchteten Eiern, die im frühen Winter in das Kiesbett eines Flusses oder Seezuflusses gelegt werden, schlüpfen nach 30 oder mehr Tagen Brütlinge aus. Wenn die Nahrung aus dem Dottersack aufgebraucht ist, nennt man sie zuerst Setzlinge und dann Parr. Grundsätzlich haben alle Forellen das genetische Potenzial, ins Meer zu wandern, und in diesem frühen Stadium ist es unmöglich, zwischen Meerforellen und Bachforellen zu unterscheiden.

Die Größe variiert sehr stark und hängt vom natürlichen Futterangebot ab. Eine vierjährige Forelle in einem Moorfluss beispielsweise wiegt eventuell nur 100 g, eine gleichaltrige Forelle aus einem futterreichen Kalksandsteinfluss kann 700 g wiegen. Bachforellen wachsen langsamer als Regenbogenforellen, können jedoch in Freiheit ein zweistelliges Gewicht erreichen, wenn sie von Insektennahrung zu kleinen Fischen wechseln.

Taktik

In Kalksandsteinflüssen sind wilde Bachforellen sehr vorsichtig, sodass man exakte Nachbildungen der Fliegen benötigt, die gerade schlüpfen. Zu anderen Zeiten jedoch, etwa in den Wochen, wenn die Eintagsfliegen kommen, lassen sie alle Vorsicht außer Acht und schnappen gierig nach den Ködern. Die besten Erfolgschancen haben Sie am frühen Morgen und am späten Abend.

In ihrem natürlichen Lebensraum jagen sie bei der Nahrungssuche an der Wasseroberfläche nach Fliegen und Käfern. Daher sind dunkle Fliegen so fängig, besonders wenn sie schnell geführt werden. In hoch gelegenen Flüssen sollte man die traditionellen Spider-Muster, die Unterwasserinsekten nachahmen, verwenden.

Bachforelle aus der Zucht

Bachforellen sind nicht so leicht zu züchten wie Regenbogenforellen und sind daher teurer. Sie können in stehende Gewässer jeder Größe eingesetzt werden und dort einige Jahre leben, manche ohne je zu laichen oder gefangen zu werden.

In Stauseen leben oft Bachforellen jeder Gewichtsklasse von 0,5–1,4 kg. Einst waren sie die meistgefangene Fischart, weil sie sich in ganzen Schwärmen in Ufernähe aufhalten. Doch mittlerweile sind sie gerissener geworden und wenden sich zunehmend natürlichem Futter zu. Zugleich verändern sich dadurch Form und Färbung. Und je länger sie sich im Stausee aufhalten, desto eleganter und silbriger werden sie.

Bei einem reichhaltigen Nahrungsangebot an kleinen Fischen können sie erstaunlich schwer werden, Exemplare von 9 kg kommen dabei, wenn auch nur selten, durchaus vor.

In einigen kommerziellen Fischteichen werden Bachforellen mit hohem Gewicht eingesetzt, um wenige Stunden später wieder von Anglern gefangen zu werden. Diese Praxis wird zu Recht scharf kritisiert.

Die besten Stellen für Bachforellen

Beim Bootsfischen am Stausee sollten Sie immer nach einer Kiesbank oder einer Erhebung unter Wasser suchen. Die Bachforelle ist dann nicht allzu weit davon entfernt.

Verhalten

Bachforellen in Freiheit bleiben in ihrem Revier. Ähnlich standorttreu sind sie, wenn sie in kleinen Gewässern gehalten werden. Sie sind häufig an Ufern in immer denselben Ecken eines Sees zu finden, was sie zu einer leichten Beute für aufmerksame Angler macht. Allerdings lernen sie auch schnell, und wenn sie nicht an dem Morgen, an dem sie eingesetzt wurden, gefangen werden, kann es Wochen oder sogar Monate dauern, bis sie schließlich am Haken enden.

In einem Stausee oder einem großen Baggersee lassen sie sich etwa eine Woche lang leicht fangen. Dann verschwinden sie in der Tiefe und kommen erst im Herbst wieder hervor, um in Ufernähe Brutfische zu fressen oder vergebliche Versuche zu unternehmen, Laich abzulegen. In Zukunft könnten Fischzüchter Seen mit unfruchtbaren Bachforellen besetzen, die das ganze Jahr über gefangen werden könnten, sodass die Saison an Seen mit Fischbesatz nicht frühzeitig beendet werden müsste.

Taktik

An kleinen, klaren, stehenden Gewässern kann man eine Bachforelle nur fangen, wenn man auf die Pirsch geht und der Forelle eine beschwerte Fliege oder Nymphe dicht neben den Kopf wirft. Damit die Forelle die Fliege nimmt, müssen Sie allerdings mehr ihren natürli-

OBEN EINE BACHFORELLE, DIE IN EIN KLEINES GEWÄSSER EINGESETZT WURDE.

LINKS EINE SCHÖN GEZEICHNETE BACHFORELLE.

OBEN CARSINGTON WATER IN DERBYSHIRE (GB) IST EIN GEWÄSSER NUR MIT GEZÜCHTETEN BACHFORELLEN.

OBEN DIESES PRACHTEXEMPLAR EINER RÄUBERISCHEN BACHFORELLE NAHM EINE LAMETTAKÖDERFLIEGE, DIE TIEF IM WASSER GEFISCHT WURDE.

KENNZEICHEN

Sehr unterschiedlich, von stark gemusterten Exemplaren aus kleinen Gewässern, die einen deutlich gewölbten Körper haben, bis hin zu silberfarbenen Stauseefischen.

GEWICHT

1–4,5 kg.

LEBENSRAUM

Kleine, klare, stehende Gewässer, große Baggerseen, Stauseen und angrenzende Fließgewässer.

VORKOMMEN

Überall in Deutschland.

FLIEGEN

Goldie, Muddler Minnow, Appetizer, Cat's Whisker, Viva, Olive Dog Nobbler, Lead Bug, Gold- und Silber-Tubenfliegen.

SAISON

In der Regel ab April bis Oktober, je nach Bundesland jedoch unterschiedlich.

Pfundige Bachforellen

Vor einigen Jahren wurden in Großbritannien zwei Bachforellen gefangen, die nahezu 9 kg wogen. Beide nahmen einen Naturköder an, einen toten Fisch, der eigentlich für Hechte bestimmt war.

chen Jagdinstinkt denn ihre Fressgier herausfordern. Mit etwas Übung können Sie eine Bachforelle von einer Regenbogenforelle unterscheiden und einen ganz bestimmten Fisch anpeilen.

In Stauseen oder größeren Besatzgewässern sind der Frühling und der Herbst die einzige Zeit, in der man sich ganz auf Bachforellen konzentrieren kann. In den ersten Aprilwochen werden viele große Fische vom Ufer aus mit Kunstködern gefangen, weil die Fische nach dem Winter wieder mehr fressen.

Die zweite Gelegenheit kommt im Herbst, wenn die Bachforellen ins seichte Wasser schwimmen, um kleine Fische zu jagen. Allerdings schnappen sie dann nicht gleich nach jeder Fliege, die ihnen zugeworfen wird. Ein kleiner schwimmender Brutfisch, der in der Nähe von Unterwasserpflanzen gefischt wird, oder eine Minkie, die beim ersten Tageslicht direkt unter der Wasseroberfläche angeboten wird, sind fängig, ebenso wie eine Köcherfliege bis zu einer Länge von 13 cm, die in großem Bogen um ein schnell treibendes Boot geführt wird.

REGENBOGENFORELLE *(Oncorhynchus mykiss)*

OBEN IN KLEINE GEWÄSSER EINGESETZTE REGENBOGENFORELLEN SIND OFT SEHR FETT. DIESES FETT VERLIEREN SIE, JE LÄNGER SIE IN FREIHEIT LEBEN.

Wer zuerst kommt, mahlt zuerst

An einem kleinen Fischwasser sollten Sie morgens der Erste sein, denn dann können Sie noch einen unerfahrenen Fisch angeln. An einem großen Gewässer müssen Sie die Fische erst ausfindig machen.

Kreuzungen

Zu den Regenbogenforellen in Freiheit gehören auch die Unterarten Shasta, Kamloops und Golden. Diese werden heute in Zuchtbetrieben unterschiedlich gekreuzt.

Die kämpferische Regenbogenforelle ist in Nordamerika heimisch, besonders in den Flüssen an der Westküste von Kalifornien bis Alaska. Da sich die Regenbogenforelle in Zuchtbetrieben gut vermehrt und an viele Wassertypen und -temperaturen sehr anpassungsfähig ist, wurde der Fisch in Flüssen und Seen auf der ganzen Welt eingesetzt, auch in Neuseeland, Australien und Südamerika.

In Deutschland wird die Regenbogenforelle hauptsächlich in stehenden Gewässern gehalten. In Flüssen ist sie eher unbeliebt, da ihr aggressiver Jagdtrieb die Bachforelle verdrängt.

Sie vermehrt sich hierzulande nur selten in Freiheit. Der Fisch kann im frühen Winter trächtig werden, die Milchner werden dann schwarz und unansehnlich. Daher werden in vielen Fischzuchtbetrieben nur Rogner oder triploide (unfruchtbare) Regenbogenforellen gezüchtet.

Eine Regenbogenforelle, die in einem großen Gewässer wie einem Stau- oder Baggersee eingesetzt wird, ändert im Lauf der Monate nach und nach ihre Gestalt und Farbe in dem Maße, wie sie auf natürliches Futter zurückgreift. Viele der Flecken verschwinden, und der Fisch zeigt eine natürlichere silberfarbene Färbung. Die Flossen werden größer, da der Fisch mehr Bewegungsraum hat.

Diese Forellen werden unter Anglern als residente Fische bezeichnet. Aufgrund ihres Aussehens und ihrer kämpferischen Natur sind sie hoch geschätzt.

Regenbogenforellen, die in kleine Gewässer eingesetzt werden, entwickeln sich zu aufgedunsenen Monstern, ohne dass sie ihr Gewicht halten. Meistens werden sie auch schnell gefangen, manche sogar am gleichen Tag, an dem sie eingesetzt wurden.

Verhalten

Regenbogenforellen fressen gierig und sind voller Futterneid, daher eignen sie sich sehr gut für den Besatz von Fischgewässern. Sie lernen jedoch schnell, welche Fliegen sie meiden müssen, und je länger sie in dem Wasser sind, desto schwieriger sind sie zu fangen.

Sie wachsen viel schneller als Bachforellen und werden am Ende ihres zweiten Lebensjahres geschlechtsreif. In Freiheit leben sie jedoch selten länger als 4–5 Jahre. Eine vierjährige wilde Regenbogenforelle kann 3 kg wiegen. In einem Fischzuchtbetrieb kann derselbe Fisch ein Gewicht von 9 kg erreichen. In Stauseen kann eine residente Regenbogenforelle mehr als 10 kg Gewicht erreichen. Normal ist jedoch ein Gewicht von 1,5–2,5 kg.

Wie alle Forellen können sich auch die Regenbogenforellen weitgehend auf eine bestimmte Art der Nahrung spezialisieren. Aber sie

LINKS TROCKENFLIEGENFISCHEN IM HOCHSOMMER IM CHEW VALLEY LAKE (GB).

RECHTS EIN SCHÖNES EXEMPLAR EINER REGENBOGENFORELLE, GEFANGEN IN EINEM STAUSEE.

RECHTS EINE REGENBOGENFORELLE WIRD WIEDER VORSICHTIG FREIGELASSEN.

KENNZEICHEN

Flaschengrüner Rücken mit violett-rosafarbenem Band entlang der Flanken vom Auge bis zum Schwanz. Die kleinen dunklen Flecken gehen durch bis zur Schwanzflosse.

GEWICHT

Variiert stark, je nach Größe beim Besatz. Das Durchschnittsgewicht liegt bei 0,5 kg und reicht bis zu 9 kg. Die Länge kann 70 cm und mehr betragen, der Durchschnitt liegt bei 25–40 cm.

LEBENSRAUM

Sehr anpassungsfähig. Man findet sie in Seen, Teichen und Flüssen.

VORKOMMEN

Überall in Deutschland, abnehmend.

FLIEGEN

Wer den richtigen Tag erwischt, fängt alles. Montane, Damsel Nymphe, Black Buzzer, Claret Hopper, Orange Tadpole, Peach Doll, Goldgeripptes Hasenohr und die Booby-Nymphe sind Klassiker.

SAISON

Je nach Bundesland unterschiedlich, in Niedersachsen und Hessen ganzjährig.

sind Allesfresser und fressen das, was ausreichend vorhanden ist. In Stauseen sind das oft Wasserflöhe, aber auch Schnecken, Mücken, Insektenlarven und Fischbrut.

Taktik

Frisch eingesetzte Fische in kleinen Gewässern lassen sich oft ohne großes Geschick fangen, weil sie sich mit Appetit auf jede schnell geführte Fliege stürzen. In einem großen Gewässer, wo die Forellen gelernt haben, sich auf natürliche Weise zu ernähren, muss der Angler zuweilen jede Fliege aus seiner Fliegenbox ausprobieren, angefangen bei kleinen Nymphen auf schwimmender Schnur bis hin zum Kunstköder auf schnell sinkender Schnur.

Bachsaibling *(Salvelinus fontinalis)*

Tipp

Bachsaiblinge sind viel aggressiver als Regenbogenforellen und beißen häufig mit voller Kraft auf einen hellen Kunstköder, selbst beim kältesten Wetter.

LINKS EIN AMERIKANISCHER BACHSAIBLING AUS CHALK SPRINGS (GB).

KENNZEICHEN

Der Rücken ist von einem auffallenden Graugrün mit gut erkennbarer Sprenkelung, einem marmorierten Muster. Cremefarbene bis grünlich gelbe Flecken an den Flanken, vermischt mit roten und blauen Tupfen. Der weiße Bauch hat einen leichten Stich ins Orange, das sich zur Laichzeit dunkler färbt und fast rot wird. Schwanz-, Brust- und Bauchflossen haben weiße Ränder mit einem schmalen schwarzen Saum.

GEWICHT

0,7–1,8 kg.

LEBENSRAUM

Kaltes, klares, sauberes Wasser. Gedeiht bestens in sauren Moor- und Stauseen.

VORKOMMEN

Heimisch in Nordamerika. Wurde in stehende Gewässer und Stauseen in ganz Deutschland künstlich eingesetzt.

FLIEGEN

Kunstköder in leuchtenden Farben.

SAISON

In der Regel von April bis September, variiert jedoch je nach Bundesland.

Diese außergewöhnlich farbenfrohen Raubfische sind unter Anglern hierzulande sehr begehrt. Eine der bekanntesten Saiblingsarten ist der amerikanische Bachsaibling, der im Osten Nordamerikas heimisch ist und mittlerweile in der ganzen Welt gezüchtet und eingesetzt wird. Man findet ihn heute in Europa, Asien, Neuseeland, Südamerika und Südafrika.

Die größeren Bachsaiblinge werden gewöhnlich in den kleinen, klaren Fischgewässern eingesetzt, wo man sie erfolgreich jagen kann. Die weißen Ränder ihrer Bauchflossen sind unter Wasser erkennbar und helfen dem Angler, seine Beute zu identifizieren, bevor er überhaupt die Schnur auswirft.

Saiblinge, die gewöhnlich begierig nach der Fliege schnappen, sind oft viel leichter zu fangen als die gerisseneren Regenbogen- oder Bachforellen. Sie neigen dazu, sich in Schwärmen zusammenzufinden, sodass man kurz nach dem Besatz eine große Anzahl von Fischen fangen kann.

Bachsaiblinge, die in kalten, nördlichen Gewässern heimisch sind, kommen in sauren Moorseen und Stauseen, wo das Futter knapp werden kann, gut zurecht. Man hat Populationen in Seen an der schottischen Westküste intensiv beobachtet und herausgefunden, dass sie bei der Wahl ihrer Beutetiere sehr anpassungsfähig sind und gerne auch Kaulquappen und kleine Frösche fressen. Sie sind sehr steigfreudig, auch in Gewässern, wo andere Forellen Schwierigkeiten haben zu überleben.

Fischzüchter kreuzen Bachsaiblinge gerne mit Bachforellen, um die auffälligen Tigerforellen zu züchten. Diese sind heute zwar seltener geworden, dennoch werden in jeder Saison einige gefangen.

SEESAIBLING *(Salvelinus alpinus)*

Der wilde Verwandte der Bachforelle ist der Seesaibling. Reliktpopulationen leben in den tiefen norddeutschen Gletscherseen sowie in Alpenseen. Früher wurden diese Fische nur selten gefangen, außer von leidenschaftlichen professionellen Saiblingsfischern, die mit kleinem Spinner an speziellen Montagen in großer Tiefe fischten. Doch heute ist der Seesaibling ein beliebter Sportfisch geworden, mittlerweile hat sich auch mancher Angler gänzlich auf Saiblinge spezialisiert.

Tipp

Die beste Zeit, um Saiblinge zu fangen, ist ein ruhiger Abend oder eine ruhige Nacht, wenn sie auf der Suche nach kleinen Fliegen hochkommen.

RECHTS EIN TIEFER SEE IST DER NATÜRLICHE LEBENSRAUM DES SAIBLINGS.

KENNZEICHEN
Dunkelolivgrüner Rücken mit cremefarbener fleckiger Zeichnung an den Flanken. Zur Laichzeit sind die Bäuche feuerrot und orangefarben mit leuchtenden weißen Säumen an den Bauchflossen.

GEWICHT
3,5 kg.

LEBENSRAUM
Tiefe, klare Gletscherseen. Dort kommen Seesaiblinge zum Teil in einer Tiefe bis 120 m vor.

VORKOMMEN
Überall in den arktischen Regionen. In Deutschland in kühleren Alpenseen sowie in glazialen Reliktseen.

FLIEGEN
Herkömmliche Nassfliegen wie Butcher für kleine Fische; große Fische in stehenden Gewässern fängt man normalerweise in der Tiefe mit treibenden Wobblern. Für Wandersaiblinge in Flüssen sind Fliegen mit Rot und Gold geeignet.

SAISON
In manchen Bundesländern ganzjährig, in einigen von März bis September.

Viele Jahre lang war ein Saibling mit einem Gewicht von 400–500 g ein guter Fang, doch inzwischen sind sie schwerer. 1975 wurde im Starnberger See von einem Berufsfischer ein 9,5 kg schweres Exemplar gefangen. Bekannte Seesaiblingsgewässer sind der Walchensee und der Hintersee bei Berchtesgaden.

Saiblinge tauchen inzwischen auch in den Frischfisch-Abteilungen großer Supermärkte auf, seit Fischzüchter angefangen haben, sie zu züchten, wobei fremde Unterarten herangezogen wurden. Alle Unterarten der Salvelinus-Familie können gekreuzt werden, um Hybrid-Nachwuchs zu produzieren. Doch besteht die Gefahr, dass durch Kreuzungen die genetische Integrität des heimischen Saiblings verloren geht.

In den arktischen Flüssen, vor allem in Nordamerika, Skandinavien, Island und Grönland, wandern die Saiblinge ins Meer. In Deutschland ist dies nicht mehr der Fall, auch wenn die hiesigen Saiblingsbesätze von einer wandernden Art abstammen, die vor etwa 12 000 Jahren in die vom Eis befreiten Flusssysteme eingewandert ist.

Die Fische laichen im Frühjahr an den kiesigen Ufern von Seen oder im Herbst in Flüssen und Quellflüssen. Ihr rotes Fleisch ist äußerst köstlich, dank ihrer abwechslungsreichen Nahrungsaufnahme von Insekten und Schalentieren. Aale greifen Saiblinge, die sich in einem Treibnetz verfangen haben, an und fressen sie, während sie Bachforellen außer Acht lassen.

ÄSCHE *(Thymallus thymallus)*

Nur wenige Fische sind so attraktiv wie die Äsche, die in allen natürlichen Flüssen Nordeuropas mit schneller Strömung vorkommt. Die größere Arktische Äsche (Thymallus arcticus) findet man in Lappland, Sibirien und im Norden Kanadas.

Einst betrachtete man die Äsche als unerwünschten Schmarotzer in Forellenflüssen, aber heute hat sie sich als durchaus geschätzte Beute ihren eigenen Rang unter Anglern erobert.

Auch wenn die Äsche wegen ihrer Fettflosse ein Raubfisch ist, laicht sie im Frühjahr und genießt daher in Flüssen dieselbe Schonzeit wie Friedfische. Die Fliege nimmt sie zwar das ganze Jahr an, aber der Herbst ist die beste Zeit, um Äschen zu angeln. Ist das Wasser kalt, ist die Äsche besonders aktiv.

Verhalten

Zur Laichzeit im März und April legt der Äschen-Milchner seine große Rückenflosse über den Rücken des Rogners und stimuliert ihn so, den Rogen auf dem Kies abzulegen. Damit unterscheiden sich die Äschen stark von den Forellen, die den Rogen eingraben.

Dank ihrer schlanken, muskulösen Körperform stehen Äschen gern in sehr schneller Strömung – oft in großen Schwärmen. Häufig ziehen sie seichtes Wasser vor, wenn auch mit etwas Deckung durch Wasserpflanzen in der Nähe. Die größeren, eher einzeln schwimmenden Fische verbergen sich an einer tieferen Stelle oder hinter einem Felsen.

Äschen sind steigfreudige Fische und lassen sich auch durch ungeschickte Würfe nicht so leicht vertreiben. Aber es kann schwierig sein, die kleineren Fische an den Haken zu bekommen, da sie fast senkrecht vom Grund aufsteigen, die Fliege verschlingen und dann sofort wieder an ihren Platz auf dem Grund zurückkehren.

Taktik

Die klassische Angelmethode für Äschen ist die Trockenfliege. Das funktioniert sogar an den kältesten Tagen. Suchen Sie nach einer seichten Stelle, vorzugsweise unter einem Wehr oder einer Kiesbarriere, und fischen Sie mit Ihrer Trockenfliege stromaufwärts. Wenn Sie das Steigen der Fische einmal verpassen, bestehen durchaus Chancen, dass die Fische beim nächsten Wurf zurückkommen. Ge-

UNTEN EINE ÄSCHE AUS EINEM KALKSANDSTEINFLUSS IM SÜDEN ENGLANDS.

UNTEN ÄSCHEN SIND MANCHMAL AKROBATISCHE KÄMPFER.

KENNZEICHEN

Riesige Rückenflosse mit einem leichten Stich ins Purpurrot und dunklen Flecken. Silbrige Flanken mit einem Hauch von irisierendem Mauve. Große, in Reihen angeordnete Schuppen, kleine Fettflosse, unterständiges Maul.

GEWICHT

0,3–0,6 kg.
Ein Fisch mit 1 kg ist ein Prachtexemplar.

LEBENSRAUM

Klare Flüsse mit schneller Strömung und Kiesgrund.

VORKOMMEN

Flüsse in nahezu allen deutschen Mittelgebirgsbächen und -flüssen.

FLIEGEN

Red Tag, Terry's Terror, Killer Bug, Beschwerter Shrimp, Snipe & Purple.

SAISON

In der Regel Mai bis Dezember, Beginn und Ende variiert je nach Bundesland.

OBEN DIE ÄSCHE WIRD WIEDER VORSICHTIG AUS DEM FEINMASCHIGEN KESCHER HERAUSGELASSEN.

Wohlriechende Düfte

Die Äsche ist ein sehr geschätzter Speisefisch mit einem typischen Geruch von Thymian.

Vorsicht, empfindlich!

Trotz ihrer kämpferischen Natur sind Äschen empfindliche Fische und müssen behutsam behandelt werden, wenn sie wieder ins Wasser eingesetzt werden sollen. Halten Sie sie mit dem Kopf in Richtung der Strömung, und stellen Sie sicher, dass sie kräftig genug zum Schwimmen ist.

ben Sie der Äsche immer genug Zeit, mit der Fliege wieder auf Grund zu gehen.

Eine andere Methode, Äschen zu angeln, ist das Fischen mit einer beschwerten Fliege, die man entweder stromaufwärts zieht oder quer über den Fluss wirft und mit der Strömung abtreiben lässt. Behalten Sie das Vorfach im Auge, damit Sie das kurze Zucken nicht verpassen, wenn die Äsche die Fliege nimmt. Oder benutzen Sie einen Bissanzeiger.

Äschen liegen gern dicht beieinander, daher kann man aus demselben Schwarm mehrere Fische angeln. Kleine Äschen können mit ihrer selbstmörderischen Art, nach der Fliege zu schnappen, sogar lästig werden. Um größere Fische zu finden, benötigen Sie zuweilen eine richtig beschwerte Nymphe, die durch die Strömung in die tieferen Löcher absinkt. Die Bisse können heftig sein, und ein dünnes Vorfach könnte reißen, wenn Sie es einfach stromabwärts treiben lassen.

Sie können auch eine ganze Spider-Gruppe in der Strömung führen. Wenn Forellen nicht fressen, dann tun es meist die Äschen.

TECHNIK

AUSRÜSTUNG

Die zahllosen verschiedenen Montagen, die für das Fliegenfischen erhältlich sind, können sehr verwirrend sein. Als Erstes sollten Sie sich ein realistisches Budget verordnen. Dann gehen Sie in ein gutes Angelfachgeschäft und lassen sich dort beraten. Bevor Sie losgehen, sollten Sie sich in Katalogen oder im Internet über die Preise informieren, damit Sie eine gute Vorstellung von einem angemessenen Preis für jeden einzelnen Ausrüstungsgegenstand gewinnen.

Sie können die gesamte Ausrüstung auch per Katalog oder im Internet bestellen, aber Sie sollten die Angel unbedingt einmal ausgeworfen haben, um sicherzugehen, dass sie die richtige für Sie ist. Einige Versandhäuser bieten die Möglichkeit, in ihren Verkaufsräumen die Angelruten auszuprobieren. Und sie haben oft attraktive Sonderangebote für Angelruten.

Die erste Rute

Ihre erste Rute sollte 3 m lang sein, Schnurklasse 7–8, mittlere Aktion. Wenn Sie jedoch zugleich mit dem Bootsangeln anfangen wollen, sollten Sie zu einer 3,3 m langen Angelrute greifen. Der Preis für eine solche Rute sollte bei 100 Euro liegen. Hüten Sie sich davor, eine allzu billige Rute zu kaufen.

Die meisten modernen Fliegenruten sind gut gearbeitet, Sie sollten jedoch keine sehr leichte Rute kaufen, mit der Sie vielleicht gut auswerfen können, deren Wände aber sehr dünn sind und leicht splittern können, wenn Sie eine schwere Fliege auswerfen oder die Rute zu Boden fällt.

Auf gar keinen Fall sollten Sie eine billige, instabile Rute ohne Rückgrat kaufen. Damit gewöhnen Sie sich lediglich schlechte Wurftechniken an.

Ein weiterer Punkt, den Sie beachten sollten, ist die Passform des Griffs. Je nachdem, wie groß Ihre Hand ist, werden manche Griffe zu dünn und andere zu dick sein. Dies können Sie aber nur durch Ausprobieren feststellen.

Weitere Ausrüstungsgegenstände

Für Ihre erste Rolle müssen Sie nicht mehr als 100 Euro ausgeben. Bis Sie mehr Erfahrung gesammelt haben, benötigen Sie die Rolle nur zum Aufwickeln der Angelschnur. Aber Sie brauchen eine Ersatzspule mit zusätzlicher Schnur.

Das Angebot an Fliegenschnüren ist nahezu unbegrenzt. Für den Anfang genügen eine schwimmende und eine mäßig sinkende

LINKS DER MODERNE FLIEGENFISCHER ENTSCHEIDET SICH FÜR NEOPRENWATHOSEN UND EINE KURZE WATJACKE.

OBEN EIN SCHWARZ-GRÜNES KAULQUAPPENMUSTER IST IN JEDEM WASSER FÄNGIG.

LINKS ACHTEN SIE DARAUF, DASS SIE IHRE FLIEGENROLLE RICHTIG AUF DEN ANGELGRIFF AUFSETZEN.

Tipp

Um Ihre Rolle statt mit der rechten mit der linken Hand zu kurbeln, müssen Sie bei vielen Fliegenrollen nur das innerste Zahnrad umdrehen.

Schnur. Für eine gute Qualitätsschnur – beim Anfassen muss sie sich glatt anfühlen – werden Sie etwa 50 Euro ausgeben.

Zudem benötigen Sie einige 25-m-Spulen mit Vorfachmaterial für ein Wurfgewicht von 2,2–3,2 kg – am besten eine transparente Schnur. Dazu noch eine Mischung aus Kunstködern und Nymphen in der Größe 8–12 sowie einen Kescher. Eine Sonnenbrille mit polarisierten Gläsern und ein Hut mit Krempe sind wichtige Schutzmaßnahmen für die Augen, und wenn Sie eine Anglerweste mit vielen Taschen haben, können Sie auf eine große Angeltasche verzichten.

Die ersten Schritte

Wenn Sie eine zweiteilige Angel haben, dann stecken Sie die beiden Abschnitte einfach ineinander, und zwar so, dass die Ringe alle auf einer Linie liegen. Dann schrauben Sie Ihre Rolle unten an den Griff, und zwar so, dass die Schnur von oben und nach vorne aus der Rolle läuft.

Fädeln Sie die Schnur sorgfältig durch die Ringe der Angelrute, ohne einen davon auszulassen. Sind Sie am obersten Ring angekommen, müssen Sie mehrere Meter Schnur herausziehen, sonst bewirkt das Gewicht der Schnur, dass sie wieder zurückgleitet.

Knüpfen Sie ein Vorfach von 3,7 m Länge an die Angelschnur und befestigen Sie daran die Fliege, mit der Sie fischen wollen. Fertig zum Auswerfen.

Auswerfen

Das Auswerfen einer Fliege gleich zu Beginn richtig zu erlernen ist sehr wichtig, da sich sonst Fehler einschleichen, die später nur noch schwierig korrigiert werden können.

Der beste Rat, den man geben kann, ist daher, professionellen Unterricht zu nehmen. Mit dem Üben können Sie auf einem Feld oder auf dem Rasen in Ihrem Garten beginnen. Binden Sie statt einer Fliege ein Stückchen Wolle ans Vorfachende.

Der Überkopfwurf

Dieser Wurf ist die Grundlage für alle anderen Würfe. Er umfasst das Einholen der Schnur aus dem Wasser, den Schwung über den Kopf nach hinten, um der Rute Spannkraft zu verleihen, und dann das Auswerfen nach vorne.

Halten Sie dabei Ihr Handgelenk gerade, und bewegen Sie Ihren Arm nur unterhalb des Ellbogens. Wenn Sie das Handgelenk abknicken, fällt die Schnur hinter Ihnen zu tief und kommt nicht mehr nach vorne. Umfassen Sie den Griff so, dass Ihr Daumen gestreckt ist und die Rute stützt. Wenn Ihre Schnur jetzt auf dem Wasser liegt, heben Sie die Rute langsam mit dem Unterarm an, um die Schnur von der Wasseroberfläche abzuheben. Biegt sich die Angelrute nach hinten durch, wird die Schnur nach oben beschleunigt. Aber ziehen Sie die Rute nicht zu weit nach hinten, sondern stoppen Sie sie in der Ein-Uhr-Position, und überlassen Sie alles Übrige der Rutenspitze. Führen Sie den Arm nicht zu weit zur Seite, sonst schleudern Sie die Leine mehr, als dass Sie sie auswerfen. Die Rolle sollte bei dem ganzen Vorgang höchstens bis auf Augenhöhe angehoben werden.

Wenn sich die Schnur hinter Ihnen ganz gestreckt hat, können Sie die Rute wieder nach vorne schwingen. Oft ist es hilfreich, einen Blick nach hinten zu riskieren, um sicherzugehen, dass sich die Schnur richtig gestreckt hat, bevor Sie mit dem Wurf nach vorne beginnen.

Beginnen Sie mit dem Vorschwung zu früh, schlägt die Schnur wie eine Peitsche auf, ein Grund, warum Anfänger so viele Fliegen verlieren. Setzen Sie den Vorschwung jedoch zu spät an, verliert die Schnur ihre Fliehkraft und fällt hinter Ihnen zu Boden. Ein wenig mit dem Handgelenk zu wippen kann hilfreich sein, um die Kraft des Rückschwungs auf den Vorschwung zu übertragen. Optimal sind parallele Schnurlinien mit schmaler Schlaufe.

LINKS SO WIRD EINE SCHNUR GESCHOSSEN.

RECHTS DER VERLAUF DER SCHNUR BEI EINEM WURF NACH VORNE. DIE SCHNUR SOLLTE IN EINER SCHLAUFE MIT PARALLELEN LINIEN VERLAUFEN. SIE MUSS SICH KOMPLETT STRECKEN, BEVOR SIE AUF DAS WASSER FÄLLT.

Wenn die Schnur nach vorne kommt, müssen Sie versuchen, sie etwa 1 m über dem Wasserspiegel auszuwerfen. Geben Sie der Schlaufe Zeit, sich zu strecken und zu dehnen, bevor sie aufs Wasser fällt. Die wippende Bewegung des Handgelenks und der folgende Schwung, der durch das Senken der Rute erreicht wird, müssen eine fließende Bewegung darstellen.

Die Schnur soll so gestreckt wie möglich auf dem Wasser landen, aber gleichzeitig so wenig wie möglich aufklatschen. Zum Üben genügt es, wenn Ihre Schnur hier nur wenige Meter über die Ringe hinausreicht.

Das Schießen der Angelschnur

Wenn Sie den Überkopfwurf einmal beherrschen, dann können Sie lernen, Schnüre zu schießen, um zusätzliche Wurfweite zu erlangen. Ziehen Sie etwas Angelschnur ab, und lassen Sie sie auf den Boden fallen, wobei Sie etwas überschüssige Schnur in der freien Hand behalten.

Halten Sie die Spannung auf der Schnur, während Sie sie aus dem Wasser heben, beschleunigen Sie die Rute bis in die Vertikale, und stoppen Sie sie in dieser Position ab. Ihre Wurfhand kann ein kleines Stückchen nach hinten schwingen, bis sie ungefähr auf Scheitelhöhe ist.

Sobald sich die Schnur hinter Ihnen gestreckt hat – ein leichter Ruck verweist darauf, dass die Angelrute voll aufgeladen ist – ziehen Sie die Rute nach vorne und lassen gleichzeitig die überschüssige Schnur, die Sie in der anderen Hand halten, los. Vergessen Sie nicht, den Wurf mit der Angelrute nachzuführen.

Wenn Sie das Loslassen der Schnur beherrschen, können Sie als Nächstes Leerwürfe erlernen. Dabei schwingen Sie die Rute mehrfach zwischen der Halb-Zwei- und Elf- Uhr-Position über Ihrem Kopf hin und her und bringen immer mehr Schnur in die Luft. So können Sie weiter und zielgenauer werfen, um einen steigenden Fisch zu erwischen. Diese Technik beschleunigt auch die Geschwindigkeit der Schnur und hat außerdem den Vorteil, dass eine nasse Schnur dabei trocknet.

Tipp

Um Forellen mit dem Kescher zu landen, sollte der Kescher bereits im Wasser sein, damit der Fisch nicht in letzter Sekunde gewarnt wird.

LINKS SPEY-CASTING AN EINEM SCHOTTISCHEN LACHSFLUSS.

Zug und Doppelzug

Mit dieser Methode können Sie die Wurfgeschwindigkeit der Schnur stark beschleunigen und so große Wurfweiten erzielen.

Beim einfachen Zug zieht die Hand, die nicht die Rute hält, die Schnur beim Rückwurf nach unten und lässt sie beim Wurf nach vorne wieder los. Beim Doppelzug wird die Schnur zweimal gezogen, einmal beim Rückschwung, wenn die Schnur nach hinten losgelassen wird und noch einmal beim Vorschwung. Die zusätzliche Aufladung aktiviert alle Kräfte, die in der Rute stecken.

Wenn Sie viel Schnur vom Ufer aus schießen, sollten Sie darauf achten, dass nichts daran hängen bleibt, das das Durchgleiten der Schnur durch die Ringe behindern könnte. Viele Stausee-Angler benutzen für die lose Schnur ein Tablett oder einen Korb.

Der Wind kann beim Werfen entweder Freund oder Feind des Anglers sein. Es ist leichter, mit Rückenwind zu werfen, vorausgesetzt, er ist nicht so stark, dass er das Strecken der Schnur nach hinten verhindert. Wenn Sie jedoch in der Lage sind, gegen den Wind zu werfen, könnten Sie mehr Fische fangen. Ein leichter Seitenwind von links ist oft der beste Kompromiss für den rechtshändigen Angler. Bläst der Wind nach rechts, müssen Sie sich eventuell umdrehen und über die andere Schulter werfen, wobei Sie die Schnur dann beim Rückschwung loslassen.

Der Rollwurf

Mit dem Rollwurf kann man ohne Rückschwung auswerfen. Er wird häufig da eingesetzt, wo hohe Ufer oder Bäume einem konventionellen Wurf im Wege stehen.

Man beginnt mit gespannter Schnur auf dem Wasser und der schweren Keule im Rücken. Die Rute wird in einem Halbkreis nach hinten geführt, um die Schnur über das Wasser zu ziehen. Wenn die Schnur hinter dem Angler eine Schlaufe bildet, wird die Rute in einer fließenden Bewegung direkt nach vorne geführt, wo sich die Schnur auf dem Wasser ausrollt.

Der Spey-Cast

Der Spey-Cast wird viel von Lachsanglern angewandt. Der einfache Spey wird eingesetzt, wenn der Wind stark stromaufwärts bläst. Der Double-Spey wird nur angewandt, wenn ein starker Wind stromabwärts weht. Vorteilhaft ist, dass man über beide Schultern werfen kann.

Beim einfachen Spey wird die Lachsrute angehoben und stromaufwärts geschwungen, um Schnur und Fliege aus dem Wasser zu heben. Die Schnur muss nach dem Anheben auf das Wasser schlagen, um die große Schlaufe zu bilden, die die Fliege von der Angel weg stromaufwärts befördert. Der Double-Spey ist eine kompliziertere Variation davon, bei der die Schnur stromabwärts zurückgeschwungen wird, um eine Schlaufe zu bilden.

OBEN UND **LINKS** LEERWÜRFE BRINGEN MEHR SCHNUR IN DIE LUFT UND BESCHLEUNIGEN DIE SCHNURGESCHWINDIGKEIT BEIM WURF, SODASS GRÖSSERE WURFWEITEN ERREICHT WERDEN.

NASSFLIEGEN – FLÜSSE

LINKS GROSSE STRUDEL ODER VERENGTE FLUSSBIEGUNGEN SIND IDEAL ZUM ANGELN MIT NASSFLIEGEN.

An natürlichen Sandsteinflüssen, wo die Natur und nicht der Mensch den Lebensraum geschaffen hat, können sich Forellen an vielen Stellen des Flusses aufhalten.

Beliebte Gegenden in der Dämmerung sind Untiefen, seichte Stellen und Wasserläufe, während tagsüber schattige Gebiete unterhalb des Ufers, um abgeknickte Bäume herum und sauerstoffreiches Wasser unter Wehren die besten Orte für die Suche sind.

Die Nassfliege sollte leicht gegen den Fluss und über den Strom ausgeworfen werden, damit sie in einem Bogen zurückkommt. Die Schnur sollte mit dem Strom Schritt halten.

Es kann sinnvoll sein, eine kleinere Fliege an einen Hänger oberhalb der Fliege an der Spitze hinzuzufügen, mit der direkt unter der Wasseroberfläche geangelt wird. Beißt ein Fisch an, können Sie eine richtige Erhebung erkennen oder bemerken, wie das Schnurende stoppt oder einen Ruck macht. Schlagen Sie bei jedem Zeichen zu, und heben Sie die Rute. Verfehlen Sie Ihren Fisch, gehen Sie weiter flussaufwärts, und halten Sie an allen Stellen am Ufer, um große Flusssteine oder geknickte Bäume herum Ausschau nach weiteren Fischen. Werfen Sie die Angel bei großen Wasserstrudeln oder an verengten Stellen des Stroms aus.

Nassfliegen sind Nachahmungen von Nymphen, auftauchenden Eintagsfliegenlarven und untergehenden Spinnern. Jene mit Flügeln, wie Coachman und Butcher, eignen sich hervorragend, wenn flussaufwärts geangelt und sie dann zurückgerissen werden.

Im Frühling kann eine größere Fliege der Größe 12 genommen werden, in sehr niedrigem Wasser eine Fliege bis zu Größe 16.

Angeln mit Schwimmreifen

Das Angeln mit Schwimmreifen erlaubt den Zugang zu Uferstellen, die sonst unzugänglich wären. In Schottland ist das Angeln mit Schwimmreifen sehr beliebt, um in abgelegenen Seen zu angeln, wo Boote nicht eingesetzt werden können.

Ein Schwimmreifen ist im Grunde der innere Schlauch eines LKW-Rads, der mit einem Segeltuch bespannt und mit einem Sitz versehen ist. Manche Schwimmreifen haben auch eine Rücklehne, die nicht nur zusätzlichen Komfort, sondern auch mehr Sicherheit bietet. Der Angler sollte immer eine aufblasbare Rettungsweste tragen. Vorangetrieben wird der Reifen mit Taucherflossen, die der Angler trägt. Eine Neopren-Wathose ist wichtig, damit es warm bleibt. Befestigen Sie die Flossen mit Nylonkletten fest an Ihren Knöcheln. Paddeln Sie rückwärts gegen den Wind, und setzen Sie die Flossen ein, um zu drehen und zu treten, damit Sie beim Auswerfen nicht abtreiben. Bei starkem Wind sollte man den Reifen auf einem See aber nicht einsetzen, da er in die Mitte des Sees getrieben werden könnte und Sie vielleicht nicht ausreichend Kraft für die Rückkehr zum Ufer haben.

Ein Schwimmreifen erlaubt es dem Angler, sich aufsteigenden Forellen sehr langsam zu nähern, ohne sie zu verscheuchen. Er ist eine perfekte Plattform für das Nymphen- und Trockenfliegenangeln. Ein Netz mit kurzem Griff ist wichtig, alle Fliegen und notwendiges Schlagschnurzubehör können in den Taschen des Schwimmreifens untergebracht werden. Schwimmende Fliegenboxen könnten eine sinnvolle Investition sein. Muss der Schwimmreifen vor dem Angeln aufgeblasen werden, so können Sie das am einfachsten an einer Tankstelle machen, oder nehmen Sie dafür einen vom Auto aus betriebenen Kompressor.

Tipp

Lassen Sie niemals einen aufgeblasenen Schwimmreifen im aufgeheizten Auto. Er könnte explodieren!

UNTEN MIT EINEM SCHWIMMREIFEN HABEN SIE ZUGANG ZU STELLEN IM WASSER UND ZU FISCHEN, DIE SIE SONST NUR MIT EINEM BOOT ERREICHEN KÖNNTEN.

Nymphen – Flüsse

LINKS UND **RECHTS** ANGELN MIT DER ROLLNYMPHEN-TECHNIK AUF DEM WALISISCHEN DEE, WO EINE HEAVY-POINT-FLIEGE DEN FLUSSBODEN ENTLANG IN EINEM DEAD DRIFT TRUDELT. DIE RUTE WIRD HOCH UND BEIM TREIBEN ANGESPANNT GEHALTEN.

Äschen

Manche Angler verwenden bleigestärkte oder gewichtsbelastete geflochtene Schlagschnüre mit Gold- oder Silberkugelfliegen, um in der Tiefe der Gewässer im Winter nach Äschen zu angeln.

Für jede Forelle, die Sie beim Nippen an einer Fliege beobachten, gibt es zehn andere, die unbeobachtet Nymphen oder andere wirbellose Tiere, wie Krabben oder Köderfliegen, fressen. Die Techniken für den Fang dieser weiter unten in Kalksteinflüssen fressenden Fische wurden von innovativen Anglern wie G.E.M. Skues und später Frank Sawyer eingeführt.

Bei der Sawyer-Methode des provozierten Bisses wird die Angel vor einem aufsteigenden Fisch ausgeworfen, sodass die Nymphe auf dessen Höhe sinkt, dann wird sie im letzten Moment hoch- und vom Fisch weggezogen, indem die Rute gehoben wird. Die Forelle kann dabei verleitet werden, instinktiv nach der Fliege zu schnappen. Warten Sie auf ein weißes Flimmern, wenn der Fisch das Maul öffnet, und ziehen Sie dann. Wenn Sie keine aufsteigende Forelle entdecken, können Sie in einem geeigneten Gebiet noch Fische mit der Dead-Drift-Nymphe angeln. Man wirft die Fliege auf einer Schlagschnur flussaufwärts aus und lässt sie dann zu sich zurücktreiben. Die Schlagschnur muss ständig auf die geringste Seitwärtsbewegung hin beobachtet werden, dann muss man zuschlagen. Sie benötigen für diese Methode eine gewichtsbelastete Fliege, wie Sawyers Fasanenschwanz oder Killer Bug mit ihren Wicklungen aus Kupfer und Bleidraht.

Viele der heutigen Flussangler stecken ein Stück Schwimmteig als Bissanzeiger an die Schnur und beobachten diesen anstatt der Schlagschnur. Anbisse zeigen sich als schnelles Eintauchen, plötzlicher Stillstand oder Seitwärtsbewegung.

Für Forellen, die sich tief in Rinnen oder Löchern (Kolken) am Ufer aufhalten, benötigen Sie eine viel schwerere Fliege, wie Leaded Shrimp oder Goldkopf. Diese verwenden Sie mit einer Schlagschnur, die flussaufwärts ausgeworfen wird und dann zu den Fischen hinabsinkt. In Sandsteinflüssen, wo Forellen oder Äschen oft hinter Felsbrocken im Strom liegen, wirft man diese gewichtsbelasteten Nymphen oder Krabben in die Löcher aus und lässt sie dann im

LINKS DIE SCHLANKEN SEMTEX-NYMPHEN SIND GEWICHTSBELASTET, UM IN GRÖSSERER TIEFE ZU ANGELN.

OBEN DIE TECHNIK DER GEROLLTEN NYMPHE WURDE AN DEN FLÜSSEN DER TSCHECHISCHEN REPUBLIK ENTWICKELT.

Strom schlangenartig herumschaukeln. Sobald sich die Schnur gerade zieht, könnte es eine Forelle sein, also zuschlagen. Damit die Nymphe auch beim Fisch ankommt, müssen Sie vielleicht noch extra Gewicht hinzufügen und Schwermetallkitt oder sogar Bleikugeln an die Schlagschnur hängen, direkt vor der Fliege.

Die gerollte Nymphe

Vor einigen Jahren haben tschechische Angler eine ganz neue Technik des Nymphenangelns nach Äschen und Forellen entwickelt, die tief im Wasser stehen. Sie haben dafür sogar eine besonders schlanke, aber schwere Fliege, die Semtex-Nymphe geschaffen.

Bei dieser als gerollte Nymphe bekannten Technik watet man langsam den Fluss entlang und macht kurze Auswürfe mit zwei Fliegen – einer schweren Nymphe an der Seite und einer leichteren auf einem Hänger weiter oben am Wurf. Die Fliegen werden leicht flussaufwärts ausgeworfen, und die Rute wird dafür benutzt, das Ende der Schnur auf der Oberfläche zu halten, während die Fliegen in einem Dead Drift das Flussbett entlangsausen. Zu Beginn des Treibens wird die Rute hoch gehalten, damit Schlagschnur und Fliegen gerade ins Wasser fallen. Wenn die Fliegen vorbeisausen, wird sie gesenkt. Bleiben die Anbisse aus, wird die Rute nach halbem Auswurf angehoben, um die Fliegen emporzuziehen.

Trockenfliegen – Flüsse

Die Kunst des Angels mit Trockenfliegen an Flüssen gilt seit langem als die reinste Form des Fliegenangelns und hat Generationen von Schriftstellern, Künstlern, Dichtern und sogar Philosophen ins Schwärmen geraten lassen.

Die besten Zeiten für das Angeln mit Trockenfliegen sind Nachmittage und Abende, wenn die Eintagsfliegenlarven auftauchen. Dann wartet der Angler geduldig auf das Aufsteigen der Forellen, bevor er zu angeln beginnt.

Die Formen des Forellenaufstiegs sind von Stunde zu Stunde und Fluss zu Fluss sehr unterschiedlich. Der erfahrene Flussangler wird durch die Art, wie die Forelle die Wasseroberfläche durchbricht, erkennen, wie der Fisch frisst und was er annimmt.

Die Kunst besteht darin, eine bestimmte Forelle dort zur Annahme Ihrer künstlichen Fliege zu bewegen, wo es zahlreiche echte Fliegen gibt. Bei einem klassischen Aufstieg entstehen an der Oberfläche eine Reihe konzentrischer Ringe, und die Forelle verschlingt die Fliege beim Vorbeidriften.

Forellen steigen im Wasser nicht vertikal auf, sondern treiben mit dem Strom zurück, um die Fliegen abzufangen. Dann kehrt die Forelle an ihre Position zurück, um auf die nächste Mahlzeit zu warten; gewöhnlich zwischen Grasbüscheln, an einem seichten Kieslauf, unter einer Brücke oder einem darüberhängenden Baum oder in einem Brutteich. Die Herausforderung besteht darin, die passende Fliege zu bestimmen, die die Forelle nehmen wird: Duns, Spinner oder Nymphen unter der Oberfläche.

Bei einer gemischten Fliegenbrut können Flussforellen schnell wählerisch werden, sie nehmen sich dann nur jene, die ihnen zusagen, und ignorieren die anderen.

Die nächste Herausforderung besteht darin, die Forelle zum Anbeißen zu animieren. Bringen Sie sich flussabwärts von den Fischen in Auswurfposition. Werfen Sie niemals über die Fische hinweg aus.

UNTEN NACHDEM SIE DIE RICHTIGE FLIEGENNACHAHMUNG AUSGEWÄHLT HABEN, BEZIEHEN SIE FLUSSABWÄRTS STELLUNG UND WERFEN IN RICHTUNG DER FISCHE AUS, NIE JEDOCH ÜBER DIESE HINWEG.

OBEN DIE VERSCHIEDENEN ARTEN DES FORELLENAUFSTIEGS ZU ERKENNEN KANN DABEI HELFEN, DIE RICHTIGE FLIEGE AUSZUWÄHLEN UND SIE SO ANZUBIETEN, DASS DIE FISCHE SIE NEHMEN.

OBEN MIT DEM PASSENDEN FLIEGENMUSTER UND DER RICHTIGEN METHODE WERDEN SIE WIE DIESER ANGLER ERFOLG HABEN.

Die Forellen sollen die Fliege sehen, nicht aber Ihre Schnur und Schlagschnur. Wenn die Forelle die Fliege nimmt, schlagen Sie nicht zu schnell zu. Lassen Sie die Forelle mit der Fliege hinabsteigen, bevor Sie die Rute anheben und den Haken ansetzen. Ziehen Sie nicht die Schnur an. Beim Quer- und Stromaufwärtsangeln müssen Sie nach dem Auswerfen einen stromaufwärts gerichteten Zuschlag werfen – die Schnur muss entspannt sein –, um den Einfluss des Stroms zu verzögern, der die Fliege in unnatürlicher Weise bewegen würde. Wenn Sie waten, sollten Sie an eine Stelle stromaufwärts von den Fischen gehen, sodass die Fliege mit minimalem Zug über den Fischen treibt.

Arten des Auftauchens

Forellen tauchen unterschiedlich auf. Das geübte Auge eines erfahrenen Trockenfliegenanglers kann ohne Weiteres die verschiedenen Arten des Auftauchens unterscheiden.

Stupsender Aufstieg Hier steckt die Forelle ihre Nase direkt aus dem Wasser, während die Fliegen über ihrem Kopf schweben.

Spritzender Aufstieg Ein heftiger, von Wasserspritzern begleiteter Aufstieg, üblicherweise am Abend, wenn Forellen Eintags- oder Köcherfliegen nachstellen.

Nippender Aufstieg Wenn Insekten im Oberflächenfilm gefangen sind, hinterlässt der Aufstieg der Forelle eine Blase.

Aufstieg unter die Oberfläche Ein für Angler problematischer Aufstieg. Die Forelle scheint für eine Fliege an die Oberfläche zu kommen, schnappt sich aber nur eine schwebende Nymphe. Dabei bringt sie Bewegung ins Wasser, sodass es wie ein richtiger Aufstieg aussieht.

Auftauchen von Kopf und Schwanz Ein Auftauchen, das normalerweise in ruhigen Wasserabschnitten bei Nymphen beobachtet wird, die unter dem Oberflächenfilm gefangen sind. Hier erscheint der ganze Fisch.

Die Sicht der Forelle

Eine Forelle sieht eine Trockenfliege von unten, daher mag das Flügeldetail nicht so wichtig sein wie Größe und Farbe. Die Nackenhaare der Trockenfliege sehen aus dem Wasser wie kleine Insektenbeine aus und locken die Forelle näher an die Oberfläche. Ist sie argwöhnisch, folgt sie der Fliege, bis sie diese ignoriert oder schnappt.

ANGELN VOM UFER – KLEINE GEWÄSSER

Die meisten Forellengewässer sind heute zwar das ganze Jahr über zugänglich, der natürliche Zyklus beginnt aber im April. Dann ist das Wasser wärmer, und die Forellen bewegen sich auf ihrer Suche nach natürlichem Futter an die Oberfläche.

Frühling

Im Frühling ist die sicherste Methode in den meisten Gewässern – unabhängig von Tiefe oder Klarheit – eine langsam sinkende oder durchsichtige mittelstarke Schnur mit einem hell gefärbten Köder mit Marabu-Schwanz, wie eine Kaulquappe oder eine bleibeschwerte Nymphe. Gelegentlich ist es notwendig, im Laufe eines Angeltags die Köderfarben öfter zu wechseln, sofern die Fische vorsichtiger werden.

OBEN FRÜHSOMMER IST DIE BESTE ZEIT, UM AN KLEINEN GEWÄSSERN ZU ANGELN.

Nehmen Sie eine einzelne Fliege auf einer 3,7 m langen Schlagschnur mit 2,3 kg Tragkraft, und variieren Sie das Einholen – von einer langen Bewegung in Form einer Acht bis zu einem ruckartigen Abziehen. Achten Sie immer auf Anbisse an der Schnur während des Lockerlassens.

Eventuell zieht es an der Schnur, oder die Schnur entzerrt sich, bevor Sie den Sog von der anbeißenden Forelle spüren. Dann sollten Sie zuschlagen und die Rute zur Seite ziehen, denn der Fisch hakt sich nicht immer selbst an.

Tipp

In den frühen April- und Maiwochen kann Angeln überaus einfach sein. Sie sollten sich von den Fischen entfernen, weil Sie Ihr Fanglimit sonst zu schnell erreichen. Nehmen Sie nicht den erstbesten Platz ein, gehen Sie weiter, und geben Sie auch anderen eine Chance.

Das Wichtigste ist, zuerst einen Fisch zu orten. Bei einem Kiesbett muss man dazu die Ufer abschreiten und alle paar Meter auswerfen, bis man einen Fisch am Haken hat. Achten Sie auch auf Zeichen von Fischen, die spritzen oder die Wasseroberfläche durchbrechen.

Sommer

Im Sommer werden die Forellen wählerischer. Jetzt ist die Libellennymphe mit ihren vielen Formen die beste Fliege von allen; sie wird mit langen Zugbewegungen oder mit einer gleichmäßigen Bewegung in Form einer Acht an einer Schwimmschnur eingeholt.

Libellenpopulationen finden sich in allen kleinen Gewässern, wobei das Nymphenstadium gerne von den Forellen genommen wird. Besonders, wenn ein Fluss in der Nähe ist, kommen auch Eintagsfliegen vor. Dann ist eine Nymphe, der Merger oder die trockene Eintagsfliege ideal. Wie auch auf größeren Gewässern, bringt ein heißer Sommer Probleme. Die Forellen können lethargisch werden und sich weigern zu fressen.

Wenn der Wasserpflanzenbewuchs so dicht wird, dass er den Fischen Schutz bietet, lohnt es sich immer, eine bleigewichtige Fliege unter die Pflanzen zu bringen. Forellen liegen unterhalb dieser natürlichen Teppiche, um Schutz zu finden und Futter zu suchen, und wagen sich nur in der Dämmerung auf das offene Wasser.

Herbst

Wenn das kühlere Wetter beginnt, sind die größten Fische unterwegs. Die Köder der Frühsaison werden wieder angenommen, besonders von solchen Fischen, die durch Laichinstinkte aggressiver geworden sind. Manche Regenbogenforellen – besonders männliche – sind so vom Versuch besessen zu laichen, dass sie alles andere um sich herum vergessen. Kleine bleibeschwerte Fliegen funktionieren am besten mit langen, dünnen Schlagschnüren. An manchen Tagen mag es mit einem nassen Daddy klappen, während an anderen eine kleine, trockene CDC-Fliege geeignet ist. Aber lassen Sie sich mit dem Treffer Zeit. Zu dieser Jahreszeit sind 9 kg schwere Exemplare unterwegs.

OBEN ANGELN IM MAI MIT DER KLEINLIBELLENNYMPHE.

RECHTS DIE GOLDBEAD-KLEINLIBELLE IST WOHL DIE ERFOLGREICHSTE FLIEGE FÜR SÜSSWASSERFORELLEN.

Winter

Dies kann eine trübe Zeit mit wenig offensichtlicher Aktivität sein, außer an einem warmen Tag, wenn ein plötzlicher Temperaturanstieg die Forelle einen kleinen Köder jagen lässt. Manche Fischereien haben jetzt triploide Forellen – Züchtungen, die ihren Laichdrang verloren haben. Diese Regenbogenforellen behalten den ganzen Winter hindurch Körpergewicht, Farbe und Kondition.

ANGELN VOM UFER – STAUSEEN

Ostern ist in der Regel das magische Datum auf dem Kalender eines jeden Forellenanglers, steht es doch für den Öffnungstag der Stauseen, und schon bei Tagesanbruch ist jeder potenzielle Platz entlang der Ufer besetzt.

Frühling

Die neuen Bestandsfische nehmen in der ersten Woche jede nach ihnen ausgeworfene Fliege an. Die schon länger angesiedelten Forellen sind nach dem Überwintern üblicherweise vorsichtiger und brauchen eine Fliege, die sehr genau ihr natürliches Futter nachahmt. Die Fische werden aber nicht überall im Stausee zu finden sein, normalerweise treten sie im seichten Wasser nahe dem Ufer oder am Fuß von Deichen gehäuft auf. Oft wird das in Windrichtung gelegene Ufer das ergiebigste sein, selbst wenn das Auswerfen in den Wind die Entfernung Ihres Wurfs vermindert. Nach dem Winter ist das Wasser noch kühl, deshalb sind Sinkschnur und Köder für den Angriff am besten. Eine weitverbreitete Fliege ist der Booby mit einer schnell sinkenden Schnur an einer sehr kurzen Schlagschnur. Der Booby ist jedoch nur schwer zu entfernen und sollte aus Gründen der Fischgerechtigkeit nicht benutzt werden.

Sommer

Wenn sich das Wasser erwärmt und natürliche Insekten wie die Mücke schlüpfen, wenden sich die Forellen dem natürlichen Futter zu. Jetzt kommt die Zeit für die Schwimmschnur, lange Schlagschnur und eine bleibeschwerte Nymphe, wie Fasanenschwanz oder Buzzer. Die Fische fressen am frühen Morgen oder Abend in der Nähe des Ufers und bewegen sich tagsüber außerhalb der Reichweite des Küstenanglers. Der Angler muss ein Ufer mit Zugang zu tiefem Wasser finden, von wo aus er einen weiten Auswurf tätigen und die Schnur vom Wind in einem Bogen tragen lassen kann. Er braucht die Fliegen kaum zu bewegen, der Wind trägt Sorge dafür.

LINKS ÜBERFLUTETES LAND SORGT FÜR GUTE FUTTERVERHÄLTNISSE.

OBEN DER BOOBY IST SEHR BELIEBT, DOCH NUR SCHWER ZU ENTFERNEN UND SOLLTE DAHER AUS GRÜNDEN DER FISCHGERECHTIGKEIT NICHT BENUTZT WERDEN.

LINKS IM SOMMER IST DAS ANGELN AN DEN STAUSEEUFERN AUF MORGENS UND ABENDS BEGRENZT.

Aber die Schlagschnur muss auf das geringste Zucken oder Ziehen beobachtet werden, denn dann muss man zuschlagen. Im Spätsommer kann die größte Fliegenbrut erschöpft sein, die Angelzeit ist auf die letzte Stunde des Tageslichts beschränkt.

Die an natürlichem Futter reichen Unterwasserpflanzen sind in vollem Wuchs und machen das Angeln vom Ufer fast unmöglich. Jetzt ist eine Trockenfliege wie Sedge die einzige Möglichkeit, eine vorsichtige Forelle zu fangen.

Herbst

Nach Monaten der Freiheit im Wasser, wenn die Fische in bester Verfassung sind, kann dies die schönste Zeit am Stausee sein. Die Hauptfutterquelle der Fische sind andere junge Fische, die sie im Pflanzenbewuchs des Gewässers herumjagen. In dieser Jahreszeit werden die größten Stauseefische überhaupt gefangen. Die beliebteste Methode ist der Einsatz einer genauen Nachbildung von Jungfischen aus Schaumstoff. Diese sollte im seichten Wasser oder da versenkt werden, wo Forellen Jungfische jagen. Gelegentlich wirbeln die Forellen ein paar Sekunden um die Fliege herum, bevor sie diese annehmen.

Beliebte Fliegenfarben

Beliebte Fliegenfarben für die Frühsaison sind Grün und Schwarz, Hellorange, Weiß und kräftiges Gelb.

Eine weitere Fliege, die man ausprobieren sollte, ist die gewundene Minkie aus einem Streifen Nerz- oder Kaninchenfell, die sehr langsam auf einer schwimmenden oder Intermediate-Schnur zurückgezogen wird. Die Fische tauchen hinter ihr auf und saugen sie ein.

Winter

Die meisten Stauseen schließen zum Winter, was dem abgehärteten Uferangler ein paar zusätzliche Monate des Angelns gibt. Das Angeln ist jetzt schwierig, da die Wasserstände niedriger sind und das Wasser sehr klar. Regenbogenforellen fressen in bis zu 5 °C kaltem Wasser und nehmen kleine Köder an mittelschnell sinkenden Schnüren. Aber eine kleine Wärmewelle über Mittag kann eine Brut kleiner schwarzer Mücken bedeuten und einen plötzlichen Anstieg der Fische bewirken.

Stehende Gewässer

Lange hielt man das Angeln mit Trockenfliegen für eine Methode, die nur für Flüsse geeignet sei. Erst in den vergangenen Jahrzehnten wurde sie auch in stehenden Gewässer eingesetzt und hat das Angeln revolutioniert.

Die Angler am Grafham Water in Cambridgeshire (GB) entwickelten eine Fliege, mit der sie an der Oberfläche fressende Regenbogenforellen anlocken konnten, während diese nach Insektenfutter, das im Windkorridor gefangen war, jagten: Emerger, einen einfachen Seehundfellköder, der direkt auf dem Oberflächenfilm des Wassers sitzt und eine Mückenbrut darstellt.

Die einfache Trockenfliege Christened Bob's Bits, benannt nach dem Schöpfer Bob Worts, hat mit ihrem weißen Gänseflügel neben einer Reihe weiterer Nachahmungen eine ganze Generation von Anglern begeistert. Sinkschnüre und Köder wurden verbannt.

Das Angeln mit Trockenfliegen hielt auch bei Bootsanglern Einzug und verbreitete sich sehr schnell ebenso jenseits von Großbritannien

OBEN DIESE REGENBOGENFORELLE HAT EINE KLEINE TROCKENFLIEGE GENOMMEN, DIE AUF DEM OBERFLÄCHENFILM DES WASSERS SASS.

– erwies sich diese Methode doch überall als äußerst wirksam. Forellenangler verdanken dem modernen Trockenfliegenangeln viel an Ansehen und Werdegang.

Aus der ursprünglichen Bits-Familie haben sich Fliegenarten wie Raider und dann die bekannten Hoppers mit ihren orangenfarbenen, weinroten, bernsteinfarbenen, schwarzen oder olivfarbenen Körpern und Fasanenschwanzbeinen entwickelt. Die Hopper-Fliege dürfte eine der wichtigsten Fliegen der 1990er-Jahre sein.

Die Schlagschnur eintauchen

Hoppers (Heuschrecken) können selbst dann genommen werden, wenn es keine Hinweise auf aufsteigende Fische gibt. Sie locken die Fische hoch, vorausgesetzt, sie halten sich in einem Bereich von etwa 1 m unter der Oberfläche auf.

OBEN TROCKENFLIEGENANGELN AM BEWL WATER, KENT (GB).

OBEN CLARET-HOPPER IST EINE ERFOLGREICHE TROCKENFLIEGE.

OBEN SHUTTLECOCK.

Fliegenmuster

An stillen Gewässern, die von Quellen gespeist werden oder in einen Strom münden, finden sich Eintagsfliegen. Wenn die Fliegen brüten, können Muster, wie Silhouette, Shadow Mayfly, Green Drake oder Grey Wulff, effektiv sein.

Etwas Schwimmpräparat wie Gink hält die Fliege über Wasser, während die Schlagschnur zunächst mit einem Entfettungsmittel behandelt werden muss und dann eingetaucht wird. Lassen Sie sich Zeit mit dem Zuschlagen – wie immer beim Trockenfliegenangeln. Die Fische müssen genug Zeit haben, die Fliegen zu nehmen, um mit ihnen nach unten zu schwimmen. Wenn Sie zu schnell zuschlagen, ziehen Sie dem Fisch einfach nur die Fliege aus dem Maul. Manchmal wird die Hopper-Fliege im Zuge eines lautstarken und spritzenden Aufstiegs genommen, oder der Fisch saugt sie einfach ein.

Oft wird die Hopper-Fliege für den Fisch erst attraktiv, wenn sie sich vollgesogen hat und in die Welle gesunken ist. Der Angler bemerkt den Anbiss, wenn sich die Schlagschnur auf der Oberfläche streckt. Sind die Forellen in Jagdstimmung, ziehen sie an der Hopper-Fliege wie bei einer Nassfliege.

Olivfarbene Duns (Eintagsfliegen)

Eine Reihe von Trockenfliegen sind tagsüber gut einsetzbar. Eine der wichtigsten ist Cul de canard (CDC). Sie stellt eine olivfarbene Eintagsfliege dar, die im Frühling und Herbst auf stehenden Gewässern brütet.

Das herkömmliche Trockenmuster für dieses Insekt ist Greenwell's Glory, das in jedem Anglerkasten vorrätig sein sollte. Trockene Steinfliegen- oder Rehhaar-Steinfliegenköder können im Spätsommer geeignet sein, wenn die beflügelten Insekten rege sind, besonders bei Dämmerung. Bedecken allerdings kleine Fliegen das Wasser, ist zweifelhaft, ob irgendeine Fliege angenommen wird.

Im Frühjahr benötigen Sie eine Märzfliege für die Forellen, die sonst die natürlichen Märzfliegen nehmen. Im Sommer lassen sich die Fische mit Fliegenmustern für Käfer, Flugameisen, Marienkäfer und Spinnen fangen.

Wenn im Herbst Schnaken auf den See hinausgetrieben werden, eignet sich auch der trockene Daddy. Angeln Sie mit einem einfachen Muster an einer langen Schlagschnur, und lassen Sie die Fliege einfach vom Ufer mit dem Wind forttragen.

Bootsangeln – Treiben

Bootsangeln ist eine sehr beliebte Art des Forellenfischens auf den britischen Inseln. Zwei Angler werfen vor einem fahrenden Boot bis zu drei Fliegen aus und holen sie zurück. Wegen seiner schottischen Wurzeln wird diese Methode auch als „Loch Style" bezeichnet. Wichtig ist dabei, direkt vor dem Boot auszuwerfen. Vor dem anderen Angler auszuwerfen gilt als unsportlich.

Bei einer Gruppe von Booten sollten alle Boote in demselben Winkel über die Wellen treiben. Ansonsten kommen sie sich ins Gehege. Man sollte daher das Treiben mit sicherem Abstand voneinander beginnen. Dabei sind die Bootsmotoren alle auf derselben Seite, üblicherweise zur Linken des Anglers.

Den Kurs eines anderen Boots zu fahren oder zu kreuzen gilt ebenso als schlechtes Verhalten. Aber auch auf Uferangler muss Rücksicht genommen werden, man sollte nicht ein Boot genau vor ihrem Angelplatz treiben lassen.

Eine leichte Brise und leichte Kräuselungen des Wassers sind ideal. Wenn der Wind zu stark ist, können Sie mit an Schwimmschnüren befestigten Trockenfliegen und Nymphen angeln. Werfen Sie nach Fischen aus, die sich an der Oberfläche bewegen.

Mit drei Nassfliegen an einer Schwimmschnur zu angeln kann sehr reizvoll sein, besonders wenn die Fische die Fliegen direkt bis zum Boot jagen. Dann ist Können gefragt, denn der Angler hat nur 1–2 Sekunden, um die Forellen so zu reizen, dass sie seine Fliegen nehmen.

Wenn der Wind zunimmt, ist zum Verlangsamen des Boots eine Bremse in Form eines Windsacks erforderlich. Dieser wird am Dollbord des Boots – üblicherweise mit einer kleinen G-Klammer an einer umgekehrten Dolle – hinter dem Angler festgemacht und dann in den Wind und in das Wasser geworfen. Er funktioniert wie ein Unterwasser-Fallschirm.

An windig-kühlen Tagen brauchen Angler eventuell Sinkschnüre, von der superschnell sinkenden Di-7-Schnur bis zur Intermediate-Schnur, die gerade unter die Oberfläche sinkt.

UNTEN WENN SIE VON EINEM TREIBENDEN BOOT AUSWERFEN, DECKEN SIE EIN GROSSES WASSERAREAL AB UND ERREICHEN SOMIT VIELE FISCHE.

OBEN LOCH STYLE IST EINE BELIEBTE ART DES FLIEGENFISCHENS IN GROSSBRITANNIEN.

LINKS DIESE REGENBOGENFORELLE WURDE MIT EINER KLEINEN NYMPHE GEFANGEN.

Fliegen

- **Nasse:** Soldier Palmer, Mallard & Claret, Oakham Orange, Black Pennell.
- **Trockene:** Claret Hopper, Shipman's Buzzer, Bob's Bits, Suspender Buzzer, Red Emerger, CDC Dun.
- **Nymphen:** Goldenes Hasenohr, Diawl Bach, Epoxy Buzzer, Rehhaar-Steinfliegenköder, Fasanenschwanz (Pheasant Tail).
- **Köder:** Peach Doll, kleine Appetizer, Light Bulb, kleine Muddler, Cat's Whisker.

Die Kunst besteht darin herauszufinden, in welcher Tiefe die Fische fressen. Liegen die Fische tiefer, benötigt man einen langen Wurf mit schnell sinkender Schnur, und man sollte sich mit dem Einholen Zeit lassen, damit die Schnur bis zu ihnen sinken kann.

Das ist nicht so einfach, wie es scheinen mag. Der erfolgreiche Angler muss genau das richtige Maß durchhängende Schnur aufnehmen, damit er in Kontakt mit den Fliegen bleibt und die Schnur gleichzeitig tief genug für die Fische sinkt.

LINKS DIE DUNKLE FÄRBUNG DER CORMORANT IST BESONDERS FÜR KLARES WASSER IDEAL. DIESE ART VON FLIEGEN WERDEN AUCH ALS BESTANDTEIL VON EINEM DREI-FLIEGEN-SYSTEM VERWENDET.

Oft folgen die Forellen den Fliegen bis zur Oberfläche und greifen erst im letzten Moment zu, wenn der Angler mit dem Einholen aufhört und die Fliegen etwa 3 m tief im Wasser hängen lässt.

Ausrüstung

Sie benötigen eine 3 m lange Rute der Schnurklasse 6–7, Schlagschnur für drei Fliegen (4,6 m), eine nach vorne verjüngte Pose, schwebende, mäßig und schnell sinkende Schnüre, einen Bootssitz und einen Windsack.

Tipp

Bekommen Sie einen Fisch im offenen Wasser an den Haken, merken Sie sich den Ort, und kehren Sie bei der nächsten Treibfahrt dorthin zurück.

Bootsangeln – Schleppen und Ankern

OBEN DAS SCHLEPPANGELN, BEI DEM DIE FLIEGE TIEF SINKEN KANN, IST EINE SICHERE METHODE, UM GROSSE FORELLEN ZU FANGEN.

Die größten Fische beim Bootsangeln fängt man immer beim Schleppangeln oder Ankern. Das Boot muss für die Bewegung der Fliege genutzt werden – entweder mit Motor oder Ruder. Hier kann man große Längen Schnur auslassen, was die Fliege sehr tief sinken lässt.

Zudem werden mit dieser Methode große Wasserareale abgedeckt, während sich die Fliege bei gleich bleibender Geschwindigkeit bewegt.

Sie ist jedoch nicht an allen Stauseen erlaubt. Aber es gibt legale Auswege: der Gebrauch nur eines Ruders oder die Ruder in der Dolle zu verschließen. In beiden Fällen nutzt man den Wind, um das Boot anzutreiben.

Zwei Angler können fischen, einer auf jeder Seite des Boots. Sie wechseln sich beim Auswerfen ab und lassen die Fliege in einem Bogen hinter dem Boot schaukeln. Anbisse ergeben sich oft, wenn sich die Fliege beschleunigt. Ohne ein Ruder oder mit weggeschlossenen Rudern dreht sich das Boot allerdings einfach zur Seite in den Wind und treibt so langsam, dass die Fliege ineffektiv werden kann.

Fliegen

Silberne und goldene Tubenfliegen, Tandem Appetizer und Waggies.

Tipp

Halten Sie nach Möwen Ausschau, die Fischbrut fressen. Die Forellen befinden sich darunter.

Windige Tage eignen sich am besten, um das Boot treiben zu lassen. Aber achten Sie darauf, dass Sie nicht zum Damm getrieben werden.

Ausrüstung

Sie brauchen eine eher schwere 3 m lange Rute der Gewichtsklasse 8–9, eine Rolle mit breiter Trommel, entweder mit einem Schusskopf

OBEN EINE AUSGEWACHSENE, MEHR ALS 4 KG SCHWERE BACHFORELLE.

aus Schnur, die einen Bleikern besitzt, oder mit einer Hi-D-Schnur. An manchen Tagen, wenn die Fische weit oben in den Wellen sind, eignet sich besonders eine mittlere Sinkschnur wie die Wet CeL 2.

Ankern

In der Frühsaison finden sich die Forellen im Stausee oft in einer Bucht nahe dem Ufer. Das ist der Moment, Anker zu werfen und mit einem Köder an einer schnell sinkenden Schnur zu angeln. Kommt der Wind von hinten, können Sie direkt zum Ufer hin auswerfen. Wenn Sie ausreichend Seil heruntergelassen haben, machen Sie eine Schleife und befestigen diese an der Dolle. Dann können zwei Angler an der Breitseite fischen.

Achten Sie darauf, dass das Seil keinen zu scharfen Winkel bildet. Wenn es windiger wird und Wasser ins Boot spritzt, kann es gefährlich werden. Lassen Sie genügend Seil ab, damit die Ankerkette flach auf Grund liegt. Wird es zu windig, um von der Breitseite aus zu angeln, müssen Sie das Boot vom Bug ankern und abwechselnd vom Heck auswerfen. Lassen Sie allmählich mehr Ankerseil ab, sodass Sie ein größeres Gebiet abdecken. Das Boot wird dabei aber stärker schaukeln. Aus Sicherheitsgründen sollten Sie dann zwei Anker verwenden, einen vom Heck und den anderen vom Bug, um das Boot in stabiler Lage zu halten.

Fliegen

Razzler, Hasenohr, Fasanenschwanz (Pheasant Tail), Epoxy Buzzer, Corixa, Sedge Pupa.

Tipp

Ziehen Sie den Anker immer vom Bug aus, niemals von der Seite des Boots ein. Bleibt er stecken, fahren Sie windwärts von der Ankerposition und ziehen Sie von dort. Richten Sie den Anker beim Werfen aus.

Ausrüstung

Das Ankern erlaubt Ihnen, mit Ihren Fliegen so langsam, wie Sie wollen, zu angeln. In der Frühsaison ist eine schnell sinkende Schnur wie Hi-D mit einer kurzen Schlagschnur sehr gut geeignet; im Sommer eine Schwimmschnur und eine lange Schlagschnur. Loten Sie vor dem Angeln mit einer Bleischnur (34 m) die Wassertiefe aus, damit Sie eine bessere Vorstellung von dem Gewässer haben.

OBEN EIN JUNGFISCHKÖDER.

PIRSCHEN

Kleine stehende Gewässer mit großen Fischen, die so klar sind, dass der Angler seine Beute erkennen kann, sind hervorragend für das Pirschen geeignet. Meistens handelt es sich um Seen mit sauberen Wasserzuflüssen aus Kalksteinbächen. Doch kann man auch an jedem anderen Forellengewässer, in dem der Angler seine Fische sehen kann, diese Methode anwenden.

Ausrüstung

Die wichtigsten Ausrüstungsgegenstände sind eine Polarisationsbrille und ein breitkrempiger Hut. Die Sonnenbrille erlaubt es dem Angler, trotz des reflektierenden Sonnenlichts in das klare Wasser zu sehen und dabei die Augen vor störendem Sonnenlicht zu bewahren. Nur so kann er seine Beute erkennen.

Die Fliegen müssen stark beschwert sein, damit sie schnell auf die Höhe der Fische sinken. Bringen Sie auf der Fliege einen Farbfleck an, um sie verfolgen zu können.

Die Rute muss elastisch sein, damit die Fliege leicht mit einem Minimum an Fliegenschnur über den Spitzenring hinaus herausschnellen kann. Mit einer Rute, die sich stark nach vorne verjüngt, ist das kaum möglich.

Die Schlagschnur muss kurz sein, etwa 2,4–2,7 m. Auf diese Weise kann die Fliege in Position gebracht oder vor einem Fisch bewegt werden. Reiben Sie diese gut mit einem Entfetter ab, damit die Fliege leicht sinkt. Für eine 4 kg schwere Forelle benötigen Sie einen entsprechend großen Kescher. Die meisten Pirscher bevorzugen ein Netz, das über dem Rücken getragen werden kann.

Fliegen

Red Spot Shrimp, Olive Nobbler, Lead Bug, Hare's Ear Shrimp, Walker-Mayfly-Nymphen.

UNTEN ES KANN SEIN, DASS MAN BEIM ANPIRSCHEN SEHR HÄUFIG NACH EINEM FISCH AUSWERFEN MUSS, BEVOR ER SICH ENTSCHEIDET, DEN KÖDER ZU NEHMEN.

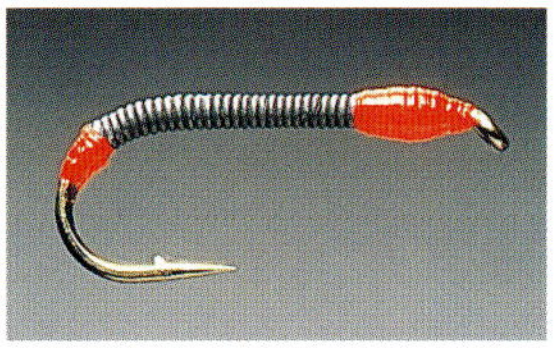

OBEN ORANGE LEAD BUG – EINE BESONDERS FÜR DAS PIRSCHEN GEEIGNETE FLIEGE.

LINKS EINE REGENBOGENFORELLE.

RECHTS EINE PRÄCHTIGE BACHFORELLE, MIT DER PIRSCH-METHODE GEFISCHT.

Tipp

Forellen schwimmen regelmäßig die Ufer entlang. Werfen Sie zuerst Ihre Fliege aus, und warten Sie, bis der Fisch zurückkehrt. Dann ziehen Sie die Fliege hoch. Die Forelle sollte die Fliege sofort instinktiv nehmen.

Angelmethoden

Kommen Sie früh zum See. Bereiten Sie Ihr Gerät vor, bevor Sie um den See gehen. Sie können die Fliege auch in den Fingern Ihrer linken Hand halten – bereit zu einem „Katapult-Auswurf" nach einem Fisch. Nicht alle Forellen, die Sie sehen, fressen. Es kann sein, dass Sie eine Stunde oder länger nach einem bestimmten Fisch auswerfen müssen. Sorgen Sie dafür, dass die Forelle Ihre Fliege sieht und nicht an ihr vorbeischwimmt. Sie müssen die Fliege unmittelbar vor den Fisch bringen und sie dann scharf wegziehen. Ob die Forelle die Fliege genommen hat, erkennen Sie, wenn die Flossen steif werden und sich die Kiemen weiten. Schlagen Sie durch Anspannen der Schnur sofort zu, aber achten Sie darauf, dass der Rollenzug richtig eingestellt ist. Ein großer Fisch setzt bei einem Fluchtversuch sein Gewicht ein. Die Forelle wird versuchen, auf den nächsten Pflanzenbewuchs unter Wasser zuzusteuern, das sollten Sie verhindern.

Einige Forellen nehmen die Fliegen nicht an. Sie haben mit Fliegen schon schlechte Erfahrungen gemacht und sind in der Vergangenheit vielleicht auch schon gehakt worden. Aber geben Sie nicht auf. Wechseln Sie die Fliegenmuster und Farben, bis Sie eine finden, die die Forelle annimmt. Eventuell sollten Sie auch auf eine dünnere Schlagschnur umsteigen. Nehmen Sie in jedem Fall eine durchsichtige, doppelt starke Polymerschnur oder eine der neuen Schnüre aus Fluorkohlefaser.

Durch das Licht kann es tagsüber schwieriger sein, mehr Fische auszumachen. Gehen Sie in ein schattiges Gebiet, wo Sie noch ins Wasser schauen können. Gegen Mittag ziehen viele Fische in Pflanzengürtel unter Wasser, um sich dort zu verstecken. Machen Sie dann eine Pause, und heben Sie sich Ihre Konzentration für den späten Nachmittag auf, wenn sich die Fische wieder bewegen.

Wo Sie auf Forellen pirschen können

Jeder Fischgrund, der klar genug ist, um die Fische im Wasser sehen zu können, ist geeignet.

Fliegenfischen am Meer

Zunehmende Bedeutung hat in den vergangenen Jahren das Fliegenfischen im Meerwasser erhalten, insbesondere bei der Jagd nach Raubfischen. Die Anfänge liegen in Amerika, doch mittlerweile hat sich die Technik rund um den Globus verbreitet. Dabei jagen Angler mit der Fliege alles, vom Hai bis zum atlantischen Fächerfisch.

Anders als beim Fliegenfischen im Süßwasser steht hier eine viel größere Anzahl von Fischen zur Verfügung. Ein Angler, der es etwa auf einen Grätenfisch abgesehen hat, kann sich innerhalb eines Tages an einem Dutzend Fische erfreuen. Ein Angler, der Lachs im Süßwasser jagt, kann die ganze Woche warten und nichts fangen.

Angelmethoden

In warmen Gewässern fressen viele Meeresfische sehr aggressiv und werden die Fliegen hart angehen, vorausgesetzt, diese sehen mehr oder weniger wie ihr natürliches Futter aus und bewegen sich auch

OBEN NACH MEHREREN VERSUCHEN WURDE DIESER GRÄTENFISCH SCHLIESSLICH BESIEGT.

so. Das Wasser muss klar sein, damit die Fische die Fliege sehen. Der Küstenangler watet auf Korallenflächen, zwischen Mangroven oder einen Strand entlang. Die Reichweiten der Fliegenrute sind begrenzt, deshalb fischt man oft in seichten Gewässern. Doch kann diese Methode auch von Bootsangler in tiefem Wasser angewandt werden: Die Fische werden mit Lockstoffen oder Lebendködern an die Oberfläche geholt, bevor man eine Fliege auswirft.

Ausrüstung

Zwar kann man eine schwere Süßwasser-Ausrüstung verwenden, doch geeigneter ist eine Spezialausrüstung für das Fliegenfischen im Meerwasser. Die Ruten sind normalerweise 2,7 m lang, Schnurklasse 8 für Grätenfisch bis zu Schnurklasse 12 für Marlin und Atlantischen Fächerfisch. Sie sind schnell einsatzfähig, haben steife Enden und

sind für das Auswerfen großer Fliegen konzipiert. Die Rolle sollte mit einem zentralen Scheibenzug versehen sein, der auch den schnellsten Wildfisch abbremsen kann, und eine Rücklaufsperre haben. Natürlich sind für starke Fische, die lange Wege zurücklegen, einige Meter an Schnur als Reserve erforderlich.

Für das Angeln in mehr als 20 °C warmem Wasser benötigt man eine spezielle Fliegenschnur. Eine normale Fliegenschnur verliert in warmem Wasser ihre Spannung. Salzwasserschnur ist viel steifer und hat einen stark verjüngten Schnurbauch, für lange Auswürfe und um große Fliegen umzudrehen. Die Fliegen ahmen Fische, Krabben oder Krebse nach. Die Haken müssen stark sein, denn alle Meerwasserfische haben kräftige Mäuler, die herkömmliche Haken zermalmen.

Welche Fische können Sie fangen?

Die beliebteste Beute mit der Fliege ist der Grätenfisch, der im Schwarm in seichtem, oft nur 10 cm tiefem Wasser vorkommt und bereitwillig Fliegen nimmt. Tarpune sind wegen ihrer Größe – oft mehr als 45 kg – und ihrer Fähigkeit zu hohen Sprüngen als Nächste dran. Sie sind mit einer Fliege nicht leicht zu haken und stellen die Krönung für jeden Fliegenangler im Meerwasser dar.

Der Permit (Gabelmakrele) vervollständigt das Trio – ein Fisch, der auch im flachen Wasser lebt und nur schwer die Fliege nimmt. Gestreifter Marlin, Atlantischer Fächerfisch, Große Goldmakrele sowie Schwarz- und Gelbflossenthunfisch können alle vom Bootsangler an die Oberfläche gelockt und mit der Fliege gefischt werden. Ein weiterer Höhepunkt für den Fliegenangler ist der Streifenbarsch.

Gebiete zum Fliegenfischen im Meerwasser

Traditionell sind Florida Keys, Bahamas, Belize und Mexiko die beliebtesten Gebiete. Aber es kommen neue hinzu: die Weihnachtsinseln im Pazifik und die amerikanische Küste von Maine und Massachusetts (Streifenbarsch, Blaubarsch, Bonito).

Ursprünglich war das Fliegenfischen im Meerwasser auf tropische Gewässer begrenzt, mittlerweile fischen auch Angler in Europa mit Fliegen nach Meeräsche, Barsch und Pollack – mit einigem Erfolg. Südafrikanische und australische Fliegenangler versuchen es jetzt auch. Gehen Sie davon aus, dass die IGFA-Weltfliegenrekorde in den kommenden Jahren fallen.

OBEN LINKS MIT FLIEGEN GEFANGENE FELSENBARSCHE SIND EINE WAHRE TROPHÄE.

OBEN RECHTS EIN FALSCHER ALBACORE.

Tipp

Um Korrosion zu vermeiden, müssen Sie Ihre Ausrüstung nach dem Fischen im Salzwasser gründlich mit Süßwasser waschen.

Fliegen

Grätenfischfliege, Crazy Charlie, Gotcha, Snapping Shrimp, Deceivers, Sardinenformen.

GEWÄSSER

FLÜSSE

Kalksteinflüsse

Der an Gräsern und wirbellosen Lebewesen reiche, schnell fließende Kalksteinfluss ist ein idealer Lebensraum für die Forelle. Die klassischen Kalksteinflüsse erhalten im Frühjahr Zufluss von Wasser, das durch die porösen Kalksteinhügel gesickert ist, überfluten oder verfärben sich nicht und behalten ihre Klarheit und Strömung das ganze Jahr hindurch.

Traditionell sind sie die Heimat der wilden Bachforelle, aber viele klassische Kalksteinflüsse wurden mit Regenbogenforellen bestückt, um Anglern, die für eine Tageskarte bezahlen, einen leichteren Fang bieten zu können. Da nun auch Bachforellen in diese Gewässer gesetzt werden, können nur wenige ihren echten Wildbestand aufrechterhalten.

Das basische Wasser des Kalksteinflusses fördert eine unterschiedlich zusammengesetzte Brutkolonie von Wasserinsekten wie den Fliegen mit aufwärts gerichteten Flügeln. Die berühmteste ist die Eintagsfliege (Ephemera danica), die Angler über Jahrhunderte hinweg fasziniert hat. Wenn sie im späten Mai brüten, achten die Forellen auf den Wind und nehmen sie unbekümmert. Diese Zeit hält jedoch nicht allzu lange an, und nach ein paar Wochen der Ernährung mit Eintagsfliegen setzen die Forellen aus und sind immer schwieriger zu fangen.

Die ersten Wochen kann man im Kalksteinfluss üblicherweise nur flussaufwärts mit Trockenfliegen angeln, das Nymphenfischen ist gewöhnlich ab Juni mit klassischen Mustern erlaubt – wie etwa Grey Goose, Sawyer's Pheasant Tail und Goldenes Hasenohr, die dem Nymphenstadium dieser Fliegen mit aufwärts gerichteten Flügeln nachempfunden sind. Auch diese werden in der Regel flussaufwärts geangelt. Beobachten Sie die Schlagschnur wie ein Falke auf Anbisse hin. Wenn der Sommer allmählich in den Herbst übergeht, können Sie Äschen mit gewichtsbelasteten Fliegen wie der Killer Bug angeln. Einst galten Äschen in Kalksteinflüssen als Schädlinge, heute sind sie eine beliebte Beute.

LINKS DER FLUSS GRETA IN CUMBRIA – EIN TYPISCHER NORDENGLISCHER SANDSTEINFLUSS. HIER WERDEN AUCH BACHFORELLEN ANGESIEDELT.

OBEN EIN LAUSCHIGES PLÄTZCHEN ZUM ÄSCHENANGELN.

Forellenregion

Typisch für Forellenregionen sind turbulent und schnell fließendes Wasser, geringe Wassertemperaturen, Temperaturschwankungen und hohe Sauerstoffkonzentration.

OBEN DERBYSHIRE WYE (GB), EIN BEKANNTER KALKSTEINFLUSS.

Sandsteinflüsse

Wildflüsse mit ihren Stromschnellen, Untiefen und Turbulenzen gehören in ganz Europa immer zu den reizvollsten Landschaften. Sie werden vom Regen oder von Flüssen gespeist und sind der natürliche Lebensraum der wilden Bachforelle, die auch nach einigen Jahren nicht mehr als 10 cm Länge aufweist.

Aber je mehr der Fluss an Höhe verliert und sich zum Meer hin verbreitert, desto vielseitiger wird die Nahrung mit Krabben, Stein- und Köcherfliegen, Elritzen und Käfern, was die Bachforellen etwa 4,5 kg schwer werden lässt. Andere Fische, die sich einer sehr eiweißhaltigen Nahrung von Elritzen, Gründlingen oder sogar kleinen Forellen zuwenden, können 1,4 kg oder mehr erreichen.

Obwohl einige Sandsteinflüsse in begrenztem Ausmaß zu Beginn der Saison von einem Anglerverein mit Bachforellen bestückt werden, vermehren sie sich generell in der Wildnis.

Zum Angeln dominiert hier die Nassfliege mit traditionellen Spinnenmustern, wobei immer gleichzeitig drei ausgeworfen werden. Die Fische können für ihren Fang sehr viel mehr Geschick als ihre Verwandten in den Kalksteinflüssen erfordern, da sie oft nur in der Dämmerung zu einer Brut von Fliegen mit aufwärts gerichteten Flügeln, wie etwa der Märzbraunen *(Rhithrogena germanica)* oder der Herbst-Eintagsfliege *(Ecdyonurus dispar)*, auftauchen.

In vielen Flüssen, die für Lachse und Meerforellen geeignet sind, finden sich auch zahlreiche Bachforellen, die kaum von Fliegenanglern gefischt werden.

Natürliche Fließgewässer

Natürliche Fließgewässer sind sehr abwechslungsreich: Sie bieten starke und schwache Strömungen, steile und seichte Ufer, sonnige und schattige Bereiche, flache Sandbänke und tiefe Kolke. An der Quelle sind sie sauerstoffarm, durch die starke Oberflächenbewegung gelangt jedoch sehr schnell Sauerstoff in die Gewässer, und die Zahl der Fischarten nimmt rasch zu.

STAUSEEN

Die Ansiedlung von Regenbogen- und Bachforellen in englischen Stauseen seit 1960 machte das Fliegenfischen nicht nur in Großbritannien zum Volkssport. Von hier aus eroberte das Fliegenfischen auch die Welt. Zuvor war dieser Sport ein Zeitvertreib für wohlhabende Rentner oder Schüler an Privatschulen.

Der Stausee, an dem die Revolutionierung des Fliegenfischens mit neuen Fliegen und Methoden stattfand, war der 1,2 Hektar umfassende Grafham Water in Cambridgeshire (GB), der 1966 für das Fliegenfischen eröffnet wurde.

Die neu gefluteten Ufer boten einen Überfluss an Nahrung für die Forellen, sodass diese schnell wuchsen. Angler, die am Eröffnungstag fischten, mussten schnell feststellen, dass ihre Ausrüstung den kräftigen Forellen mit einem Gewicht von 2,2–2,7 kg nicht gewachsen war.

Die nächsten Jahre verwendete man darauf, Ausrüstung und Fliegen speziell für das Stauseeangeln zu entwickeln: Schusskopf für das Auswerfen auf Entfernung, Schnurkörbe zum Tragen der Reserve, stärkere Ruten, breiter getrommelte Rollen, größere Netze, um die Fische an Land zu holen und eine ganze Reihe berühmter Köder wie den Sweeny Todd, Jack Frost, Black Chenille und Baby Doll, die die

OBEN IM FRÜHSOMMER KÖNNEN MIT NYMPHEN UND TROCKENFLIEGEN IN STAUSEEN VIELE FORELLEN GEFANGEN WERDEN.

dichten Schwärme von Jungfischen – die Beute der Forellen – nachahmen.

Die Stausee-Revolution brachte ihre eigenen Berühmtheiten hervor, Angler wie Bob Church, Dick Shrive und Arthur Cove wurden gängige Namen.

Spezielle Methoden für Trockenfliegen folgten, als Angler die riesigen, für tiefer gelegene Stauseen so typischen Mückenschwärme nachahmten.

Für die Forellen, die sich von Wasserflöhen ernähren, wurden besondere Tiefwassertechniken entwickelt, bei denen schnell sinkende Schnüre und Miniköder verwendet wurden, während Sortenangler die Riesenbachforellen von Grafham mit einem Tandem und Köcherfliegen ins Visier nahmen.

Weitere Stauseen wurden in den darauffolgenden Jahren für das Fliegenfischen geöffnet. Jeder hat seine Zeichen mit besonderen Methoden und Fliegen gesetzt, aber der Platz von Grafham bleibt in der Geschichte des Fliegenfischens einzigartig.

Stauseen in höheren Lagen

Viele hoch gelegene Stauseen sind zu sauer oder nahrungsarm, als dass die Forellen zunehmen könnten. Deswegen müssen sie die ganze Saison hindurch regelmäßig mit Fischen bestückt werden.

Dort, wo sich Forellen von kleinen Fischen, wie Elritzen oder Stichlingen, ernähren, können sie heimisch werden. Eine andere Lösung kann sein, die Seen nur mit Bachforellen zu besetzen, zumal diese Fische besser mit kälteren Wintern, höheren Lagen und einer vorwiegend terrestrischen Nahrung fertig werden.

Die Ködertechnik ist in diesen Gewässern wichtiger, da die eingesetzten Regenbogenforellen die Hauptbeute sind. Wenn jedoch wilde Bachforellen ins Visier genommmen werden, muss der Angler mindestens genauso geschickt sein wie der Fluss- oder Seeangler, der wilde Fischarten verfolgt.

Trockenfliegen, die Landinsekten, wie Käfer, Ameisen oder Schnaken, nachahmen, müssen hinter jeden Flussstein oder in jede Bucht ausgeworfen werden, um die Bachforelle schnell an die Oberfläche zu holen.

Baggerseen

Neben Stauseen werden in Deutschland auch Baggerseen mit Fischen besetzt. Man unterscheidet hierbei Kies-, Ton- und Tagebaurestgruben, die durch Abbau von Sand, Kies, Lehm oder Braunkohle entstanden sind. Viele Baggerseen sind erstklassige Anglergewässer.

Lebensraum Baggersee

Baggerseen werden häufig von Anfang an als Fischgewässer genutzt. In den ersten Jahren sind sie oft nährstoffarm und sauerstoffreich. Später nimmt die Nährstoffkonzentration zu, aber der Sauerstoffgehalt ab, da ausreichende natürliche Zuflüsse fehlen.

OBEN EYEBROOK IN LEICESTERSHIRE BIETET RUHIGE UND SCHÖNE UFERSTELLEN ZUM ANGELN.

LINKS IM NANT-Y-MOCH-STAUSEE IM WESTEN VON WALES KANN MAN VOM BOOT AUS NACH EINGESETZTEN UND WILDEN BACHFORELLEN MIT FLIEGEN FISCHEN.

Natürliche Seen

Natürliche Forellenseen finden sich vor allem in Gebirgsregionen. Sie sind sauerstoffreich, haben einen steinigen Grund und keinen oder sehr spärlichen Pflanzenwuchs. Ihre Uferzonen sind kahl, das Wasser ist kühl und klar. Fische in diesen Gewässern müssen ihre Nahrung an der Oberfläche suchen. Ein typisches Beispiel für diesen Gewässertyp ist der Soiernsee in Bayern.

Diese in der Eiszeit entstandenen Gewässer sind die natürliche Heimat der Bachforelle und auch des Lachses sowie der Meerforelle, wenn eine Verbindung zum Meer besteht. In diesen Seen können einige verkümmerte Bachforellen sehr alt werden. Aber wenn sie in jungem Alter sehr gefräßig sind, können sie mehr als 9 kg auf die Waage bringen.

In Großbritannien finden sich dagegen auch im Tiefland sehr ergiebige Gewässer, wie der Loch Leven in Schottland, wo das Wasser sehr nährstoffreich ist. Wilde Forellen können hier erheblich an Gewicht zunehmen. Regenbogenforellen, die mit 100 g Gewicht eingesetzt wurden, erreichen oft ein Gewicht von über 4 kg.

Forellen lokalisieren

An großen Gewässern ist es oft nicht einfach, Forellen zu finden. Im Frühjahr stehen die Forellen gerne in Schwärmen im Oberflächenwasser und orientieren sich zumeist zur Seemitte. Im Sommer bevorzugen sie die Tiefe und kommen nur morgens und abends in die Uferzonen.

Viele Seen mit wilden Bachforellen sind heute zwar in Naturschutzgebiete umgewandelt worden, dennoch bleibt diese Art bedroht.

UNTEN FORELLENANGELN AUF DEM RUHIGEN LOUGH CONN, EINEM SEE IN WESTIRLAND.

Kleine stehende Gewässer

Um der verstärkten Nachfrage nach Forellenangeln gerecht zu werden, wurden alle Arten von Gewässern mit Forellen besetzt – obgleich sie sich nicht alle dafür eignen!

Die besten und beliebtesten sind die Klarwasser-Fischereien, denen Kalkquellen zugeleitet werden. Hier kann man die Fische im Wasser gut erkennen, einzelne ins Visier nehmen und sich an sie heranpirschen.

Anderswo haben viele ungenutzte Kiesgruben eine neue Funktion als Forellenfischerei erhalten. Ihr natürlich sauberes Wasser, üppiger Pflanzenwachstum und erhebliche Tiefenunterschiede machen sie zu idealen Fischgewässern mit einem guten Wachstumspotenzial.

Stillgelegte Stauseen, Schotter- und Tongruben bilden ebenfalls viele der bekanntesten Süßwasser-Fischereien.

Zugleich gehen immer mehr Fischereibesitzer dazu über, eigene künstliche Gewässer auszuheben, bei denen oftmals auf ein anspruchsvolles Design mehr Wert gelegt wird als auf Naturverträglichkeit, während anderswo Fischereien unter Trockenheit und hohen Temperaturen leiden, was tote Fische, Läusebefall und vorübergehende Schließungen zur Folge hat.

Die erfolgreichsten kleinen Gewässer sind diejenigen, die von einer natürlichen Quelle oder einem kleinen Strom mit Wasser versorgt werden, was bei warmem Wetter die Temperatur niedrig und den Sauerstoffgehalt hoch hält. Eingesetzte Regenbogenforellen sind bemerkenswert hartnäckig, aber wenn die Wassertemperatur über 20 °C steigt, werden sie – wie Menschen – träge und wenden sich vom Fressen ab.

Manche kleine Gewässer haben einen unnatürlich hohen Fischbestand mit Futter, das für den Erhalt der Bestände nicht ausreicht.

Die durchschnittliche Lebenserwartung der Fische beträgt hier nur 2–3 Tage. Viele Fischereibesitzer müssen hier dann dazu übergehen, ihre Forellen mit zusätzlichem Futter zu ernähren.

OBEN AN KLEINEN, AUS QUELLEN GESPEISTEN STEHENDEN GEWÄSSERN KÖNNEN DAS GANZE JAHR ÜBER FORELLEN GEFISCHT WERDEN. **RECHTS** EINE AUSWAHL NÜTZLICHER NYMPHEN FÜR STEHENDE GEWÄSSER.

Seen und Kleingewässer

Natürliche stehende Gewässer werden nicht nur nach ihrer Ausdehnung, sondern auch nach der Wassertiefe in Seen und Kleingewässern, wie beispielsweise Weiher, Teiche und Tümpel, unterteilt.

Bei Seen ist der Grund nicht ausreichend erhellt für Pflanzenbewuchs. Bei Kleingewässern dringt das Sonnenlicht dagegen bis auf den Gewässergrund vor und ermöglicht so reichen Pflanzenbewuchs auf dem Boden. Die Grenze liegt bei 5–6 m Wassertiefe. In Kleingewässern gedeihen auch Kleinstlebewesen sehr gut, die für eine hohe Nährstoffkonzentration und somit auch für einen großen Fischreichtum im ganzen Gewässer sorgen. In tiefen Seen sind oft die Uferzonen, die genügend Licht erhalten, die nährstoff- und damit fischreichsten Bereiche.

Glossar

Aberdeens: Langschenklige, vielseitige Haken, beliebt für Plattfische.
Aktion: Biegeverhalten der Rute.
Anfüttern: Anlocken von Fischen mit Futter.
Anhieb, Anschlag: Eintreiben des Hakens in das Fischmaul. Die Wucht des Anhiebs ist abhängig von der Fischart, der Aktion der Rute, der Angeldistanz und der verwendeten Schnur.
Anködern: Köder am Haken befestigen.
Ansitzangeln: Der Angler verweilt am Angelplatz und wartet auf einen Anbiss.
Ausleger: Kurzer Draht- oder Plastikausleger, um den Haken von der Schnur fernzuhalten.
Ausloten: Vermessen der Wassertiefe am Angelplatz mit einem kleinen Gewicht und einer verstellbaren Pose.
Beköderte Feder: Mit Feder versehener Köder.
Bissanzeiger: Knetmasse, Wolle oder Styropor, die an der Rute befestigt werden, um Bisse anzuzeigen.
Bivvy: Komfortables kleines Schirmzelt, meist von Karpfenanglern beim längeren Ansitzangeln über mehrere Tage verwendet.
Blinker: Großer löffelförmiger Köder für Plattfische.
Boilie: Gekochte Köderbällchen. Sie sind in vielen Größen und Geschmacksrichtungen erhältlich.
Bombe: Senkblei ohne Krallen.
Bombenmontage mit zwei Haken: Montage für das Kabeljau- und Weißfischangeln. Beide Haken sind hinter dem Blei befestigt.
Brustflosse: Fischflosse hinter den Kiemen.
Buhne: Steindamm, der Strömung und Wellen bricht.
Buzzer: Name für die chironomide Mückenpuppe und die künstliche Fliege, die die Puppe nachahmt.
Chemisch geschärfter Haken: Mit Emaille oder Ähnlichem beschichteter Haken.
Copolymer: Neues Material für monofile Schnüre.
Detritus: Meeressediment aus organischen Bestandteilen.
Emerger: Stadium der natürlichen Fliege, wenn sie aus der Puppe schlüpft.
Endknoten: Beweglicher Knoten an der Hauptschnur, um Wirbel, Posen und Ähnliches zu befestigen.
Fischtöter: Schweres Instrument, normalerweise aus Messing, zum Töten von gefangenen Fischen.
Freiangeln: Mit einem Köder ohne Gewicht im Gezeitenstrom fischen.
Gaff: Stange mit einem Haken zum Landen von großen Fischen.
Geflochtene Schnur: Starke Angelschnur von kleinem Durchmesser.
Gehäutete Krabbe: Krabbe, die ihren alten Panzer abgeworfen hat oder geschält wurde.
Glatter Haken: Haken ohne scharfen Widerhaken, der den Köder festhält. An vielen stehenden Gewässern sind nur glatte Haken erlaubt.
Grundangeln: Der Köder wird mit einem Gewicht, wie einem Grundblei oder einem Feeder, auf dem Grund gehalten.
Grundblei: Auch Bodenblei genannt, erhältlich in verschiedenen Ausführungen.
Grundköder: Trockene Mischung aus Brotkrumen, zerdrückten Keksen und anderen Zutaten, die mit Wasser vermischt und dann am Angelplatz ausgeworfen wird, um Fische anzuziehen und sie auf dem Grund zu halten.
Haarmontage: Der Köder wird nicht auf dem Haken, sondern an einer sehr dünnen Schnur angeboten. Die Schnur ist an einem Haken befestigt. Der Fisch saugt den Köder und mit ihm den folgenden Haken ein.
Hakenlöser: Gerät zur Entfernung des Hakens aus dem Fischmaul.
Hebebiss: Beim Anbiss steigt die Pose aus dem Wasser, statt unter die Oberfläche zu sinken.
Hechel: Lange spitze Hahn- oder Hennenfeder, die um den Hakenschenkel gewunden wird, um Beine und Körper der Fliege darzustellen.
Hi-D: Schnurmarke einer sehr schnell sinkenden Schnur, die Bezeichnung wird häufig allgemein für alle ähnlichen Schnüre verwendet.
Hightech-Schnur: Schnur mit geringem Durchmesser, die hauptsächlich als Vorfach und beim Stippfischen benutzt wird.
Hot Spot: Sehr gute Angelstellen.
Intermediate: Bezeichnung für eine langsam sinkende Schnur.
Kevlar: Modernes Material zur Verstärkung von Ruten, oft in einem gesponnenen Muster.
Kiemengriff: Griff zum Landen eines Fisches, dabei greift man mit zwei Fingern unter den Kiemendeckel.
Klemmschrot: Kleines, rundes, gespaltenes Gewicht, das an die Schnur geklemmt wird, um die Pose zu belasten.
Kletteraffe: Optische Bissanzeige. Ein Gleitkörper, der an einem im Boden steckenden Stab befestigt ist und bei einem Biss entweder nach oben oder unten gleitet.
Knicklicht: Leuchtstab, den man an der Rutenspitzen befestigt, um nachts die Bissanzeige zu erleichtern.
Köderfisch: Toter Süß- oder Salzwasserfisch, der als Köder zum Fang von Raubfischarten, wie Hecht, Barsch, Zander, Aal und Wels, verwendet wird.
Kohlefaser: Rohmaterial für die Herstellung von Ruten.
Kopfrute: Unberingte Stipprute. Die Schnur wird an der Spitze befestigt.
Kunstköder: Jede Art von Fisch- oder ähnlichen Imitationen.
Loses Futter: Futter wie Maden, das eingesetzt wird, um Fische im Bereich des Köders zu halten.
Marlin: Fächerfisch. Eine große tropische Fischart.
Nadelknoten: Knoten, um das Vorfach mit der Fliegenschnur zu verbinden.
Naturköder: Sammelbegriff für alle nichtkünstlichen Köder.
Neopren: Wasser abweisendes warmes Material.
Nymphe: Unterwasserstadium des Insekts zwischen Larve und Puppe.
Olivenblei: Ovales Gewicht, das beim Stippfischen anstelle von Klemmschrot verwendet wird.
Palmer: Dichtes, buschiges Fliegenmuster aus einer Hechelfeder, die um den Hakenschenkel gewunden wird.
Parr: Geflecktes unreifes Stadium eines Fisches.
Paternostermontage: Einfache Montage mit Blei am Grund und mindestens einem Seitenarm.

Pendelwurf: Wurfstil, bei dem das Blei in einem weiten Bogen geschwungen wird.
Pilker: Großer Metallköder für das Wrackfischen.
Plattfischrute: Leichte Rute für das Plattfischangeln.
Puppe: Zwischenstadium des Insekts zwischen Nymphe und Reife.
Reißen: Schnelles Einholen der Fliege, sodass diese durch das Wasser zurückgerissen wird.
Rollenringe: Rutenringe mit rotierenden Einsätzen für Drahtschnüre.
Rückenflosse: Obere Flosse eines Fisches.
Rücklaufsperre: Verhindert das Rückwärtsdrehen einer Rolle, kann zum Drill eingesetzt werden.
Rückschlag: Ein Biss, bei dem die Spitze einer Bissanzeige in Richtung Angler schnellt anstatt in Richtung Fisch.
Schlagschnur: Schnur mit größerem Durchmesser als die Hauptschnur. Wird der Hauptschnur vorgeschaltet, um kräftige Würfe ausführen zu können.
Schnurfangbügel: An der Stationärrolle befestigter Bügel, der verhindert, dass die Schnur von der Spule springt. Zum Werfen wird er aufgeklappt. Nach einer Kurbelumdrehung springt er automatisch wieder in die Ausgangsposition zurück. Er kann aber auch per Hand zurückgeklappt werden.
Schnurhalter: Klammer an einer Stationärrolle, an der die Schnur befestigt werden kann. So kann beispielsweise die Schnur wiederholt auf exakt dieselbe Entfernung ausgeworfen werden.
Schusskopf: Eine Schnur, bei der das schwere Schnurende zu einer feinen Schussleine aus geflochtenem Nylon verspleißt ist. Zum Fischen auf große Reichweiten.
Schwebende Fliegenschnur: Fliegenschnur, bei der nur die Spitze versinkt.
Schwingspitze: Bissanzeige, die vertikal vom Ende der Rute hängt und an stehenden Gewässern benutzt wird.
Seebarschrute: Leichte Rute zum Brandungsfischen nach Seebarschen.
Seitenlinie: Sinnesorgan der Fische an den Flanken. Der Fisch nimmt durch dieses Organ leichte Erschütterungen im Wasser, aber auch am Ufer wahr.
Selbsthakmontage (Bolt Rig): Stationäre Grundangelmontage mit einem schweren Blei, bei der sich ein Fisch, wenn er den Köder nimmt, selbst anhakt. Hauptsächlich beim Karpfenfischen verwendet.
Smolt: Silbernes Wanderstadium des Lachses.
Spinner: (beim Fliegenfischen) Reifes Imagostadium einer Eintagsfliege.
Spinnfischen, Spinnangeln: Fischen mit einem Köder, Blinker, Spinner und Ähnlichem.
Spule: Kreisförmige Trommel, auf die die Schnur einer Rolle gewickelt wird.
Stabpose: Pose, die an der Ober- und Unterseite mit Gummibändern an der Schnur befestigt wird. Findet Einsatz beim Flussfischen.
Swimfeeder, Feeder: Futterkörbchen. Wird zum Verteilen von Grundköder oder losem Futter auf dem Grund beim Grundangeln verwendet.
Tandem: Köder mit zwei Haken. Wird für das Angeln von großen Fischen verwendet. Der Köder wird auf beide Haken gesteckt. Geeignet für das Strömungsangeln vom Boot aus und an der Küste.
Tragkraft: Bei Schnüren angegebene Belastung in Kilogramm.
Verbuttung: Wachstumsstörung bei Fischen, tritt meist auf, wenn zu viele Fische einer Art auf zu engem Raum leben.
Verdrallen: Die Schnur ist in sich verdreht und wirft „Perücken".
Vorfach: Kurze Schnur mit geringerer Reißfestigkeit als die Hauptschnur, an der der Haken befestigt wird.
Vorfachspitzen: Kurze Schnur, normalerweise monofiles Nylon, die an die Hauptschnur geknüpft wird. An den Vorfachspitzen werden dann die Fliegen befestigt.
Waggler: Pose, die nur am unteren Ende an der Schnur befestigt ist und beim Flussfischen oder Angeln an stehenden Gewässern Verwendung findet.
Wurfgewicht: Angabe zum Maximalgewicht, das, ohne der Rute Schäden zuzufügen, ausgeworfen werden kann.
Zitterspitze: Frei bewegliche Spitze, die als Bissanzeige dient. Sie wird auf die Spitze einer Grundangelrute gesteckt und an Flüssen oder stehenden Gewässern verwendet. Zeigt auch sehr sanfte Bisse an.

REGISTER

L

M

N

P

R

S